WOSHI HEDAREN
我是河大人

王发曾 著

河南大学出版社
·郑州·

图书在版编目(CIP)数据

我是河大人 / 王发曾著. -- 郑州：河南大学出版社，2022.6
ISBN 978-7-5649-5201-3

Ⅰ.①我… Ⅱ.①王… Ⅲ.①高等教育－河南－文集 Ⅳ.①G649.2－53

中国版本图书馆 CIP 数据核字(2022)第 114059 号

责任编辑：董庆超
责任校对：白　冰
封面设计：马　龙　毛　达

出　版	河南大学出版社
	地址：郑州市郑东新区商务外环中华大厦 2401 号　　邮编：450046
	电话：0371－86059701(营销部)　　网址：hupress.henu.edu.cn
排　版	河南大学出版社设计排版部
印　刷	广东虎彩云印刷有限公司
版　次	2022 年 6 月第 1 版　　印　次　2022 年 6 月第 1 次印刷
开　本	710 mm×1010 mm　1/16　　印　张　26.5
字　数	490 千字　　定　价　78.00 元

（本书如有印装质量问题，请与河南大学出版社营销部联系调换）

目　录

引言：我 …………………………………………………………………… 1
第 1 章　入门 ……………………………………………………………… 3
　　1.1　恢复高考 ………………………………………………………… 3
　　1.2　末二班车 ………………………………………………………… 4
　　1.3　跨过门槛 ………………………………………………………… 8
　　1.4　门里乾坤 ………………………………………………………… 10
第 2 章　青青子衿 ………………………………………………………… 16
　　2.1　专业的纠结 ……………………………………………………… 16
　　2.2　惜时如金 ………………………………………………………… 19
　　2.3　又一个"广阔天地" ……………………………………………… 23
　　2.4　铁塔风铃 ………………………………………………………… 31
　　2.5　我的师尊 ………………………………………………………… 36
　　2.6　我的同窗 ………………………………………………………… 41
第 3 章　华东师范大学 …………………………………………………… 47
　　3.1　毕业留校 ………………………………………………………… 47
　　3.2　而立之年 ………………………………………………………… 49
　　3.3　助教进修班与第二母校 ………………………………………… 52
　　3.4　又做学子 ………………………………………………………… 54
　　3.5　阿拉半个上海佬 ………………………………………………… 57
　　3.6　余势 ……………………………………………………………… 61
　　3.7　想出国 …………………………………………………………… 63
第 4 章　波士顿大学(BU) ………………………………………………… 67
　　4.1　美国，波士顿大学 ……………………………………………… 67
　　4.2　初到波士顿 ……………………………………………………… 70
　　4.3　BU 一日与一年 ………………………………………………… 76

4.4 生活面面观 80
4.5 波士顿游弋 87
4.6 我的同胞 98
4.7 美东二都游 107
4.8 回家 119

第5章 定向 126
5.1 第一次定向：河南大学 126
5.2 第二次定向：华东师范大学 129
5.3 第三次定向：波士顿大学 130
5.4 最终学术定向：河南大学 131
5.5 共性与个性选择 133

第6章 定位 138
6.1 世风与师道 138
6.2 地理系主任 141
6.3 校长助理兼教务处长 144
6.4 副校长 147
6.5 三校合并 151

第7章 孺子牛 155
7.1 十年跨世纪 155
7.2 入口与门卫 157
7.3 连年扩招 161
7.4 且行且解惑 164
7.5 新生军训 168
7.6 "四风"建设 174
7.7 嬗变 179
7.8 大学生综合素质教育 186
7.9 贫困大学生 191
7.10 研究生培养 196
7.11 全面职责 204

第8章 守望者 214
8.1 心路 214
8.2 校园文化 221
8.3 CUBA 231
8.4 科索沃 240
8.5 九十周年校庆 246

  8.6 非典(SARS) …………………………………………… 258
  8.7 出访 ……………………………………………………… 265
  8.8 新校区建设与财务 ……………………………………… 274
  8.9 历练 ……………………………………………………… 281

第9章 求索者 …………………………………………………… 287
  9.1 求索三阶段 ……………………………………………… 287
  9.2 中原城市群 ……………………………………………… 293
  9.3 中原经济区 ……………………………………………… 297
  9.4 新型城镇化 ……………………………………………… 304
  9.5 "三化"协调发展 ………………………………………… 309
  9.6 大郑州都市地区 ………………………………………… 314
  9.7 丝绸之路经济带 ………………………………………… 319
  9.8 城市生态与开放空间 …………………………………… 327
  9.9 城市犯罪空间 …………………………………………… 333
  9.10 足迹 …………………………………………………… 340

第10章 河大人 …………………………………………………… 354
  10.1 耳顺心顺 ……………………………………………… 354
  10.2 赤子情怀 ……………………………………………… 356
  10.3 余韵 …………………………………………………… 365
  10.4 时代和梦想 …………………………………………… 372
  10.5 岁月与人生 …………………………………………… 379
  10.6 第三春的日子 ………………………………………… 394

结语:天地之间 ……………………………………………………… 412

引言：我

  我，一个有四十多年校龄的老河大人。写《我是河大人》这本小书，既是奉校友之命，也是我对母校的一份人生报告。

  我叫王发曾，生于1947年3月，出生地是河南省开封市西城的一条小街——城隍庙门街，后改为成功街，现在没了，2015年旧城改造时一呼隆推平了。我的家是一个极普通的家庭，父亲是马道街一家百货店的经理，母亲在家料理家务，姐姐是鼓楼区教育局的干部。

  我的小学是开封市大厅门小学，她给了我无忧无虑的快乐童年；我上初中正值国家三年困难时期，在开封市第十三中学初次尝到了生活的艰辛甚至饥饿的滋味；我在开封第一高级中学读高中，1966届，同学们为祖国而学习的精神和劲头成了我始终前行的标杆。

  1966年春节过后，我们正在紧张地备战高考。我的目标是武汉大学。

  离高考仅两个月的5月中旬，"文革"正式拉开序幕并很快席卷全国，大中小学一律停课"闹革命"，我和同学们当了两年的"红卫兵"。1968年12月，我赴河南省新蔡县佛阁寺公社项砦林场务农，以一个下乡知青的身心体验了中国农村和普通农民。1971年10月，我被开封市教育局招工返回故乡，经短期培训后分配至开封市第十中学做了一名语文老师，直到1977年。

  从1966到1977年，史称"十年动乱"。经历者尤其是年轻经历者，都把这一特殊的历史时期视为自己人生的"十年蹉跎"。蹉跎过后，我却有自己的别样感悟。

  红卫兵两年，狂热与幼稚充分宣泄和暴露，生活的严酷与复杂教育了我，使我政治上迅速成熟，不盲从、不冲动、不逾矩成为我在中国语境下面对政治的大是大非时所持的基本态度。而这种"迅速成熟"，在正常年份是不可能的。我做河南大学副校长十年，上面提倡"高校书记、校长不仅是教育家，还应该是政治家"。我不是政治家，也不想做政治家，但我懂得，我、我的学生离不开政治，在政治问题上我们都应该不盲从、不逾矩、不冲动。我这样要求自己,也在一些特殊时期这样教育学生。

下乡知青三年,从学校的象牙塔直接扎进中国版图最广阔的天地,直接融入中国人口最大的族群。时间虽只短短三年,但我彻底感受了中国社会的最底层和中国人的最底层。而这种"直接"与"彻底",在正常年份是不可能的。我亲历了农村生存方式的苦与累,也亲身感悟了农民吃苦耐劳的德行与韧性。尽管我赖以安身立命的职业是大学教师,但我骨子里有农民的素养与情怀,我尊敬、理解甚至爱戴农民,这成了我一辈子解不开的情结,也是我作为一个教育工作者、科学工作者取之不尽用之不竭的动力源泉。而能安贫,则成为我自豪与骄傲的资本。

中学教师五年,我从一个高中毕业生一下子成了老师,硬着头皮登上了神圣的三尺讲台,特殊的教育环境、现实的生存需求硬是逼出了一个还算合格的小小教师。而这种"一下子"和"逼",在正常年份也是不可能的。教育工作需要良好的环境与平台,而那时的开封十中乃至全国,读书无用论盛行,学生的心思不在学习上,我偏偏带的又是"差班",可想而知我的初为人师是如何地艰难。正是这种艰难逼着我思考、适应、调整,终于树立了自己的教育理念,从内心培养了与受教育者的真挚感情——这对我今后的教师生涯起了奠基的作用!

十年蹉跎,造就了共和国史上十分特殊也是绝无仅有的"老三届"。

1977年恢复高考,我以30岁"高龄"考入开封师范学院,开启了我"河大人"的十年"青葱岁月"和三十年孺子牛生涯的殷殷守望和漫漫求索。

第1章 入门

1.1 恢复高考

我们六六届高中生,在行将高考的当口被迫戛然而止升大学的步伐,从而彻底扭曲了固有的人生轨迹。当历史转了一个大弯又回到考大学的起点时,我们当然会分外珍惜,每个人都要奋力一搏。有幸进大学门者,都会"不待扬鞭自奋蹄",七七级、七八级的字典里没有松懈、怠惰和虚度。

作为取消高考 11 年后的第一届"考"进大学门的学生,作为独特而又光荣的七七级学子,我的大学——河南大学,是我生命册页中之最珍贵,在河大求学的日子是我生命记忆库中之最难忘,我在这里接受的高等教育是我一生事业的基石。而这一切,放在"取消"与"恢复""十一年祭"的大背景中,折射出国之兴衰、民之幸哀。个人的跌宕起伏在时代的潮流中只是一朵小小的浪花而已。

从取消高考到恢复高考,慢慢长路耗去了"万岁"共和国 11 年,耗去了"百岁"当事人 11 年……

1976 年沸腾的 10 月以后,刚刚从梦魇中解脱出来的共和国,还是一片迷茫。11 月 24 日,国家领导人在天安门广场为毛主席纪念堂奠基。共和国的旗帜并未因政治大地震而颓然倒下,民心稳定。

1977 年百废待兴,百业待举。恢复工作仅 13 天的邓小平,遇上的第一件大事就是恢复高考。历史事件自有其必然性,但关键时刻关键人物的关键性出击,往往是促成历史事件发生的关键性因素。没有邓小平,不见得没有恢复高考的可能,但却没有恢复高考的迫不及待。

8 月 4 日至 8 日,中共中央召开科学和教育工作座谈会,邓小平主持。会上,邓小平肯定了代表们提出的立即恢复高考制度的建议。8 月 13 日至 9 月 25 日,全国高等学校招生工作会议在北京召开。10 月 21 日,中国恢复高考消息公布。12月10日,全国570万名年龄介于13岁到37岁的应考者涌进考场,当年录取人数为27.3万。恢复高考,不仅改变了几代人的命运,尤为重要的是为我国在新时期及其后的发展和腾飞奠定了良好的人才基础。恢复高考制度不仅具有深远的历史意义,而且具有重大的现实意义。

会议代表与邓小平合影

平心而论,新中国成立后我国高等学校的招生制度(即"高招"),利弊兼有。但不可否认、不可抹杀的是,高考确实为一代代青年学子接受高等教育提供了一条相对公开、公平的选才之途。1966年取消高考而且11年无高考,纵有千条理由,也是大不该的荒唐之举。这直接造成了共和国人才培育、储备的11年断层,直接造成了包括中小学基础教育和大学高等教育在内的国民教育体系的全面瘫痪,直接造成了那个年代的适龄、有为青年无缘进大学门,直接造成了那个年代18岁至7岁青少年中小学学校教育不同程度的缺失。而这些,又直接影响了国民素质的提高,严重损伤了人才对综合国力的支撑。更为可怕的是,其潜在的釜底抽薪的恶劣影响绝不止那11年,而且绝不止一个教育领域。

1977年冬,关闭了11年的高考考场大门洞开,全国570万考生涌进了神往已久的高考殿堂。当年录取的27.3万名新生,是为"七七级";1978年夏,610万人报考,录取40.2万人,是为"七八级"。七七级学生1978年春季入学,七八级学生秋季入学,两届学生仅相隔半年,1977年恢复高考的急迫性由此可见一斑。

1.2 末二班车

如果说1978年高考是给中学"老三届"学生开了通往大学的"末班车",那么七七级学生就是搭乘"末二班车"入学的"文革"后第一届大学生。

1977年10月21号,国务院正式宣布当年立即恢复高考,中国各大媒体迅即向全世界公布了消息。简短的信息发布不啻在960万平方公里的国土上卷起了激动、兴奋与期待的风暴,激活了各阶层人民群众"休克"了太久的心,更是给早已对上大学绝望了的适龄青年劈开了一道希望之门。时隔37年,2014年9月份,河南电视台都市频道记者就这一段采访我,我对当时状况的激情描述使在场的年轻记者动容。

有资格报考的人纷沓而至,考生的年龄差别很大,父子、母女、兄弟、姐妹、师生携手同进一个考场的现象相当普遍。考生的文化水平更是参差不齐,除了高中"老三届",初中"老三届"以及"文革"中上高中的几届学生也都踊跃报名。更有甚者,极个别"文革"前的六五届、六四届高中生改了户口本、虚报年龄参加七七高考的,据说也有。

某地阅卷期间,语文组的老师在一份卷子上发现了一首题为《答卷有感》的打油诗:"小子本无才,老子逼我来。考试干瞪眼,鸭蛋滚滚来。"此诗一经传出,迅速传开,有老师欣然命笔,和诗《答某考生》以凑趣:"小子尚有才,无才写不来。回去好好学,明年重新来。"这个"小子"是被"老子"逼上七七考场的,显然不是高中"老三届",估计是"文革"中上高中的"小屁孩"。他显然没有紧迫感,可以"回去好好学,明年重新来"。而对于老三届高中生,这"末二班车"和"末班车"却是转瞬即逝不可复得的机会。

七七高考由各省、自治区、直辖市自行命题,文、理分科,都考政治、语文、数学三科,文科加考史地,理科加考理化,每科满分100分,四科总满分400分。今天看来,由于准备不足,无论是科目设置、考试内容还是录取方式,都难免失于简单、粗糙。而且由于报考人数过多,造成印刷试卷的纸张严重不足,最后由中共中央拍板,调用了印刷《毛泽东选集》第五卷的纸张。尽管如此,七七高考的开创与奠基意义不言而喻。

河南省的七七高考大致与全国相同,但也有不同。河南省规定,11月18日至24日报名,12月9日至10日考试。当年全省有70.59万人报名参加,最终录取了9 374人。全国录取率为4.79%,河南仅为1.33%,河南考生数是全国的12.38%,录取人数却只有全国的3.43%。人口大省、生源大省河南的高招"洼地"在1977年就已突出显现。

为了真实再现河南省七七高考的真实面貌,这里把在互联网上搜索到的当年高考的语文试题[1]附于后:

---

[1] http://www.kfpolice.com/web/default.aspx

一、必作题(30分)

(一)改正下列病句(8分,每小题2分。要针对原句中的毛病加以改正,不能另造新句。)

1.大家一致表示,要以实际行动接受学习雷锋同志的号召。
2.王铁人的革命精神是值得我们学习的榜样。
3.在粉碎"四人帮"后,学校出现了老师爱戴同学、同学尊敬老师的新气象。
4.由于工人甩开膀子大干,这个厂的生产任务已经提前实现了。

(二)问答题(7分,两题任做一题)

1.毛主席提出的文艺批评的标准及其关系是什么?我们无产阶级对文学艺术的要求是什么?
2.简要说明鲁迅《论"费厄泼赖"应该缓行》(《论"打落水狗"》)的主题思想和学习这篇杂文的现实意义。

(三)从下列两段文言文中任选一段,译为现代汉语。(15分。要按原文顺序逐句翻译,不能概括意译。)

1.(陈胜、吴广)召令徒属曰:"公等遇雨,皆已失期,失期当斩。借第令毋斩,而戍死者固十六七。且壮士不死即已,死即举大名耳,王侯将相宁有种乎!"徒属皆曰:"敬受命。"(节录自《陈胜起义》)
2.故不积跬步,无以至千里;不积小流,无以成江海。骐骥一跃,不能十步;驽马十驾,功在不舍。锲而舍之,朽木不折;锲而不舍,金石可镂。(节录自《劝学》)

二、参考题(20分)

(参考题是为了考察考生的自学情况,分数另计,加入各门课程成绩总评。)

简要分析陈毅同志《梅岭三章》的思想内容及艺术特点。

梅岭三章(陈毅)

一九三六年冬,梅山被围。余伤病伏丛莽间二十余日,虑不得脱,得诗三首留衣底。旋围解。

断头今日意如何?创业艰难百战多。此去泉台召旧部,旌旗十万斩阎罗。

南国烽烟正十年,此头须向国门悬。后死诸君多努力,捷报飞来当纸钱。

投身革命即为家,血雨腥风应有涯。取义成仁今日事,人间遍种自由花。

说明:分析只要切实、深刻即可,不要求和答案完全相同。

三、作文(70分)

(两题任做一题,不要做诗歌)

(一)我的心飞向了毛主席纪念堂。

提示:要从"飞"字着眼,来表现丰富的想象力和急切渴望的心情。取材要着重描写个人想象中对毛主席纪念堂,特别是对毛主席遗容瞻仰的印象和感受,赞扬以华主席为首的党中央高举毛主席的伟大旗帜,在毛主席逝世后不久,即作出建立毛主席纪念堂的完全符合全国人民愿望的英明决定。最后还要写出自己继承毛主席的遗志,把毛主席开创的无产阶级革命事业进行到底的决心。

应按文艺散文的体裁,侧重抒情、描写。虽然内容想象的成分较多,但也应当写出"飞"向毛主席纪念堂的空间部位和时间过程。(题材既属想象,所写情况与实际是否完全一致,可不必苛求。)

(二)为抓纲治国初见成效而热烈欢呼。

提示:要赞扬英明领袖华主席提出的抓纲治国战略决策的伟大意义,热情歌颂一年来各方面已经实现了初建成效的事实和大好形势。写成效可分写各个方面,可侧重写某一个方面,也可总面结合,既概括又具体地写。面对大好形势,要抒发个人无限喜悦的心情,同时表明自己的态度和决心。

表达方式主要应是说明和议论,兼有记叙、抒情成分。

好了,该说说570万分之一,我本人的情况了。

要论得知恢复高考消息的心情,自然也是激动、兴奋与期待,而我更甚。五年的中学教师生涯让我深知,要当好一名合格的中学教师,没有接受过高等教育终是一大缺憾。怎么办?考,一定要考,而且要考好学校,比如北京大学,中文系!不仅我要考,还要动员妻子也考!但是,从得知消息到报名的一个月期间,考与不考的纠结一直在缠绕着我。父亲、母亲随我的意,老姐大力支持,阻力主要来自妻子。小儿王漾才一岁零三个月,她是无论如何也不会报考更不会带着吃奶娃上大学的。也不同意我考,如果我考上了外地大学,比如北京大学,儿子撂给她一人?直到最后,河南省报名时间就要截止了,我才彻底说服了妻子。

1977年11月24日,报名的最后一天,我填了报名表,报考志愿只有一个——北大,中文专业。老姐问我为什么报这么牛。我说,人生一搏,要搏就搏出个满堂彩!而这一天,离考试的首日只有15天了。在纠结的一个月里头,我不是没有准备,找齐了差点儿被母亲当废纸卖了的高中三年课本,大致翻了翻并做到心中有数,但不可能全力以赴、沉浸其中,因为,能否报名心里没底。报了名,铁了心,就只剩下义无反顾、心无旁骛了。半个月里头,真格是夜以继日,除了开封十中的工作,就这一件事了。时间虽短,备考却格外顺利。11年了,重温旧时功课、重演旧时习题,恍如昨日,一切都是那么熟悉,俯下身子捡起来就行。

12月9日,实30岁、虚31岁的我跨出了用11年功夫等来的这一步,一步跨进了设在开封六中的高考考场。过去的15天,除了我紧张,看起来没人紧张。开封十中的领导不支持不反对,我的学生似不知情,父母亲不动声色,老姐满眼的鼓励却一声不吭,妻子的隐忍不发写在脸上,儿子照吃照睡照玩……谢谢了,谢谢诸位真心的理解与沉默的支持!没人半夜给我送鸡蛋面条,但我明显感到伙食有改善,半个月竟然吃了两回炸酱卤捞面条。考试第一天一大早,母亲给我打了两个荷包蛋,但我只吃了一个,拉肚子两天了,吃不下。拉着肚子,上了考场,没人迎送,没人询问,一切和往日无二致。我甚至怀疑,大伙多半是在容忍我的折腾,折腾完了就完了。考上好啊,考不上也好啊,无所谓的,你总得让他试一把。

在六中校园,放眼望去,众考生的"看相"总体不佳。有不少胡子拉碴、不修边幅的,也有衣冠楚楚但却满脸沧桑的,一看就知道是落拓不羁青春不再飞扬的老三届。不管怎样,四场考试一晃就过,自我感觉还好。语文考试的作文,我选的是"我的心飞向了毛主席纪念堂",在浮想联翩中洋洋洒洒一呵而就。考完了,肚子也不拉了,回忆答题情况,竟然找出许多纰漏。尤其是作文,事后评估,十成只有七成。成绩公布了,我考了339分,离我的期望至少差10分。时任开封市教育局负责高考招生的林自岩老师私下告诉我,这个成绩是开封考区文科第一名。

1.3 跨过门槛

接下来的事是录取,这一关牵动人心。父母亲依然一派大将风度,但夜晚多了点窃窃私语,似乎在讨论我走了咋带小孙子。老姐欢欣鼓舞,感到似乎北大的录取通知书已攥在了手心,开封文科第一嘛。妻子的担忧溢于言表,除了考虑儿子,似乎还有点儿恋恋不舍,毕竟在外四年啊。只有王漾,照吃照睡照玩,不给老爸添堵,真是好孩子。但很快,北大梦就醒了。

河南省不失时机地公布了录取政策:理科录取分数线,25岁以下考生156分,以上考生256分;文科录取分数线,25岁以下考生180分,以上考生276分;从高分到低分择优录取。天哪,25岁以上年龄大的考生(基本上是"文革"受害最大的高初中"老三届")的录取分数线竟然比其他考生高出100分左右!如何解释?据说是为了提供更多上学机会给年轻人!当时我们老三届就义愤填膺,这种在高考中实行年龄歧视的狗屁做法怎么能做出来!愤怒归愤怒,但我知道,北大梦该醒了。果不其然,很快就传来了消息,我被北大招生组退档了,理由是年龄偏大。

给我传消息的林自岩老师,是我开封十中的老领导。随即,从他那里又传来消息,说是北大不要复旦要,新闻学专业,问我同不同意调志愿,还动员我接受。从内心讲,我不愿,凭啥?!但是,不愿,就要落榜,明年能否再考,未知。这极简单的逻辑使我无话可说,只有接受。此时,我的心已冷了一半,可家里的兴奋点从北京转向了上海。老姐说上海复旦那可是好学校,父母亲说可以顺便给在上海的三姑捎点家乡土特产,妻子老是问到上海远还是到北京远。林老师又传来消息,复旦招生组拿住我的档案不放,就等着办录取手续了,让我放心。等啊等,等到最后,录取工作已接近尾声了,林老师突然告诉我,复旦负责招生的老师在录取我的问题上格外慎重不敢专断,请示复旦校领导,经研究,退档,理由仍然是年龄偏大!这意味着,由于复旦拿着档案不放,其他学校也无法录取,落榜已成定局。林老师说,省里、市里都与复旦力争,但无效,太遗憾了……

我彻底心冷。好在我有预感也有思想准备,没有更多的话,也没有情绪的宣泄。但是,内心的反应很激烈。复旦与北大的异曲同工使我忍不住想起毛主席曾引用过的清代思想家、文学家龚自珍的诗句:"我劝天公重抖擞,不拘一格降人才。"1966年准备高考时,我想我可能栽在临场发挥不佳或家庭出身不好上。1977年恢复高考,我没想到会栽在身不由己的年龄上!耽误高考11年,那不是我们的过失呀,到头来为什么要我们承担恶果?从戴上红领巾到入团,从当红卫兵到下乡知青再到中学教师,虽然曾因出身问题屡遭困顿,但我的理想与信念从未动摇。七七高考让我心灰意冷。

这也是我对"收留"了我们这一帮高分高龄落榜者的亲亲母校——河南大学充满感恩之情的重要原因之一。

高考落榜了,父母亲和姐姐不再多说什么。妻子脸上消去满天愁云,这种小女子态我能理解,也使我感到暖意。漾儿吃得更多睡得更酣玩得更欢实,似乎在说:爸爸不上大学,爸爸陪漾漾玩!一切照旧,事情又回到了原点。

但是,不可能完全照旧了,时代的车轮总要滚滚向前。先是社会舆论有了反映,一是认为不公平、不公正,替高分高龄落榜者抱不平;二是认为高分高龄落榜者中不乏优秀人才,他们被拒之大学门外是国家的损失。紧接着当事者本人有了反映,纷纷行动,站出来公开表达个人的诉求。一天,我开高663班的同学、七七高考开封市理科第三名的孙楷找到我,说文理科前三名的同学已有人找他联系,欲采取集体行动找有关部门反映。后来才知,开封市文理科前十名都是"老三届",几乎都是因为志愿报得高而最终落榜。于是我们就行动,我、孙楷和理科第一的程庆、文科第二的李玉洁(女)等,找教育主管部门，找我的老领导林自岩老师——这就是所谓的"上访"吧。其间我发现，这些部门和领导其实反应更强烈，他们真的在积极向上反映，为我们说话。饮水思源，真得谢谢这些社会贤达，谢谢有关领导！我尤其要感谢林自岩老师，他对我的关注不仅仅因为我是文科第一，还应该有一份浓浓的同事情谊吧。

说心里话，我并不抱希望。定了的事不会因有人反映而轻易更改，这是国情。但这次不一样了，用当时有人说的，是"开天眼"了。河南省向上面额外申请到了 3000 个指标，要补录，重点解决高分高龄者。由于外地院校已完成招生任务返回，就由本省学校录取。重报志愿，我老老实实地填了"开封师范学院，中文专业"，再也没有了往日的狂妄。父母亲、老姐松了一口气，妻子笑逐颜开。

不久，就接到了开封师院的录取通知书。但我看到的第一眼，就想一把扯碎。为何？留个包袱，容当后叙。

这期间，十中的领导和老师们特别理解、宽容，乐见其成。令我感怀至深的是我那班的学生。备考期间，他们其实知道老师要考大学，似乎格外听话，没人惹祸给老师添麻烦。听说老师被录取了，在欢呼雀跃的同时又满心地不舍。临走前几天，他们拉我到照相馆照了送别照，而且每人送我一个笔记本，一大摞。背回家一本本地翻看，每人都在扉页上留言祝福，滚烫的语言令我心绪难平、感慨系之，也诧异平时作文不咋样的孩子们怎么会写出如此精彩的临别赠言。

"末二班车"到站。开封师范学院（河南大学）在向我招手，也在向上面提到的开封市文理科前几名的学友招手，我们就要融入亲亲母校的怀抱。

1.4　门里乾坤

开封师范学院，坐落在古城开封旧城区（古城墙以里）的东北一隅，顺河回族区明伦街 85 号。她南临明伦街，西界内环东路，北接铁塔公园，东依古城墙，校区占地 800 余亩（如果算上周边家属区，共计 1200 余亩），现今称为"河南大学明伦校区""河大老校区"。我们七七级入学时（1978 年初），她叫"开封师范学院"；毕业时（1982 年初），毕业证上盖的公章是"河南师范大学"；毕业两年后（1984 年），校友们会惊喜地发现，母校恢复了老校名"河南大学"。也就是说，我们七七级的母校有三个名字。当然，大家最认可的是母校的真身——河南大学。但是，我对开封师院有特殊的感觉，因为她以慈母的宽大胸怀收留了我。

开封师范学院是怎样的一所学校？

河南大学明伦校区南大门

开封师院是一所文理兼有的师范类院校,其英文名称为 Kaifeng Normal College(今天的河南大学为 Henan University)。现代大学的概念,可以英文 University(也可用 college, institute, institution, school, academy 等)的解释来说明:An university is an institution where students study for degrees and where academic research is done。也就是说,大学泛指实施高等教育的学校,是指提供教学和研究条件的高等教育机构,包括大学、学院、高职高专学校等。

在中国文化史中,"大学"一词出现很早,经历了相当繁复的演变而具有多重含义,也曾有过辉煌的历史瞬间。现代大学在中国只有百余年历史,而且最早源于欧美,后又接受了苏联的影响。华夏炎黄有灿烂的领先世界的古代文明,而在近现代却积弱积弊,显然与现代高等教育的发育状况有密切的关系。现代大学从西方传入中国始于 19 世纪末。辛亥革命元老何子渊、丘逢甲等人开风气之先,排除顽固守旧势力的干扰,成功引入西学,创办新式学校。清政府迫于形势压力,于 1905 年末宣布废除科举制,颁布新学制,并在全国范围内推广新式学堂,西学逐渐成为大众化学校教育的主要形式。新学制将学校分为"小学堂""中学堂""高等学堂"和"大学堂"等几个等级,"高等学堂"和"大学堂"属高等教育。宣统初年,地方科举考试全面、彻底终止,中国的现代高等教育得以迅速发展。

北洋西学学堂(常称北洋大学,今天津大学)应该是中国第一所现代大学,成立于 1895 年。直到十年后的 1905 年,科举制度寿终正寝,一批现代大学才开始初露端倪。1904 年科举考试的全国会试在河南省会开封的河南贡院举行,是我国自隋代肇始凡经 1400 余年的封建科举制度的"绝唱"。自此,旧学终结,新学崛起,开封的河南贡院成了旧学的终结地、新学的发端地。八年后的 1912 年,即中华民国元年,开封河南贡院的旧址上拔地而起了一所河南人自己办的第一所现代大学,其前身为"河南留学欧美预备学校",其后世即"河南大学"(曾名"开封师范学院")。有意思的是,河南大学的校历与台湾至今还在使用的"中华民国"的纪年"同庚"。这不算啥丢人的事。

开封师范学院校址是中国旧学的终结地、中原新学的崛起地,这个事实意味深长,让诸学子如我者思绪万千。截止到1982年,即七七级、七八级毕业的那一年,也是本书本章终止的那一年,河南大学走过了70年极不平凡、极不平稳、极不寻常的大道求索之路。

1912年,以河南省教育厅职员林伯襄先生为代表的一批河南教育家,在当时的民国大总统袁世凯与河南都督张镇芳支持下,在清代开封河南贡院的旧址创办了"河南留学欧美预备学校"(简称"河南预校"),首任校长林伯襄,现确认9月25日为建校纪念日。河南留学欧美预备学校与当时的清华留美预备学校(今清华大学)、上海南洋公学成为当时中国的三大留学培训基地,呈三足鼎立的局面。后河南预校先后改名为中州大学、国立第五中山大学、省立河南大学、国立河南大学、河南师范学院、开封师范学院、河南师范大学等,1984年恢复河南大学校名至今。也就是说,河南大学曾八易其名,其间的跌宕起伏、艰辛坎坷难以想象、难以言说。客观地、不带任何感情色彩地简要描述一下这个过程,我有如下文字:

1922年,主政河南的冯玉祥将军继任河南省主席。他抄没前河南督军、反动军阀赵倜家产,拨出专款,作为办大学的发展基金。经省议会讨论,决定创办"中州大学",并委派河南预校时任校长张鸿烈以预校为基础创办大学。1923年3月3日,中州大学举行开学典礼,宣告正式成立。中州大学设文、理两科,张鸿烈任校长,冯友兰、曹理卿分任文、理科主任。

1927年6月,在冯玉祥将军支持下,决定将河南公立法政专门学校、河南省立农业专门学校并入中州大学,成立国立第五中山大学,增设了农科和法科;1928年9月又增设医科。

1930年8月,学校更名为省立河南大学,并改文、理、法、农、医五科为五院,张仲鲁任校长,"河南大学"的名号正式面世。1934年8月,河南大学土木工程系并入北洋大学(天津大学)。抗日战争期间,河南大学先后辗转于信阳、南阳、洛阳、西安、宝鸡等地流亡办学,虽然图书、资料及仪器损失严重,但仍办学不辍。1938年,河南大学畜牧系与西北农专、西北联大农学院组建国立西北农学院。

1942年,流亡办学中的省立河南大学晋身为国立河南大学,于右任题写校名,成为拥有文、理、工、农、医、法等六大学院的综合性大学,是当时学术实力雄厚、享誉国内外的国立大学之一。1944年5月,日寇在豫西山地进犯河南大学,潭头(学校所在地)惨案发生,十多名师生遇难。1946年8

月,河南大学成立工学院,后黄河水利工程专科学校并入。

1948年,解放战争后期,中共中央中原局决定以河南大学一批进步师生为基础在宝丰筹建中原大学,范文澜任校长。11月,中原大学迁往开封河南大学校址办学。

1949年,中原大学迁往武汉办学,主要系科成为今天中南财经政法大学的前身和华中师范大学的主要基础。同时,河南省人民政府以中原大学医学院、教育系师训班500余人和河南行政学院400多人为基础,接回迁徙到苏州的河南大学1200余名师生,重组河南大学。河南省政府主席吴芝圃任校长,下设文教学院、农学院、医学院、行政学院四个学院。河南大学的历史在新中国翻开了新的一页。

国立河南大学的南大门

1952年全国高校院系调整,河南大学"折枝成林",为河南省乃至中南地区高等教育发展做出了肢解性的奉献。其中,河大农学院独立为河南农学院(今河南农业大学)迁往郑州;医学院独立为河南医学院(河南医科大学前身,2000年与郑州大学、郑州工业大学合并)迁往郑州;行政学院独立发展为河南政法管理干部学院(2010年3月与河南财院合并成立河南财经政法大学)迁往郑州;水利系组建武汉水利学院(后更名武汉水利电力大学,现为武汉大学工学部)迁往武汉;财经系组建中南财经学院(今中南财经政法大学)迁往武汉;植物病虫害专业并入华中农学院(今华中农业大学)迁往武汉;畜牧兽医专业并入江西农学院(今江西农业大学)迁往南昌;土木系和数理系数学专业并入湖南大学迁往长沙,湖南大学地理系一部分并入河南大学迁往开封。

1953年8月6日,国家教育部和政务院文教委员会决定把河南大学与平原师范学院合并,统称为河南师范学院,在开封、新乡两地办学,分称一院、二院。

1955年8月16日,中共河南省委对河南师范学院进行调整,决定将文科集中在开封办学,理科集中在新乡办学。1956年11月,河南师范学院一院改称开封师范学院,二院改称新乡师范学院(今河南师范大学)。开封师范学院设中文、历史、地理、外语4系和教育教研室。

1959年,开封师范专科学校并入开封师院,新增物理、化学、数学、生物4系,后又增设政教系和体育系。1962年7月,河南艺术学院并入开封师院建立艺术系,河南体育学院并入开封师院体育系,郑州大学地理系并入开封师院地理系。至此,学院共有中文、历史、政治、地理、外语、数学、物理、化学、体育、艺术等10个系。1975年,开封师院创办信阳分院,1978年信阳分院独立为信阳师范学院。

1979年,学校更名为河南师范大学,增设教育系。5年后,1984年5月,在韩靖琦书记、李润田校长等老一辈河大人的推动下,恢复河南大学校名,学校由师范院校逐渐转变为综合性大学——这是后话。

百年河大,枝繁叶茂;莘莘学子,光耀中华。截止到我考入开封师院的1977年,十数万校友中对国家和民族做出重要贡献的学长们,不胜枚举。例如:侯镜如(政治活动家,全国政协第八届全国委员会副主席、中国国民党革命委员会名誉主席、黄埔同学会会长、中国和平统一促进会会长),赵毅敏(教育家、国务活动家,曾任中纪委副书记),李敬斋(建筑学家、教育家,曾任河南省代省长、国民党河南党部主任、南京政府地政部部长),杨放(国务活动家,曾任国务院副秘书长、外国专家局局长),袁宝华(国务活动家,曾任国家计委副主任、国家经委主任、中国人民大学校长),王国权(国务活动家,曾任热河省委书记兼省长、民政部常务副部长),李承三(地质学家、地理学家、教育家),杨廷宝(建筑学家、教育家、中国科学院学部委员,曾任国际建筑协会副主席、中国建筑学会理事长、江苏省副省长、江苏省政协名誉主席),秉志(生物学家、教育家、中央研究院院士、中国科学院学部委员),赵九章(气象学家、地球物理学家、空间物理学家、中国科学院学部委员,"中国卫星之父"),高济宇(化学家、中国科学院学部委员,曾任中国化学会副会长、中央大学教务长、南京大学副校长),张伯声(地质学家、中国科学院学部委员,曾任中国地质学会副理事长、西安地质学院院长),刘敬宜(航空机械专家,曾任中国航空公司总经理、工商部次长、两航起义首倡者),丁离卿(航空机械专家、台湾大学教授,曾任南京飞机厂厂长、国家航空局总工程师),朱光彩(水利学家,曾任珠江水利局局长、台湾"中国土木水利工程学会"副会长),梁之彦(生物化学家、医学家,曾任同济大学医学院院长、湖北省政协副主席),万昕(生物学家、中国营养学奠基人),曲仲湘(生物学家,曾任中国环境学会副理事长、云南省政协副主席),阎振兴(水利学家、中央研究院院士,曾任台湾大学校长、台湾"教育部"部长、国民党中常委),张劭(医学家、药学家、英国皇家医学会终身会士、青霉素研制人之一),焦庭萱(烟草专家,曾任台湾烟叶试验所所长,被誉为"烟草圣人"),刘葆庆(农学家、现代小麦优良品种育种的开拓者),孔芙蓉(女,护理学家、中华护理学会理事、南丁格尔奖获得者),张静吾(医学家、教育家,曾任抗战时期军政部医院院长),傅铜(哲学家、教育家,曾任西北大学校长、安徽大学校长),尹达(历史学家、考古学家,曾任中国考古学会副理事长、中国史学会常务理事),周新武(教育家,曾任中央广播事业局副局长、北京广播学院院长),戴伯行(教育家,曾任抗日军政大学教授、四川大学党委书记兼校长),盛华(教育家,曾任东南大学校长、复旦大学党委书记),张结(新闻学家,曾任新华社副总编辑),李秉德(教育家,曾任西北师范大学校长),王鸣岐(生物学家,曾任复旦大学生物系主任),李聪普(教育家,曾任福州大学外语系主任、仰恩大学校长),万伯翱(作家,曾任中国体育杂志社社长兼总编辑)……

截至"文革"前,开封师院的在校生规模已达4000余人(另有函授学员6000余人),教职工1000余人。1978年3月,"文革"后首届经全省统考录取的1500余名七七级新生入校。他们步前辈学长的足迹,伴随着母校新时期的蓬勃葳蕤,开始了新"河大人"的求索之路。

第 2 章　青青子衿

2.1　专业的纠结

2007 年，河南大学的七七级校友为纪念恢复高考三十年而聚会河大园。中文系（现今文学院）学友、作家张清平同学送给同届校友一本她的新作《河南大学的青青子衿》。"青青子衿"出自《诗经·郑风·子衿》，"青青子衿，悠悠我心。纵我不往，子宁不嗣音？"（你那青青的衣领啊，深深萦绕在我的心间。纵然我不能去找你，你为什么不主动给我音信呢？）汉曹操在《短歌行》中借用"青青子衿，悠悠我心"表达了对贤才的渴求，"青青子衿"遂被当作青年学子的代称。

前文说到，接到了开封师院的录取通知书，冲动之下想一把扯碎。为何？原来，录取我的不是中文系而是地理系！本来心里就别扭，这下别扭到家了。今年不上了，明年再考，不让考就在开封十中趴着……胡思乱想一通。但，最终我没有扯碎录取通知书，没有考七八级。原因有二，第一个原因促使我在冲动之下没做傻事，第二个原因促使我把心安在了地理系。

先说第一个原因。我毫不掩饰地表达了我的愤怒，同时也表达了对开封师院的不屑。许多人知道了，就纷纷规劝。一是说，都这把年纪了，上大学不就是混个文凭嘛，在地理系混与在中文系混一样样的。二是说，国家让你们"老三届"考大学不过是个安慰，考上就上呗，管他什么专业，你以为明年一定会让你们再考？！三是说，小孩恁小，上开封师院正好顺带照顾家，何乐而不为……妻子是坚定的开封师院派，连老姐都不支持我明年再考。父母亲则说："听人劝，吃饱饭。"

想想也是。罢罢罢，牙一咬，就去报了到，彻底根绝了再考的念头。现在想来，如果参加七八高考倒很惬意，100 分的年龄歧视取消了，各高校对老三届考生的歧见也大大消减。有一位六七届的高中学友，七七高考最后落榜，七八高考却考中北京师范大学。还有一位，七七年考得不理想（或根本没考，记不清了），七八年干脆考研究生，竟也中了！我如果参加七八高考，人生之路可能将完全是另一种样子——人的命运就是如此奇妙，一念之差往往导致面目全非。

但是，我真的心有不甘，真的心气难平。中文和地理，在我的心目中，无法放在同一天平上衡量，或者说是不可同日而语。我从小就喜欢上语文课，高中做过语文课代表，能找到的中外文学名著尽数博览。工作了教语文，还是开封十中语文教研组组长，自认为有点汉语与文学功底。中文，或曰汉语言文学，在我心中是浩瀚知识海洋的一片绿洲，是林林总总诸学科金字塔的塔基，是我梦想中的伊甸园……学习汉语言文学一辈子搞汉语言文学，我会乐此不疲，我会时刻满饮着工作的幸福美酒直到生命终结。

地理？地理是什么？初中、高中我都学过地理，无非是不同国家和地区的不同自然与经济、社会的地域特色，当然还有"开封到北京坐火车怎么走"之类的小儿科。我不讨厌地理，她总是一门科学，也总要学好、考好的，但谈不上喜欢。让我大学学地理、一辈子教地理，简直是难以想象。这种先入为主的主观判断理所当然地让我愤怒，我理所当然地想扯碎录取通知书，也理所当然地使我对开封师院产生了莫名其妙的怨愤——她不录我到中文系而录到地理系，简直就是错到极致的莫名其妙。但是，过不多久，当深入体验一段时间后我就清醒地意识到，这些想法与情绪是多么地荒谬。

好吧，就去地理系报到。五号楼，那是一座建于20世纪60年代的火柴盒式的四层建筑，地理系与政教系合用，后者占用整个一层与二层的一部分，其他都归地理系。红砖墙预制水泥屋顶，毫无特色，似乎与中西结合、古朴典雅的学校总面貌格格不入，怎么看怎么别扭——这可能与我当时的心情有关？人报到了，心不在此，正所谓"身在曹营心在汉"。于是，开学后的一两周，总往十号楼的中文系跑，名为串老乡、串学友，实为在别人的伊甸园里凭吊我逝去的理想与梦想。

再说第二个原因。开学一个月内，我无情无绪地浏览了一下地理系第一学期的课程表。我惊奇地发现，所开课程完全出乎我的意料。找来我们这一届四年的培养计划一看，简直就是大吃一惊了。以我当过中学语文教研组组长、年级段长的有限阅历，感到这份培养计划除课程体系进一步出乎我的意料外，其系统性、科学性、完整性相当完美，几乎无可挑剔。地理系的学生原来学这些啊，地理学原来是一门货真价实的科学啊！看来，地理系的领导和老师为迎接七七级新生真是做了充分的准备。这些，使我折服。

据我不完全回忆，我们七七级地理学专业的课程体系如下：公共基础课——马列主义原理、社会发展简史、自然辩证法、大学英语、高等数学、概率论与数理统计、普通物理、普通化学、体育;专业基础课——地球概论、遥感概论、地图与测量学、综合自然地理学、地理教学法;专业课(一)"部门地理"——气象气候学、地质学基础、地貌学、普通水文学、土壤地理学、动物地理学、植物地理学、经济地理学导论;专业课(二)"区域地理"——中国自然地理、中国经济地理、世界自然地理、世界经济地理;指定选修课——大气声光电、自然资源学等;野外实习——百泉测绘实习、嵩山地质实习、连云港自然地理实习、毕业论文实习、教育实习。

这就是地理学,让我刮目相看的地理学,让我将为之奋斗一生的地理学。开学后不久,一个偶然的机会,与地理系七七级招生负责人后来担任地理系总支副书记、书记的孙应谦老师闲谈。我小心翼翼地问起我咋会被地理系录取。他起初笑而不答,后来才告诉我:地理学专业招生是文、理兼收,1977年特别注意录取文科考生中数理基础好的考生。也是偶然,中文系负责招生的老师无意间说起,他那里有一个考生总分很高,数学成绩也很突出。孙老师听说,就与中文系反复协商,硬是把我的档案从中文系"挖"了过来。

闻听此说,我不知是该哭还是该笑。孙老师一念之下,我的专业方向陡变,我怅惘、迷茫,也只有叹口气——天意如此啊!但是,已经了解了地理学是什么、学什么、搞什么的我,已经没有了委屈、不平甚至愤怒。而且,下意识中还有一分得意,原来我不是中文系不要地理系收底的考生啊!于是,心也就顺理成章地留在了地理系。

我们七七级地理系新生(已经成"我们"了)共70余名,分为两个班。一班是先前录取的,二班是后补录的,我自然属于二班。搭眼一看,二班的明显比一班的平均年龄偏大,而且几个老哥级的同学特别扎眼。两个班在一起上课,一个很不错的集体,教室是五号楼三楼东头南教室(北教室是七八级的教室)。

上了一个月的课,当对地理系刮目相看。系领导很关心大家,老师很敬业,同学们学习气氛很浓。尤其是所开的专业类的课程,过去闻所未闻,真像是大白话说的那样——给我们打开了知识宝库的大门。例如,张潭教授开设的"地球概论",实际上是"普通天文学",其缜密的知识逻辑链条让学生叹服,所展示的浩瀚的宇宙空间让学生入迷。课堂实践活动使用天文望远镜"夜观天象",使我们这些已不年轻的"老学生"也产生了只有年轻人才会有的浮想联翩……

两个月过去了,心已经留在地理系的我,专业思想产生了颠覆性的转变,这种转变既顺理成章又不可思议。地理科学,有悠久的学术演进历史,其知识的广博性使研究者得以触及近地空间的各个领域,其理论的综合性使研究者得以以系统的眼光探究研究对象,其实践的应用性使研究者得以用自己的劳动成果服务于社会。尤其是其文理兼顾的学科特性,使地理学具备与其他相关学科广泛产生交叉、渗透的巨大活性能量——这一点特别对我的胃口,我有文科的情怀,也有理科的严谨,二者结合,展现在我面前的是一个充满魅力的科学殿堂。

于是我就顺理成章地爱上了地理学,彻底抛弃了原先的无知与偏见,暗下决心要学好地理学,并把地理学作为我一生事业的依托。这种脱胎换骨的嬗变简直不可思议,才短短两个月呀,我的亲亲汉语言文学呢?我的近乎无可商量的执拗就这样土崩瓦解了吗?于是,原先劝我屈就现实的人奇怪了,这家伙如此的"见异思迁、随机应变"甚至"水性杨花、朝三暮四",真是不可思议。我只能说,这是与时俱进,这是世界观、价值观、人生观互相碰撞、磨合、适应的结果,变化中的客观世界要求我们有一个符合价值规律、适应外部客观的主观世界。只不过这个过程确实快了一些。

当然,"见异思迁、随机应变"之后更要有明朗的信念、坚定的执着,以及由灵动与刻苦伴随左右的勇于实践。好了,向困难挑战其乐无穷,向年轻的学友挑战其乐无穷,向自己挑战其乐无穷!四年的时间对于我们这些老三届大学生来说实在是太宝贵了,只能惜时如金啊……

2.2 惜时如金

七七级1978年3月入校,此时距粉碎"四人帮"仅16个月。1978年年初有一种现象,年尾有一个事件,都对我们的大学生活产生了重大影响。年初,从"文革"藩篱中挣脱出来不久的广大青年,喷发出极大的社会主义建设热情。一些地区的共青团组织借鉴"文革"前开展"社会主义建设积极分子"活动和"红旗青年突击手活动"的做法,提出了新时期"新长征"的口号,并倡导广大青年"跟着华主席新长征",开展了"争当新长征突击手"的活动。很快,新长征活动如燎原烈火般燃遍全国,青年乃至全国人民义无反顾地投身其中,成为20世纪70年代末、80年代初焕发巨大正能量的重要社会现象。

年尾,12月18日至12月22日,中国共产党十一届三中全会召开。全会结束了前两年党的工作在徘徊中前进的局面,实现了中华人民共和国成立以来党的历史的全局性、根本性的大转折。这表现在:全会冲破了党的指导思想上存在的教条主义和个人崇拜,批评了"两个凡是"的方针;高度评价了关于真理标准问题的讨论,重新确立了马克思主义的实事求是的思想路线;在充分肯定毛泽东同志在我国长期革命斗争中的巨大作用的同时,着重强调要从科学体系上掌握和运用毛泽东思想;恢复了党的民主集中制传统,提出了健全社会主义民主和加强社会主义法制的任务;做出了把全党工作着重点和全国人民的注意力转移到社会主义现代化建设上来的战略决策;做出了实行改革开放的新决策,启动了农村改革的新进程;开始了系统清理重大历史是非的拨乱反正,为大批老一辈革命家重新回到党的各级领导岗位、建立以邓小平为核心的第二代中央领导集体扫清了障碍。如果说推翻清王朝、新中国成立是20世纪中国近现代史上的两次巨变,那么以十一届三中全会为标志的改革开放,则堪称第三次巨变。

新时期的新长征给了以青年为先锋的中国公众在推进社会主义现代化建设进程中巨大的精神动力;中国的改革开放是在廓清党的思想、政治、组织路线以及弘扬优良传统的基础上实现社会主义强国梦的唯一选择。正是这两种因素,使得处于"文革"后填补人才断层第一线的七七级、七八级备感"天下大任,舍我其谁"!这种雄心、壮志与豪情直接转化为自觉学习的动力,老话儿"我们与时间赛跑"一点也不假。

我把心留在了地理系并决心"好好学习,天天向上",在新长征中不落人后,在改革开放的大潮中有所作为。我深知,我们这一代人已经蹉跎了十年,这四年实在是蹉跎不起了;如果说过去十年我是在崎岖小路上摸黑前行,未来四年就应该是在阳光大道上阔步前进;以我31岁的"高龄",在学习、接受新知识时已无优势可言,只有"以勤补拙"。当时我真的没有什么远大理想、勃勃雄心,也根本没有想过毕业后干点儿什么光耀门庭的"大事",我只记得"不落人后,有所作为"八个字。说具体点,毕业后一定要做一名合格的中学地理老师,争取做一名优秀的中学地理老师——仅此而已。生活给我的教训已太多,不奢望才有希望。

我们七七级二班家在开封本市的要"走读"(食宿不在学校),以缓解学生宿舍与饭堂的不足。从我家到学校,约10华里,我的交通工具是一辆旧自行车,骑车得半个钟头,与从家到开封十中差不多。四年时间里,相同的路线,骑了差不多九千华里,也算得上"万里长征"了。不乏自行车抛锚而推车进校而迟到的尴尬,也不乏严冬路上结冰摔个大马趴而引来的路人围观,也不乏夏天放学绕道龙亭湖游水的快意,更不乏沿途吸引眼球的天景街景人景带来的欢愉……

公共基础课的外语,是我们最重视的一门功课,朦朦胧胧中总觉得学好一门外语是大学生知识结构中之必要构件。问题是,学校开了两门外语,英语与俄语,选哪一门?论基础我当选俄语,毕竟初、高中学了六年;论时尚我当选英语,那时我国与欧美英语国家的关系正热络,而与苏联不冷不热。经慎重考虑,决定学英语,哪怕从ABC开始学起也在所不惜(没想到不几年后我的英语就派上了用场)。学了一段时间,自我感觉不错,一种狂妄就冒了出来；自以为有点语言天分的我觉得光学英语不过瘾、不够劲，要把俄语也拾起来。于是就找俄语老师要求旁听。学了一个月，自动放弃——两种语言互相干扰，语言系统的逻辑界限混成了一盆浆糊。学外语的挫折告诉我，在学习的道路上要循序渐进，要服气"规律"，要清楚自己的能力。开封当地话，小儿家尿尿，不扶（服）不中。

至于公共基础课中的思想政治类课程，不在话下。数、理、化虽说吃点儿功夫，但与年轻同学相比，我们高中老三届的同学还有优势。

富有挑战性的是我们的专业课，内容新，信息量大，对空间概念的捕捉与领会需要相当的悟性与感觉。有些课程，一堂课下来，不少同学一头雾水，问别的同学，也是一头雾水。我们几个年龄大的同学都自觉地坐在教室的后几排，对老师讲课的听觉与视觉接受比前排的同学自然弱一些，要想不一头雾水，只有采取特别的办法。

我的办法有二，一是认真记笔记，完整而准确的课堂随听笔记是课后加深领会与复习考试之必备。一门课往往用去几个大本子，四年下来，蔚为大观。毕业后，在开封市做中学地理教师的同学还曾借我的笔记做教学参考呢。二是课间与课后抓紧时间"抓住"老师不放，把听讲中标记下来的难点及时请教，有时就免不了打破砂锅问到底。据后来老师们笑谈，当时上我们课的老师们很紧张，他们都知道七七级有几个学生特别爱刨根问底，备课不充分就有可能被问倒。甚至有个别老师产生了误解，误以为这些学生是故意为难老师。这种误解也不是没有根据，有的同学不满某老师的课，曾有几个人一起找系领导要求换老师——这类事我可从来不干。

除了学习方法，勇于面对困难也是一种重要的精神力量。毛主席1965年填的一阕词《水调歌头·重上井冈山》的最后两句"世上无难事，只要肯登攀"，是我们的座右铭。每当学习遇到困难时，我就念叨这两句，还真的管用，回避困难、走捷径的念头一扫而光。这种现象说明两个问题：第一，芸芸众生如我者，一般会不自觉地为自己找一个精神寄托，找一个可以吸取精神力量的支柱。这尽管不是"个人迷信"，但显然不符合当代西方的民主、自由与独立之精神。第二，在我的三十年里，能让我无条件地佩服并将其作为自己精神偶像的，只有毛泽东。他的丰功伟绩闪耀着彪炳青史的光芒。

高效率的自学是大学生区别于中学生的一个重要方面。我们走读生，上完课后如果没有集体活动，一般都回家自学。高效率的家庭自学，我既有条件也有能力。条件是，全家人都支持我学习，家务事不要我管。特别是妻子，似乎要扳回考大学时释放的负能量，除了小儿王漾时有打扰，其他一概不让我操心。我自小就练出了比"两耳不闻窗外事"更甚的定力，窗外噪声乱嚷嚷也好，屋里电视哇哇叫也好，一点不影响我看书，连耳朵都不用堵。

而且我自觉禁绝了几乎所有爱好,除了时而在学校图书馆借几本小说过过瘾,除了偶尔畅游龙亭湖荡涤身心,不玩耍、不逛街、不交际、不论吃穿——这种生活习惯一直延续至今,甚至形成了我的一个价值观念:无端的游玩与松弛无疑是浪费时间。时间是什么?时间是生命!

我的这种"惜时如金"或"惜时如命"是不得已,是无奈。因为,按60岁退休计,和我同班的年轻学友还有35至40年的有效生命,而我只有29年了,比人家少了6至11年。除了充分利用时间,还要在一天24小时内给工作、学习多分配一点时间。于是,熬夜的毛病就此形成,直到现在,让我凌晨一点前就寝就睡不着。小孙女肯定会问:"爷爷,您这样干,生活还有什么乐趣?您幸福吗快乐吗?"我的回答是。我天性爱玩,这样做的初衷是不得已是无奈,起初不幸福不快乐;但是,这是客观的必然,主观上我也"乐意",乐意就是一种快乐;实践后的收获给了我应有的报偿,尝到了"甜头",香甜就是一种幸福;形成习惯后,不这样做,反倒会难受甚至痛苦。

回顾上大学以后的经历,我自感我的人生是一片铁灰色,严峻、生硬、单调。但是,大千世界五彩缤纷,每种色彩都是七彩虹的有机成分。一色的红,闹得慌;一色的黄,腻得慌;一色的绿,瘆得慌;一色的蓝,冷得慌……铁灰色调自有一种难以言表的独特的美,我能意会。尤其当铁灰色与其他色调互相映衬时,简直可以说美得炫目了!

这种异于常人的生活方式必然留下一些轶事。有一次,多日不见的我的堂弟(三叔的大儿子)携弟妹来访,意与哥嫂痛痛快快地聊聊天。我住的西屋是三间,把客人让进中间一间落座后,叮嘱妻子陪客人说话,我扭身返回南间继续"一心只读圣贤书"。他们坐了半天,兴味索然,一声告辞,扬长而去。事后听说,弟妹颇有微词,说以后再也不去二哥那里了。

我家成功街四号是个大杂院,建筑布局较为复杂。好几家的小孩子,还有左邻右舍以及对面黄河水利学校的小孩子,常常在我们院玩捉迷藏。前不久,当年住在成功街三号院的小孩子如今是河大民生学院的干部吕老师告诉我,她与我的大甥女同学,就常常到四号院玩。如果我在家看书,外甥女会警告小玩伴们:我二舅在家学习呢,大家小声点儿。久而久之,附近的小孩子都知道四号院有个大学生,成天就知道学习,脾气暴躁,可厉害了,大家见了都绕着走。

两岁左右的儿子正值淘神的年纪。有一段时间,晚上就是不睡,咋哄都不行。于是我与妻子分工,10点以前妻子负责,10点以后我负责。结果是10点以前疯玩,10点以后玩疯,每天不折腾到12点不算完。我就想了个办法,一过十点半,就把小家伙塞进摇车里,我坐在小板凳上,把脚放在摇车一头的车轴与车帮之间不足10厘米的空隙里,双腿一伸一蜷,摇车就一来一往,好像荡漾在水中的小船一样——腾出我的双手,捧着书本读。一开始小家伙不听(去声),哭着闹着非让我抱。硬拗了几次,习惯了,在"水波荡漾"之中香甜入睡。只是,我得不停地读书出声,默读无声,他也不听。于是我只好改为轻声朗读外语,于是儿子上大学时就选了外语专业——二者有无必然联系,说不了。

有一年期末考试,我在家复习烦了,就骑车跑到古城墙的一个叫"西北城坡"的地儿看书。此时正值6月底,这里了无人迹。头上蓝天白云,身旁绿植葳蕤,耳边野虫叽啾,眼前是一条透着历史文脉的城带,屁股底下坐的是明清古城砖——好一个脱尘离俗引人清心寡欲淡然入定的仙家名苑,正是那无我无物引人静心读书别无旁顾的人间胜境。突然之间,几个小初中生爬上了城墙,有男有女,就在我面前不到五米处驻足。他们叽叽喳喳,高谈阔论,对我倒也无所顾忌。他们说什么,本来不入我耳,但越说越引起我注意,原来他们是逃了课跑出来玩的。我教初中生,知道他们的"德性",于是"好为人师"的职业病发作:来来来,孩子们,咱聊聊……聊什么?……聊一聊"读书无用论"的危害……读书就是无用嘛……读书有大用,一、二、三……我们小,不懂这些大道理……到你们大了懂了再想学习,晚了……我们说不过你啊——于是,这帮面带不服、困惑可能还有点惭愧之色的小孩儿落荒而逃。回到家,把这事儿告诉妻子,她说,人家孩子还以为遇见个神经病呢,别吓着他们!

四年下来,三十几门要考试的功课每门都是一场比拼,一班与二班PK,男生与女生PK,"老"学生与"小"学生PK……平日里,考试前,大家暗中较劲;公布成绩时,大家不动声色地左比右比前比后比上比下比,上位的喜形于色,下位的面带不甘。几次下来,一些同学不再张扬。还在较劲的,也就是那几个同学。

毕业留校后,我们当年的辅导员、后来的总支书记毕锡仁老师告诉我:四年各门功课的总成绩,全年级我第一;后又传出第一另有他人。曾经有同志就此求证过我,我回答:当年计较,现在无所谓;就算我的成绩靠前,主要不是聪明所致而是功夫所致;永远的脚踏实地永远是成功的基础。此言,送给孙女以及所有的后辈学者。

2.3 又一个"广阔天地"

如果说农村是我的第一个"广阔天地",大自然以及学业实习平台就是我的第二个。四年之中,走出课堂在广阔天地接受知识洗礼的机会有五次:一是河南辉县百泉的测量实习,二是河南登封嵩山的地质实习,三是江苏连云港连岛的综合自然地理实习,四是洛阳的毕业论文实习,五是开封十五中的地理教育实习。五次实习把我们带进了地理科学的大千世界。

嵩山位于河南省西部,属伏牛山系,东西绵延60多千米,总面积约450平方千米,环山地跨登封、新密、巩义、偃师、伊川等市县,主峰在登封市域西北部。嵩山由太室山与少室山组成,号称72峰,海拔最低为350米,最高超过1500米。主峰峻极峰位于太室山,高1492米;最高峰连天峰位于少室山,高1512.4米。公元前770年周平王迁都洛阳后,以"嵩为中央、左岱(泰山)、右华(华山)",故将嵩山定为"天地之中",称其为我国五岳中的"中岳"。嵩山北瞰黄河、洛水,南眺颍水、箕山,东望八朝古都开封,西依十三朝古都洛阳,素有"汴洛两京、畿内名山"之称,为中原地区第一名山。

嵩山

嵩山是我国的"地质宝库",2004年被联合国教科文组织列为"世界地质公园"。两亿三千年前后,地壳发生"燕山运动",嵩山地区受南、北方向山体的挤压,形成了今天险峻的山势,各种地质地貌形态显露于浅层地表。嵩山岩石层系演变完整,太古宙、元古宙、古生代、中生代、新生代的地层和岩石均有出露,被地质学界称为"五世同堂"。岩浆岩、沉积岩、变质岩的出露,构成了中国最古老的岩系——"登封朵岩"。这里是地质学界公认的世界上稀有的自然地质宝库,古生物化石十分丰富。独特的地质构造使嵩山蕴藏了丰富的煤、铝、铁、麦饭石等矿产资源。

嵩山及其周围的中原地区,是中华文明的发源地,古代文化高度繁荣。这里虽是道教主流全真派圣地,但道、佛、儒三教荟萃,且相互融合、和谐互补。太室山下的中岳庙,始建于秦朝,是嵩山道家的象征;少室山中以少林武术闻名于天下的少林寺,是嵩山佛家的象征;太室山南麓的嵩阳书院是我国古代四大书院之一,是嵩山儒家的象征。位于告成镇周公庙内的嵩山观星台是我国现存最古老的天文台,也是世界上最著名的天文科学建筑物之一,1961 年 3 月 4 日被国务院公布为第一批全国重点文物保护单位。

历史上曾有 30 多位皇帝、150 多位著名文人登临嵩山,并留下许多脍炙人口的诗文或墨宝。唐朝诗人郑谷对嵩山著名景物的梳理与描写最为传神,例如其"嵩山十二胜景"诗曰:

龙潭贯珠琼浆流,嵩阳洞天景色幽。少室夕照垂金钱,御寨日落苍谷口。

石池高耸云崖畔,石僧迎宾站山头。石笋闹林柏涛滚,珠帘飞瀑震山吼。

高峰虎踞云天啸,猴子观天盼解咒。熊山积雪稍奇观,峻极远眺天地悠。

嵩山风采举世闻名,在国内外享有盛誉。独特的地质地貌、地理环境与文化积淀,使嵩山不仅成为世界旅游胜地,还是地质、地理、矿产、生物、历史、文学、建筑、宗教等门类科学考察与研究的上选。全国地质类院校和师范类院校中的地理系科纷纷组织学生来此实习。

开封师院地理系于 1978 年 6 月组织七七级学生到嵩山进行地质实习。主要内容为:了解嵩山地区地壳演变历史,分析地质构造的成因、类型及表现形式,掌握地质概况与特征,观察地质基础上的地貌形态,采集岩石标本。一个地区的地质、地貌基础是形成当地自然地理环境的物质基底,而后者又是区域人文、经济地理发展演化的平台。大学一年级就安排地质地貌实习,可见其重要性。而这次实习又是地理系十年来的第一次,系领导和老师们的重视程度可想而知。

那时的野外实习,不懂得利用社会资源,交通、食宿条件极不方便,一切都要靠"自力更生"。学校很支持,组织了几部大卡车运人、拉辎重。米面油盐、灶具炊具、劈柴煤炭等吃饭的家伙,学生的铺盖、下垫的草苫子、遮雨的篷布等睡觉的家伙,都得自己带。随队的还有一个庞大的管理队伍,系领导、老师、辅导员、校医院医生、伙食管理员以及司机、大师傅等,相当壮观。这阵势,和一支古时打仗的军队差不多——这叫兵马未动、粮草先行,到了一地,先要考虑安营扎寨、埋锅造饭。

到了登封,进山安营扎寨,百十号人住进了一所当时无甚香火的破庙,名曰"会善寺"。殿堂、厢房都成了临时宿舍。白天大部队出去工作,留人值班,夜晚安排巡夜,还真有点军事化的味道。住深山大庙,同学们基本都是人生第一次,晚上就有些兴奋。实习队有严格的纪律,统一的时间点吹熄蜡烛后,不准交头接耳,更不准嬉戏喧闹。于是,躺在草苫子上,眼望着朦胧夜色中的大殿一角,耳边山风的呜呜咽咽与山林的窸窸窣窣交响,睡不着觉的大学生们就难免浮想联翩,青春的思绪在深山老林间肆意飞扬……我们这些"老学生"也睡不着啊,于是就想儿子、女儿,就想这十多年稀里糊涂地混过来又突然一下子命运大转折的宿命的无奈与奇妙……有一天夜里,狂风暴雨,雷电交加,第二天雨过天晴照旧工作。大殿的那一角却经受不住一夜的风雨肆虐,突然间轰然落地,把带队领导惊出一身冷汗。所幸营中无人,有惊无险。但那一幕,想必地理系七七级学友都记忆犹新。

解决吃饭问题,真得先"埋锅"。在附近选一空旷处,几个大师傅砌炉灶,搭帐篷,支上锅,生上火,一大锅开水就咕嘟咕嘟翻滚。管理员买来蔬菜、肉,师傅们和上面、切好菜,一阵忙活,馍菜汤就提溜到了饥肠辘辘的师生面前。野炊造饭,谈不上多高的质量,但饭实惠、菜新鲜,再加上特殊的环境、特殊的任务,就有了就餐时的特殊食欲与特殊心境,大师傅勉为其难做出的饭菜就特别香甜。一到开饭,饭场上热闹非凡,"一个锅里耍瓢"的师生们就有了同是一家人的感觉。条件差,师傅们的手艺不差,还时不时地改善一下伙食。有一次吃肉包子,个儿大馅肥,一人仨,大家不啻在深山野林过了一个节。

手拿地质锤的实习生

学业实习的过程中,同学们饱览了中岳嵩山的花花美景。自然风光与人文遗存抬眼就是,令我等目不暇接、心存感念。登顶峻极主峰,虽说海拔不到 1500 米,但一峰突兀、山势险峻,那种远观大河、近揽山奔的感觉就出来了。中岳庙基本上保留了明清官式建筑规模格局和风格特点,沿中轴线由南向北,由低而高,共十一进。其中的中岳大殿(即峻极殿)素有"台阁连云,甍瓦映日"之称,殿内正座上五米高的中岳大帝塑像凛凛生威。嵩阳书院创建于北魏孝文帝太和八年(公元 484 年),是中国古代教育史上一颗璀璨的明珠。院内两株树龄4500年的古柏,在公元前110年被游嵩岳的汉武帝刘彻封为"大将军""二将军"。嵩阳书院古代"高等学府"的范儿,使我们这些好不容易跨进大学门的七七学子对它有一种难以言表的情愫。少林寺位于少室山北麓五乳峰下,据传印度名僧菩提达摩禅师曾驻锡于此。少林禅宗名扬天下,少林武术更是中华武术的瑰宝。初入寺门的我们,为少林的博大精深而自豪,为少林的皇皇矍铄而折服,为少林的龙马精神而振奋。2010年8月1日联合国教科文组织第34届世界遗产大会将包括少林寺在内的登封"天地之中"历史建筑群列入《世界遗产名录》。

地质实习的收获是嵩山之行的主要成果,对嵩山的实景与虚境的感受是附带成果。多年后,随着我的专业方向的逐渐凝聚,嵩山的地质概貌在我的学术视野中已渐渐淡化。而对嵩山的感受,在我的人生征程中,已内化为精神世界永恒的元素。

1980年6月份,开封师院地理系组织七七级学生到江苏省连云港市连岛进行综合自然地理实习。连岛地处黄海之滨海州湾畔,东西长9千米,面积7.6平方千米,是江苏省最大的海岛。行政区划归属连云港市,与连云港港区隔海相望。连岛是江苏省4A级海滨旅游景区,山、海、林、石、滩等天然景观奇妙结合,既是游览、度假的胜地,也是海岛自然地理考察难得的基地。

连云港连岛

连岛地处暖温带的南缘,属向亚热带过渡的季风海洋性气候地带,四季分明。地貌类型多样,尤其是经长期日晒风侵雨打浪蚀形成的海蚀地貌,千姿百态,象形奇特,有"海蚀石博物园"之称。我们的主要实习内容为:了解海岛综合自然地理的特征与成因;观察海蚀地貌的形态,认知其形成原因;了解海岛气候与海洋水文对环境的影响;采集片麻岩标本与山地棕壤标本;考察海岛动植物种类及其经济价值;沿特定剖面进行综合考察。实习的内容相对较杂，又是跨省远距离出行，同学们兴趣浓浓，老师们可就紧张了。

这次照样是兵马未动、粮草先行，到了地方仍要安营扎寨、埋锅造饭。不同的是，这次充分借助了外部力量，而且借助的是最靠谱、最给力、最强大的力量——驻连云港的解放军部队。这支部队担负有海防任务，是轻易不会与地方发生关系的。不知道怎么联系上的，但官兵们无私的援助感人至深。坐火车到了连云港市区后，面临的第一个难题是我们这支"部队"怎样渡过六七千米宽的海峡，到达对面的岛屿。

黄昏，一艘宽宽的大船靠到码头，船的底部张开了"大口"，我们的几部卡车、全部辎重以及全体人员有条不紊地被大船吞进了肚腹。须臾，大船不动声色地离岸缓行，船肚子里的我们隐隐约约听到船体外的海涛声。从未有过的体验与由此而来的寂静使这一切充满了神秘感……也就半个钟头左右吧，船靠到对岸，大口张开，把我们徐徐地吐了出来。豁然开朗中回头一看，原来是解放军的登陆运输舰把我们送上了连岛！人生有如此经历，也算难得啊！

登岛后面临的又一个难题是睡哪里。那时岛上很少有民用建筑，更没有可临时栖身的大庙（破的也行啊）。到了宿营地一看，一排排的平房，铺位已经收拾停当，屋子里还有电——打开行李卷就可以入梦了。原来，解放军战士把他们的营房腾给了我们，他们睡哪里，不知道。顿时，正如老话儿所言，一股暖流涌入心田……

吃饭问题还是实习队自行解决。但由于路途遥远，就没有随车拉做饭的煤。只好到海岛对岸的连云港去买，而且还要倒腾过海。因此吃饭的最大问题是买煤、运煤。一车煤运来了，就得动员同学们卸煤。有一次，大家白天跑实习剖面累了，出来卸煤的人不多，带队的总支书记袁老师就朝我们出来的同学发了脾气。几个同学忿忿不平，我只有尽力劝解……事后，袁书记说我顾大局，还表扬了我。相互理解吧。当年在这里实习，没有机会品尝海鲜。几年后，留校任教的我带领中学地理教员培训班学员重返连岛，虽没大块朵颐，卤对虾却吃了几次。我记得六毛钱一只肥肥的对虾，真香真鲜。后来时兴吃海鲜，再也寻不到当年的滋味。

在海岛实习，整日里满眼都是海水，碧蓝碧蓝的。近处看，一朵朵白色的浪花如同碧野中快速移动的百合，其雄劲的动感和嚣张的吼叫与花朵的悦目和柔弱形成巨大反差，炫目摄神；远处看，一波波浑浊的排浪好像云天中突然降临的神兵，其宏大的气势和沉闷的呼啸与兵阵的力道和神威产生巨大共鸣，惊心动魄。于是，海水与海浪就对在海岛实习的年轻学子们构成了念念不忘的诱惑。下海游泳？不准，安全第一。很想下海游泳？好吧，就一次。在连岛岸边唯一的那次畅游黄海，成了我们那一届学生永久的记忆。

野外就餐

连岛实习结束前,师生们徒步进行了一次环岛游。留下深刻印象的有位于连岛中部的大沙湾海滨沙滩,这里沙质细腻,海水洁净,水温适中,是华东地区屈指可数的健康型海水浴场之一。后来在这里成功承办了8届连云港之夏开幕式、国际风筝节、2003年国际女子沙滩排球巡回赛中国站的比赛以及江苏省首届渔民文化体育节等重大活动。还有三面环山、一面向海的苏马湾,这里山林茂密,曲径幽深,环抱金滩,海涛澎湃,溪响淙淙,是江苏沿海著名的海岸生态园……

1981年上半年,为了完成我们的学士学位论文(毕业论文),地理系通过双向选择对我们进行了论题分工与指导教师分工,并组织七七级全体学生到洛阳实习。我和秦耀辰同学投在李克煌教授名下,研究河南省豫西山区温带与暖温带交接处的生物适应性问题,须实地考察柑橘在北方的生长状况。具体考察地点是洛阳卢氏县的朱阳关镇。

我们是晚上到的朱阳关,吃过晚饭出来散步,偌大个镇子,几乎看不见灯光,甚至听不见狗叫。但我们能感到大山在呼吸,万物在萌动……第二天,在几所山民的院子里,我们真见到了几棵生长良好的橘子树,已挂果了!据当地人说,是从南方引进的幼苗,随便栽到了院子里图个四季常绿,想不到几年后成材开花结果了!这个实地验证带来一系列问题:人类活动对大自然施加了怎样的影响,气候交接带的生态环境发生了哪些变异,豫西山地的农业区划怎样划定,甚至洛阳陇海线以南中低山区能否发展柑橘种植产业……这次实习给我们做毕业论文提供了科学与实践的基础，相信也为当时当地的农业区划和经济发展、环境保护工作提供了些许依据。近四十年后的2017年末，为城市规划评审，我旧地重游卢氏县，和卢氏干部谈起朱阳关，天翻地覆，但柑橘生产终未成气候。

到洛阳地区实习，自然少不了领略当地的山水风光和历史遗存，例如龙门石窟、白马寺以及公园里的牡丹等。这些地方后来多次光顾，印象也就逐渐消淡。唯有两件小事，至今想起还不禁莞尔。我第一次在洛阳老城区喝地道的浆面条，一毛钱一大碗，那个一尝不忘的特殊的香啊，后来喝浆面条似乎再也没有了那种美味；我第一次在洛阳的公交车上被偷了钱包，里头只有五块钱，既可惜那笔款子也同情小偷不怎么"发市"，可奇怪的是以后再也没丢过钱包！

临毕业前，开封师院组织七七级学生在开封市属中学进行教育实习，我被分在开封第十五中学。教育实习是师范院校高年级学生到中学进行教育和教学专业训练的一种实践形式，是实现培养目标不可缺少的教学环节，也是教学计划中的重要组成部分。教育实习的目的，是通过教育和教学实践，培养和锻炼学生从事教育和教学工作的能力，并加深和巩固学生的专业思想。

我们的教育实习，把学生分为若干小组，一组一个带队教师，分赴各个学校。每个学生都要给中学生讲几节地理课，并代理一个班的班主任。实习学校派一位同科教师做指导老师。可能与我做过中学教师有关，课堂上组织教学、实施教案驾轻就熟，课外领着学生搞活动也是小菜一碟。你别说，十五中校风挺好，学生守规矩，也愿意学。按照开封师院的统一安排，七七级学生的教育实习要择优者留下课堂教学的音像资料。于是地理系的总领队张恒渤教授就点名让我做一堂公开课，现场录像。事先，在指导老师的帮助下，选定题目、集中备课、试讲等，准备工作比较充分，学生也很配合。公开课在学校礼堂举行，似乎去了不少人。

一切都按计划进行，但一进大礼堂学生就给我来了个意料之外。公开课与上一节课课间休息十分钟，还有五分钟时我跨进礼堂，随口一句"请同学们准备上课"——坐在座位上的学生突然间集体来了个双臂环抱、头颅下伏的"静息"动作。五分钟刚到，我一声"上课"，同学们"唰"地起立，一声"老师好"，那是真提精气神！学生的这一套令观摩的领导和老师啧啧称赞，还把功劳按在了我身上，说是我"训练有素"。其实"冤枉"我了，事先根本没安排，我的那一声"准备上课"无意间相符了平日班主任老师的要求。同学们整齐划一的静息，只不过是条件反射而已。公开课还算顺利，遗憾的是，录下来的音像资料不知所终，我始终没看过，不知效果如何。

我的又一个"广阔天地"不仅锤炼了我的专业素养,也给紧张的大学生活平添了许多乐趣。相对于其他系科专业的学友,我们得天独厚,"地理系土里土气"的标签恰到好处地点明,我们接地气。

2.4 铁塔风铃

在河南大学百年校庆的庆祝晚会(2012年9月25日)中有一个场景,以登临铁塔为线索描写学生求学的心路历程。合唱队作为背景反复吟唱的一首歌至今萦绕在我的心头,唱词是该剧编导、新传院谷小龙老师整理的。其中有几句念词是:

> 玲珑塔,塔玲珑
> 我登上了铁塔第一层
> 一个铜铃整四两
> 风儿一刮温儿了温儿了
> 温儿了温儿了响哗愣
> ……

极通俗、极易上口的念词中,"玲珑塔,塔玲珑"指的就是开封"铁塔",四两重的"铜铃"就是本节的标题"铁塔风铃"。

铁塔始建于北宋皇祐元年(公元1049年),是1961年我国首批公布的国家重点保护文物之一,素有"天下第一塔"的美称。该塔高55.88米,八角十三层,因此地曾为宋开宝寺,又称"开宝寺塔";又因遍体通砌褐色琉璃砖,浑似铁铸,故从元代起民间称其为"铁塔"。由于铁塔公园紧邻河大北院墙,这里就成了河大师生心目中的亲亲"后花园",成了学生读书、休憩的好去处。铁塔是百年河大历史的见证者,河大的毕业生自豪地称自己为"铁塔牌",河大人会把千年铁塔当作自己乃至整个学校的"老祖宗"。

在开封师院上学的四年里,课堂之外母校在铁塔风铃中点点滴滴的熏陶,至今想来还回味无穷。

刚入校不久,东操场的整修就提到了议事日程。开封师院校区(今天的河大明伦校区)有两片大的操场——东操场和西操场。西操场是体育系(学院)的专用操场,而非体育专业的学生上体育课、体育锻炼、开展活动等都在东操场。"文革"期间,东操场失用、失修,凹凸不平,排水不畅,荒草丛生,已荒废多年了。操场东边紧挨古城墙,也是一片狼藉,城墙下、操场边居然还违章搭建了住上人的"小趴趴屋"。一言以蔽之,东操场不仅不能用,还大大地有碍于学校的观瞻。于是学院就组织了七七级新生入校后的第一次师生"义务劳动",要用我们自己的双手和肩膀让东操场彻底变模样。

整修东操场

某个周六的下午,学校在东操场现场召开了声势浩大的动员大会。一两千人聚在一堆儿,群情振奋,活脱脱就是大军出征前的誓师,师生们手中的扫把、铁锹、抬筐和架子车就是武器。领导讲完话大家就嗷的一声冲了出去,似乎压抑了十年的心劲儿猛然爆发,令人血脉偾张!沉寂已久的东操场沸腾了,那场面,真是蔚为壮观。忙乱中,只听见操场的大喇叭在喊:"大家注意了,谁拿了白书记的铁锹,赶紧送广播站来……"啊哈,同学们心知肚明,这是告诉大家,院领导也和大家一起干活来着。几天下来,东操场整修一新,东边还挖了一条专用的排水沟,后又整治为小桥流水,成了今天河大一景。徜徉在小河旁的学弟学妹们,你们听到了那悦耳的铁塔风铃"哗愣哗愣"的撞击声了吗?四十年前的那一幕早已湮灭,只有那铃儿还在随风摇曳……

整修后的东操场给开封师院的学子搭建了一个丰富多彩的课余活动的平台,尤其是这里的体育活动,可以当得起"龙腾虎跃"四字。每当学校的春(秋)季运动会,各系都会全力以赴,以运动场上的一争高下作为捍卫集体荣誉的重要渠道。第一次运动会,由于是学生会干部,我自然要带头报项目。先试了自认为的优势项目——跨栏。结果,别说110米高栏了,就连跨几个低栏都气喘吁吁,不得已只好放弃。又试了推铅球,技术含量不高有劲就行。结果也不成,很难拿上名次,只好彻底放弃。我直摇头感叹,难道廉颇真的"老矣"?于是就加入啦啦队,为地理系的选手拼命呐喊助威,还对学校共体教研室负责人王老师所谓的"裁判不公"说了难听话。人家王老师真有涵养,你再急他不急,自始至终都给你耐心解释。多少年后,我做了河大的体委主任,曾就此事诚恳地向王老师道歉,他竟一脸诧异地反问我:"有这事?"再次为当年的鲁莽向王老师致歉,也感谢您对学生的宽容!

七八级学友入校后,地理系的学生体育活动更是如虎添翼。尤其是三大球（篮球、排球、足球），敢与大系抗衡。几个老哥学生威风不减当年，谢瞻民、沙旭升、孙勇等，都能上场，还是主力，谢瞻民还在学校举办的足球赛上为地理系队守过大门。我不行，顶多在排球赛时上场打个替补二传什么的，还状况频出。我大多充当个教练，无非是叫个停让老伙计们喘口气；有时还充当个领队，参加个赛事协调会或召开个对内打气会。凭着这点"功底"，毕业留校后，我作为地理系教工女队教练，带领队伍打了个全校亚军，着实风光了一回。

尽管专业学习压力很大，但遇到上体育课，同学们个个欢呼雀跃奋勇争先。第一个给我们上体育课的老师，体育技能很好，教得也好，就是眼神差点儿，看不清字。第一次给我们上课，在东操场点名，点名册上十个名字有七八个念错，不是多音字念成了别音，就是字形相近的字念岔了音，惹得同学们笑翻了天。我清楚地记得，他点我的名念成了"王发曾（ceng）"，姓曾的曾念成了曾经的曾——这不怪他的，连教语文的老师都叫错过。以后，再没见他点过名，再以后，他不教我们了，换了个和我们年龄差不多的薛老师，薛老师不点名。其实，体育课根本不用点名，谁愿意失去一次在东操场"疯"的机会呀！

薛老师给我们上课，可不是光领着大伙疯玩。他拿手的项目是体操，课堂教学安排的多是垫上运动、单双杠、跳马等。他教学态度很认真，一招一式，从不苟且。他对我们老哥学生很宽松（他可能还没有我们大），说年龄大了，点到为止。我们可不愿点到为止，也一招一式地跟着学。于是我们就成了榜样，有年轻同学做动作不认真的，薛老师就以我们典范说他们的事。我们跟薛老师的关系，师生味淡了些，朋友味甚至哥们儿味浓了些。直到以后，他改了行教了摄影并亲手创建了河大艺术学院的摄影专业，我们见面还亲热得很。他是怎么漂亮地完成了从体育到摄影的华丽转身，不得而知，但我们都知道他是河大公认的摄影高手，有理论有技艺，对河大摄影专业的创建与发展做出了重要贡献。

那时的校园文化活动，除了体育，自然就是文娱。其中的歌咏比赛、文艺汇演等是艺术，又是争锋斗勇的好机会，各系都不会等闲视之。论起艺术，地理系天生比别人矮半头，"土里土气"的标签使地理系师生遇到此类活动就没有半点脾气。争名次？想都没有想过。可现在不一样了，地理系七七级、七八级岂能甘落人后，得争这口气！

第一次歌咏比赛结果不理想，第二次歌咏比赛就较上真劲了。学生会出头，挑选队员、歌曲，请艺术系学生教歌、伴奏，设计穿插的花样，等等，不一而足。我和七七级一班靓丽的张同学（女）朗诵，七八级的刘同学指挥。比赛那天，憋足了的劲头轰然爆发，超水平的发挥赢得了大礼堂的满堂彩。

我在红卫兵歌舞团干过,和女同学合作朗个诵那是小菜一碟。大幕拉开,台上地理系合唱队的几十号人不算多,但经过赛前专门练习过的台风一下子就镇住了全场。那真提劲儿的精气神,那朴素而富有特色的服装,那无可挑剔的连眼都不眨的纹丝不动,获得了台下黑压压观众的碰头彩。我不急,等掌声平息,缓缓地,第一句朗诵词出口,大礼堂就又被掌声淹没……比赛结果可想而知,从此让别的系的学友对地理系刮目相看。

那次比赛给地理系的师生留下了值得留下的记忆,以后就再也没有取得过如此好的成绩。但是我清楚,那天憋足了劲儿,缺乏舞台经验的合唱队受现场气氛的感染,"超水平发挥",唱到最后节奏越来越快,还跑了调。公正的评委在评分时竟忽略不计——恐怕他们也想不到地理系队会唱得这么好。歌咏比赛的成功使我们解放了思想,参与学校文艺汇演之类的活动就没了思想障碍。我们的"宗旨"是:有活动,必参加,不争名,争口气。

七七级、七八级上学期间,地理系的节目上了三次大礼堂的舞台。一次是二胡独奏,七八级刘同学拉二胡管旋律,我敲木鱼管节奏。一次是男生小合唱,自然有我,唱的是当时最流行的歌曲《少林,少林》(刚刚公演的电影《少林寺》的主题曲)。还有一次是民乐合奏,有男有女,我还是敲木鱼。地理系能组织起一支小乐队?很多人不信。我们演奏的广东音乐虽水平"嘛嘛的"(粤语"一般般"),但让人刮目相看,很争气。

铁塔风铃伴随我们成长的脚步响了一年一年又一年。大三那年,1980年,有消息说要举办全国第一届大学生文艺汇演。有一天,系里通知我,要我到学校宣传部开会,什么会,不知道,我以为可能是学生会的事吧。参加会的有二十几个学生和几个老师。时任宣传部长的申老师(后来做了河大的副校长)开宗明义地宣布:为了给参加全国第一届大学生文艺汇演练兵,决定成立校学生话剧团,来的同学都是团员。宣传部的其他老师讲了具体要求,并对拟排演的"练兵"剧目做了介绍。有现成的剧本,是一部类似于"文革"后"伤痕文学"的多幕话剧,已经进行了适当改编。

要我演话剧?这是从何说起!不管他,且听完再说。老师讲完了,要学生发言、表态。一开始没人说话,老师的眼光就转到了我身上,显然是想让我这个老大哥带个头。好,我就撂出了心里话:其一,排演一部大型话剧绝非易事,如果功夫下不到就有失败的可能;其二,我泼的这一盆冷水,不是为了把火浇灭,而是为了让火烧得更旺。看来我这个说法引起了大家的共鸣,老师赞许,同学们纷纷附和。于是这个事就定下来了,学校大力支持,同学们下决心搞好。

演这部话剧,我能干什么?要我饰演一位多年在海外打拼的老教授,戏不多。怎么找到了我?老师听过我在歌咏比赛时的朗诵,认为我的声音、形象、气质都和角色相近。这话得打个折扣,我可没有那个"范儿"。但是,既来之则安之,不为别的,就为争口气。过去为地理系争口气,现在为学校争口气。

读者诸君,你们可能已发现,在我平铺直叙的文字中,"争气"二字出现频率很高,无疑,这两个字在我大学生活中是排首位的"关键词"。现在想来,这二字既浸透了我们这一代人的共同情绪,也真实反映了我个人那一时段特殊的心路历程。

好吧,就演话剧。学校说到做到,在物资、经费、时间以及与各系的协调等方面做得都很到位。尤其是排练场所,竟将整个大礼堂都交给我们使用!须知,那时的大礼堂虽然还不是"全国重点文物保护单位",但可是学校的大宝贝呀!我在河大生涯里多次在大礼堂登台,但就是这一次的亲密接触使我把她当成了我生命中的永久爱恋。话剧团的头儿,也是这个剧的编导,是艺术系七七级的董同学。那可是个人才,浑身的艺术细胞不说,那种组织事情的大将风度、调教演员的循循善诱、安排剧务的细致入微、待人接物的宽宏大量,都让人从心底里服气,很快我们就成了好朋友、好伙伴。我曾经对他断言:你小子将来必有大成!果不其然,他后来做到河南省文化厅副厅长。

一个团队有个好头儿,就有了聚合力。在小董的带领下,排练顺利,演出顺利,结果美妙。参加的人,包括我,接受了一次高雅艺术的熏陶、一次团队精神的锤炼、一次人文精神的享受,当然,还获得了一次争气情绪的宣泄。几个场景至今难忘:排练时,情到深处、真处,演员们入戏很深,以致泪洒舞台;小董的激励是演员的"心灵鸡汤",他会说,发曾兄,你的嗓音有穿透力,适合演话剧;有时误了食堂的饭茬,就在街上买来羊骨头在宿舍熬羊汤喝,那味道竟在素以汤食自诩的古城难寻……小董,还有话剧团的伙伴们,这一幕幕,你们还记得吗?

第一次演话剧的成功使我们的话剧团余韵绵绵。其后,我们参加全国第一届大学生文艺汇演,同时也为了配合七七级毕业生分配工作,我们拿出了一部主题为"到最艰苦的地方去"的话剧《生活从这里开始》。董同学自编自导,演员基本上是原班人马。在戏里,我演一位大学校长,儿子(由历史系七八级胡同学扮演)大学毕业待分配。这回是主角,至少是主角之一,戏不少。在学校大礼堂第一次公演,我们当时的校长李林老师也去看了。落幕后,大礼堂的轰动自不必说,有一个细节很有意思。观众散去,校领导要和我们演员合影留念,校长就理所当然地坐在了前排正中间。这时就有人喊,假校长你站在真校长后面!多年以后,小董开我的玩笑:发曾兄,看来那时你就露出校长相了。

《生活从这里开始》剧照

这次全国第一届大学生文艺汇演,河南师范大学(开封师院1979年更名为河南师范大学)参加河南赛区的比赛,出了两个节目,一个话剧,一个舞蹈,均获得本赛区一等奖。

本节收笔前,我抽空去了一趟铁塔公园,专为拜谒我们的"老祖宗",寻找当年铁塔风铃的韵味。进了公园门,远远地,我眯着眼望着她,挺拔的身姿与直插云霄的气势依然青春不老,但听不到风铃声;到了跟前,近近地,我仰起头望着她,压倒的凛威与铁琉璃色的凝重依然咄咄逼人。但风铃声呢?须臾,起小风了,"温儿了温儿了,哗愣哗愣",风铃发出细微的但清晰的撞击声。一瞬间,老铁塔的身姿、气势、凛威与凝重都化为只有老奶奶身上才有的特殊的令人迷醉的"老味儿"……迷蒙中,终生的亲亲师尊与四年的亲亲同窗一个个地浮现在眼前……

2.5　我的师尊

地理系的教职工队伍,既有整体的优势,又有个体的风采。从整体上看,学科结构齐全,学缘承续宽阔,工作勤奋,团结一心。尤其对学生,在严格要求的同时,又广施人文关怀,在地理系历届学生中都有极好的口碑。从个体上看,尽管风采各异,但却可从中找出某些共性而将他们分为若干个类型。当我试着这样做的时候,却犯难了,"某些共性"本身又有显著的差异。于是只好采取"两两一组"的小分类方法,去描画我心中的亲亲师尊。描画的顺序主要按年龄,也兼顾到工作性质。

彭芳草老师与李世金老师。二位可敬的老人家当时都六十多岁了,他们都不是河南人,又都把黄金年华贡献给了河南,给了河大给了地理系。彭先生的专业是经济地理,他是地理系经济地理学硕士点的创建人之一。李先生的专业是自然地理,曾做了短时间的系主任,我们学生干部曾去他家汇报过工作。

李润田老师与尚世英老师。他二位都是在新中国成立前后进河大的,专业都是人文地理、经济地理,都是行政、学术双肩挑、双丰收,在学界乃至社会各界享有很高声望。李先生是东北人,1980年代初为复兴中国的人文地理学而提出"用马克思主义指导人文地理学",是地理系第一个国家自然科学基金项目的主持人。他先后做过地理系主任、河南师范大学副校长、校长以及河南大学校长,后来一直做到河南省政协副主席,是"文革"后河大唯一的副省级领导。前些天我倒腾我的各种证书,偶然发现我毕业证书上盖的是李林校长的章,学位证书上盖的却是李润田校长的章,尽管公章都是"河南师范大学"。李先生九十寿辰时,我准备送他我写的一幅字——"九秩耕不辍,桃李满枝头",但终因不自信而没有送出。尚先生1980年代专注于研究农业综合区划,是河南省的权威,在全国有一定影响。"文革"后期,他被调到体育系当主任,七七级、七八级进校后调回地理系当主任,一直到退休。尚先生人品好,无私心,办事公,能宽容,在师生中有很高威信。带学生野外实习,和学生一起跋山涉水,还总是大步流星地走在队伍的前面。我能留校任教,能去华东师范大学读助教进修班并将专业方向定为人文地理学,尚先生起了决定性作用。

王立权老师与张恒渤老师。二位老师都是河南人,在地理系也都是老资格的教师,在学生心目中都是仁厚长者。王先生做过一段地理系主任,后来调到了校图书馆当馆长,没怎么教课。张先生的专业是地理教学法,我留校先搞这个方向,显然是张先生的主张。留校后和他聊天,得知他曾经在开封一高任过教,一高后来的地理老师张景奎(肖红的父亲,教过我)是他的学生。再一聊,我六舅张天斗也是他的学生,后来还有联系!如此说来,张先生是我的师爷了,顿时又亲近了许多。

张光业老师与全石琳老师。二位老师在地理系是学术队伍的领军人物,学问做得棒,学术视野宽阔,课也教得漂亮。张先生是南方人,早年来到河南,为河大地理系贡献了毕生。他是"河南省地貌区划"的首席专家,其地貌学方面的学术成就在全国有影响。老先生个儿不高,眉清目秀,肤白唇红,年轻时肯定是个美男呢。他说话柔和,但条理性强,很有学者风度。全先生来自人才辈出的南阳盆地,专业是综合自然地理学,全国的第一本综合自然地理学教材就出自他手,在全国的学术影响可想而知。他非常关注地理科学理论体系的建设,主要学术成就当得起"高屋建瓴"四个字。尤其是他就地理科学问题与当时的国家科协主席钱学森教授的信函来往,在国内学术圈十分引人注目。我跟他出去开过学术研讨会,很为老师自豪呢。全先生做学问,思路缜密,逻辑性极强,从他手里出来的东西,没有废话,不敢说字字珠玑,起码是满篇经纶。他家教很好,两个儿子都很厉害,一个是留英博士,一个是留美博士。全师母是典型的老式家庭妇女,相夫教子,与老师相敬如宾。

  黄以柱老师与王建堂老师。二位老师都是河大地理系的老同志,学术各有专长,做人不求闻达。黄先生是湖北人,专业是人文地理学、经济地理学,对城市很有研究,尤其在区域规划研究方面,其学术成就是大家公认的。改革开放初期,他的研究成果就引起了学术界注意,曾被中国地理学会特邀参加在日本举行的世界地理学大会。我专业方向定为人文地理后,系里给我指定的指导教师就是黄先生,因而我有幸近距离接受先生的学问与为人的熏陶。他学术眼光很敏锐,善于将理论与实践巧妙结合,学术成果丰硕。我参与撰写的第一本书《区域开发与规划》,就是在黄先生指导下完成的,他是主编,我是副主编。2013年,他在八十高龄还出了两本学术专著,直令我这学生辈汗颜(在我的人生计划中,过了七十岁就不再"折腾"了)。我从副校长岗位上退下来以后,偶尔闲谈,他一脸严肃地告诉我,他当初就反对我走"仕途",但也知道我身不由己,他很无奈——这肯定是老师的心里话。十几年前集资购买现在住的这套家属房时,我有幸和先生做对门邻居,于是就有钥匙锁屋里了到对门家"避难"的情事发生,师母的好客与慈祥让人流连忘返。王先生的专业是世界地理,其研究方向是大洋洲地理,是河大大洋洲地理研究室的主任,在中外地理学术圈子里很有影响。王先生性格乐观,乐于助人,勤于教人,学生辈从他那里获益多多。可能是操劳过度,他的脊背早早就驼了。但前几年,年逾古稀的他好像返老还童,驼着的背竟然慢慢押直了,到今天,已与常人无大异。学生为他高兴,知道的人都为他高兴。

  李克煌老师与周华山老师。二位老师都是外省人,李先生湖北人,周先生湖南人;都是河大的毕业生,而且同届同班;同在地理系领导班子,李先生是主任,周先生是副主任;烟瘾都很大,办公桌上的烟具不是烟灰缸而是玻璃罐头瓶子。李先生的专业是气象气候学,在太阳能资源及其利用潜力研究方面,国内堪称权威。他做学问严谨、精细,在20世纪八九十年代中国地理学界的计量化浪潮中,起了排头兵作用。他为人严肃、直板,不苟言笑,师生们对他多有敬畏。但他也有平常人的喜怒哀乐。1990年他率队去北京开会返回开封时,在北京火车站因抽烟三次被训斥、警告,最后还罚了5块钱。当着我们下属、学生的面,他有点那个,就发狠话要戒烟,果然就把自认为戒不掉的老烟瘾戒掉了。有一次系里元旦联谊会,大家唱卡拉OK。在年轻人起哄下，李先生来了一段湖北家乡民歌，那真是有滋有味。大家一鼓掌，他来劲了，自爆年轻时是文艺骨干，专攻二胡演奏。会后，连老教师都说，真不知道李主任还有这一手。周先生的专业是地貌学，与张光业先生搭档，同是地貌学界的翘楚。他也是"河南省地貌区划"的主要完成者，这一成果为全国省域地貌区划工作提供了示范。他工作极其认真，思虑周密，善于谋划，而且敢于直抒己见，能和李先生充分沟通。他平时乐观幽默，特有亲和力，恰与李先生互补。我工作上有了难处，他会说"喝二两吧，别放心上"（他其实知道我真的滴酒不沾），然后再掰开揉碎地给我指点迷津。他说"二"带有地方口音，总说成"额"，那浸满了师生情谊的"喝额两"是我对先生的永久记忆。

在我们心目中属于老教师的，除了上述几位，还有：教水文学的丁兰璋老师，他治学严谨，竟将全国统编的水文学教材挑出了几十处毛病；石蕴璋老师教测量学，与李润田老师是老乡，教书认真，要求自己很严格；秦凌亚老师也教测量学，课讲得很生动，平易近人；教区域地理的陈宁欣老师、姜迺刚老师与王远程老师，工作兢兢业业，属于温厚长者；苏文才老师搞土壤地理学，广东人，后来去了香港发展；冯兴祥老师与闫海观老师是夫妻俩，都是搞地质学的，业务很精；金学良老师与潘淑君老师也是夫妻俩，都搞经济地理学，金老师严肃一点，潘老师特和蔼可亲，同学们都喜欢她；孙玉秀老师与杨坤芳老师是地理系年长的女老师，孙老师在系绘图室一干就是几十年，杨老师在系办公室整日忙着为师生服务，啥事都管。

上述的描画突然让我明白了一件事。这些20世纪60年代以前就在地理系工作的老教师，有一个共同特点，那就是踏踏实实、勤勤恳恳、兢兢业业、规规矩矩，似乎天生就是好同志、好老师、好长辈、好领导，除了一个"好"字，似乎没有特别引人瞩目之处。由此推想，在别人眼里，我们地理系"土里土气"的标签与老师的作风有关？

连带的，60年代以后来地理系的老师，在良好系风的熏陶下，也是"好"人一脉，只不过有了更多的时代与个人色彩。

王才安老师与王磐基老师。二位王老师都是河南人，才安老师毕业于本校、本系，磐基老师毕业于西北大学地理系；才安老师教动物地理学，磐基老师教植物地理学。在我印象中，才安老师的主业应该是党务工作，先是做地理系党总支书记，又做学校党委副书记，直至做了李润田校长后面一届的河大党委书记，一把手。我有幸在王书记领导下工作，他的睿智大度、举重若轻以及统揽全局的气魄与诲人不倦的意境，是那个时期河南大学艰难爬坡的主流动力，我感悟至深，对我也影响至深。磐基老师对河南的珍稀植物很有研究，说起古树名木如数家珍。他后来是地理系的副主任，坚持原则，辛苦操劳,以身作则,敢于批评。

王浩年老师与商幸丰老师。二位都是北京人,同年考到了河大地理系,又同年留校任教。浩年老师教世界地理,课讲得很好,很受同学们欢迎。后来他担任地理系副主任,工作很有思路,我当副主任时对我帮助很大。幸丰老师教地理教学法,与张恒渤老师搭档,我刚留校时也带过我一段。他为人诚恳、厚道,与同学们关系很好。我和二位老师接触得比较多,他俩后来一起调回了北京(北京农学院),还很使我惆怅了一段。

巴志刚老师与赖洪年老师。二位老师都是学气象学出身,都是后来调到地理系任教的,也都教气象气候学,都很有特点。志刚老师,回族,是开封十中我的老领导巴书记的胞弟。他课教得很棒,深受同学欢迎,还给我们开了一门选修课"大气声光电"。他脑子特别好使,思路开阔,感悟敏锐,富有开拓、创新精神,在担任地理系副主任期间,为地理系的发展做出了较大贡献。他的能干全校闻名,后来做了专管科技、产业开发的校办产业办公室主任,再后来调到开封大学做副校长。洪年老师踏踏实实、兢兢业业,在教学第一线默默耕耘。他沉默寡言但很有思想,生活特别简朴。一到夏天,他老先生就穿一件说绿不绿说灰不灰的短袖汗衫,基本没见他换过,而且多年如此。同学们好奇,赖老师是有几件同样的汗衫替换着穿,还是只有一件晚上洗了白天穿?这件衣服有什么特别的念想而使老师爱不释身?直到现在,不得而知。

刘桂桢老师、瞿鸿模老师、赵秉栋老师、余明全老师,这四位在我们眼里都属于青年老师。桂桢老师(女)教土壤地理学,业务很熟练,采集土样很拿手。她关心学生的思想、学习和生活,是教书育人的模范,还因此评上了全国劳模。鸿模老师教地质学基础,每年都要带学生到嵩山搞地质实习。他很喜欢唱歌,是地理系、学校的文艺骨干,现在是学校老干部合唱团的骨干。秉栋老师教普通水文学,勤奋、努力、谦虚,很能与同学们谈得来,还会吹黑管呢,现在是学校教职工管乐团的成员。明全老师教测量课,技术较精,在土地利用与规划方面做出了突出成绩。

袁汉章老师、孙应谦老师和毕锡仁老师,三位老师都是从事政工的,共同的特点是踏实、朴实,都做过地理系的党总支书记,都与我们学生干部有过密切接触。这三位与我个人的成长都有点关系:孙书记1977年招生录取了我;袁书记在我当学生会干部期间给了多方的支持、鼓励和指导;毕书记在我当地理系主任期间密切合作,甚至帮我"逃会"①。

---

① 学校召开的有的会议与系主任关系不大,我就逃会,就请毕书记遮掩一二。

赵秀凤老师与李玉兰老师，这两位女老师，先后做我们七七级的政治辅导员（毕锡仁老师也干过），同学们对她们的印象很深刻。秀凤老师接我们这个年级时，大学刚毕业，真正的风华正茂。后来她从地理系调出来，在教育系当总支书记，后来做了校党委统战部部长。多年以后，我们七七级校友返校聚会，她也参加了。大家盛赞秀凤老师，说我们七七级是她的"处女作"。玉兰老师年龄大些，有丰富的学生工作经验，很善于深入学生、化解矛盾，工作很有成效。她就像个老大妈，待人亲切、家常，让人感到很温暖。

刘培玲老师、杜瑞玺老师和金锡焱老师，这三位老师都是地理系资料室的老师。培玲老师（女）是北京人，与王浩年、商幸丰老师是同一批。她工作出色，又多才多艺，当年是地理系的系花呢。她和地理系孙应谦老师喜结良缘，据说有组织安排的因素。但看他们夫妻俩的恩爱相，我相信他们是通过自由恋爱而走到一起的。据到过我家的同事观察，说培玲老师与我老姐长得很像，于是我们又平添了几分亲热。瑞玺老师在我们的印象里一直是默默无闻地做事，退休后焕发了青春，和瞿鸿模老师同是学校老干部合唱团的骨干，让人刮目相看。锡焱老师曾受过挫折，但他特别乐观豁达，直到退休了，都是笑着、唱着过日子。

……

随着文字的展开，这些老师的音容笑貌一个个浮现在我的脑海中，是那么地鲜亮。谢谢老师们，你们在四年时间里以自己的付出滋养了地理系七七级学生，滋养了我；你们在职业生涯中以自己的奉献诠释了"人民教师"的奉献之道，诠释了自己的人生价值。七七级、七八级以及此后历届毕业生大多脚踏实地、埋头苦干，肯定与这些老师有关。我们好幸运啊，求学期间有这样的老师做楷模，一生事业就有了一块坚实的基石！

2.6 我的同窗

和我们七七级同校的，除七八级外，另有七九、八零、八一三个年级。五个年级同校，是为同窗。当然，接触最多的还是本年级的同学。

1997年，河大中文系（现今的文学院）七七级同学入学20周年聚会。中文系老主任、中国现当代文学教授、博导刘增杰先生欣然命笔，写了一篇妙文"致七七级"并在会上宣讲。这是我见过的描画七七级的最好的文章，至今读起来仍感怀至深。刘先生在文中提出了一种"20世纪的生命现象：七七级现象"，并对"七七级精神"做了如下诠释："七七级精神的核心，应该是一种不甘沉沦、永不言放弃的奋斗精神，身处恶劣环境、面对苦难人生充满自信的意志。"我觉得没有别的语言可以更好地描画七七级整体了，因此这一节我要写的是发生在这四年里回味无穷的趣事以及一个个学友鲜亮的当年模样。

我下乡时1970年加入共青团,还在开封十中当过教工团支部书记,也算老团干了。再加上有长长的申请入团的经历,自我就有点儿老资格的感觉。1978年3月,到开封师院地理系报到后,还没正式上课,有一天突然接到系里通知,晚上七点要开学生团支部全体会议。因为已从精神上卸去了所有的包袱,就是当一名啥事都不管的学生吧,我对团组织的工作根本就没放在心上。悠悠然骑着自行车去学校开会,到了地儿迟到了五分钟,我也没当回事。可人家团支部书记不干了,从组织纪律的高度给了严肃的批评教育。看着小姑娘板起的脸儿,我实在忍俊不住,喷地笑出了声,结果又招来了一顿"要严肃认真,不要嬉皮笑脸"的教育。散了会我突然意识到,做学生了,得有组织、有纪律管着,不是我管人家,而是人家管我。于是乎,身份的界定立马带来言行的转型,四年下来,我成了公认的遵守纪律的学生。

但是,年龄的差距带来的异样感觉还是很难消融。七七级二班三十几个同学中,年龄在30岁左右的"老哥学生"(到现在也找不到合适的称呼,就叫"老哥学生"吧,哈……)共有七、八个,年轻的学弟学妹们就统称我们为"老师",我就成了王老师。他们这么叫固然有道理,年龄大,而且有几个本来就是教师嘛。可这样叫实在是不合适,一是名不符实,二是叫我们老师,系里的名符其实的老师该怎么称呼?于是就抗议,抗议无效再抗议,直到抗议累了还无效。后来,系里的领导和老师也没见有异常反应,也就默认,也就一直这样叫到现在,连一班的学弟学妹也跟着叫。学生伙里有"老师",就有了特殊的效应。一是系里对我们几个另眼相看,有事了先找我们商量,弄得我们诚惶诚恐。二是无疑给我们每人都上了一道"紧箍咒":严格要求自个儿吧您呐,不然,"老师"的颜面何在?

这样也好,有利于自觉管束自己的言行。可麻烦的是,班上有几个城市来的学弟学妹颇有点叛逆风格,他们不咋"靠近组织",反倒跟这几个老哥走得很近,有共同语言。一开始,也不以为意,时间久了就有点儿麻烦。系里有了风言风语:七七级学生有两个团伙,一个是正统的,一个是非正统的;一个大多来自农村,一个大多来自城市;一个有党员,在班上"掌权";一个没党员,在班上"在野";一个思想正统、循规蹈矩,一个思想活跃、行动自由……显然,我们有几个老哥学生,属于后者,而且由于是"老师",就理所当然地被当成了核心。俺滴个娘也,问题严重了,弄不好就是阶级斗争、路线斗争!

事实上,尽管由于年龄不同、出身不同、经历不同而导致大家对问题的认识有些差异,甚至之间有些小摩擦,都属正常。时代的潮流如大江东去,"文革"思维已如千帆侧畔的沉舟、万木前头的病树,没有市场了。系里也就关注了一下,辅导员深入学生做了一些调查,一切也就烟消云散。现在想起来,同学之间不可能是铁板一块,总要有些差别,有差别才是正道。小小的不协调算什么,云淡风轻而已。平心而论,我们这一届学生处得相当好,毕业多年后再相遇,真是亲如兄弟。

其实,系里在学生干部的配备上也在考虑充分调动广大同学们的积极性。班委、团支部是在报到前就内定了的,学生会干部是入校后根据学生的实际情况确定的。老哥学生中,老陈、老史分别当了一班、二班班长,老谢当了系学生会体育委员,我当了系学生会副主席。由于是"老黄脚"①了,工作自然不在话下,于是地理系的学生工作就搞得有声有色。

在地理系七七级二班,有两个老哥级学生和我接触最多,得特别提及。老谢,开封一高六六届666班毕业生,和我是高中校友,上大学前在开封电厂工作。谢兄为人正直、豪爽,有点工人阶级的风骨。他在体育上是个多面手,篮排足乒什么都玩,而且都还能玩出相当水平。地理系参加学校的各种比赛,他既是组织者也是参加者,而且是主力,选他做体育委员,真是知人善任。他还有一手绝活,野外现场踏勘,拿起笔画素描,相当棒。毕业后,他凭着扎实的专业基础进了开封市城市规划与勘察设计院,后来多年担任设计院领导职务,许多规划项目都是他的手笔,是河南省城规界有影响的专家。退休后,他到郑州一家设计公司供职,深得老板重视。老陆,北京市六七届的高中生,下乡到河南并在开封娶妻生子,扎下根来。他是个"谦谦君子"式的老哥学生,在同学们中间很有人缘。特别是能做一手好菜且好客,去过他家尝过他手艺的同学都说好。毕业后陆兄去开封一中任教,后来做了一中的校长;再后来调到开封七中,还是做校长。

年轻的学弟,英俊潇洒,聪明新潮,学习努力,都是青年俊才,毕业后闯荡职场,都干得不错。女孩子不多,但个个聪明漂亮,都是女中翘楚。大学期间谈恋爱,那绝对是一桩美事,但总的看来,最后成的不多。我们七七级二班竟成了两对,而且还都恩恩爱爱却又有坎坷,一对在婚前坎坷,一对在婚后坎坷。

婚前坎坷的是小曾和小玲。小曾,开封人,父亲是黄河水利学校的老师,书香门第。他和我家是对门邻居,我和曾老师、师母都很熟,上了大学我和小曾自然成为忘年交式的密友。小玲是外地学生,很好的一个姑娘,年龄稍微比小曾大些。他俩谈恋爱,曾师母反对,还托我中间做小曾的工作。当时,我也不看好,自然就依师母之言行事,也就是说当了一回"法海"。不过

---

① 河南土话,原指老兔子、老乌龟、老黄鼠狼等,意指见多识广、老练狡猾的人,是一种无恶意的调侃。

毕竟不是亲弟,我也就点到为止。他俩对爱情坚贞不移,毕业后克服重重阻力毅然步入婚姻殿堂,现在过得幸福、美满。说起这一版,我是既佩服又愧疚,对不起了曾老弟和弟妹!

婚后坎坷的是小刚和小华。小刚,在班上年龄排倒数后三位,聪明好学,成绩优秀,前途无量啊!小华是郑州姑娘,同样地出色。俩人恋爱,大家都看好。果然,毕业后两人都去了郑州,小刚还进了河南省委党校,结婚后你敬我爱,琴瑟和鸣,是美满的一对。1998年我在党校参加地厅级干部培训,小刚是党校教务处副处长,对我这个老学兄关照不少。不幸的是,他到北京出差遭遇车祸,经治疗后仍不能起床,到现在已经十几年了。提起这一对,同学们既惋惜又敬佩,惋惜大有发展前途的小刚事业因此受挫,敬佩小华始终不离不弃,以顽强的毅力陪伴爱人走过了艰难岁月。

一班、二班的所有活动基本都在一起,一班的三位与耀辰和我同时留校的学友也要提及。小建,从部队复员考入地理系,担任系学生会主席,毕业后留校任教。他原先主攻工业地理,后又转向研究农区地理,学问做得很棒,在全国学术界有一定影响。他后来做了河大副校长、河南财经学院(后改为河南财经政法大学)院长,可说是业务、仕途两不误。耀辰,青年俊才,学习刻苦,心无旁骛。毕业后留校,专攻数学模型和地理信息系统,这几年又搞上了低碳城市。他一心搞学问,人家请吃饭不去,介绍对象不见面。功夫不负有心人,他学问做得很棒,后来还当了河大环境与规划学院(原地理系)院长。建华也属青年才俊一拨,学习努力,成绩优良。留校后专攻土壤地理学,学问搞得很棒,现在是环境与规划学院自然地理学的学术带头人。建华曾任环境与规划学院总支书记,后主动辞职,专做学问,一时传为河大美谈。永文是农村学生,学习努力,思想新潮,有进取心。毕业后留校任教,教经济地理学,后专攻旅游地理学。永文也做过环境与规划学院总支书记,后调到学报编辑部做副主编,再后到海南大学发展。

七七级与七八级同校三年半,关系自然亲密,有几位老哥学生也是好同学。老沙,回民,开封人,体育多面手。毕业后分到开封市地方志办公室,后做到办公室主任。沙兄是研究古城开封的专家,《开封日报》《汴梁晚报》上经常见他的大作,文章有大家之风,我很爱读。老方,开封人,毕业后分到开封教育学院,后来做到地理科主任。方兄为人淳厚、谦和、热情,但婚姻上有点不顺,每逢同学聚会,他的个人问题总是大家关心的话题。老孙,为人正直、待人亲和,排球打得不错。孙兄毕业后分到开封市开发区,后来是开发区办公室主任。

上大学期间,由于老谢、老陆和我不住校,除学校的活动外,与同学们私下的交往不太多。值得一提的有两件事。一件事是我家翻修房子,同学们去帮忙。成功街四号西院西屋是父亲、叔父传到我名下的住屋，房龄总有50年了吧。名为三间，实则小得很，居住面积只有30平方米，且年久失修，漏雨，屋里墙上的泥坯已斑驳脱落。我母亲的娘家侄儿，我表兄是个泥瓦匠，每次来我家就撺掇着翻修西屋，而且拍胸脯保证花钱少、质量好。我们商定：旧房一拆到底，新房原根旧起，向东扩一米；旧房的梁瓦起脊屋顶改为预制板平顶屋顶；东、北两面墙迎面用新砖，西、南两面墙用拆下的旧砖；门窗由金霞负责在她厂里低价趸摸拆下的旧门窗；施工队由表兄组织，不要工钱，只管饭；我负责找同学帮忙。

商定了就干，1980年放暑假前开工了。施工前协调街坊四邻的那份麻烦，施工期间的那份热闹，全家老少齐上阵的那份阵势，在街面上搅起的那份纷乱，还有不明就里的三岁男生王漾的那份莫名其妙的兴奋，等等，自不必说。由于不付工钱，施工的一个星期时间里，白天表兄带着几个工人不紧不慢地干着，晚上组织在别的工地干活的朋友来我家"会战"，几十号人马齐动手，那场面蔚为壮观。当天的活弄完了就喝酒，几十号人喝到半夜。只是，人多手杂缺乏统筹，质量隐患就不断出现：不到四米宽的北墙五个人齐下手砌砖，快到顶了一瞄，新砌的墙向南斜了有一砖头，只好拆了重砌；用水泥铺地面，晚上光线不好，不知平还是不平，第二天一看，不平，只好掀了重铺；用水泥铺屋顶，当时看了还好，住进去一下雨就漏水，却已无法掀掉重铺……表兄拍胸脯保证的两项，花钱少做到了，完工一结算，总共花了将近1000元人民币；质量好没做到，我老姐和妻子就不断数落表兄，臊得他不好意思来家了。完工时，父亲做主将拆下来不用的旧瓦和旧门窗都送给了表兄，以表谢意，我举双手赞成。

翻修旧房这个事我这么絮叨，是有原因的。开封的老门老户有个讲究，当家的爷们儿一辈子必得经手折腾房子，至少一次，新盖也行，翻修也行，否则就是一辈子的遗憾。施工期间，我的同学们多次到家帮忙，卸砖头沙灰，搬砖提泥，清理建筑垃圾，啥都干，真是多亏了他们了。盖房子，我这辈子也就是这一回了，以后住家属楼就再也没这么折腾过，而且三间新房还凝结了与表兄、与同学们的情谊，所以就记得细记得牢，话也就多些。经我手建的西屋三间，存续了34年，加上老屋的50年，它在八九十年时间里为王家祖孙三代人遮蔽风雨。2014年上半年拆迁，轰隆一声响，老宅门夷为平地，从此了无痕迹，真真地让人伤感。

另一件事是与同学结伴逛北京。学生放暑假无拘无束，久违的放假的滋润与自在一下子袭来，就开始想点子结伴外出游玩。1979年暑假，老陆向老谢和我提议，一起去北京玩，他也乘机回去看望仍住在北京的爷爷和弟弟。去北京玩，好啊，怎么去？坐火车或者长途客车呗。可哥仨一合计，觉得我们是"穷学生",理应按学生的方式行事。于是决定搭不掏钱的便车去,拉货的大卡车也行。我妻子通过她厂里的同事联系了一辆进京拉设备的卡车,车还要在北京停几天,正好符合我们的要求。于是我们三个就坐在卡车的露天车厢里,北京去也。我们都不是第一次去北京,理应淡定。但以这样的方式进京却是头一遭,就不免有点兴奋。

启程前策划与准备的那份精细,坐上疾驰在夜空下卡车车厢里的那份浪漫,陆家爷爷骨子里透出的老北京的那份气韵,天安门广场前伫立凝思的那份庄严,颐和园万寿山佛香阁上远眺的那份舒展,大嚼全聚德烤鸭的那份过瘾,同窗兄弟间坦诚相见的那份情谊,等等,那么值得留恋、回味。不过,我在这里却要絮叨来回途中遭遇的怂事、囧事,可能更有趣味。

为了节省时间,为了凉快,我们来回都是夜间行车。去时,半夜时分,车到河北境内,水箱漏水,行不得也。师傅一检查,得焊补。拆下来,扛着水箱,找到焊接铺子,却找不到焊工。无奈,只好在路边小店将就一晚,第二天修好车继续北上,等进了京城,已是傍晚了。谢兄当过工人而且灵动,自然成了司机的帮手(或者可以说司机是老谢的帮手)。还多亏了他,否则司机一人肯定很难搞定,以至于司机老夸老谢,说这个大学生了不起。我们在得意之余恨恨地想:"什么破车,就这车况还敢跑北京?!"

返程,车到河南境内,也是半夜,车灯突然全灭,黑灯瞎火,无法跑路。司机检查,仍是没有头绪,只好在路边店将就一晚。第二天修好灯又做了个全面检查,到开封,也已是傍晚了。什么破车,就这车况还敢跑北京?!还有玄的呢,路上没做好清污的准备,想小解,又不好麻烦司机停车。哥仨一商量,月黑头,无人见,就对着车厢板缝就地解决吧。可怪了,竟然撒不出来,咋使劲都不行,仨人都这样!力学原理使然,还是别的原因?后来请教物理系的同学,说啥的都有,莫衷一是。返程途中,车刚过安阳,我们遭遇了一支蚊子大军。车行"蚊子阵"足有十分钟,破阵而出后几近体无完肤。于是哥仨发狠道:"再也不就这去北京了!"

说归说,今天,如果有人提议还就这样子去北京,我肯定第一个响应!多想留住上大学的那种"青葱岁月"啊,尽管那时我早已不是青葱了。大学四年如白驹过隙,倏忽之间,从社会来的我,又要回到社会。

1982年初我从河南师范大学地理系毕业。回首,35年的漫漫长路曲折多难、步步难平;前瞻,35年的漫漫长路余生有半、步步未知……

第 3 章 华东师范大学

3.1 毕业留校

七七级毕业以前,大约是1981年的下半年,地理系安排我们参加了一个活动——地理系的学制改革大讨论。这次大讨论,显然是为了给停滞十年而今才复苏一两届的地理学高等教育一个基本评价,也是为了给地理教育教学改革搭建一个展示学者智慧的平台。至于为什么要学生参加,还鼓励我们发言,当时不得而知。

于是,我响应组织号召,发了言。我认为,七七级的培养方案严谨、系统、科学,但通识性强,个性不突出,不利于高级专门人才脱颖而出。我主张,四年本科教育可分为两个阶段,大一、大二为普适教育阶段,学大地理,学地学学生所必需的知识,学原四年教学大纲的浓缩版、精华版,并为下一阶段打好基础;大三、大四为个性教育阶段,按二级甚至三级学科分类,自愿与分配相结合,给学生分列学习方向,以学习方向为单位开展专门的教学活动,并指导学生写好学士学位论文。此言一出,大哗,有人觉得过瘾,有人觉得过头,甚至当场有老师站出来驳斥。我倒坦然,对也好错也好,直言不讳、直抒胸臆应该是七七级的风格,再者我是为地理系好,丝毫没有吹毛求疵之意。

平心而论,我推崇的"两段学制"虽有一定道理,但确实冒进了,一条腿已伸进了研究生教育的领地。这跟我常常会有的紧迫感、惜时如金感、时不我待感等"时间危机感"是否有关?另外,让我们发表非学生必须发表的意见,除了"兼听则明",有无检阅即将毕业的七七级整体、考察还不知何去何从的个体之意?可能有,因为后来和有些沟通无障碍的老师们议论当年毕业留校时的情景,我的那次发言似乎给大家留下了印象。

时光荏苒如白驹过隙,转眼间该毕业了,"毕业分配"成了同学们心里想和嘴里说的中心词。大学毕业生的就业按计划分配,是适应计划经济的产物,曾为国家的人才战略和人才使用立下汗马功劳,并通过对人力资源的计划调配有效地协调了不同行业和地区的用人诉求。一批批的毕业生听从祖国召唤,愉快地奔赴各条战线,是那个时代特有的一道风景线。唯一受到诟病的是,分配的依据突出了学生在校的政治表现,对他们个人的兴趣、爱好、能力、特长及岗位就业要求等不太重视。改革开放年代,随着市场经济体制的建立,统分多种弊端逐一显现,"双向选择"的就业模式逐渐成熟——此是后话。

按照"文革"前固有的模式,毕业分配工作的第一个重要环节是"思想教育"。教育内容包括:一颗红心多种准备,可A可B也可C,随时听从党召唤;坚决服从组织分配,不讲价钱,不"挑肥拣瘦";提倡到基层去,到艰苦的地方去,到祖国最需要的地方去;学生干部要起模范带头作用。思想教育要有氛围、有实效,于是动员会、讨论会、表态会以及倡议书、个人决心书等等,依次排开行进如仪。我也按要求各项事都带头。

辅导员老师先要思想摸底。找我谈话,我说,第一,坚决听从组织安排;第二,由于我已有家室,最好能到开封市的一所中学,回开封十中也行;第三,我是学生干部,一定会起带头作用。老师问:真的?回答:真的。又问:没想过留校?回答:想过,但觉得希望不大,因为年龄大。老师笑了。

地理系七七级毕业照

宣布分配方案的前一天,各种说法纷纷传扬,同学们议论的焦点之一自然是有几个留校名额,谁能留校。我坦然中有点小忐忑,心想可别把我弄到外地去……下午,系总支书记王才安老师(即后来的河南大学党委书记)找我正式谈话。他说,综合考虑多方面情况,组织决定把你分配到豫西某县教育局,二次分配时可能分到一所中学教书,希望你服从分配。得,怕啥来啥。可咱七七级得说话算数,不能蔫了! 我表态说:行,坚决服从组织安排,但请组织给我时间做好家里的工作。我父母已年迈,我是独子,小孩还小,到外地有一定困难……当天晚上,我几次欲言又止,终于对家里没说一个字。我不知道该怎么开口。

第二天上午,七七级毕业生分配方案正式公布。最后一栏是留校名单,总共5人,有我,还有李永文、李小建、马建华、秦耀辰(以年龄大小为序)。笼屉一揭盖,热气冒出来,各种议论都有。紧接着是学友各种形式的告别,我则帮着学友们办理离校手续、捆扎行李,车站送人,忙得昏头昏脑。离别的忧伤和雄鹰放飞的兴奋交织,根本无暇虑及其他。人走完了,宿舍里空荡荡的,我的心冷下来,大脑理性思考的功能也恢复了。

应该说,能留在大学工作是各种分配去向之最佳。事先王才安书记找我谈话,似乎是对我的最后一次考验,考验我是否真正听组织的话,是否心口如一。看来是通过考验了,但我却高兴不起来。宣布分配方案之前,我百分之九十的心思已飞向了某一所中学(开封最好),并已经开始了对未来轻轻松松当一名优秀中学地理教师的憧憬。留校,则意味着我要开始新一轮陌生的、充满变数的人生历程,诸多不定在前头。已经进入而立之年的我,须从零开始启程。启程的出发点在哪里? 启程去哪里? 这都是问题。我满身心充盈着面对这些问题的勇气,但对能否走好今后的人生之路,缺乏底气。

有勇气就好。能做终生"河大人"才是最重要的。

3.2 而立之年

1982年2月,我毕业于河南师范大学(河南大学)地理系地理教育专业,获理学学士学位,同时留校、留系任教。这年我已经35岁了,仔细一想,吓了一跳,敢情我用了七十人生的一半就解决了个"志于学"的问题呀! 按孔子的说法,"十有五而志于学",取整十也应"二十岁之前志于学",考虑到十年蹉跎,最不济的也应"三十岁以前志于学"! 而我的而立之年已过了一半了,自己仍觉得两手空空,一无建树。同志哥,时不我待了!

细品"而立"二字,字面是指学有所成、成家立业。其精神实质是,人已从被动地接受客观认知转变为主动地进行主观认知,是人生从青涩走向成熟的关键一步。这样诠释"而立",心下稍有所安。我们这一代人,十年蹉跎导致人生的节律慢了十年,但我们对人生对社会的主、客观认知却异常丰富,我们的成熟远远超过其他时代的同龄人。这既是不幸,也是幸运。

留校任教,首先意味着我将终生从事教育事业。这一事实本来应该在我做中学教员时期就已确定无疑的,但由于当时还没有解决"志于学"的问题,未来仍是一片迷茫。大学毕业35岁的我"而立"的第一件大事就是,毫不犹豫地选择了教师作为终身职业,人民的教育事业将是我的一生所求;被动加主动地选择了母校作为我履行教职的平台,河南大学就是我安身立命之所在。这就是说,我的职业生涯也"入门"了。

教师是个极为平凡而又极为重要的职业。就像空气和水一样,一立方空气、一桶水几乎没有市场价值,但对于一个人活着却须臾不可缺;地球上有空气和水,才得以有万类生灵乃至至高无上的人类社会。教师有许多有意思的称谓:质朴无华的职业称谓有夫子、先生、教员、老师、教书匠、孩子王等;包含着美好寓意的称谓有园丁、蜡烛、慈母、春蚕、春雨、人梯、孺子牛、人类灵魂工程师等。这些称谓我都能接受,但最喜欢别人称我"老师",也最喜欢称不熟识的人士为"老师";仰而称谓"人类灵魂工程师",俯而甘为"孺子之牛"。

小孩子古时称"孺子",好孩子是"孺子可教",否则是"孺子不可教"。春秋时期,齐国君景公与儿子嬉戏,景公叼着绳子当牛,让儿子牵着走——由此,"孺子牛"成了"爱孩子者"的美称。我国历来有"师徒如父子"的传统美德,老师爱学生就应该像爱自己的孩子一样。称教师为"孺子牛",除褒奖外更多的是要求,要求当老师的辛勤耕耘、无私奉献、任劳任怨、鞠躬尽瘁,"吃的是草挤出来的是奶","像蜡烛一样燃烧自己照亮别人"!

1982年,我一步跨入河南大学的孺子牛生涯。世界在变,中国跨世纪的改革开放已经启程,当时的"河南师范大学"在苦苦地寻找回归自身本源之路。在悄悄变化的大环境中,河南大学地理系"青年教师"王发曾却陷入了激烈的思想动荡之中。毕业的如释重负,留校的莫名兴奋,很快就过去了。环顾四周,一个巨大的困惑摆在面前:我,一个才毕业的大学本科生,刚刚入门啊,凭什么敢站在大学课堂的讲台上给大学生上课?在他们面前,我真的如崔健所唱,一无所有! 在这个大问题面前,我迷茫、犹豫,奋进的脚步稍稍停留。但我清醒地意识到,踌躇过后一刻也不能等了,必须尽快明确前进的方向,尽快启程,以势如破竹的锐利迎接挑战!

入门后的前行,从哪里启程?启程去哪里?从脚下启程,从实践启程,在践行教学、科研活动中获得真知、壮大自我;走出地理系,走出河南大学,在新的广阔天地里开拓视野、拔高自我。当时的地理系主任尚世英教授开明、睿智、大度、果断，他站在战略的高度设计人才的培育，不急着使用刚留校的五个 fresh men（新人），而是把目光伸展到未来。他敦促我们以各种方式走出去接受学术的洗礼，以未来要撑起地理系一片天的雄心壮志和坚韧毅力迎接挑战！先生的理念深得我心，于是就有了我的两次"出门"，在华东师范大学上助教进修班和在美国波士顿大学做访问学者。这两段河大校外的锤炼，成就了今天的我，也是我一生事业的两块重要基石。

这期间，发生了一件对河大、对河大人乃至对河南省的高校布局都至关重要的大事。1984 年 5 月，河南大学恢复老校名，学校迈开了由师范院校回归综合性大学的重要一步。促成这件事的因素，既有外部社会各界人士和海内外校友的积极共识与倾力推动，更有河大人对学校定位的切肤之痛带来的深刻反思与学校复兴勾起的发展欲望的内在动力，当然也有上级的豁达明智与从善如流。

1984 年 2 月 21 日，以韩靖琦为书记、李润田为校长的校党委、行政正式向中共河南省委报送了"关于将河南师范大学改名为河南大学的请示"；4 月 6 日省委常委会议研究决定，同意河南师范大学恢复河南大学校名；4 月 18 日河南省教育厅将有关决定报国家教育部备案；5 月 15 日，国家教育部以"教计字(84)094 号文件"通知省教育厅，对恢复河南大学校名准予备案。

1985 年，时任中共中央总书记的胡耀邦同志亲笔题写了"河南大学"校名。我经常凝望老校区南大门门楣上这四个大字，并常常回想起我取得"驻校河大人""身份证"的那一段时日……

胡耀邦题写的河南大学校名

3.3　助教进修班与第二母校

华东师范大学之所以是我的第二母校,缘于当时高校兴办的"助教进修班"。

1984年,我国高校师资力量的十年断层已成为高等教育事业发展的瓶颈,各高校迫不及待地吸纳了"文革"后首次充实师资队伍的新鲜血液。同时,国家级、省级教育行政部门以及各高校都在高度关注一个共同问题:七七级毕业后,高等学校师资队伍的后备军——"助教"的绝大部分是从大学本科毕业生中选留的;而且,由于"文革"后研究生的培养工作刚刚起步,今后一个时期内也还需要选留一些优秀的大学本科毕业生承担助教工作;如何使他们尽快胜任本职工作,具备从事高等学校教学、科研工作的基本条件,并从中培养一批业务骨干?不言而喻的答案是,必须下大力气采取特殊办法提高青年教师的业务素质,既要保证质量也要提高时效。为此,教育部于1984年3月3日制定了《高等学校举办助教进修班的暂行规定》([84]教干字009号,简称《规定》),试图以举办助教进修班的形式解决上述难题。《规定》规定:

培养目标:使参加进修班的助教具备本专业较为扎实的理论基础和专业知识,初步掌握高等教育教学的原则和规律,为进一步提高业务能力和以后担任讲师工作打下较好的基础。

培养对象:具有大学本科毕业学历或同等学力,年龄一般在三十五岁以下,应具备两年以上教学工作实践,表现良好,身体健康。符合条件者由所在学校推荐,参加办班学校组织的入学考试,择优录取。进修期间,享受进修教师同等待遇,学习期满后回原单位工作。

培养方式:学习期限一般为一年,教学形式以授课为主,给予一定的教学和科研工作的基本训练,采取多种方法提高学员的独立工作能力。

课程与结业:开设六门左右硕士研究生的主要课程,计划600学时左右。课程考试全部合格者,发给助教进修班结业证书以及各门课程考试成绩证明,可作为今后申请学位的基础。

对举办进修班的高校的要求:举办进修班的专业应具有硕士学位授予权。学校要加强领导和管理,把进修班工作纳入学校发展规划和年度教育事业计划。授课人员必须由学术水平较高、教学经验丰富的讲师以上的教师担任。进修班应成立临时党团组织,设立班主任,加强对学员思想政治和业务的管理工作。

在尚主任的鼓励之下,我报名参加了全国统一考试,并顺利被录取进华东师范大学举办的首届也是当时唯一的全国人文地理助教进修班,一年后获结业证书。这里顺带说明一个问题。在地理系七七级留校的五人中,除了小建同学,我们四人始终没有考研,小建也只念了博士而缺失硕士教育。这种状况真实反映了那个年代高校教师的紧缺程度,留下我们就是要我们尽可能快地走上教学岗位,能让我们脱产进修一年已实属不易。再者,昔时如金的我们也急于报效母校、母系,本心不愿再稳坐教室当学生,在干中学、学中干是我们主动的选择。由于个人的努力与组织的支持,我们四人的发展终究也达到了较为理想的境界:都做了教授,四人硕导,三人博导,两人做过地理系系主任、环规院院长,两人做过院党委书记,一人做过副校长,而且四人都是各自研究领域内全国知名的学者。小建发展得更好一些,也做过系主任、院长与河大副校长,后经报名考试,公选为河南财经学院(现河南财经政法大学)院长。总之,地理系留校五人以实际行动证明,七七级声誉名至实归,当年地理系领导和老师的选择没有错。

1984 年 9 月 1 日,我背起行囊东进大上海,在第二母校华东师范大学地理系办理了报到手续。

华东师范大学成立于 1951 年 10 月 16 日,是以大夏大学(1924 年)、光华大学(1925 年)为基础,同时调进复旦大学、同济大学、浙江大学和圣约翰大学等高校的部分系科,在大夏大学原址上创办的。1959 年学校被确定为全国 16 所重点院校之一;1972 年与上海师范学院、上海体育学院等院校合并,改名上海师范大学;1978 年学校再次被确认为全国重点大学,1980 年恢复华东师范大学校名;1996 年被列入"211"工程国家重点建设大学行列;2006 年由教育部和上海市共建,并进入国家"985"工程高校行列。

华东师范大学是一所综合性研究型大学,其综合实力当在我国华东地区之首。学校设有 1 个学部(地球科学学部)、21 个全日制学院和 12 个实体研究院(所)。现有博士学位授权一级学科 26 个,硕士学位授权一级学科 38 个,23 个博士后科研流动站。共有 78 个本科专业,其中中文、历史、数学、地理、心理和物理六个专业是国家文理科基础科学人才培养和科学研究基地,先后与世界 150 多所高校、科研机构签订了学术合作与交流协议。

这些情况足以显示这所学校的赫赫威名。特别令校友自豪的是,现在的华东师大人雄才大略,力争要在 2020 年左右进入世界知名高水平研究型大学行列,在 21 世纪中叶建成世界一流大学!

我们是初秋时节入校的。两点印象让班上同学津津乐道。一是校园。总体来看虽难以与河大老校区媲美,但学校有一条南北横穿校园的河,名曰"丽娃河",相传是华东师大的文脉河,在师大人的心目中占有特殊地位。定居法国数年的校友、诗人宋琳在给朋友的信中,这样写道:"如果这世上真有

丽娃河

所谓天堂的话,那就是师大丽娃河边的一草一木,一沙一石。"

二是学生。师大的学生,男生儒雅俊秀,女生恬静漂亮,但又都朝气蓬勃、积极向上,恰似上海这座城市。想到他(她)们将来要做老师,着实为他(她)们未来的学生感到庆幸。尤其是上述一、二的交集,即男女学生走在或坐在丽娃河畔,不管干什么,匆匆路过也好,静静读书也好,学友小聚也好,花前月下也好,都是一幅极美的画面。

3.4 又做学子

为了在助教进修班以"小清新"面目出现,我自觉断然戒掉了抽烟恶习,也算是我给第二母校的一份"见面礼"。

读者诸君可能已注意到,在华东师大诸学科中,地理学是学校的重点学科,无论综合实力还是在学校的地位等都名列前茅。而在全国地理学界,华东师大的地理学是华东地区名副其实的"龙头老大"。入校后,我们助教进修班学员参加的第一项集体活动,就是地理系举办的新生开学典礼。我们去前没有思想准备,会议开始介绍主席台上的嘉宾,不是领导而是老教授,立马觉得心头一震。当念出一个个响当当的名头时,我们都惊呆了。这些老师,他们的威望、他们的学术影响,几乎伴随着我们在地理学界的成长。我们面前坐的,真个是泰斗云集、群星灿烂!

他们中有:在培养地理人才,创建研究机构、学术团体、学术刊物等方面都做出了重要贡献的胡焕庸先生,当之无愧的中国现代人文地理学和自然地理学的奠基人,他提出了中国人口的地域分布以瑷珲—腾冲一线(国际上

称为"胡焕庸线")为界而划分为东南与西北两大区;声誉卓著的区域地理学

后排左四为胡焕庸先生

家、地理教育家李春芬先生,1943年在多伦多大学荣获加拿大第一个地理学博士学位,1949年后他受命先后创立了三所高校的地理系(科);中国当代城市地理学的开拓者、奠基人之一严重敏先生(女),早年在瑞士苏黎世大学研究生部攻读人文地理学,1949年后在国内最早招收城市地理学的硕士研究生,1990年获国家教委授予的从事高教40年荣誉奖和国务院政府特殊津贴;等等。

我们人文地理助教进修班共15人,12男3女(其中老哥级学员5人,占到三分之一),分别来自北京、广东、浙江、湖北、河南、宁夏、辽宁、黑龙江、新疆等9个省(区、市)的12所高校,无一例外全是那几年毕业留校的本科生。我们住学生宿舍,四五个人一间,每楼有一个大型公共洗澡间。在学生食堂吃饭,饭菜种类多,不贵,好吃。米饭一板有一、两米长,切成长方块卖,看着挺新鲜的。

课堂教学一般安排在上午,老师以问题切入,引导大家主动思考,为学术研究开启窗口。下午和晚上自学、泡图书馆,或者搞点集体活动。周末在宿舍睡大觉或结伴游逛上海城。总之,平时的安排挺宽松。可学员们并不轻松。一方面,每门课结束,老师都要求学员写一篇达到发表水平的课程论文,大家自是不敢掉以轻心;另一方面,我们来干啥呢?个个都想着多学点东西多研究点问题,哪有闲心轻松!

至于我,更不敢懈怠。除了以研究的状态上好课、做好作业,我给自己定了两项任务。一是提境界，饱览图书馆的地学藏书，感染大师的学术风范，采撷学友的学术见地，在巨人的肩膀上营造自己的学术平台。二是开思路，观察、体验师大学科建设、教育教学的基本路数，学习科学研究的选题开题、技术路线与研究思维，为今后自己的教学、科研打下基础。

在紧张的学习生活中，助教进修班的下半年，系里组织我们参加了一次科学考察——"皖南自然资源开发利用综合考察"，是全国"综考会"（中国科学院自然资源综合考察委员会）的项目。刘君德教授带队，学员们分成几个专题组，我参加的是"工业与城市"组。半个多月的考察，我们亲身实践了社会调查的各个环节，刘教授的治学精神、科学态度与实践经验对我们的影响至今难忘。途中，千岛湖、黄山和徽派文化给我们留下深刻印象。

时过30多年，助教进修班的日子还历历在目。当年的师友们，有的后来经常见面，有的再也没有见过面，有的已经阴阳两隔了。教我们经济地理的程路老师、杨万钟老师，教世界地理的吴建藩老师（是我们的班主任），教资源地理的钱今昔老师，教计量地理的张超老师，教人口地理的胡焕庸、周桐老师，教交通地理的张务栋老师……谢谢了，谢谢地理系的诸位先生，没有你们的教育与影响，就没有学生今天的学术成就！

来自北京师范大学的王民，湖北大学的马勇，北京师范学院的李航，辽宁师范大学的李悦铮，浙江教育学院的祝炜平，杭州师范大学的安东和程玉申，宁夏大学的崇建培与陈中祥，广州师范学院的张德伟，新疆大学的童玉芬和老唐（后者已因病去世），哈尔滨师范大学的邵燕（已因病去世），华中师范大学的张正平……亲爱的学友们，30多年前上海的我们，意气风发，励志登攀，生命中的这一华彩乐章将永远伴随着我们的回忆！

我们同宿舍的五位学友，个个称得上青年才俊，而且特点鲜明、性格迥异。在一间不足20平方米的宿舍里共同生活一年。碰撞是免不了的，有学术思想的碰撞、做人理念的碰撞、生活习惯的碰撞，因而发生争辩甚至抬杠也是少不了的。在和谐的氛围中抬抬杠，只要不红脸，倒也其乐融融——就是红了脸也没关系，正像豫剧《朝阳沟》里所说："狗皮袜子没反正，谁家舌头不磨牙！"一年同窗、同宿舍，留下了永恒的三样纪念：第一，我们五人合作翻译了《人文地理——社会·文化与空间》，这本书应该是改革开放后我国正式引进的第一本外文人文地理学专著。第二，夜晚宿舍熄灯后，天南海北的神聊中，经酝酿，我们每人都有了一个梁山好汉式的名号。我，江湖人称"中原棍王"。第三，学习期间，弟兄五人收拾齐整到街上合影留念。到底是上海的照相馆，再加上画中人眉宇英发、神采飞扬，这张照片成了我早年照得最好的一张。

至于我的名号"中原棍王"，有地域特点，霸气，而且是我将逝的青春的最后印记,我十分珍惜。在当今信息时代,需要选择"昵称""户名""账户"时,我就会毫不犹豫地填上"中原棍王"。儿子王漾不理解,认为这个诨名太俗,不符合我的身份,我笑而不解释。同学、同事、学生问其含义,我会自豪地回答:自小习练棍术,武艺冠绝中原。他们就齐呼:好名!后来手机微信大行其道,我微信名没用"中原棍王",而是用了"老竹",个性签名是"中原崛起是中原儿女的中原梦"。

3.5　阿拉半个上海佬

我对上海的感觉很复杂。喜欢,但自己从来没有体验过真正融入上海社会的感觉;挑剔,当年可以说出许多上海的不是。倒不是因为在上海生活的时间短,其实我们搞城市地理的对陌生城市的感悟特别敏感;可能是因为我们北方同学对南方城市的偏见,尤其是当北方同学抱团不认同的盲目性更强化了这种地域偏见。今天仔细品味对那时上海的回忆,只有温馨和留恋。

现在,每当接待来自上海的客人,我总是乐滋滋地操着洋泾浜沪语自报家门:"阿拉半个上海佬!"是为了套近乎,还是卖弄一下我那半吊子"上海爱物",或者是对这个城市的真情流露?

来上海不是第一次了。过去每来,总是客旅,河南土老帽,也不在乎人家怎么看咱。记得第一次来看三姑,里弄干部老阿妈很友好地问我:"侬开封乡下还好不来?"好家伙,偌大的一座八朝古都,在人家眼里竟只是"乡下"。我也不解释,对无知又自大的怜悯以及不服气不由地就从眼神中冒了出来。这次来沪读助教进修班就不一样了,一年呢,还是主动融入吧。

进了助教进修班才发现,与北、上、广、杭的学友相比,我们来自豫、鄂、宁、辽、新的学友真的显"土"了,无论是吃穿用还是自我感觉。好在班上十几个学友基本没有地域偏见,处得挺好,倒也相安无事、其乐融融。但我的不服又冒了出来,吃穿用可以不如人家,但本事不能输了。于是就有意无意地不太掩饰自己的表现。

开学典礼以后,系里组织各新生班开联谊会,我没报节目,看看再说吧。很会唱歌的童玉芬同学给大家唱了支新疆民歌《达坂城的姑娘》,唱到要紧处,不知何故卡壳了,我就顺势接上"你要是嫁人不要嫁给别人,一定要嫁给我……",一气唱完带表演,博得几声喝彩。地理系组织学生排球赛,我们参不参加?自己先试试呗。到了场上才发现,大家积极性挺高,但能打的没几个。想不到来自杭州的女同学安东竟能扣球打进攻,想不到来自河南开封的区区在下竟能打二传,想不到几条高身量的大汉竟不怎么样。于是我和安东就成了绝对主力。开学两周后学校应学员要求专门给助教进修班开了英语课,学《新概念英语》,从第一册学起。这本教材我用过,自然不在话下,于是就坐在了教室最后一排,偷偷看专业书。第一次英语老师让大家轮流念课文;第二次老师让大家互相对话;课上到第三次,老师就把我从最后一排拎到了前头第一排。

这些琐事,现在说起还挺得意的,但其实很小儿科,一瓣童心而已。

我们在华东师范大学的生活比较单调,除了学习,就是在丽娃河边发呆。周末有电影,基本上不缺场。哦,还有,周末有时在室内体育场举办舞会,似乎有社会上的人参加。交谊舞,离我这中原汉子太远太远,但又禁不住好奇,就常常站在人后头伸着脖子看,看他(她)们搞什么名堂。有流里流气的舞场串子,但大多数人很规矩,合着音乐舞动身躯,很美,也很健康,倒引起了我的体育、艺术"细胞"的和鸣。可惜咱不会,要会,肯定下到池子里技压群雄群芳——以后回到河大再说吧,这是后话。

再就是周末结伴逛大街,留心品味城市。总的感觉是,在1980年代,这个城市的洋味较浓,民族色彩较淡;现代的气势较强,历史的深沉不足;城市建设紧凑精致,基础设施欠账太多;高楼大厦林立,市政工程老化;商品丰富、市场繁荣、服务到位,市民小康、生活节俭、心态特殊……这是一个老牌的国际城市,一个现代的巨大都市,一个拥有强大经济社会实力的城市,一个市政建设捉襟见肘的城市,一个生机勃勃的城市,一个沧桑感十足的城市,一个充满了矛盾的城市,一个令人向往又很难真正融入的城市。

那个年代的商品供应远不如现在这样丰富充盈,供应渠道也远不如现在这样方便快捷,于是上海就成了全国人民的购物天堂。出差、探亲、旅行到上海,总会带着不轻松的购物任务,为自家也为亲朋好友。这里真可以算得商品丰富、市场繁荣、服务到位,而且不欺客、不宰客,尤令人称道。特别是服装以及来自全国各地的土特产品,是外地人采购的主要对象。服装琳琅满目,款式新颖,绝对可以引领时尚潮流;全国各地的人都想来这里做生意,各地土特产高度汇集,来上海走一趟基本上别的地方就可以不去了。我们几个北方的学友周末常去的地方是南京路、淮海路,买不买东西逛一逛,领略一下大都市的繁华与商品经济的骚动,既赏心悦目也体验城市。

一年的体验再加上原有的碎片印象,对1980年代的上海就归拢出两点突出的感觉,一是这个城市的建设风貌,二是主宰这个城市的人——"阿拉上海佬"。当时上海的精华在于大片商业区以及南京路向东一直到外滩(浦东开发是后来的事),而精华中的精华是南京东路到外滩。这里既有"十里洋场"的风情,也有黄浦江边的流韵,百看不厌,流连忘返。我每次来上海,总要沿着南京东路一路走到黄浦江边,总要趴在江边的矮围墙(应该是"情人墙"吧)上凝望船舶来往的江面与身后林立的外国范儿的高楼,顺带也睃一眼过往的或驻足的俊男靓女。

但是我知道也见过,上海还有大片的破旧居住区,即所谓的里弄、弄堂,蓬头垢面的家庭主妇拎着马桶匆匆而过,内急的过客可以旁若无人地在似乎划定的路边小解……上海城市道路系统可用"细密"二字形容,密度大,道路"细",不怎么堵车,但每条道路都是人来车往、熙熙攘攘,为了赶路而"无所不用其极"。公交车上的售票员还兼做开路先锋,坐在副驾驶位上,手拿一块四五寸长一两寸宽的木块,探出身来咣叽咣叽使劲地猛敲金属车帮,嘴里喊着"当心当心",行人就纷纷闪避,汽车在人流中像破冰船一样冲出一条"血路"……一些上海人(包括一些学者)对国家的地域政策颇有微词,认为上海为国家创造的巨额财富大部都贡献给北京了,自己的住房、交通、医疗、学校等基础服务设施却老旧失修,数量不足,阿拉上海倪苦着呢……

关于上海人,外来者有很多话要说,有褒也有贬,似乎揶揄之词颇多。我要说的是,其实上海人与全国其他城市人一样,有自己的地域特点,可亲可爱值得尊敬的地方居多,但也有与国际大都市不怎么相称之处。

同是 1980 年代的人,上海人和我们这里的人有很大不同。上海人讲究体面,做人精致,善于谋划,做事规矩。男人很绅士,女人很淑女,大凡出门,都要把自己捯饬得漂漂亮亮。不像我们这里,男的上街敢穿睡衣或打赤膊,女的多似今天的"女汉子",是不咋讲究的。上海人到饭店吃饭可是摆面子的事儿,不论贫富,哪怕常年在家吃泡饭,出手也一定要大方,不能让亲友甚至服务员小看。不像我们这里,有的人就是点一盘 10 块钱的炒青菜,也要嘀咕着这 10 块钱能买多少斤青菜,对饭店赚这种蝇头小利愤愤不平。上海人家里都拾掇得整整齐齐、一尘不染,还要喷点香水,哪怕是"蜗居"。不像我们这里,许多人家里大致整洁就可以了,不追求细节,乱一点才像个家嘛。有了矛盾、发生冲突,上海人讲究个"理"字,急了也顶多抬高个声调。不像我们这里,一语不合,便由讲理升级为争辩继而升级为吵架、骂娘、动手,而且升级的速度很快。上海人创事业,循序渐进,肯从小处做起,善于"螺蛳壳里做道场"。不像我们这里,要做就想做大的,大手笔大气象,不屑于做小买卖,结果是吹得凶成的少。上海人干事业,兢兢业业,不会轻易放过细节,顾客临门就是上帝,赚到钞票才算本事。不像我们这里,开个店就想赚大钱,蝇头小利根本不放在眼里,顾客进门,老板的眼睛发绿,让你心惊胆颤……

上海人过分节俭,待人保守,谨小慎微。过分节俭就是小气,说难听点儿就是抠门。最典型的例子是用自来水,晚上把水龙头开得介于线流与涓滴之间,水表不走字,第二天早上能接一桶,节省点用能用一天。而我们这里,穷也要穷大方,说谁老抠,比骂他几辈儿都难受。上海人交友很慎重,经常和别人保持一定距离,熟不到一定程度绝不"过招",连一支香烟也不会接的。而我们这里,重的是哥们义气,讲的是江湖道义,烟酒不分家,刚一结识就能拜把子,朋友有难,该出手时就出手,绝不含糊。上海人常常要保持个"君子相",讲究君子动口不动手,其实胆子较小,"帮帮忙好不来"是吵架常用语,"瘪三、十三点"之类最重的骂人话一般不会当面喷出。而我们这里,路遇不平拔刀相助,而且专助弱小一方,骂起人来是一张口就直奔下三路,血淋淋的,打起架来下手没个轻重,不计后果。

上海人自我感觉很好,全国老大,看不起外地人,就连来自苏北的上海人也被人看不起。而我们这里,也有盲目的自大,但却是古都城市"皇城根儿"下的霸气,不会看不起外地人。上海人特别认同自己的城市,尤其是住在繁华沪东的居民,就连居住条件极差者也是"宁要沪东一砖,不要沪西一间",小孩子考大学一般不考虑外地的学校。而我们这里,也为自己的城市自豪、自恋,但眼界、胸襟比较开阔,需要时会毫不犹豫"打起背包就出发"……

上海的男人有上海人所有的全部优点和缺点,但就是在家少点男子汉气概,干活儿多、当家儿少,把上海女人都宠美了、宠坏了,因此而成了被外地人使劲儿揶揄的对象。其实,上海男人是天底下最棒的模范丈夫,是家庭安定的坚强柱石、社会和谐的有力支撑,真该外地男人好好学习。于是,我们人文地理助教进修班的学友们开发了一个新的研究领域——婚姻地理学,主张北方、西部男人娶南方、东部女人,南方、东部男人娶北方、西部女人,通过婚姻融合中国人的优秀、消弭中国人的恶习,对提升中华民族的整体素质功莫大焉!

另据学友们的亲身体验,一些自我感觉超好的城市人,到了某个特定的城市,却牛不起来。例如,北京人到了天津,上海人到了杭州,广州人到了东莞……当然还有郑州人到了开封。上海人有个臭毛病,爱在外地人面前显摆上海话,好像故意让人家听不懂。我亲眼见过,在杭州,上海人与杭州人打交道,只要一说上海话,杭州人就会大喝一声:"讲普通话!"其实杭州人听得懂上海话的。

这些城市印象是我20世纪80年代的感觉,只是个大致,不是所有人、所有事都那样。现在应该有诸多新的元素融入了,再去体验,可能完全是不同的感觉。我的上海乡亲们,随着长三角经济区的横空出世、浦东开发进入快车道,以及自由贸易区的设立,我们的大上海日新月异,乡亲们的日子也越过越舒坦,真替你们高兴啊!

3.6 余势

1985年7月,助教进修班结业,我们拿到了国家教委统制的结业证书,学友们互道珍重、相约来日。回到河大,表面上一切照旧,但我对事业的着眼点似乎拔高了。在上好课的同时,我把更多的关注与精力放在了学术研究上。

上文提到的我发表的第一篇论文《城市系统合理规模预测》,本是进修班的一篇课程作业,回校后做了大幅度修改,投给了《河南大学学报》。自我感觉文笔还不错,但撰写科技论文,真还得从头学起。司锡明老师是我学术期刊论文写作的启蒙者和导师,也是该稿的责任编辑。司老师是从地理系到学报编辑部的,他的学术素养不亚于全石琳老师,而且在学报编辑部久了,成了编辑学的专家,在河南省可称得上大编辑。司老师治学严谨,作文严谨,审文更是严谨,甚至到了严苛的地步。那时没有电脑,投给杂志的文稿必得作者工工整整地手抄在方格稿纸上,编辑的修改意见也用红笔写在稿纸上。我的稿子被录用了,编辑部通知我要我面见责编。见了司老师,他把稿子递给我,一看,傻眼——稿纸上的一片蓝天变成了红色海洋,文字的修改几乎遍布每一段、每一句,真的连一个标点符号都不放过。而且他极有耐心地逐段逐句给我讲,问题出在哪里,为什么要这样改。两个小时下来,我彻底心服口服,原来那点儿微不足道的盲目自信彻底丢掉。就这两个小时,我初步掌握了科技文献撰写的技术规范,开始树立了学术研究的严谨态度,也使我明白了一个负责任的教师应该如何导引自己的学生。可亲可敬的司锡明教授,我要代表我和我的学生向师傅、师爷致以最崇高的敬礼!

回校后没多久,大约是在1986年暑期,我参加了地理系承担的横向研究课题"伏牛山南坡自然资源的综合开发利用研究"。当时,地理学要直接为经济社会发展服务的热潮已经兴起,河大地理系先后承担了河南省农业区划、地貌区划、综合自然区划、豫西黄土丘陵地区综合发展等项目。我们这个项目,是在伏牛山教学实习的基础上,经校友推荐,由位于伏牛山南坡的西峡县人民政府下达的,系主任李克煌教授带队。由于有皖南考察的经验,这次的伏牛山考察算是驾轻就熟。留下印象的,就是我们在考察过程中的"艰苦朴素"。几次赴西峡县,都是坐公共长途汽车前往;住在西峡县政府招待所,两三个人一间房;考察期间,早饭、晚饭大多在招待所食堂吃,午饭就在途中路边店解决,一般是每人一大碗汤面,也就一两角钱吧。难能可贵的是,不论系领导、教授还是一般教师,大家统统一个待遇……

西峡县的项目结束后,我们除了给当地政府提交了研究报告,还收获了一批学术成果。我发表了三篇论文,其中一篇还得了河南省自然科学优秀论文三等奖和河南省自然科学优秀学术论文奖。与此同时,我始终没有忘记自己的城市研究方向,先后完成了《开封市的衰落与振兴》(《城市问题》,1986,第3期)和《国土规划中的城镇群规划》(《地域研究与开发》,1987,第4期)两篇学术论文。1987年4月,我晋升为讲师。

这期间,有两件事对我的一生产生了重大影响。一是毕业后加入了中国共产党,二是华师大结业后被提干做了地理系副主任。当然,这两件事互有关联。

"长在红旗下"的中国青年,自小接受的是"积极要求政治进步"的思想教育。"政治进步"的显性表现,就是入队、入团、入党,为共产主义奋斗终生。我小学二年级就宣誓加入了中国少年先锋队,成了一名少先队员。当时的印象不深了,似乎没费什么劲儿,只要学习好就行。加入中国共产主义青年团可就费大事了。先是初中阶段,三年困难时期,吃不饱饭,学校似乎没精力搞共青团建设。高中三年,讲出身到病态的地步了,出身不好者入团无门。"文革"当红卫兵两年,团组织瘫痪了,任谁谁都无门入团。上山下乡三年,得亏血统论已走入穷途末路,也得亏我劳动表现好,更得亏我的对象的积极介绍,我轻轻松松地就入了团,多年的愿望实现了。

入了团以后,我就顺理成章地要求入党。开封十中五年,没有入党,但我始终是入党"积极分子"。上大学四年,班上没发展一个党员,我始终是"重点培养对象"。

毕业留校后,我埋头业务,心无旁骛。可突然有一天系总支负责人找我谈话,要我再写一份入党申请书,填表,开支部大会,批准入党——在我平静如水的当儿,又掀起了"要求进步"的波澜!支部大会上,气氛庄严肃穆,程序按部就班,我心存敬畏,同志们畅所欲言。在党员评论要求者的环节,大家指出了我的两大毛病——骄傲自满与不尊重领导。"同志,你老觉得别人不行,且表露当面,就你行?""同志,你遇事爱发表个人观点,这叫出风头!""同志,骄傲自满会失去群众的!""同志,你不虚心听取领导意见,比领导还高明?""同志,你还爱发表与领导不同的观点,组织观念淡薄呀!""同志,你能说会写,可是加剧了这两大毛病啊!……会前,总支负责人特意交代我,支部会上对新党员的批评会很犀利,你要"有则改之无则加勉",千万不能顶牛!于是我诚惶诚恐地记录下同志们的发言,诚心诚意地表示一定要认真改正自己的缺点。于是我就顺利通过,于是后来就在党旗下郑重宣誓,要为共产主义奋斗终生。

必走的程序走完后,我就成了一名光荣的中共预备党员。政治身份的转变给了我两个启迪。第一,今后必得"每日三省吾身",及时改正自己的缺点、错误,即便不能给党增辉,也绝不能给党抹黑。尤其是骄傲自满的毛病,似乎从小就有,而且根深蒂固。第二,我是在组织的人了,就要遵守组织纪律,党叫干什么就得干什么,不能和组织讲价钱。至于如何"为共产主义奋斗终生",没有多想,共产主义还远着呢,先干好工作呗。

没过几年,党对我的考验就来了。从助教进修班结业没多久,1985年暑期过后新学期开始,时任校党委副书记、主管组织工作的王才安老师找我谈话,说经组织考察、研究,准备让我做地理系副主任。完全没有思想准备的我立马头蒙。仗着与王书记熟稔,心里话脱口而出:"我不想干,请组织另考虑他人。"听了这话,王书记的眉头立马起皱,严肃地给我进行了一番"共产党员时刻听从党召唤"的教育,并毫无回旋余地表示,组织定了的事,不是你说改变就改变的!王书记的话语铿锵有力、发人深省,使我一下子清醒过来:一个共产党员是不能跟组织讲价钱的。敬爱的王书记、我的老师,我完全理解您的一番苦心,您的信任、关爱、教诲与鞭策,我感念在心,也铭记在心!

结果,我心甘情愿地接受了组织的安排,精神饱满地准备迎接未来的挑战。1985年9月5日,河南大学党委发文任命我做地理系副主任(副处级);经地理系党政班子研究,我分管科研与成人教育工作。

3.7 想出国

我做地理系副主任,一开始真有点忐忑不安。刚毕业没几年,才是个讲师,凭什么?系里党政班子的几位领导什么态度?系里老师会怎么看?同时留校的同学怎么看?出乎我的意料,方方面面都水波不惊,似乎都有思想准备。倒是我,又犯起了嘀咕。王书记找我谈话时,我怎么会不经大脑就脱口而出"我不想干,请组织另考虑他人"?

我想,原因有三。其一,我从小受的家庭教育排斥仕途。我清清楚楚地记得,小学毕业时,我爷爷曾郑重告诫我"宁为良医不为良相"。他这样解释:当官有什么好,到你不当官了谁还记得你?倒不如学一门手艺,比如当个医生,悬壶济世治病救人,那是为老百姓排忧解难。你别说,老秀才我祖父王清泉先生还真没有"学而优则仕"思想。其二,"文革"的经验告诉我,当官没有好下场。"文革"中我在开封亲见的斗争走资派,有开封一高的校长,开封市教育局长,开封师范学院书记、院长,开封市委书记,开封市市长,无一例外地身体遭摧残、人格受侮辱,惨啊!不能当官已成为早熟的高中生的人生戒律。其三,家庭出身不好的现实让我从无走仕途的念头。我表现再好也入不了团,入党也是困难重重,还能当什么官?干好大学教师,事业有所成就,不辱没共产党员的称号,一辈子平平安安,足矣。

地理系党政领导班子由六人组成,总支书记袁汉章,副书记孙应谦,系主任李克煌,副主任周华山、王浩年、王发曾。想啥都是没用了,既来之则安之,咱不能占着茅坑不拉屎。四个主任、副主任的"茅坑"是河大明伦校区老地学楼一楼南面的一间办公室,约16平米,摆了四张桌子,合4平方米/人、一桌/人。这种办公条件,与现今动辄30～40平方米/人相比,差别太大。四人在一起办公有好处,可以随时交换意见,随时召开系主任办公会。也有坏处,想溜个号干点别的什么,不容易。最大的问题是,我们四人都抽烟,还就数我烟瘾小点。我们在一间屋干活,你让我一支我必得回让你一支,下一回我先让你你再回我,你让我我让你,一支一支又一支,我的吸烟水平很快就后来居上。我们用的烟灰缸是一水儿的玻璃罐头瓶子,攒满烟蒂能装一簸箕,我们真是烟民中的豪杰。

兴冲冲地干了一学期,我就发现,我真的不适合当官。第一,心疼时间。系领导班子实行不太严格的坐班制,一天到晚得在系里耗着,有时晚上、周末、节假日还要加班,除了上课,搞科研的时间比过去少了三分之二。我在学术上还很不成熟,从华东师大回来的一整套想法远没有付诸现实,这样下去,怎么得了?! 第二,不适应官场生态。当了系副主任,不懂得到机关各部处联络感情,不会"看透不说透",不善于根据环境、对象调整自己,不愿意看领导眼色行事,不会看风使舵、左右逢源,更不屑于走上层路线。不是做不到,是不情愿。这是念书人的迂腐还是清高?

真不想干了。但是,才干了半年就打退堂鼓,叫我如何向组织、向王书记张口? 想来想去,一个念头就冒了出来,出国去,出了国这顶副主任帽子就会自动摘除!

我过去可从来没有动过出国的念头。毕业留校后参加外语培训没动过这个念头,在华东师大感染了国际学术交流的氛围也没动过这个念头。好好地跑国外干啥,也不是在国内混不下去了;河大待我不薄,我不能翅膀硬了就飞;父母年迈、儿子尚幼,我出去了谁照护他们;我都39岁了,何苦跑国外仰外国人的鼻息……总之我有一百个理由不去国外。但是为了摆脱地理系副主任的职务,我不惜推翻那一百个理由。我一厢情愿地认为,我走了,组织上必得再补一位副主任,我回来了,没有位置了——这多好。当然,出国研修也把自己逼上学术的国际平台,对我未来业务的发展肯定大有益处。

如此一盘算,立即开始筹划。学校同意吗? 没问题,学校着力鼓励呢。外语程度能否适应国外学习、生活? 原来有基础,再加把劲儿问题不大。走什么途径出去? 这就费思量了。那时,河大的青年教师出国深造有两条途径,一是通过考托福出国读学位,一是考VST出国做公派访问学者。前者时间长、自费,后者时间短、公费。我当然选择后者,到国外实地践行"拿来主义",有一两年足够了,而且没有费用的后顾之忧。

我的英语基础实际上并不雄厚。初高中学了六年俄语,上大学从 ABC 开始学了一年公共英语;1982 年 3 月,为响应地理系号召,我报考了学校"首届青年教师高级英语培训班",4 月份入班,当年 11 月结业(中间放暑假两个月);1982 年 11 月,为响应学校号召,我报考了河南省"高校青年教师出国预备英语进修班",12 月入班,1983 年 7 月结业(中间放寒假一个月)。可以看出,大学英语是必修,我报考河大与河南省的两个强化训练班纯是为了响应组织号召,都不是为了出国。

我学英语,以自学为主,而且孜孜不倦,动力源于对外国语言的兴趣,良好的学习效果也诱引我继续前行。而后来的两次强化训练全面提高了我的听说读写能力,推我真正入门。学校的培训班有 20 人左右,两位老师,一位年纪较大的张老师,一位年龄较轻的王老师(女),学《新概念英语》。上午上课,全英语教学,语言交流十分充分;下午自学,做托福,记单词,练听力;晚上收听外台的"特别英语"(Special English)节目。第二天上课的前半个钟头,交流头天的自学内容。虽紧张,但无压力,倒也优然游哉。这个班上的学友,除极个别外,后来都陆续走出了国门。

河南省的进修班由郑州大学负责,学员统一安排在学校东大门对面的接待中心住宿。学习乏善可陈,倒是有些花絮至今还记得。我们吃饭在学校的学生食堂,但不少人腻烦,就自己想法子捣弄。我买了个"热得快",可以插在暖水瓶里烧开水,也可以插在小钢精锅里做些简单的饭菜。用了一段时间,我的烹饪技艺大进,竟能用热得快做卤面,牵的!我抽烟,睡觉还打呼噜,我那宿舍经常是五味俱全、声情并茂,弄得同屋的河大物理系的学友刘老师不胜其烦,后来也就适应了。

说起刘老师,还有一段逸事。一天,他的新婚妻子从南阳到郑州来探亲,是白天,下午。咱是过来人,就找个借口溜出去了。晚上回屋一看,他坐在床沿生闷气。咋啦?下午四点多,接待中心管理员领着俩人敲门,非说他们在屋里搞流氓活动,费尽了口舌解释,才作罢。看来,他媳妇儿从进大门就被注意了,长时间在屋里不出来就肯定有事了。这算哪门子事啊,是可忍孰不可忍! 在我和其他外校学友的支持下,刘老师将接待中心告到了学校有关部门,最后也是不了了之。

河大为了检验学习的效果,让我们学员参加了 1983 年 12 月在西安举行的全英语水平考试(EPT)。我得了 115 分,超过国家标准分数线,可以出国了。但直到这时,还只为证明自我,仍没有出国的念头。直到 1986 年 6 月,即我当地理系副主任半年之后,才真的动了出国念头。于是我仓促上阵，于 6 月 29 日跑郑州参加了一种专为出国访问学者准备的国家英语水平考试（VST），成绩差强人意，111.5 分，也获得了赴美国公费访问学者的资格。

接下来就开始准备个人材料，联系美国的学校，发了五六份申请表。有三个学校同意接收，最终我选定了波士顿大学地理系、能源与环境研究中心，时间一年，从 1987 年 9 月开始。1987 年暑期，国家教委在北京举办我们这一批的出国培训，无非是出国人员的政治纪律，美国的风土人情，生活、学习注意事项，等等，完了组织我们集体去美国大使馆办签证。由于是计划内，签证就很顺利，围在大使馆门前因私办证的人们对我们羡慕得不得了。

机票是国家教委统一订的，学校按规定出资一万元置办行装。走之前和妻子带儿子去北京逛了一趟，买东西，瞻仰天安门和毛主席纪念堂，旅旅游，把十岁少年王漾乐得可以。转眼间该走了，告别领导、老师和众乡亲，随身带了两个大箱子。学校专门派了一辆车送我到郑州火车站，妻子随行。进站时与她告别，四目相对，临别无言。挥手告别时，她的大眼睛死死地盯着我，似乎今后再难见，多看一眼是一眼。在国外的日子，我每每想起这一幕就暗下决心：努力学习，按时归国！

1987 年 9 月 26 日上午八点半，一驾巨大的波音 747 载着一干怀揣各种目的而东渡太平洋者，在首都机场的跑道上轰鸣着，一昂头，如利剑般直插云端……

第4章 波士顿大学(BU)

4.1 美国,波士顿大学

波音747跨越太平洋所要到达的彼岸,是美利坚合众国(United States of America),简称美国(USA)。这个国家对各国的留学生、学者有着太多的吸引力,是世界上接纳外国人留学种类最繁多、规模最庞大的国家。

美国拥有巨大而先进的的高等教育体系,外来求学者可以轻易地选择到心仪的学校和专业,而且选择的余地很大。美国高等教育体系的整体水平当属世界一流,其科研经费投入之大、研究型高校之多、科研成果之丰堪称世界顶尖。美国高等教育继承了欧洲大陆一些古老大学如牛津(1096年建校)、剑桥(1209年建校)的办学传统,从移民美国的清教徒1636年创建全美第一所大学哈佛大学开始,在不足400年的时间里,已拥有2600多所颁发学士、硕士和博士学位的普通高校和3400多所社区学院。美国高等学校的综合实力很强,在世界排名前500名的大学中,美国占168所;前20名中,美国占17所。

美国是拥有最发达的现代文明的世界唯一超级大国,外来求学者可以在这里获得对现代文明的完美体验,而且这种体验随时随地、多维多面。作为当代最强大的资本主义国家,一个美国就是资本主义世界的完整缩影。

美国实行宽容的留学生政策并拥有优越的留学环境,外来求学者在求学期间有多种支撑学业的平台。美国高校的学费在世界属中等水平,但奖学金种类繁多,多数都能覆盖全部费用的2/3以上甚至全覆盖。申请奖学金的门槛不高,勤工助学的机会很多。自主、自由的学科专业选择体系使学生有较大的空间调整专业方向、设计未来发展,灵活有效的学分累计方式使学生可以方便地完成自己的学业。而且,通过专业认证机构与各类院校专业管理的一体化,院校之间的学分可以通用并转换,这就为学生转学、转专业提供了极大便利。每年都有来自世界200多个国家的大批留学生到美国接受高等教育,不同的文化背景和思维方式的碰撞与融合非常有利于拓展学生的视野和思路,国际化的留学环境使学生有更强的国际竞争力。

那么,美国是天堂了?不,这个曾经的资本主义新进、现如今的老大帝国,在华贵炫目的外衣下和强壮的躯体上,自带着不治的病源,展现出可怕的病症,潜伏着危险的病灶。别的不说,单是其世界霸主、世界警察的顽固意识、强硬风格与丑陋面目,以及持力欺人、我行我素、有恃无恐的做派,我就十分地讨厌。地球是一个多元的世界,有多元的自然、多元的人种、多元的民族、多元的社会,以及多元的文化脉络、历史传承、意识形态、社会准则与价值追求,为什么非得把你美国一家的模式作为普世圭臬?当别人说句"不"的时候,等到的会是强盗式的粗暴干涉、惩戒甚至侵略!二次世界大战后,美国及其盟友曾先后甚至同时在朝鲜、越南、格林纳达、巴拿马、海湾、索马里、波斯尼亚、科索沃、阿富汗、伊拉克、利比亚、叙利亚等国家和地区点燃战火,这些局部战争的加和不亚于一场新的世界大战!具有讽刺意味的是,这些战争没有一场是善始善终的,战争摧残了人家,自己也遍体鳞伤。而且从来不知接受教训,世界的角角落落里有点儿风吹草动,山姆大叔就"腚蛋上扎蒺藜"——坐不住了。

尽管如此,这个国家近四百年来凝练的一种精神力量足以团聚国人、吸引外人、震撼世界、影响未来。自北美大陆的殖民开发始,一代又一代的移民与当地原住民铸就了一个美丽的梦想——美国梦(American Dream)。广义的美国梦指美国的自由、平等、民主、博爱;狭义上是一种信仰,相信经过不懈的努力和奋斗便能获得更好生活的一种信念,亦即人们必须通过自己的勤奋工作、勇气、创意和决心才能迈向繁荣,而非依赖特定的社会阶级和他人的援助。一般认为,美国梦萌芽于《"五月花号"公约》(1620年),扎根于《独立宣言》(1776年),而1886年10月28日矗立在纽约市海港内的自由岛上的自由女神像则是美国梦的象征。美国梦成了吸引世界各地人民移民美国的主要原因,现在每年都有超过一百万的人成为美国公民,其中的重要成分是外来的求学者。"美国梦"对于构筑中华复兴的"中国梦",是否会有启示呢?

我要去美国完成我的学业计划,自然是冲着上述考虑。至于选择东海岸的波士顿大学,却是着迷于她的贵族特质、时代气息与办学环境。

波士顿大学(Boston University),简称"BU",创建于1839年,是全美第三大贵族式私立大学,属于"爱国者联盟"(The Patriot League)十大盟校之一。校训为"博学、美德和虔诚"(Learning, Virtue and Piety),曾经培养出6位诺贝尔奖得主和22位普利策新闻奖得主,知名校友有Jr.马丁·路德·金等。Jr.马丁·路德·金(Martin Luther King, Jr., 1929~1968),著名的美国黑人运动领袖。1963年,他觐见肯尼迪总统,要求通过新的民权法,给黑人以平等的权利;1963年8月28日,在华盛顿特区的林肯纪念堂前,发表了著名的《我有一个梦》的演说;1964年度获得诺贝尔和平奖;1968年4月,Jr.马丁·路德·金在孟菲斯市领导工人罢工,被刺杀,年仅39岁。从1986年起,美国政府将每年1月的第三个星期一,定为"马丁·路德·金全国纪念日"。有意思的是,贵族学校BU却培养出了世界著名的民主斗士,他的理念与我们孔夫子倡导的"有教无类"思想相当吻合。

波士顿大学

BU所在的波士顿市属于美国东部的新英格兰(New England)地区,这里是美国独立革命的发源地,也是欧洲清教徒最早登陆新大陆的地点。该地域共有56所大专院校,其中包括哈佛大学、麻省理工学院等名校及多所艺术类的专业学院。BU有学生天堂的美名,拥有理想的学习环境。15个二级学院常年在校生约3万人,大学部及研究所学生各半。国际学生的比例居全美各大学之冠,尤其是中国留学生人数逐年增加,到2007年已经稳居国际留学生中的第一位。

"QS世界大学排名"与"泰晤士高等教育世界大学排名"被公认为世界最具影响力的全球性大学排名榜。2014年,波士顿大学在前者位列第78名,在后者位列第50名。另外,美国新闻周刊把BU列为全球大学排名第65位,我国的上海交大将其列为第72位。美国权威网站评定的平均成绩点数(Grade Point Average,简称GPA)最难拿的学校排名中,波士顿大学位列美东地区第一。总之,说波士顿大学是全球最棒的100所大学之一是没问题的,可以将其比作"世界 211 工程"大学——我很满足了。

在我急匆匆地离国而去的这一年多时间,国家"摸着石头过河",在改革开放的道路上找到了自己的方向。

我之所以急匆匆地离国而去,不是为了求取"功名",而是为了"逃避",逃避行政职务的羁绊——这就是我选择公费的、短期的"访问学者"这一身份的主要原因。由此观之,我的出国不是积极的而是消极的、被动的。这一看似奇怪的万里求学路,其实与我不愿当官如出一辙,而此举亦恰恰是为了回归自我。现于此剖露 30 年前的真实心迹,以真实再现我特殊的"河大人生"。

1987 年 9 月 26 日上午,在我登机东渡之前,我又一次暗誓:不管什么情况,我一定按时归来!而且我要把消极、被动转化为积极、主动,把游学美国这一年作为我一生事业的又一块基石。

4.2 初到波士顿

载我呼啸而过太平洋的这架波音 747 的机舱里,飞往彼岸的人们安宁而祥和。

我是第一次坐飞机,747 给我的印象几乎彻底颠覆了我曾经长时期信奉的世界观。机舱里八成左右是各种肤色、面目、语言的外国人,与眼里充满好奇、戒备甚至惊悚的中国大陆乘客相比,他们的世界主人般的自信创造了机舱的安宁与祥和。当飞机起飞的一霎,我突然意识到,在中国地盘上的这架美国飞机里,已然是外国场景,我已经是外国人。

一登机我就发现,这是一种双层客舱的飞机,设备的豪华与人性化超乎想象。进入正常飞行状态后,大屏幕电视开播,都是美国节目,乘客可以上下自由走动,坐不住的美国人开始端着水杯子到处乱跑,虽热闹但不喧嚷,那场景似乎是一场进行中的社交 Party 或开演前的大剧院前厅。乘务员是一水儿的美国女子,制服统一但肤色各异、年龄各异,其微笑以及对乘客的体贴既是职业性的也是人性的。据我观察,对于乘客的要求,无论是常规的或特殊的,她们几乎无所不能。

我不忍再多叙……这就是万恶的资本主义? 我迷惑了片刻,立即告诫自己,这只是资本主义的表面繁荣而已……稳住了神就开始假寐,闭上眼,脑子里满是若干年后中国的不亚于任何国家的幸福场景……

但是,还得面对现实。途中,我从座位上站起身,伸出双臂去开机舱行李箱。只听得"哧"的一声,我身上穿的新夹克衫出毛病了,右臂腋下开线,裂了三寸长的一大口子。夹克衫是我在北京西单置办的,除了一套西服,到美国就靠它了,咋这么不经考验?困难难不到共产党人,我找了仨别针别上,不抬右臂根本看不出来。

途中,我无意识地端详脚上穿的新旅游鞋,突然发现,右脚的前脸与鞋帮交界处开胶。糟,这用别针可对付不了。咋办?换鞋?太麻烦,还招眼。那就尽量右脚少用劲吧,不到万不得已坚决不换!转念一想,想换也换不成啊,鞋在我行李箱里呢,行李箱托运了。一路上直到纽约总领事馆,我深刻体会了毛主席曾形容过的"小脚女人"扭捏挣扎在路上的苦楚。还好,直到换了一对新鞋,那双倒霉催的旅游鞋也没有彻底张嘴,总算为国货挣回点儿面子。

换下了它我才发现,人家两只鞋是两口子,一阴一阳,鸳鸯。我立马找到了原因:在北京西单商场买鞋时,我和妻子挑来挑去相中了这一种,样式好,国货,不贵,而且有几种款式,大同小异。服务员很热情,拿出几种款式让我们挑,挑好了就装盒,付款,满意走人。坏就坏在了几种款式混在一起卖,服务员大意配鸳鸯,我们也没想起装盒前再检查检查!这双鸳鸯鞋还有后话。到了美国,我不舍得抛弃它们,拿到修鞋铺修理。用胶水粘了一个两厘米的开缝,满脸慈祥的老师傅硬收我五块钱,美金,合人民币快二十了!娘的,打劫呀,我买这双鞋才花了三十多!后来才知道,手工服务是美国最昂贵的"商品",不像中国,"人工"贱。这么贵的鞋,穿吧,但只怕被不相干的美国佬发现是一对鸳鸯,丢了国丑。怕啥来啥,没多久,波士顿大学地理系的一位好事者就注意到了。一天,在休息室里,他直截了当地盯着我的鞋研究了半天,然后问我(译成中文):王 Sir,你的鞋好有型啊,为什么两只不一样?我急中生智答道,这是一种中国风格(Chinese style)呀。他一边"OK,OK"地夸个不停,一边一个劲地打听是在哪里买的⋯⋯其实,有些美国人真傻得可以,论斗智,他们还真不一定是对手。

飞临美国国土上空,飞机降落在旧金山国际机场,停歇一个钟头,加油。晚上六点半左右(美国纽约时间),飞机抵达旅程终点——纽约肯尼迪国际机场,整个航程用了约20个小时。取了行李出机场时,国货又开了我一次玩笑:两个大箱子中的一个光荣负伤,拉手断了——幸亏有小推车,而且可以直接推到接我的汽车旁,不然就真要考验我的智慧与力量了。

坐在中国驻纽约总领事馆的车上,夜幕下的纽约不夜城在我眼前过电影,一个接一个地一闪而过,在我脑子里留下一大堆光陆离奇的碎片。扛不住视觉疲劳,我闭上了眼睛,朦胧中,项砦林场的麦田、桑园、小屋清晰地浮上脑海。一个曾经飘浮在尘土中而不知所终的中国小知青,被一股神奇的力量抛在了大洋彼岸的世界第一大都市,等待他的是什么?忐忑中我握紧了拳头,不怕不怕,有伟大祖国做靠山,有特殊十年的特殊经历垫底,小小美国算什么……

　　进了总领事馆的大门，黑头发黄皮肤的工作人员的热情接待，使我恍如回到故乡；晚餐的汤面条、肉包子那么可口，使我恍如尝到了母亲的厨艺……这才两天呀，浓浓的乡愁就已经不可开交了。夜里躺在床上自审，深知这种精神状态要不得，我要决绝地放开家乡的一切、过去的一切，以战斗的姿态、学者的状态独力面对各种挑战，我没有时间让莫名其妙的愁绪笼罩我，哪怕一天！

　　第二天中午，我乘早已预订的"灰狗"从纽约北上，直奔波士顿。灰狗（GREYHOUND）是美国的一种长途客车，又名"灰狗巴士"，一条彩绘的疾奔着的巨大犬只几乎占了车身的60%。车身下部有巨大的行李柜，车厢内座位宽敞，靠背可下调，有空调，车身尾部还设有厕所。在北美大陆旅行，许多人选择乘灰狗巴士。只要定好最终目的地，沿途任由乘客下车观光，可选择任何线路搭乘任意班次，只要在半个月之内到达终点站就行。而且价格低廉，我从纽约到波士顿，三百多千米，只需24美元。

　　坐在灰狗上，沿线秋天的景色美得让人流连忘返。一会儿是大片的绿，一会儿是大片的红，一会儿是大片的黄，很艳而不嚣张，很润而不浮躁。天空像水洗的一样蓝，大地像风靡的一样柔。少见城市的钢筋水泥森林，常见远处的各式、各色小屋。如果这是特意避开繁华与喧闹而给乘客创造的一种美妙、闲适的旅行环境的话，那真是匠心独具了。

　　坐在车上，眼睛饱览秀色，脑子也没闲着。昨晚在总领事馆填了几张表，算是报到了。同时得知，到波士顿后，要先找住处，尽快将地址告知总领事馆，以便发寄每月400美元的生活费。工作人员还给了我一个名字及其电话号码，此人姓汪，是波士顿地区中国留学人员联谊会的负责人，由他接站并安排我的初始事宜。尽管昨晚工作人员已电话告知汪先生我的行程并嘱其接站，我心里依然没底。他能按时来吗？我们能互相认出来吗？波士顿第一天住哪里？……

　　经过五个钟头的奔波，波士顿到了。下了车的我拉一个箱子推一个箱子踉踉跄跄出了站，在众目睽睽之下进了有几十个座位的候车厅——我与汪先生的接头地点。坐下，打量面前的每一个人，凝神听周围人的说话。一个钟头过去了，没动静，一丝不安袭上心头。又过了半个钟头，一位黄皮肤、黑头发、中等个、带眼镜的男士进了候车厅，走走转转瞄瞄看看像是找人。且住，沉住气，看他怎样——要是事先约定个接头暗号就好了，这是在敌人心脏啊。转了几圈，那主憨不住了，径直到我面前，深沉的乡音低低地问：大陆来的？姓啥叫啥？得到肯定的、明确的答复后，他依然低声说"跟我走"。嚯，真是地下工作者接头啦！

出了候车厅门,他才热情地与我握手,接过行李塞进汽车载我一溜烟绝尘而去。后来熟了,我问老汪干吗那么紧张兮兮的。他笑而不答,可能一行有一行的规矩吧。当晚住在老汪家里,他给我简单介绍了一些波士顿以及这里留学人员的情况,并安排了我在波士顿的联络人董军昌先生。第二天一早,吃了微波炉里端出来的牛奶,夹了黄油奶酪的面包片后,来接我的董先生就按响了门铃。一见,董才20多岁,完全没有老汪的成熟老练,单纯,热情,满脸是笑。憋在我嘴边的"董先生""老董"之类的尊称咽了回去,一声"小董",立马没了距离。

在老汪送我们的车上,小董告诉我,他是北京化工学院(现北京化工大学)的毕业生,留校任教刚一年,刚来美国一个多月,读学位的。刚刚熟悉这里的情况就接受了留学人员联谊会的任务,我是他的第一个"下线"。小董的住处在一座公寓大楼的地下室,有几十家,多以单身男士为主,卧房是私密的,起居室(living room)、卫生间与厨房公用。房租不贵,多是贫困阶层或流浪汉租住。我在这里见到一位貌似贫困者的老汉,整天坐在电视机前一动不动,给他搭话,一概不理。这里最适合外国留学生了,找不到合适的房子或经济不宽裕可在这里暂时栖身,有几个和小董一样的中国大陆留学生就住在这里。小董的卧房有十几平方米,一张床、一套破沙发、一张桌子,他的生活、学习用物以及我的两个大箱子把屋子塞得满满的。小董得意地告诉我,房租每个月才100美元,在波士顿这个贵族城市上哪儿找啊。晚饭是小董做的,简单而可口。饭后我抢着刷碗,拿起洗碗池旁的小毛刷就干,幸得小董拦下,原来那是一把专门刷碗池的刷子。这提醒我,到了异国他乡,做事不可鲁莽,不懂的要问,要看别人怎么做,不能让美国佬看不起!晚上睡在沙发上,我提醒自己明天赶紧找房子,不能再麻烦人家小董了。

第二天老汪先领我学坐地铁,然后领我在BU校园里大致转了转,指认了教学大楼、地理系、国际学生办事处以及图书馆、专供师生的饭堂等,然后就一头扎进了教学楼一楼的粘贴各种信息的走廊。这里信息真多啊,专为学生服务的有邀入社团的、卖廉价用品的、征求室友(roommate)的、开课通知的、周末活动的等等。最多的是租房线索,设有投币电话,专供学生联系房源用。老汪问我,是和中国留学生同住还是和美国人同住。我说当然和美国人同住了,可以在原汁原味的语言环境、生活环境、人际环境中尽快地、真实地了解并融入这个社会呀。联系了几家,都不合适,当天也就作罢。第二天我不要老汪陪,自己出击,边联系房源边熟悉环境,一连三天,也实地看了几家,均无果。到了第五天,机会来了,立马搞定,收拾东西,告别小董,千谢万谢,搬入新居。

我的新居是沃伦大街(Warren St.)126号42#,东距波士顿大学约5

千米,地铁绿线坐三站;一座古香古色的六层公寓楼,出了门就是地铁站;四楼南户,两居室约60平米,我与roommate每人一间卧房,起居室、厨房、卫生间公用;有暖气(heater)、一部电话、一台冰箱共用,一台彩电私有,在人家的屋里;房主不详,公寓管理员是人称丽萨的一位黑人女子;室友柯克·艾萨顿(Kirk Etherton)是个白人小伙,毕业于哈佛大学数学专业,做广告撰稿人。这套房子每月租金530美元,我摊一半265元,每月一交,给柯克,他等于是二房东。

据老汪和柯克沟通得知,我的前房客名叫王洛勇,是上海戏剧学院来BU学习表演的青年教师,当时我在笔记本上毫不在意地记下了这个名字与单位。今天写到这一段,翻看笔记,王洛勇的大名进入眼帘,我不禁心一动——这位曾经和我住过同一间房的王洛勇莫非是我国知名的话剧和影视演员、导演与编剧?到百度上一查,果不其然!王洛勇河南洛阳人,毕业于上海戏剧学院并获得文学学士学位。他是1986年来的美国,在沃伦大街126号42#住了约一年。1989年5月在美国波士顿大学戏剧院毕业并获得文学艺术硕士,之后在威斯康辛大学教了六年表演。1995年7月4日,王洛勇以《西贡小姐》主演身份登上百老汇舞台,由此而获得美国福克斯最佳男演员奖,人称"百老汇华裔第一人"。2001年,已在美国打拼15年的王洛勇回国发展,有多部影视戏剧作品先后问世,"知名"二字名至实归。他现在是上海戏剧学院音乐剧中心主任,还是美国麻省艺术学院客座教授。我兴奋地将这告诉老伴时,她却说和王洛勇住过同一间屋有什么稀罕。想想也是,但毕竟是一段机缘,默祝洛勇兄弟演艺事业顺利吧。

我的小卧室约15平米,干干净净,啥都没有。咋住?这点困难难不住咱,当天就在木地板上和衣而卧,第二天就开始了"安居工程"的第二战役(找房子算第一战役吧)。白天逛各种商场、超市,当然,专找价格低廉的进。一天下来,收获颇丰:一个睡袋连铺带盖都有了(带回国后,王漾那小子睡着美了两年),一条被单,一个枕头,一双美制旅游鞋,一件标着"Made in Korea"的毛衣(直到现在还不舍得扔)。五样东西花了50美元,平均每样10美元。晚上逛附近大街,检阅"路边遗弃物品"。干到约十点钟,扛回家一个席梦思厚床垫、一张书桌、一把靠背椅、一个小小衣橱。最得意的是还捡了一台半旧的电视机,通上电一试,有影儿有声儿!

其实,这些生存之道不是我的发明,出国前都知道,来波士顿后老汪、小董都曾耳提面命。只不过我格外勤奋,一天搞掂。至于大街上捡东西,虽听说过但半信半疑。来这里一看,信了。美国是一个"车轮子上的国家",人们没有所谓"户口"的限制。于是就常搬家,为了求职,为了社交,为了新鲜,有时啥也不为,住时间久了,动动。他们搬家可不是大包小包木箱纸箱啥都舍不得丢下,能不拿的就不拿,到新地儿再置办新的。搬家时不带走的新旧不一的东西咋办?开个庭院小市场(Yard Sale)呗,就在自己院子里,摆出来卖,一块不值两块的,便宜得很,据说有人花了10美元钱买了一台九成新的电视机呢。临到要走了卖不完咋办?晚上往大街上一扔,谁愿意捡谁捡,捡不走的第二天清早由垃圾车往垃圾场送。不言而喻,在街上捡东西的肯定不是富人。这个社会似乎不笑贫,人家不要的东西,你需要就捡走,没人注意你、干涉你。但扔和捡只能发生在晚间,到了白天,大家都是绅士,如果有人乱往人行道上丢东西,肯定要被追责(污染环境、侵占公共空间);如果有人扛一张桌子在街上招摇过市,肯定会招来人们疑问的目光。留学生干这个行当,同样不会被人耻笑,美国人的东西拿来我用,理直气壮,还替他们清除垃圾了呢!有时也瞎想,美国人咋恁有钱啊,好好的东西都不要了,罪过罪过……

有了住的还得有吃的。我和柯克的小厨房啥餐具都有,甚至还有一口中国式的铸铁炒菜锅,说是原来的房客王洛勇留下的。所需食材,近处的小超市、远处的大超市都有卖,想吃中餐了还可到唐人街(Chinatown)去买。好了,食宿无忧,该干正事了。

第一件事,写了两封信,一封给家里,一封给纽约总领事馆。给家里的信无非是叙过程、报平安、表思念。据后来妻子告知,家里等我这第一封信等得好苦。不知到了没有?应该到了但咋无音信?不会还没到吧?这个人到底在大千世界的哪个旮旯猫着呀?……给总领事馆的信属例行公事,主要是催钱。旅途中吃东西、购买用品、交了一个月房租、超市里买食物,出国时随身携带的几百美元已基本告罄。赶紧寄钱来吧,再不寄就混不下去了……

第二件事,到BU、到BU地理系报到。解决食宿问题后的第三天,我把从国内带来的一套西服套上,脖子里拴了一根领带,脚下自然是锃亮的皮鞋——收拾得一整二齐,踌躇满志地登上地铁绿线,东行三站,在联邦大道(Commonwealth Ave)BU站下车,向BU正式宣示:俺来了。在国际学生部填了一应表格、办了一应手续,很简单、很顺畅,工作人员很热情、很体贴,有点儿宾至如归的感觉。地理系也在沿街的大楼里,系主任五十来岁,矮胖子,与我大致谈了谈学习、工作安排,就将我交给系办公室了。办公室就一名职员,老年妇女,热情干练,包办一切,有点像河大地理系办公室的杨坤芳老师。办了手续,她领我在系里到处转转,指认房间、介绍同事,最后还给了我一把"万能钥匙"。

第三件事,申请社会安全号码。外国人抵达美国后,须尽快向当地社会安全局(社会保障局)申请一张社会安全卡,卡上登记着持有人的姓名及一个九位数的"社会安全号码"。社会安全卡等同于身分证,全国通行,在许多场合,例如开办银行账户、求职等,均要填报"社会安全号码"。入乡随俗,人家这样规定,咱照办就是。

第四件事,开了个银行账户,在波士顿银行(Bank of Boston)。老汪和小董都说,安顿好、报了到、有了社会安全号码,要赶紧开个银行账户,这里很少现金往来,离开银行寸步难行。小董陪我一起去的,也是很简单、很顺畅,工作人员很热情、很体贴。

这几件事做完,使我对美国社会有点儿新感觉。人家各部门的服务态度真好,与国内司空见惯的"脸难看、门难进、事难办"相反,脸好看、门好进、事好办。说起"脸好看",这里的黑人可不丑,很耐看,有的真可称得起"漂亮"。

4.3　BU一日与一年

我在波士顿大学的身份是"访问学者"(visiting scholar)。到外校做访问学者是为高等学校培养学术带头人和学术骨干的重要形式,也是进行校际、国际学术交流的一种途径。访问学者的任务主要是学习、体验、研究和交流,不仅关注专业领域的新动态、新进展、新知识、新技术,还关注高等教育的新理念和先进教育管理模式,以及与访问学校建立某种联系。大多数国外接收单位对他们的要求与管理相当宽松,没什么硬性规定,基本上一切悉听尊便,而且还尽量提供各种方便。

出国之前,绝大多数访问学者都有一番雄心壮志,都有一个忙碌的、目标很高的工作计划,都很想把这一段时间变为学术上的高产期、丰收期。访问学者在国内都有一定的事业基础,平均年龄较大,在国外的经历比较平稳。尽管没有压力,但他们工作踏实认真,为人诚实磊落,对国家为自己的付出心存感恩。

不久,我就对这里学术环境的期望有一些新的认识。我一直认为,学术必须植根于科学,科学应该服务于社会。我BU的美国同事似乎不太关注学术研究如何密切结合社会需求,他们主要关注自己感兴趣的课题,似乎完全没有我们习惯的所谓"社会担当"。况且美国社会五光十色、五花八门,社会元素差别太大,学者对学术的认知也有很大差异,特别是对于人文社会科学色彩较浓的人文地理学来说,更是如此。这是美国科学界丰富多彩、领先世界的原因之一吗?面对这样的现实,我对自己的访问学者"生涯"画了一个框框:放下差别,从美国同行那里尽量"挖掘"对中国有用的学术营养;放宽眼界,从波士顿大学的信息平台上尽量"劫掠"对中国有用的信息资源;放开脚步，实地考察波士顿这个有代表性的美国城市，创造条件考察其他美国城市。在"放"的同时，始终坚持一个"收"：收下心来，提高效率，按时归国。

波士顿大学地理系主任 T.R.拉克士曼恩（T.R.Lakshmanan），兼任能源与环境研究中心主任，是美国知名学者，他的夫人也在地理系任职。主任的专业与我没有交集，第一次交谈把我交给办公室以后，就心安理得地不管不问了，只剩下见面打个招呼而已，我丝毫没有在国内见了领导好像见了组织一样的感觉。我想，这也是美国式的人际交往吧——也好，作为访问学者，我可以"以我为主、为所欲为"了！

系里给了我一间办公室，有电话、电脑，与一位印度籍的女老师芭卡克媞共用。系里有三个公共活动场所，一是系办公室，紧挨着系主任室，靠墙的柜子里整齐地码放着各种文具纸张，随用随取，无须批准、不用登记。在美期间，我所用笔、稿纸、信封信纸、文件夹、订书机等均取自这里，一分钱不用花。二是复印室，有三台电脑、两台复印机，随用随开，无须批准、不用登记。在美期间，我复印了大量文献资料，除了少部分是在校图书馆付费复印，大部分出自这里。三是临时休息室，有冰箱、烤箱，配有咖啡、小食品等，随便取用，无须批准、不用登记。我去了几次，里面人不多，没啥意思，也就不再去。

最方便的是，系里给了我一把"万能钥匙"，除了系主任办公室的门不能开，其他如系办公室、复印室、临时休息室等都能开，甚至教师办公室的门也能开！也就是说，教师的办公室钥匙全系通用，公共三室可提供 24 小时服务。这给大家提供了极大方便，但也使我不禁担心安全问题。你想，BU 沿大街两旁布局，没有大门，自然也就没有门卫，谁都可以进到大楼，谁都可以无障碍地进入各楼层，24 小时不设防。可奇怪的是，从来没听说发生过入室盗窃案件。是治安好，还是学校没啥可偷？不得而知。

我的作息时间相对稳定，一日复一日。一般早上七点钟起床，早锻炼约 40 分钟，八点半钟以前洗漱、吃早饭，九点钟以前赶到 BU 上课；大约十一点半钟吃午饭，午后小憩；下午两点左右参加地理系或学校的各种活动，没活动就去泡图书馆，下午六点半左右吃晚饭；晚上上选修课或参加活动或泡图书馆，十点钟左右回家，洗漱、看电视、看当天报纸，一般十二点就寝。

往返学校的交通靠地铁。波士顿的地铁以市政广场为中心向四面八方辐射，有红线、绿线、蓝线、橙线与灰线。从中心向西是绿线，横穿 BU，再向西延伸到沃伦大街的南街口。那时，在波士顿乘地铁，从四周坐向中心方向每次收费 3 个"夸特"（quarter，25 美分）75 美分，不论远近；从中心坐向四周不收费。也就是说，从 A 地坐到 B 地，再从 B 地回到 A 地，付一次费，花 75 美分。后来我意外发现，从我住处出来向东步行 5 分钟就是 BU 的校车车站,凭证件免费坐校车很方便的。于是乎,来自东方的穷学者去时坐校车,回时坐地铁,一个子儿不花(至今想起,还暗自得意呢)!后来要到处跑,就买了地铁月票,20美元。

在BU做访问学者的一年多时间里,我全程修了六门课程,包括地理系的"人口·经济增长·能源与环境""高级经济地理学""城市住宅政策""城市土地利用与规划""城市生态学",以及BU城市学院(相当于我们的成人教育学院)开设的"北美大陆与美国文化"。那时还没有电脑选课,访问学者想选什么课,在办公室登记一下即可。地理系的课一般安排在上午,九点到十二点以前,城市学院的课在晚上。没有固定的教材,老师推荐几本参考书,也多是老师自己的著作。一门课讲什么,完全由老师做主,谁都不会干涉;而一门课怎么讲,老师会充分发挥学生的积极性,只要学生感兴趣,欲就某问题和老师切磋,老师会心甘情愿地奉陪到底,停下既定的讲课内容不讲也在所不惜。这种状况是不是可理解为:美国高等教育充分体现民主原则,上头对教师民主,尊重老师的学术特长;教师对学生民主,尊重学生的学习自由。当然,前提是,系主任在聘请教师时,对求职者的学术素养有比较透彻的了解。

在BU期间,我给地理系的本科生做了三次讲座:中国地理学的过去与现状,中国的城市,河南省的旅游资源。每次讲座有二十来人听,学生很随便,在堂上吃吃喝喝,坐姿也不端正,但绝对安静,绝不会影响他人。学生兴趣很广,时常中间插话、提问题,我也入乡随俗,乐意与他们交流。这样的讲课方式对老师的英语水平要求很高,我那非正统出身的英文口语与听力就难以应付了。当年我们学英语,重的是背单词、解语法、读经典,以为如此就可以到外国生活。其实根本不是那回事儿,当地人的口头语言表达与书本规范语言大相径庭。在国外,你要听懂人家讲什么,还要让人家听懂你讲什么,必得有一个相互适应的过程。其实中文也有类似情况。如果规规矩矩按语法规范说,问一个人在干什么,应该是"你在这里干什么",口头说会是"干啥哩在这儿"。学中文的外国人听到这也会完全迷门。好在我的英文有些口语基础,个把月左右也就慢慢适应了。

在BU上课和讲课,其课堂教学的方法对我影响很大。后来我给研究生上课,绝不满堂灌到底,重在启发学生甚至挑逗学生当堂讨论,基本做到每个学生都有至少一次发言机会,不怎么管学生上课吃喝东西、内急外出等。但我也有毛病,在我保证不迟到的前提下不允许学生迟到;让大家议论、讨论时,课堂可以乱糟糟的甚至哄堂大笑,但一旦我开口讲,必须安静;吃东西、去卫生间、接打手机、发微信都可以(本来想抽烟也可以的,后觉不妥),但不可以影响别人。学生上我的课,要记大量笔记,还要随时准备和我互动交流,时间顶得很满,自然很累。但是,从学生的反映看,似乎还乐此不疲。教了一辈子的书了,这点心得不值一提。

在BU期间,我参加了五次学术交流活动,其中两次是校外(一次是大波士顿地区范围,一次是美国东部地区范围,都在波士顿举办),属综合性的学术讨论会;三次在校内(一次邀请的是哈佛大学的学者,两次是本系的学者),属专题性的学术讨论会。综合性的学术讨论会乏善可陈,人多,乱哄哄的,讨论问题浅尝辄止,主要是创造一个学术界朋友会面的机会,与国内差不多。专题性学术讨论会很成功,三五十人参加,一位学者主讲,讲完后大家评议、质疑、论争、答辩,气氛很平和,碰撞很激烈,经常是火花四溅、灵光频现,参加者收获颇丰。

在BU期间,我参加了地理系同仁的两项研究课题。一项为"发展中国家城市居住研究",一项为"大波士顿(Great Boston)区域发展趋势研究"。前者基本是钻图书馆进行文献分析,后者出去搞了两次调研,有些实地感受。在研究的基础上,我撰写了三篇论文,《发展中国家城市住宅市场考察》《国外城市居住功能的空间研究》和《西方区域发展差异理论评介与质疑》;在个人对城市犯罪地理感兴趣的基础上,我撰写了第四篇论文"国外城市犯罪的地理研究"。这几篇论文都侧重于对国外有关领域的介绍与评价,后来都在国内期刊发表了。

在BU期间,泡图书馆是我研修活动的重要内容。BU图书馆的信息化水平很高,而且早就实现了区域图书资源的信息共享,在BU可以很方便地查找同在波士顿的哈佛大学、麻省理工图书馆乃至整个马萨诸塞州所有图书馆的图书信息。尤其吸引人的是,图书馆24小时开放,可以在里面吃、睡,有热饮,困了可就地躺在厚厚的地毯上休息。当然,进门须查验证件,不然的话这里倒是街头流浪汉绝佳的栖身处。

图书馆的书免费外借,但还书晚了要缴少量的滞纳金。图书馆一楼配有复印机,复印一页收10美分,不算多。但复印多了就受不了,尤其是我这号钱不多的信息劫掠者,胃口大钱少,真的负担不起。于是,拿不出去的文献在馆里付费印,借得出来的文献到地理系免费印。一年多下来,积累了两大箱子复印材料,回国前往国内寄,光邮费就花了200多美元。后来有留学朋友得知,都很诧异,想不通为什么美国的情报部门没有卡我。这些材料后来在我的学术生涯中起了重要作用——这是后话。

在BU一年多的体验中,我感到美国高校的管理与中国的差别十分明显。如果我国高校简称为"复杂的集中式管理",美国高校则是"简约的社会化管理"。学校董事会是最高权力机构,其主要职责是聘任校长、提供办学经费。校长对董事会负责,其职责主要是聘部门负责人、筹措管理资金、对外交流与联络。正常情况下,除了毕业典礼与授学位,校长一般不和学生发生交集。系主任由校长聘,其职责为聘教师、设计专业体系、安排教育教学活动;如果校拨经费不足,还须筹措经费。具体的业务事务由系办公室包办,系主任不怎么管。学校的校园没有围墙,彻底与社会融为一体,管理完全社会化,安保、维修、服务等统统由社会负责。教师的聘任大致分为应聘和邀约两种途径,完全由系主任确定,用与不用没人干涉,薪酬几何没人干涉。系主任根据系科教学的需要、学校拨款的定额、自己筹措的资金、教师的业务能力等,自行通盘安排。

学生的管理更是社会化。学校没有辅导员,没有思想政治教育的任务。学生法制意识与道德品行的培育从小由社会规范完成,犯错犯法自有社会有关部门惩戒。学生的教育教学活动安排得相当宽松,学校及系当局制订计划并公示,学生按规定时间、地点参与规定的活动。是否参与或参与程度由学生自定,但必须完成考核并取得相应学分,否则便无法毕业取得学位。至于学生的食、宿、生活服务等,尽管学校也提供一些必要的设施,但一切悉听学生尊便,反正社会上此类经营实体多得是。

4.4 生活面面观

海外华人的生活状况与他们的经济状况有直接联系。在美华人的经济状况,按从好到次的顺序依次为华裔美国人、美国华侨、绿卡持有者、留学生和访问学者。一些非正常入境者,例如偷渡者、不同政见者、卷款潜逃的贪官等,不算在内。很显然,没有其他经费来源的公派访问学者的经济状况最差。1980年代中后期,我们那一茬访问学者每月公费400美元左右。我大致核算了一下,那时波士顿地区中国访问学者每月的最低生活消费水平为:房租$250,保险$30,电话$20,水电气$45,食品$120,日用品$25,书籍资料$50;外加两次越界旅行(参加学术交流或旅游)$1440,平均每月摊$120,总计每月约需$660。当然,这只是我个人感觉上的平均数字,实际发生的支出千差万别,但一般会高于这个数字。也就是说,如果不从其他渠道获得资金支持,访问学者的400美元/月无论如何不够开支。

我的400美元,除去房租265元一分不能少,再除去水、电、煤气、电话费65元(冬天还有暖气费),就只剩下区区70美元,真不知该如何打发日子。书买不成,必要的生活用品不能添置,不能外出考察,不能娱乐,不能生病,更别提回国时给亲朋送小礼物了。这种日子连这里最穷的穷人都比不上,"无家可归者"每月领到的社会保障金都比400美元多,街头流浪汉有时还买杯咖啡喝喝呢。怎么办?无非是一节流二开源。能压缩的开支只有伙食费,我算了算,把伙食费压到最低每天也得2美元,剩余10美元能干什么?更何况长期靠一天吃两块钱的伙食,还要不要身体?如此一算账,我的冷汗下来了,穷国的穷人出国就这么窘迫,尤其是到了一个富国。

不行,得开源。增加收入有两条途径,一是在学校做TA或RA,二是到社会上打工。TA(Teaching Assistance)是教学辅助人员,帮教授备课、课后辅导学生、收集整理资料、批改作业、监考评卷等,系里或教授支付一定报酬。RA(Research Assistance)是科研辅助人员,参加教授承担的研究课题,协助做调查研究、资料收集整理、实验、计算以及撰写部分研究报告等,系里与教授支付一定报酬。对于学生特别是留学人员而言,做AT或RT是常态,一可以增长才干,二可以补贴生活,没什么奇怪、没什么不好意思的。由于AT、RT有报酬,按美国人的逻辑,付钱的系主任和教授就自然地被学生称为"Boss"(老板)——国内高校"老板"的称呼就源于此,不是有些人士主观臆断的什么资本主义化的表现。

在BU地理系,一般的高年级学生和访问学者都可以做TA。我去时,TA的岗位已经被占满。经过与有关教授互动,我做了两个科研课题的RA,共获得4000美元的科研补贴。美国高校科研经费的管理似乎很宽松,一切都由老板说了算,出手大方,使用手续简便。定下来我做RA后,老板就给我随手开了一张个人支票,我到银行把支票转存我的账户里即可,怎么花用,全由我。BU期间,我还参与了一次国际接待活动,是中国著名学者许学强教授率领的一个广东省城市规划专家访问团。我的工作不过是在正式接待、交流场合做一些服务工作,陪同客人参观校园,介绍情况,必要时做一下临时翻译,也就一天时间,收到一张2000美元的支票。以上做的事,在国内从来没有要报酬之说。从美国人那里拿支票,心里特别爽,潜意识里有点儿挣老美的钱不挣白不挣的感觉。另外,BU期间,我通过关系与台湾的三舅联系上了,他执意资助了我1000美元,此事容当后叙。这样,陆续有了一些额外收入,生活不愁还略有盈余,心也就安了——到社会上打工的事可暂不考虑。

吃饭是最重要的生活问题,但只要有钱也是最容易解决的事,所有食物、食材都可以在超市买到。由于高速公路发达,产于美国中部的蔬菜、瓜果头一天采摘下来当晚用大货车东运,第二天一早就可以上到波士顿超市的货架上。超市里还有大量来自世界各国的食品,我曾经仔细观察了一下,除了凉粉,来自中国的食品几乎应有尽有。也就是说,如果自己在家做饭,一日三餐可以做到与国内基本一样。超市里的东西新鲜、质量高,价格也算合理。在美元与人民币的换算基础上与国内相比,鸡蛋、鸡肉、饮品比较便宜,猪肉、牛肉、牛奶、主食差不多,最贵的是蔬菜,一公斤白菜1美元,青红大椒 2 美元，葱 4 美元，一头大蒜差不多得 1 美元。

后经学友指点，我发现在波士顿市政广场附近有一个规模相当大的周末露天农贸市场，新鲜肉食、蔬菜、瓜果等价格比超市便宜三分之一左右，而且可以和小贩讨价还价。一到星期天，我基本上要跑一趟农贸市场。嘿，那里货品堆积、买卖兴隆、人头攒动、人声鼎沸，其热闹劲不亚于国内的"自由市场"。我爱去那里，一则可以淘买到新鲜、便宜的食品，更重要的是可以通过这个窗口体验美国社会普通老百姓的人生百态。我认为，到美国不去农贸市场买买东西，就不算真正了解美国。

我每天的食谱大致如下：早餐，一大杯牛奶，两个煎鸡蛋，两片面包。午餐在学校吃，或自带面包、香肠在地理系临时休息室吃，有热饮；或在学校专供教师的快餐馆吃，一般花个 5~10 美元。晚餐，没有聚会时在家自己做，蒸大米饭，炒俩菜一荤一素；或者是炸酱捞面条，或者是速冻饺子。这种中西合璧的吃法绝不会吃成个大胖子，但营养足够了，再加上水果、牛奶不断，不比国内吃得差。我特别得意的是，咱炒的菜还蛮像回事。原来在家顶多下个面条什么的，一切有母亲。到了美国，全靠自己，我就拼命回忆母亲是咋做饭的，再加上一些理论推演、凭空想象，还真行。

沃伦大街 126 号 42# 是四楼的两室一厅一厨一卫。别的不说，一年四季有热水，盥洗、做饭用水极方便，冬天有暖气，在家穿单衣即可——这在当时的国内是很少见的，使我初步领略了发达与富裕的温暖。室友柯克·艾萨顿是个快乐的小伙子，很健谈、很友善，时间久了就有点儿好哥们儿的感觉。但房租与其他分担费用他算得很精细，不会因哥们儿义气而不拘细节的。看得出来，同楼的住户都是一般人家，见面很客气、很绅士，进了各自屋就自成天地了。除了公寓管理员丽萨，互相是不串门的，但也有例外。我们四层有三户，41# 的房客是一位犹太籍的年轻女子唐娜，开一家小匹萨店。她经常来我们屋串门，找柯克聊，有时一起吃饭。某天早晨，我起床上卫生间，柯克房门大开，他和她正在穿衣服。我大窘，转身逃回自家屋，好似自己办了亏心事。后来柯克嬉皮笑脸地告诉我，他和她是情人。哦，原来如此，好好，"那你们什么时候结婚？"这回轮到柯克诧异了，看我的眼神好像是看一个外星人。

波士顿地处北纬 52 度 58 分，西经 0 度 01 分，临大西洋，属于大陆性的温带海洋性气候。这里冬季较长且冷，有记录的最低气温是零下 28℃，月降雪量达 100 厘米以上，有的年份 10 月就下雪了，来年 5 月还在下。但奇怪的是，波士顿的冬天感觉并不冷，下身套一条秋裤，上身羽绒服里穿毛衣即可。原因在于，凡上有顶周有围之处，比如家里、车里以及其他所有公共场合，都有暖气，20 多摄氏度（这里时兴华氏温度，不习惯，总要换算一下）

呢。所以,冬天的衣服我就不用添置了,往年冻手冻脚的情事那年也没有发生。

说起添置衣物,在超市购物的经历让我颇多感慨。最初的印象简直神奇至极,自动的电脑系统,又快又准又方便,让我这没见过超市和电脑售货的人愈发觉得自己乡巴佬得可以,人家就是比咱先进。后来,破绽露出来了。有一次,我买完东西出来,偶然发现购物单子上错了一毛钱,这肯定是售货员在某个手动环节上粗心了。本可一笑了之,但我转念一想,咱也认真一回,看电脑怎么处理。反身回去找账,可难住售货员和他的电脑了。原因也找出来了,但修改电脑上已录入的信息却困难得很,售货员折腾得满头大汗,把店长也请来了,还电话请示了老板,才把我的一毛钱抠出来。得意洋洋之后,我有反思。第一,再次证明技术是双刃剑,没有电脑,售货员找给我一毛钱再说两句道歉话,搞掂,一分钟的事,顾客不会不满意。第二,难以修改电脑数据,是管理与安全之必须,员工能随意修改还不乱了套!第三,在处理这个事的过程中,该付款通道停止运营约 20 分钟,其他顾客以及店方无一人不耐烦,似乎这桩一毛钱的投诉理所当然、必得解决。这使我又想起了国内,我如果为一毛钱跟店家过不去,恐会招致四面八方射过来的白眼。

在波士顿市区有一家颇为奇特的服装等日用品大众超市。店名我记不起来了,但其定期折价的经营方式给我很深印象,至今在国内少见。所有货品,从上架之日起,过了一定时间卖不出去,就自动进入了定期折价的轨道:第一个星期打七五折,第二个星期打对折,第三个星期打二五折,第四个星期打一折,四个星期一个月还卖不出去,一车拉走送给慈善机构。这个店里永远是顾客盈门,生意好得很。我去过两次,因不需要添置什么,就只是看。看来看去看出了问题:货品虽然都是大路货,没有名牌也没有奢侈品,但质量相当好,原标价格不算低;销售方式迎合了顾客淘买物美价廉商品的购物心理,很受大众欢迎;结果,许多商品没到或刚到折价期就卖出去了,真正超低价或送慈善机构的只是少数。我敢断定,这个店不仅不会赔肯定要赚,而且赚得比别的店畅快,定期折价只是一种促销方式而已。当时我就想,国内有胆识有实力的企业家可以照此一试,只是转变一下经营理念而已,不会很难的。

我发现,在 BU,教职员一般都穿便装,相当多的教授上课也是便装,学生更不用说。一开始我抱着不能给中国穷人丢脸的念想,凡去学校必得"庄重",西装革履领带,头发弄得齐齐整整的。后来一看,别人都很随便,我倒显得怪模怪样了,也就入乡随俗,牛仔裤、夹克衫、T恤、旅游鞋成了常态穿着。这种情况正合我意,我在国内就不喜欢整天打扮得"周吴郑王"的。再则,我仅有一套西装,如果天天穿,很快就会露馅,以"穿着风格"做借口是讲不通的。说起头发,理发是个不大不小的问题。这里理发充分体现了人工昂贵的特点,最简单的男士头也得二三十元,美金。于是留学人员就从国内带了理发工具互相帮忙,或者用从国内带来的削发器自己解决。技术不高、发型不爽也没关系,剃成什么样就是什么"风格",美国人能够接受、欣赏任何风格的。

小汽车的普及率很高,地铁、公共汽车、出租等市内公共交通并不紧张。我主要乘坐地铁,相对便宜也方便。上车自动排队、车上相互让座等是理所应当的事,无须特别提醒。我们中国人到美国,大多数人也是照此行事;但回到国内,大多数人又不知不觉地恢复老样。这使我想起了咱们的老话"橘生淮南则为橘,橘生淮北则为枳"——这有点儿地域偏见但却是一个基本事实。你想啊,大家都在挤公共汽车,上了车就抢位,你怎么能"温良恭俭让"起来?这种现象普遍存在而且直到现在也存在。我们中国、中国人怎么了?须知,中国可是文明古国啊,我们的文明教育说得上是"无所不用其极"。这个问题困惑了我好长时间,最终还得用辩证唯物主义自我解惑:文明是上层建筑,发达是物质基础,只有物质基础雄厚,才能在基础之上开出文明之花。说到底,发展是硬道理,发展是建设中国特色社会主义的第一要务。研究马克思主义理论的学者朋友,是这回事儿吗?我能认识到这一点,曾经历了一个痛苦的过程。最早认识资本主义,腐朽没落、行将灭亡;改革开放后,认为资本主义强在物质,我们社会主义强在精神、强在文明;到美国以后,感觉马克思主义的辩证唯物论真是认识世界的法宝。

出国以前我就知道,在美国生不起病,特别是短期的访问学者,没有医疗保险,医药费贵得令人咋舌。于是家里想尽办法给我准备了各种小药,治感冒的,治拉肚子的,治轻微皮外伤的,等等,并反复叮嘱我要刻意防伤病。在美期间,我的身体状况极佳,基本上无病无灾,带的药基本上没用。留下印象的"险情"只有一桩:在厨房炒菜时,不小心左手腕处挨着了还在火上的平底锅沿,立马伤了两厘米长、五毫米宽的一道,皮色由红到紫,疼痛难忍。根据常识我先抹了食用油,又自作聪明抹了万金油,撒上研碎了的土霉素粉,用纱布一包胶布一贴,完事,心里还直后悔咋就忘了准备点治烫伤的药。七天过后解开一看,好了。这期间我洗手、洗澡照做,并没刻意防水,伤口竟未感染发炎,真是奇了。原来,这里通过供水系统流入居民家中的水都经过严格的净化处理,能直接饮用,一般不会感染疾病。由此联想到户外环境,天空阴晴分明,晴的是蓝天,阴的是乌云,空气中没有PM2.5之类的玩意儿;地上灰绿覆盖,灰的是建筑设施道路,绿的是树草河湖,走在路上鞋底不沾土。我们搞地理的对环境比较敏感,波士顿的环境状况让我开了眼界。

要想身体好,还得锻炼。我的项目有两个,跑楼梯和走查尔斯河,前者晚上做,后者白天做。查尔斯河流经波士顿市区的一段,与BU所在的大街都是东西走向,二者几乎平行,BU在河的南岸,相隔不到一千米。我常常是在去BU或回家的路上不坐车,沿着查尔斯河岸疾走、暴走甚至慢跑,累了就在岸边席地而坐。河风拂面,空气潮润,景色养眼,心境纯净,算得上是心旷神怡。晚上在家,看书累了就在本楼跑楼梯,一楼到六楼折返跑,直到气喘吁吁为止。时间长了,本楼住户都知道这个跑楼梯的中国"小伙",碰上了或哈喽或剪刀手(V)或微笑,友好得很。

  跑、走锻炼身体,动作简单重复,难免单调寂寞。我就唱。唱革命歌曲,松花江上大海航行靠舵手谁不说俺家乡好咱们工人有力量歌唱二小放牛郎……直唱得热血沸腾;唱外国歌曲,莫斯科郊外的晚上三套车喀秋莎红莓花儿开河里青蛙伏尔加船夫曲……直唱得缠绵悱恻;唱现代京剧,狱警传听对岸响数枪打虎上山朔风吹我们是工农子弟兵穷人的孩子早当家……直唱得回肠荡气!还练就了一口边喘大气跑、走边哼唱的绝活,一般人是做不到的。后来就养成了一个习惯,凡我独处时就唱,"唱"成了我疏解寂寞解除疲劳缓解压力的法宝。后来回到国内,这个好习惯没有延续下来。河大老校区南门外有一女子,常年边走边大声唱,嗓子好,调拿得准,好听——只是歌者精神上似乎有点不妥。于是在大家的心目中,只有神经病才在街上边走边大声唱,于是我也就不唱了。

  来到美国,特别留心国内的事。尽管中美关系较前大大改善,但毕竟意识形态相隔,互相之间就有些说不清道不明或不能说清道明的情事,我们身在海外的中国人看祖国,就有些朦朦胧胧的感觉。当地的报纸、电台、电视等很少有中国的消息,我就找美东地区的华文报纸《世界日报》《星岛日报》看。这些报纸无所谓政治立场,为了发行量,一般只讲究客观、真实、快捷以及趣味性等。另外,只要提出申请,中国纽约总领事馆免费向大陆学者个人提供中英文的《中国日报·海外版》,我就申请了一份。每到周末,两大张八开散发着油墨香的报纸就会通过邮政送到我住处的报箱里,读起来真格是"如饥似渴"。通过这些媒体通道,我了解了许多在国内可能听不到的消息。例如,在台湾的中国国民党主席蒋经国先生病逝,这里的华文报纸连篇累牍、铺天盖地,甚至刊载了大量普通台湾民众跪拜、哭送他们领袖的照片、文字,颇有点儿当年大陆悼念革命伟人的情境与氛围。不管怎样,经国先生晚年致力于两岸沟通以及坚持一个中国的立场,肯定会在两岸关系史上留下光彩的一页。

  给家里写信无疑是我倾泻思乡、念家之情的主要渠道,收到家里的回信无疑是我饱餐乡情、亲情的饕餮盛宴。只是信件往来的周期较长,得一个月,不爽。还有一个更直接的联系方式,打电话。这里打一次国际长途须手

续费 $ 3.46,经济时间(夜里 11 点以后)每分钟通话费当时是 $ 0.86,倒是不很贵,10 美元可通一次七分钟的话。问题在于不方便。我这里很方便,夜里 11 点以后(国内是中午 12 点以后)拿起屋里的电话直接拨即可。而对方极不方便,得先找一个有公用电话的地方,把号码通过信件告诉我;在信件上反复沟通敲定通话的时间;对方在时间点上准时候机,我在时间点上准时拨过去……就这还不一定成功,就算不占线,中间需要人工接转,转不几转就转丢了。不成功,一切就得重新开始。我曾设计了一个颇精密的打电话方案,甚至开创性地一次设计了三个时间点。我兴致勃勃地在信上与妻子沟通,她回信断然否定,说经不起折腾。

在美期间,我的社交活动不多。1987 年圣诞节前夕,BU 地理系主任邀请大家到他家做客,我没有去。一是他家离我住处 70 多千米,交通不便;二是那天中国朋友有聚会,只有婉辞。和同事在学校快餐店吃过几次饭,AA 制,乏善可陈。

唯一的那次应酬是到同办公室的印度籍老师芭卡克媞家做客。她正式提出邀请,还约了几个同在 BU 当老师的印度籍朋友作陪。我也正式接受了邀请,还煞费苦心地准备了礼物。赴宴那天,芭卡克媞开车来接我。她家在波士顿市区西部边缘,是一处有独立院落的房子,看起来家境不错。她丈夫在当地银行做事,那天的饭由他一手掌厨。芭卡克媞和几位女客穿的都是印度纱丽,花里胡哨的,话也多,东西方文化的交融特别明显。男士很庄重,甚至有点故作矜持,似乎要在来自既友亦敌国度的我面前显示几分优越。有了这个感觉,我就来了精神。席间,围绕"中、印两个大国的异同"这个中心话题,客人有不少妙论。我一个人,对方是一群人,尽管都很友善,总感觉有点舌战群儒的意味。我的策略是"强词夺理,装聋作哑"。说到中国的长版,我高调,直说得印度朋友点头称是;说到中国的短板,低调,对对方的问题做听不懂不理解状(其实印度人讲英语本身就难听得懂)。记得说到男人在家里的地位这个话题时,对方洋洋得意地说印度男人在家多么"尊贵",我就说中国男人在家不仅尊贵还厉害,像今天男的做饭女的上桌这种事在中国绝对不会有!芭卡克媞朋友,如果多年前您这位中国同事冒犯了您,诚恳地向您道歉,我本无恶意,以同为金砖国家的中、印友谊为证!到人家家里做客,必得带礼物。出国时我带的一些廉价小玩意儿都派不上用场,只好在唐人街买了一个"Made in China"的绒毛猴子,芭卡克媞一见眼睛里就放射出真心喜爱的光芒。

与中国留学人员的交往留待后续。

4.5 波士顿游弋

波士顿理应是我考察美国城市的重点对象,也是第一站。但是,对这个城市的感知,不是通过集中考察,而是源于日常的点点滴滴。

波士顿市(Boston City)是美国新英格兰地区的最大城市,马萨诸塞州首府,面积约 110 平方千米,人口约 450 万人,在美国排第 20 位左右。美国东北部大西洋沿岸有一个大波士顿都市区(Great Boston Metropolitan Area,简称 Great Boston),包括萨福克县的全部和剑桥、昆西、牛顿、萨默维尔、里维尔、切尔西等城市,以及一些小镇和远离波士顿的郊区,还包括了新罕布什尔州的一部分。波士顿市是该都市区的中心,又被早期的美国人亲切地称为美国的雅典、豆豆城、宇宙的中心。

1630 年 9 月,来自英国的清教徒移民创建了波士顿这座英国在北美新大陆殖民开发的桥头堡。这座号称美国最古老、最有历史文化价值的城市,仅就立市的年份来看,放在中国,属于"扔在人堆里找不见"的那号。可在美国,波士顿是这个世界一号强国短短历史上许多重要事件的发生地,曾经是国家重要的航运港口和制造业中心。即便在今天,虽然经历了多次产业转移的洗礼,该市仍然是全美科学研究、金融贸易、生物工程等的基地,高等教育和医疗保健的中心,仍被认为是一个世界性城市。据说,世界第一条以电灯作为路灯的街道在波士顿,世界第一条电话线出现在波士顿。波士顿还是美国国球篮球的发源地,波士顿的凯尔特人队是 NBA 联盟历史上夺冠最多的球队。哈佛大学、麻省理工学院、东北大学、波士顿大学、波士顿学院等高等学府吸引了世界各地的学生来此地求学深造。2015 年 1 月 8 日,美国奥委会宣布,波士顿将代表美国申办 2024 年夏季奥运会。

美洲大陆是一片古老的大陆,而美利坚合众国是一个只有 200 多年独立国史的年轻国家。我大清乾隆四十一年(公元 1776 年),盛世熏风,而美国的《独立宣言》在这一年才问世。现如今这个资本主义小妹妹成了独立于世界民族之林顶端的"老大"级角色,她的一个城市纽约,竟是世界第一大都市。她的另一个城市波士顿,只有 380 多年的城市史,其生辰恰逢中国有明一代的崇祯三年(公元 1630 年),14 年后明朝亡国。从呱呱坠地起就横冲直撞的小儿的成长与崛起,似乎给东方老大帝国的坠落做了一个特殊的注脚。

到波士顿大学做访问学者,我是第一次出国。利用一切机会体验异国他乡的特殊,是不言而喻的事。波士顿的建筑,外形、色彩、结构与功能丰富多彩、绝少雷同。我曾从市郊回看市区,由高楼大厦的奇妙组合形成的天际线美轮美奂,让我这有意挑剔的外来者也赞叹不已。中等以上生活水平的美国人一般都有自己独立的庭院,模样奇特、色彩艳丽,从高处、远处看,就好像童话世界里木偶人住的地方。而且,没有哪两幢住宅是一模一样的,美国人从住宅设计、建造、装修到入住后的所有细节,都追求标新立异,都要努力做得和别人不一样。

  作为一个教育工作者,美国的建筑风格与中国现代火柴盒式建筑风格的对比,让我生发思考与感慨。美国人的逻辑:我是我,我不是别的任何人,我的一切都应该与别人不同,我的个性与特色是我存在的最高价值。因此,美国人率性,崇尚自由和人权,以我为中心,维护个人权益、实现个人价值是人生追求的最高目标。中国人的逻辑:我是社会的一员,我是集体的一分子,我的一切都要符合大众化准则,为国家和民族的振兴而奋斗是我存在的最高价值。因此,中国人本分,遵守纪律和规章,有精神支柱,维护集体利益、为人民服务是人生追求的最高目标。

  美国人是一个个的说不上什么东西的东西,干什么不干什么似乎与别人无干;中国人是一批批的砖头和螺丝钉,哪里需要就往哪里搬、哪里拧。我们中国人的传统,做人绝不要特立独行、做事绝不要脱离群众,不做出头鸟、出檐椽,不越轨、不逾矩,谦虚使人进步、骄傲使人落后,有所为、有所不为,可以不到位、不能越过位,平凡是真、淡泊是金,讷于言、敏于行……这些哲理都是好东西,滋养了我们一代又一代,今天的国人都是好百姓。但是美国一行使我产生了一些疑问:规避人的个性怎能体现以人为本?为什么今天特立独行的"大师"如凤毛麟角?面对激烈的国际竞争,要怎样培养和引导下一代、下下一代?

  波士顿人的地方口音比较特殊,带点儿大英帝国老牌绅士的贵族味道。我的室友柯克曾当着我的面嘲笑他女朋友的纽约口音,说是有暴发户的粗俗与随性。自然,我的中国式的语法型口语更不敢自夸,但柯克从来没有异样的表示。尽管人家不笑话你,靠别人的宽容与理解混日子也不是个办法,只有用心听、用心说。

  说起一个"靠"字,使我想起前述的"美国梦"的精髓:"人们必须通过自己的勤奋工作、勇气、创意和决心才能迈向繁荣,而非依赖特定的社会阶级和他人的援助。"应该说,美国人的独立性很强,自己的人生之路要靠自己走,靠父母、靠朋友、靠关系都靠不住。出来闯荡从来不说"在家靠父母,出门靠朋友"之类的江湖话,更不会说"俺爹是李刚"的混账话。人们普遍尊重用自己双手挣钱的人,可以慷慨解囊做慈善,不会鼓励寄生虫、啃老族。因此,美国社会没那么多的含情脉脉,也就没那么多的世态炎凉,人际关系可用一句话概括:该干嘛就干嘛去,别在这儿腻歪。这种社会风气看似很

"冷",实则在一定程度上能激起个人奋斗的一腔热血。

周末时,我常常坐地铁到处跑。波士顿的地铁列车一列只有三节,很像一辆加长的公共汽车,里面的设备有年头了。在这里坐地铁,你可以在古老的车厢里感受现代都市的味道,这种说不来的新旧融合的感觉在其他城市的地铁里是体验不到的——地铁当选为波士顿的城市名片,应当受之无愧。红、绿、蓝、橙、灰五条线路放射状伸向四面八方,乘客不会选错方向。我曾经坐地铁向南,领略到美国东北部地区最大的海港波士顿港的美丽与安静,各类船只静静地漂浮在深邃的港湾中,只有少数几艘船缓缓地进出,静谧掩盖下的海运的繁忙蕴蓄着现代商业与交通不安分的骚动。我曾经坐地铁向西,祭拜过曾经作为全美制造业中心的波士顿工业区,产业的最大规模集聚给这个城市带来了空前的繁华与财富,也给全美的工业化进程注入了强大动力,而现今的不景气不是城市的颓退而是一种新的进步。我曾经坐地铁向东,陶醉在大西洋西海岸的沙滩与海风之中,浩瀚的、浩渺的海洋空间的一望无际有着令人窒息的阔大,近岸海水的浑浊与裹挟着咸味的海风丝毫不影响海鸟的悠然自得,不合群海鸟的形单影只与坐在海边的孤独的我默然和鸣,给悲凉的海水带来一丝温暖。我也曾经坐地铁向北,惊叹于波士顿洛根国际机场吞吐空中客车的巨大能量,疾滑在大地上的钢铁堡垒发出的轰鸣与翱翔在碧空中的娇小银燕喷出的白尾,融合了地面的闹与高空的静,现代社会的快节奏催人奋进,传统人生的慢生活也令人向往……

地铁站内的民间乐队以足够的艺术水准演奏能够使乘客驻足的优秀曲目。他们有专业音响,有不算简陋的乐台,也有成套的乐器,但有时缺少痴心的听众,许多人不会为了听一曲而滞留自己的脚步。在地铁游弋的我却是个例外,只要碰上他们,我会站在他们很近的对面,至少听两只曲子。只要有听众驻足,他们就会陶醉在忘我的表演之中,哪怕只为一个人。地铁站内的流浪乐手可比民间乐队潇洒得多,操一把提琴或一管萨克斯,地上放一顶帽子或一个打开的琴盒,就开始演奏,不管有没有听众,也不管放不放钱、放多少钱。那种满满的自信与旁若无人的高傲似乎在宣示:我不是为谋生,我是为艺术! 过往的乘客尽管大多不会停下来欣赏,但有不少人会扔下一两个夸特或一张面额不明的纸币,外加一个赞赏的笑脸或鼓励的眼神。

我曾经注意观察,这些流浪艺术家收入不定但绝对不菲。一个演奏点也就逗留个把钟头,一天跑五六个演奏点没问题,一天下来的收入不比 BU 的教授差。如果我们河大艺术学院学二胡或琵琶的学生走这一路,肯定不比美国人差,而且两根琴弦和鸣的东方式如泣如诉会更有吸引力。如果拉二胡的是我们一位含有东方美的素雅的女生,相信会收获更多的赞叹与钦羡。

波士顿的地铁音乐是美国地铁文化的一个主要元素，也是地铁行为艺术的一种最不会引起歧义的样式。另一种据说也是文化元素的地铁现象就不好说了，那就是赖在地铁站里的流浪汉。他们有三种状态：一是衣冠楚楚，闲庭信步，眼中无人；二是手拿酒瓶脚步踉跄，醉眼朦胧；三是呆坐一角思考人生，目光迷离。他们不招惹人，人也不嫌弃他们，地铁站工作人员对他们是司空见惯，很少有流浪汉在地铁站袭扰乘客之事。我曾请教我的BU同事们：美国的流浪汉（或曰"无家可归者"）是不是这个发达、文明社会的丑陋的殇殂与疮疤？他们一般都会回答我：不，不是，这是一种生活方式，是一种绝对自由完全自我的生活方式，他们喜欢过这样的生活！我在朋友的引荐下也曾试图去接近一个处于这种状态的人，问他：你快乐吗？你会不会改变这种生活方式？他回答：我很满足，我完全可以改变这种生活方式，但目前不会。看来，倒是我该认真思考一下这TMD人生到底是怎么一回事了。

在波士顿地图上，市中心区有两大块紧挨着的外形规整的绿色图斑，这是营造精美的两片公共绿地。西边小一点儿的长方形绿地是波士顿公共花园(Boston Public Garden)，有一片湖水叫天鹅池；东边大一点儿的三角形绿地是波士顿公园(Boston Common)，也有一片湖水叫青蛙湖。二者被一条窄窄的无名小路隔开，不留意的游客会将其当作一个公园。两块绿地加在一起有差不多50公顷，约合750亩，赶上我们河南大学老校区（明伦校区）大了。第一次去那里玩，一个疑问立刻浮上心头：这里是寸土寸金的市中心区，按照级差地租理论，土地价格绝对高昂，怎么舍得用作没有任何经济收入、须政府巨额投资维持、任何人都可以享用的公共绿地呀？

全美最古老的公园波士顿公园创建于立市之初的1634年，正是这个资本主义新生儿急切成长时期。波士顿早期市民下了多大的决心才在市中心保留了这么一片城市的"绿肺"？波士顿公共花园初成于一二百年后的19世纪。那时，发源于欧洲的工业革命已经蔓延到美洲新大陆，美国新兴资本主义势力剧烈扩张，工业在城市空间的争夺血战中屡屡胜出。那时的波士顿市政和她的市民又是费了多大的心力才在市中心虎口夺食般地抢出一片极为难得的绿色。如果说1634年波士顿公园的创建是在一片白地上完成的，带有一定的随意性，也没有那么多利益纠葛的话，波士顿公共花园的成形肯定经历了一个痛下决心、撕心裂肺的过程，一个自我否定、大量拆迁的过程，一个矛盾成团、纠结无休的过程。肯定是一个漫长的过程，因为没人能准确地说出其成型的具体年代；肯定是一个规划主导的过程，因为其长方形的外轮廓是那么地规整；也肯定是一个耗费资源的过程，因为其营造是那地精致与完美。我问：为什么？什么理念导致了在世界城市规划史上鲜见的"波士顿现象"？

波士顿公园、公共花园里的树、花、草、水构图巧妙、浑然一体,体现了与东方园林的营造章法截然不同的意境与情趣；来自法国的青铜喷泉、青铜塑像似乎在昭示其国际范儿,事实上也确实吸引了国际游客的目光和脚步；湖面的游船、水湾处的小桥以及岸边的露天音乐台等看似随意摆放的装饰,恰到好处地使游客悠然自得地融入这片绿色……公园、公共花园的社会功能是多元的。对于市民与游客来说,这里是走马观花与休闲的好去处。我就经常在节假日到这里,随意找一处长椅坐下,一个钟头,两个钟头,与花草树木小动物亲近、说悄悄话,眯眼观察来去的各色人等并揣摩他们的外表、神态以及由此而透露出的内心,放眼丈量周边高楼大厦与中心这片绿色的距离并试图发现二者交接的缝隙与痕迹……对于公众来说,这里是举办各种活动的好地方。如迎接贵宾的集会、国庆游行、音乐会、社区棒球赛等,甚至还有得到允许的市民抗议活动也放在这里。

说起抗议活动,也有美国特色。其一,必得允准,发表多激烈的言论都可以,但绝对排斥暴力,绝对不能毁坏公私物件,绝对不能伤人,否则立马制裁。其二,抗议方式相对温和,主要诉求写在手举的标语牌上,或坐或站,顶多在一个不大的范围里排着队转圈圈。有路人或媒体关注,平和地解释或阐明,有不同意见者质询,自然会激烈地理论但不会使用肢体语言。其三,路过者、旁观者、媒体、当局一般不会大惊小怪,感兴趣了停下来看一看听一听,不感兴趣就熟视无睹。记者正常采访,警察则面无表情地站在远处。之所以如此,抗议在美国是常态？美国人有天下不会大乱的充分自信？

我见过两次抗议活动。一次是同性恋者们主张他(她)们的权益,在波士顿公园,热闹一些,花红柳绿的,半个钟头后呼啸而散；一次是BU的教师抗议校长处理某事不当,在校园一角,十几个人举着牌子一声不吭在方圆50平方米的范围转圈圈,颇有教授的气韵,20分钟后连拜拜都不说自动解散。您别说,美国人的这种抗议方式还不错,既表达了诉求、发扬了民主、宣泄了情绪,也不违法、不伤和气、不影响市容——比情绪激昂、大哭小叫、群众围观、影响交通强,不用挥舞警棍甚至抓几个解解气,更不用事后费心追查幕后一小撮——此论纯属书生妄议,仅供国人明鉴。

还说绿地。波士顿公园东端与其他街区的交界是公园街(Park Street),公园里离公园街还有一段距离的一条东西向小路,即为大名鼎鼎的"自由小路"(Freedom Trail)。这是市政当局为游人设计的一条2.5千米长的观光线路,红砖铺地,路旁树花草郁郁葱葱,起点为波士顿公园,终点是邦克山纪念碑。沿途有16处历史文化遗迹,大致串联了波士顿开埠以来重要的有纪念意义的老建筑与遗址,昭示了波士顿人追求自由的心路历程。

走在这条小路上,看到、听到或遐想这座城市380多年走过的路,就是美国式的怀古了。

波士顿公园、公共花园只不过是波士顿"绿宝石项链"的一部分。从波士顿公园向南一直延伸到该市最大的公园——富兰克林公园(Franklin Park),包括动物园、阿诺德植物园和石溪国家保留地,还有沿着查尔斯河岸的休闲公园以及沿着海岸线分布的诸多公园、海滩等,形成了环绕城市的被称作"绿宝石项链"的绿色开放空间系统。而且,诸多公园的设计都出自同一设计师F.L.奥姆斯泰德之手。这种规划与设计的理念并不新鲜。统一规划绿地系统,有利于发挥公共绿地与河湖水体的生态涵养作用;统一设计绿色斑块,有助于形成城市独特而鲜明的绿色景观。

令人耳目一新并引人深思的是把大块绿地放在城市的中心区,因为这完全不考虑经济效益,直接违背了土地利用的经济规律。但这样的布局确实奇妙:其一,大大改善了市中心区原本恶劣的生态环境,高密度建筑与人类活动造成的环境压力被大片的绿植与水体大大缓解;其二,中心是绿色盆地,周边是多色彩的高山般的钢筋混凝土实体,中间没有过渡带,形成了对照鲜明又有机融合的特殊景观;其三,为对市中心趋之若鹜的大量市民与游客提供了一个休憩场所,以人为本的规划设计理念得到了具体体现。这里如果不用作绿地,像我国许多城市那样,在市中心七八百亩的土地上盖大楼建商场,能产生多少经济利益啊!波士顿之所以不顾及经济利益而这么做,人家有底气、有资本,在波士顿人的价值杠杆上,生态效益比经济效益重得多。当然,敢这样做、能这样做的前提是,经济发达的程度已经越过了某一门槛。

行文至此,使我想起公共绿地的另一景:绿地的主人。主人是主宰绿地的人吧?是的,但似乎又不是,还有比人更"牛"的生物。天鹅池里真有天鹅,青蛙湖里真有青蛙,还有在树上栖身在草地上撒欢的松鼠,以及在草地上漫步在近地空间遨游的鸽子,和平鸽。令人惊奇之处是它们不怕人,人绝对得让着它们,许多人以讨好的神态试图与它们亲近,好像人是仆它们是主,它们才是君临这片绿色的尊贵的主人。

它们是不怕人的品种?我想不是,在我的感知里,除了天鹅有一份天生的从容与优雅,青蛙、松鼠、鸽子可是见人就跳、就跑、就飞的货啊。野生动物怕人是常态,按照"物竞天择,适者生存"丛林法则,那些见人跑得快的品种才能遗传至今。在波士顿,动物是人心目中的好朋友,谁也想不到要吃掉自己的好朋友,伤害动物犯法要上法庭,动物的字典里没有"怕人"二字。看来,保护动物也是要有经济基础的,如果人穷得连饭都吃不上,动物只能是人的盘中餐。

查尔斯河(Charles River),也是波士顿绿宝石项链的一部分,长约 129千米,由西向东穿过市中心汇入大海。她在波士顿人的心目中是伟大的查尔斯、美丽的查尔斯,是这座城市的灵魂。她将大波士顿地区一劈两半,南岸是波士顿城区,北岸是剑桥镇,在城市的空间布局上发挥着地标性作用;她宽窄有度、水量丰沛,湿润了波士顿上空的大气层和地上的绿野,城市的局地小气候因她而升华;她蜿蜒曲折,迤逦前行,为这个海边城市平添了内河城市的独特魅力,吸引大批居民和游客在她身边跑步、读书、群聚、吹河风、晒太阳;她将大波士顿地区的一些世界著名的大学串联起来,北岸有哈佛大学(Harvard University)、麻省理工学院(Massachusetts Institute of Technology,MIT)和布兰迪斯大学(Brandeis University),南岸有波士顿大学和波士顿学院(Boston College),形成了城市的主要文脉;她以宽阔的空间与聚拢人气的魅力,为帆船、龙舟等水上运动以及重要日子的烟火晚会提供了平台……

查尔斯河近旁的高校我都去过,有时是为学业,有时纯粹闲逛。有件事值得一忆,与中国有关。

那是我第一次去这个哈佛大学。也是偶然间,我在校园一角发现了一通中国石碑,碑文是 1936 年该校的中国留学生纪念哈佛大学建校 300 年纪。波士顿最早期移民中的清教徒曾在英国牛津和剑桥大学受过古典式的高等教育,为了让子孙后代在新的家园也能够受到这种教育,他们于 1636年(波士顿立市的 6 年后)在查尔斯河畔建立了美国历史上第一所高等学府——哈佛大学。初名"新市民学院",后为了纪念在成立初期给予学院慷慨支持的约翰·哈佛牧师,于 1639 年更名为哈佛学院,一百多年后于 1780年正式改称哈佛大学。这是一所享誉世界的私立研究型大学,是著名的常春藤盟校成员。历史上有 8 位美利坚合众国总统毕业于此,上百位诺贝尔奖获得者曾在此工作、学习,其文学、医学、法学、商学等多个领域在全世界拥有崇高的学术地位及广泛的影响力。哈佛什么时候开始接纳中国留学生,本人未考,只知道 1906 年美国伊利诺大学校长爱德蒙·詹姆士向当时罗斯福总统提呈的一份备忘录说:"哪一个国家能成功地教育这一代中国青年,哪一个国家便将由于付出的努力而在精神上、知识上和商业的影响上获得最大可能的报偿……"

1936 年,时值哈佛三百年校庆,中国的校友集资合力给母校送了一份重礼,一通高约 3.5 米、宽约 1.5 米、厚约 0.5 米(据我目测)的石碑。加上驮石碑的怪兽(是赑屃吧?)和底座,总有五六米高,杵在哈佛校园里,蔚为壮观。其碑文(原文为繁体,无标点)曰:

文化为国家之命脉国家之所以兴也系于文化而文化之所以盛也实系于

学深识远见之士知立国之本必亟以兴学为先创始也艰自是光大而补充之而其文化之宏往往收效于数百年间而勿（一字不清）是说也徵之于美国哈佛大学滋益信矣哈佛约翰先生于300年前由英之美讲学于波士顿市嗣在剑桥建设大学即以哈佛名之规制崇闳学科（一字不清）备因而人才辈出为世界有名之学府兴美国之国运争荣哈佛先生之深识远见其有造于国家之文化也大矣我国为东方文化古国然世远推移日新月异志学之士复负笈海外以求深造近三十年来就学于哈佛大学学成归国服务于国家社会者先后几近千人可云盛极今届母校成立三百年之期感念沾溉启迪之功不能无所表现自兹以往当见两国文化愈益沟通必更光大扩充之使国家之兴盛得随学问之进境以增隆斯则同人等之所馨香以祝永久纪念不忘者尔

西历1936年9月哈佛大学中国留学生全体同仁敬立

  1936年9月，哈佛人庆贺自己学校三个百年的盛况以及中国石碑引起了怎样的轰动，我辈后来者只能凭想象了。面对着这通碑，我能想到的是，国家强盛、民族繁兴、文化灿烂均由人才生，人才由教育生，教育是立国之本，办好一所大学功莫大焉；区区数百年历史的美国竟拥有数百年历史的现代大学，排名世界前列，而且不止一所；拥有五千年文明史的中华帝国至今也只有北大、清华这样顶多一百来年的世界二三流现代大学，直令我辈学人汗颜、唏嘘，中华教育的崛起我等有责；当年哈佛的中华学子克服重重困难，给母校送了这件可以摆在露天校园，可以供任何人方便地瞻仰、琢磨，可以最大程度地宣示中华文明，可以最长久地伴随哈佛的未来岁月，其衷心、诚心、热心与痴心天地可鉴！

  我现在还清楚地记得三十多年前的春天在哈佛邂逅石碑的情景：在古香古色纯净欧式风格的哈佛校园里，一座巨大的从里到外浸透着东方神韵的巨型石碑兀立在春风里；远远地一瞥之下，一股巨大的内力拽着我疾步前趋，在石碑前三米处牢牢站定，眼里、脑子里瞬间没有了美国没有了波士顿没有了哈佛；伫立良久，一股强劲的澎湃之气、沸腾之血在胸中激荡，凭那股巨大的内力勉强控制着顶礼膜拜的欲望；蓦然，似乎醒悟了什么，颤抖的手从包里取出笔和本，将碑文一字一字地抄录在一本黄色塑料封皮印有天安门图像的笔记本上……也不知当年路过的中西诸君是否曾为那个中国人的诡异之举而莫名惊诧？

  此刻，这个笔记本就放在我的面前，我刚刚把那段文字一字一字（不是一字一句，没有句）地挪到了电脑文档里。谢谢你，我的笔记本，你的历史使命已完成，你背负多年的重载已在电脑里永存。突然间，我想起一个问题：这份礼物确实是"重礼"，那么大块头的整块巨石是怎么雕制出来的？又是怎么从大洋彼岸不远千万里运达这岸又横跨北美大陆运达波士顿、哈佛的

哈佛的中国石碑

呢？请教妻子,她笑着说,这还不容易——在美国当地就地选取合适的石材,将原石运至哈佛树碑处,从国内聘请两三个能工巧匠,来哈佛就地施工,完事了就地一组装一竖立,得！嚯,这么简单的事情,我怎么就想不到？或许是这件重器在我心中分量太重,就想当然地认为是不远千万里从东方古国来的吧。

在波士顿,广大市民广泛参与、自由参与的大型活动很有特色。

我听过波士顿交响乐团(Boston Symphony Orchestra)的露天演奏会。该团成立于1881年,是现今美国乐团中最具贵族气息的乐团,在世界上享有十大交响乐团之一的盛名。多年来,乐团网罗了诸多顶尖级的作曲家、指挥家以及乐手,包括1972年起供职于该团的世界级著名指挥家日本的小泽征尔。在130多年的音乐磨砺中,该团形成了难以模仿的音乐表现方式,尤其是其弦乐合奏,具有特殊的感染力量。他们将中国乐曲《二泉映月》改编为弦乐合奏,深得中国音乐人与观众的好评。我听他们演奏的那次,不知是不是波士顿交响乐团的正宗,反正打的是"Boston Symphony Orchestra"的旗号。

那是星期天上午,天气晴朗,露天演奏会在波士顿公园的音乐台上举办。演奏水平自不必说,引起我注意的是听众。奔着演奏会来的固定听众大约有百十人,其他都是随遇的休闲市民与观光游客。尽管是大名鼎鼎的波士顿交响乐团,听众们也只当是寻常演出,没有追星的狂热,没有出格的悲喜;尽管是露天的还是免费的,演奏现场仍是一台地道的高雅艺术汇演,演奏中绝对安静,偶有路过行人也会自动驻足,乐曲间歇时才掌声四起,路过行人才抬腿离场。这是一种从容淡定、水波不惊的心理素养,还是一种尊重他人、自我约束的行为规范?

我看过一年一度的波士顿马拉松比赛。该赛事于每年爱国者日(4月的第三个星期一)举行,赛程从波士顿正西方的霍普金顿起,穿过7个小镇,最后在位于波士顿市中心的卡普里广场终。该赛事是全世界最古老的马拉松比赛,与伦敦、柏林、芝加哥、纽约和东京马拉松并称世界六大马拉松。首届波士顿马拉松举办于1897年4月19日,当时只有15位跑者参加。一百多年来每年举办一次,从没间断过。在1986年以前,波士顿马拉松一直沿用古希腊的方式,对优胜者的奖励只有头戴橄榄叶编成的花冠,颁发奖杯,没有奖金。

2013年4月15日举办的第116届注定要载入波士顿马拉松的史册。这年共有来自90多个国家的2.8万名跑步者参赛,沿途观众据说达百万人。北美东部时间下午2点50分(北京时间16日凌晨2点50分),两枚炸弹分别于终点线附近观众区及一家体育用品店先后引爆,造成4人死亡,183人受伤,17人情况危急。时隔两年,2015年4月8日,波士顿联邦法院宣布,爆炸案嫌疑人焦哈尔·察尔纳耶夫有罪,可能被判死刑或终身监禁。据查证,爆炸中不幸遇难的中国公民吕令子(女)是沈阳人,在波士顿大学攻读统计学硕士研究生,事发时与同学一道在看比赛。致哀,我的同胞、我的BU学友;致哀,所有的遇难者!我看的那一届是第91届(1988年),印象淡忘了,只记得我拿着照相机猛按快门。

我参加过波士顿市民的元旦狂欢之夜。1987年的最后一个夜晚,波士顿市中心附近的广场与主要街区人山人海。随着新年时刻的逼近,人们的情绪越来越激动,所有的灯全亮了,高楼大厦上巨钟的秒针一步一步迈向零,"Ten, Nine, Eight……Three, Two, One……",集体数数的声浪还真有点波涛汹涌的劲头……当数完"Zero"(零)后,"Happy New Year"(新年快乐)的祝福声在夜空中轰鸣。那一刻,据说按美国风俗,人们要就近不加选择地相互拥抱亲吻祝贺。于是,离我最近的一位小姑娘就如法炮制,我也不好拒绝——毕竟,新年既是美国人的新年,也是我的新年。其他印象淡忘了,只记得我拿着照相机猛按快门。

我感受过美国国庆日波士顿的热闹场面。每年7月4日的国庆日实际上是"独立日"(Independence Day),是美国的主要法定节日。1776年7月4日,美国大陆会议在费城正式通过了《独立宣言》。《独立宣言》淋漓尽致地历数了英国殖民主义者在美洲大陆犯下的罪行,阐明了人人生而平等、具

波士顿马拉松爆炸案

有追求幸福与自由的天赋权利,最后庄严宣告美利坚合众国脱离英国而独立。《独立宣言》是具有世界历史意义的伟大文献,通过《独立宣言》的这一天也被定为美国独立日或曰国庆日。到了这天,一些非政府组织或者社区机构都会组织一些仪式性的活动,比如花车巡游、燃放焰火、露天艺术表演等。人们聚在公共场所共同欢度节日,或翩翩起舞,或席地野餐,商人们忙着叫卖纪念品,政客们乘机进行竞选演说……独立日是美国人的节日,但不是我的节日,我没必要跟着瞎掺和,拿起照相机猛按快门就是了。

但是,在独立日,波士顿的一道风景给我留下深刻印象:到街上一看,整座城市成了星条旗(美国国旗)的海洋,所有能挂旗的地方,包括人们手中拿的小旗、身上的服饰等,到处可见星条旗。这与我平时观察到的人们对国旗的敬畏如出一辙。无论何时何处,凡升国旗、奏国歌,过往人等必定驻足立定,庄严地向冉冉升起的星条旗行注目礼。美国人对国旗的尊崇以及由此而散发出来的爱国热情,可以与中国人对五星红旗的尊崇媲美。我曾就此请教过美国朋友,他们说:纳税人是国家的主人,其他任何势力都是风水轮流转,美利坚合众国是民众心目中的万世永恒;国旗象征着国家的尊严,在星条旗护佑之下才会有个人的尊严,要爱国,就得先爱星条旗。这种强烈的爱国价值观似乎是美国人的一个主要的精神支柱。

在美国,我没少拍照。我带了一个日本产的简易照相机,那时称为"傻瓜机",没有任何技术含量,对准景物按快门就是。我谈不上有什么摄影技术,但善于凭感觉构图,拍出的照片效果不错。回国后,《地理知识》(现《中国国家地理》)编辑向我约稿,我从相册里挑了10幅,人家选中了6幅,登在了1988年第11期封底,还让我配了一篇稿子《波士顿,停下来看看》。在美国冲洗胶卷很方便,使用免费的特制信封,填上邮寄地址、装进胶卷,到邮局付费寄出即可。大约一星期左右,冲好的胶片与洗出的一套照片就通过邮局寄了回来。

4.6 我的同胞

波士顿是美国东部地区华人集中的城市,我特别留意同胞在这里的生存状态。和他们产生交集最多的场所,一是城市的"唐人街",一是 BU 地理系。

美国的大中城市一般都会有一个华人集聚的街区,称为"中国城"(China Town)或"唐人街"。这里华人云集,华文(华语)也很流行,既是华裔居民的生活服务中心,也是公共活动中心,建设、经营好的中国城还是城市的旅游观光点。波士顿的中国城靠近市中心,规模相当于中国的一个小镇,是我常去的地方。来这里无外乎两件事,一是购物,二是感受。进到中国城好像回到了家乡,满眼都是黄皮肤黑头发黑眼睛,满耳都是普通话粤语客家话,商铺的匾额和广告写的是中国字,饭店和食品店里飘的是中国味。尤其是书店与报摊的中文书籍与报刊,是吸引中国留学人员的第一热点。我每来中国城,必花一个 quarter 买一份中文报纸,再看看有没有免费赠送的过期报纸。当天的报纸第二天就卖不出去了,没人花钱买"旧闻"。可对我就不一样,我七八天十来天才去一次中国城,过期的报纸仍然是我美味的精神食粮。

那时在中国城,感受的不仅是家乡味、乡亲情,还感受到了世态冷暖。遇到操粤语客家话的老乡,身份难以判定,撞个满怀也只当陌路。即便从大陆东南沿海以及港澳地区来的新移民或留学人员,也大多不讲普通话,似乎怕降低了身份。遇到操"台湾普通话"的台湾同胞,千万别一厢情愿地"两岸一家亲",他们大多不屑与大陆同胞打交道。遇到操标准或不标准普通话的大陆同志,本应该是"他乡遇故知"的,但有相当多的人会以冷漠的态度待之,尽可能地不发生交集。当我有了几次上述的"遇到"经历后,对同胞的满腔热情就只能淡下来了。

据我观察,两个路上偶遇的陌生华人会是这样的场景:相隔三四十米,发现对面来了一位黄皮肤黑头发黑眼睛的人,紧盯着对方,心里紧琢磨"这人是大陆的台湾的港澳的东南亚的?会不会对我造成威胁?";相距还有五六米时,绝对会把眼光从对方身上移开,发出"别招惹我"的明确信号;错身而过,会用余光或干脆扭过身躯研究对方的背影,接着琢磨"这家伙到底什么路数?"……为什么会是这样?依中华礼仪之邦的逻辑,在异国他乡遇见同胞应该是一大乐事呀！后来想明白了：激烈而残酷的同类生存竞争产生的戒惧与隔膜是销蚀人际美好关系的毒药！

但也有例外，例如 BU 地理系来自台湾的 H。

来自台湾的 H 先生应该是一个"传统的华人"，他反感美国的色情业，对来自大陆的留学人员有相当浓厚的同胞情谊。我在 BU 期间，他在地理系讲学，我听过他的课。有一次闲谈，我不经意说起有一个舅舅在台湾，他立马问我叫什么名字及其工作单位——竟说知道这个人并要帮我打听他的通信地址！我的"不经意"引起了 H 先生的热切关注，并由此开启了我们家族海峡两岸热络往来的一段佳话。

舅舅第一次回大陆，回老家上坟祭祖是重头戏。我把情况汇报给河大统战部、台联，学校很支持，派了一辆小轿车随行。1980 年代末的那些年，台湾同胞回乡祭祖，绝对是一件盛事。巩县县、乡两级都很重视，族亲们自然隆重铺排，张家就颇觉有面子。扫墓时，在姥爷姥姥墓前跪下的三舅倒没有嚎啕，只是面容凄苦，想必心里更苦。离家出走时二老正当盛年，如今已付一抔黄土；离家出走时三舅青春年少，如今已是鬓毛霜灰……

后来舅舅还回来一次，带着他的高中快毕业的二小子。应三舅之要求，我们带他爷儿俩下了一次卡拉 OK 歌舞厅，过了把 K 歌瘾。二表弟急于表现，唱了好几首港台歌曲，无非是靡靡之音。事先我给三舅透了个信儿，说我们哥仨要唱大陆的革命歌曲，他也未置可否。同曾、绍曾和我都喜欢唱歌，而且也都不惧人听，人越多越来劲。于是，《唱支山歌给党听》《九一八》《歌唱二小放牛郎》《咱们工人有力量》《红莓花儿开》等一路唱来，他爷儿俩先是听得目瞪口呆再是如醉如痴，尤其三舅直说好好。

二表弟不是盏省油的灯，非要单独到市里逛，似乎要不受干扰地感知大陆。我叔父（他姑父）先是坚决反对，看他态度坚决又有我的支持，也就不好再坚持。倒是三舅不反对，只是反复叮嘱他只看只听不说。在外跑了一天，回来后兴奋得了不得，说见识了不少闻所未闻的新鲜事，拍了不少照片。他特意到河大转了一圈，说有种朝圣的感觉。他告诉我，在河大大礼堂门前东侧有一间小木屋，许多人挤在那里干着什么事，然后又一窝蜂地往大礼堂里挤。他本想打听个究竟，但想起父训，又怕卷进什么麻烦事，就忍住了没问。我告诉他，周末河大大礼堂演电影，师生们买票进场看电影呢，只是挤了点儿。二表弟就有点怅然，大陆之行终归没让他遇见啥惊天动地的大事。

在美国的中国留学者，差不多都有在当地打工的经历。我也不例外。

华人在美国打工，有一个漫长的追溯历史。简言之，华工在美洲大陆、美利坚合众国的开发、发展、建设中，付出了血汗和生命，做出过重大贡献。早期华工在美的打工史就是一部血泪史，是美国史的重要篇章。20 世纪末期新中国留学人员的"打工潮",性质完全不同,可说是天翻地覆的改变。留学者在美国打工已经成了一种文化现象,我国1994年出品的21集电视连续剧《北京人在纽约》,较真实地描述了那个时期留学者的打工生涯。

说起为什么要打工,似乎不仅仅是为了挣钱贴补生活那样简单。挣钱是打工的直接但被动原因,一旦践行,两个间接但主动的原因就逐渐占据主导。其一,打工可以深入了解美国人、美国社会。留学者除了完成自己的本门专业学习,了解美国人、美国社会亦即了解资本主义,绝对是留学的重大收获。学校,虽已社会化,但还是太单纯了。而在打工场所,例如餐馆,各色人等都有,各种社会关系都有映射,简直是一个微型社会。在餐馆干一段,有心人真的可以"管窥"美国耶!有如是说:到美国留学不打工,等于没出国。其二,打工有助于锤炼自己在美国以及未来生活的适应能力。可以增长自己本门专业以外的许多知识、技能;可以体验久违了的劳动的艰辛、快乐,完成一次人性的回归;可以强健读书人的筋骨,消减脑力劳动的苍白与疲惫;可以提高察言观色、待人接物的本领……有这两条,外带能挣美国人的钱,何乐而不为?

在美国打工,首先有个合法不合法的问题。我们访问学者持有的是J-1签证,按照美国法律,不允许受雇于任何部门和产业。如果发现(或有人告发)这类外国人在任何部门做挣钱的活计,要被吊销签证、驱逐出境,也就是说,访问学者打工是不合法的。听起来很吓人,但实际上当局睁一只眼闭一只眼,很少去主动查办,除非有人告发。因此,那时不合法的"打黑工"在美国至少在波士顿是很普遍的。

其次,当然要考虑打什么工。当时波士顿的中国留学者在社会上可选择的工种一般有:担当公司临时打字员,给小孩辅导功课,在大型活动上做服务员,在超市搬运、包装、卸送货物,粉刷内外墙壁、天花板,在制衣厂等简单手工操作的小厂干活,做家庭清洁工打扫房间,为居民打扫花园、修剪草坪,清除庭院及门前积雪,在各式中西餐馆打工,等等。一般来说,中国留学者更愿意去餐馆打工,那里工作环境好,接触人多,薪酬也不低。如果在中国餐馆打工,更好。

我在波士顿打工,最初从"替工"开始。大约在过了1988年元旦不久,BU地理系的一位中国学友问我,能否在周末替他在某餐馆打两天工。一般情况下,周末餐馆生意火爆,会招收一些常年的周末工,即每周干周六、周日两天。留学者很喜欢这样的工作,可以不耽误学业。如果打工者周末有事要请假,老板必定要你找替工者,否则老板就会另召他人接手,生意不等人啊!打工者为了不失去这份工作,往往会临时找熟识者替工——这种替工实际是为朋友帮忙的性质。这种替工我干了几次,在餐馆里做 bus boy

(侍者助手),活儿的技术含量不高,收入还行。

有一部分留学者,包括读学位的年轻人和较成熟的访问学者,中途因各种原因而终止学业,最终变为职业打工者。这样做值吗?他们是用经济学的眼光来看这个问题的。那时,美国消费水平高,工资收入水平也高;中国消费水平低,工资收入水平也低。一般情况下,高高配与低低配都属正常,不会发生错位。如果打破这种平衡,例如"低消费水平配高工资收入水平",效益就出来了。许多来自中国大陆的打工者在美国挣五倍于中国的高收入,在中国以五分之一的价格消费同样的商品,这叫"国外挣钱国内花"!这种现象相当普遍,来自河南大学的我熟识的同事有,同在一个餐馆打工的同事有,例如老T。

老T来自于我国西北地区某科研单位,出国没多久就把太太以旅游的名义弄到了美国,夫妻二人双双"下海",开始了职业打工生涯。老T太太先找着工作,在一家中国餐馆帮老板家带孩子,于是老T就"一客不求二主"地进了这家餐馆,做了一名bus boy。没多久他们就买了一辆二手车,六成新的德国大众,据说花了200美元。他两口都在老板家住,省了租房费,每天开着车上下班,颇有小康的光景。

我之所以重点介绍老T,是因为他是在美国与我产生重要交集的几位来自大陆的华人朋友之一。我们共同在张家餐馆打工,他全职我兼职,是工作同事;我们一起游历美国东部地区,是亲密游伴。

说心里话,在餐馆打工,心理的感觉很奇妙。在自己同胞开的店里打工,基本上没有不平衡、挨剥削、受压迫的感觉,民族的和谐包容了阶层的错位。累了一天,收工即可见到劳动果实,手里握着一把绿绿的票子,脑子里盘算着自己银行账户数字的变化以及最近可以买些什么,那感觉,真爽!在我的一生中,这种事只有这几个月有,印象能不深刻?后来我研究犯罪地理学,突然联想到,盗窃犯罪与在美国餐馆打工一样,都是当天见"效益",只不过二者的途径不一样而已!怎么会有这种比对,是不是很奇怪?

由此,我对在美中国餐馆的特殊劳资关系有了一个基本认识。按照马克思主义学说,老板与员工的关系肯定是剥削与被剥削的关系,老板靠攫取员工创造的剩余价值而发财致富。在张家打工的实际历练使我对这一基本判断有了新的认识:老板开餐馆,为社会提供了有积极意义的就业机会,使员工有了"饭碗";老板也在劳动,但他们的劳动主要是经营和管理;与普通员工相比,老板的经营与管理属于高级劳动,创造的价值应该比员工高;但老板创造的价值主要来自他们投资企业的原始资本;不计资本效益只计劳动效益,老板确实剥夺了员工的劳动剩余价值;但如果没有资本,就没有企业没有资本家没有经济社会的发展,所以就必须计入资本效益,那么,老板的剥削行为就要轻得多。

因此,在当代社会,"资本"存在的必要性毋庸置疑,资本家的行为方式有一定的合理性,资本主义存在与发展自有一定的客观基础。如此推理未免失于简单化,甚至可以说是没有接触本质,因为资本家资本的原始积累带有"原罪性"。再看今天中国的"中国特色社会主义",民营(实际上是私营)企业的客观存在完全符合上述推理,国有企业的国有资本也是资本,也符合上述推理。中国就业者的工资低于大多数国家的现实说明,社会主义也有劳动剩余价值的剥夺。只不过,从理论上说,国有企业攫取的剩余价值归全民所有。是这样的吗?回国后,就此问题求教于我们的政治经济学教授,也不甚了了。

我是共产党员,是人民教师,还是革命干部(那时是"副处级"),自然对资本主义现象有一种苛刻的审视和高度的警惕,并且顺理成章不由自主地想在自己同胞开的餐馆里做些什么。对于吝惜小费的客人,尤其是我们的同胞,侍者们就很不耐烦。我曾试图用为人民服务思想与天下华人一家亲的亲情开导过他们,他们倒也听我唠叨,但基本没什么作用。员工之间有点儿小摩擦,我曾当过和事佬,都是同事嘛,要谦让要团结!这不仅不起作用,还招来老板娘的批评:小王,你不要管他们的闲事!我也曾就经营上的问题给老板娘提过自认为合理的建议,她要么一笑了之,要么轻飘飘地扔下一句"小王你不懂",然后该咋着还咋着。甚至回国以后,我还写过一封长信给老板,陈述了一些我自认为的绝对真理,还有"希望你们好好经营为国争光"之类的话。这封信,可能成了餐馆同事们吃饭时佐餐的笑料……现在看来,我佩服自己曾经保持过的那份纯真,但也哂笑自己的迂腐和一厢情愿。

再多说两句。老板和员工,是同一利益链条上的两个环:老板要发财,就要花血本搞实业,实业离不开员工;员工要生存进而求发展,就要完成原始积累,就必须附着在老板的实业平台上;老板(等于是我们语汇中的"领导")对员工恩威并重,员工对老板信任服从。如果劳资关系破损,可以通过变更雇佣关系、企业工会组织调解、走法律程序,甚至有条件有限制的罢工、怠工等解决。而劳资之间、干群之间的和谐应该成为今日之新常态。

可以说,在我的华人朋友圈里,老T夫妇与我的交往应该是最深入的。还有几位,保持着轮流请吃饭的关系,定时不定时地聚一聚。我请他们吃饭,一般是做四个菜,凭着来美后练就的"厨艺"和一股无所不敢的劲头,他们吃得直叫好。他们之中,有两对来自大陆高校的留学夫妇须专门提及,小董夫妇和Toby Haynes(托比·海恩斯)夫妇,尤其是后者。

小董,即初到波士顿时负责接待我的"志愿者",他热情好客、友好挚诚,尤其是对初来同胞的那份理解与体贴,让我在举目无亲的异国他乡如沐春风。后来他搬出了地下室公寓,住进了豪宅。怎么回事？一对富有的美国老人请他做家政,看中了他的勤劳与诚实,便邀他同住。住宿免费,课余帮助做做家务什么的。于他们,不花钱找了个小管家和大陪聊;于小董,省了一大笔住宿费且大大改善了居住环境,何乐而不为！据说,大陆留学者有这机会的真不多。一天,小董打电话约我到"他的"新居开开眼,我欣然赴约。按说这不合规矩,可小董说主人夫妇外出旅游了,他一个人寂寞。这家的房子属于"花园洋房"那种,无须细说,肯定让我这连60平方米一小套住房也没有的五尺男儿开了眼。我们开玩笑说,这就是共产主义了吧？将来我们中国人能有这样的生活吗？不急,面包会有的,牛奶会有的,豪宅也会有的！那天天气阴沉,我在人家花园拍了一张照片,洗出来颇有山雨欲来的味道,我就题名为"乱云飞渡"。

后来,小董的爱人从大陆来陪读,是很雅致的一位小妇人。一次我请他夫妇俩吃波士顿的北京烤鸭,便起了童心。我躲在烤鸭店门后,待他们姗姗而来时,我拿着照相机突然跳出来对着他们一通乱撤。小董太太顿时花容失色,小董本能地挺身而出护驾……事后我直夸小董爷们儿,关键时刻不掉链子。小董太太可惨了,据说那次惊吓的效果持续了一个星期,还一个劲地问请他们吃烤鸭的家伙是好人坏人。回国前夕去向小董辞行,他送我一幅他写的毛笔字:"莫愁前路无知己,天下谁人不识君。"（唐高适《别董大》诗句）

来美国读书的留学生,都会给自己起一个英文名。来自中国某大学的小G给自己起名曰"Toby Haynes",大伙就叫他"托比"。托比是个很好学的学生,比我早来一年,读BU的博士。他的太太Meiye Haynes（梅耶·海恩斯）来陪读,好像没什么学历,在哪里打个短工,没孩子。几次接触下来我得知,梅耶出身干部家庭,托比追的她,出国前结的婚。就是这样一对看似幸福美满的年轻夫妇,上演了一场并不复杂的婚姻与爱情肥皂剧。

梅耶,高高的个子,皮肤白皙,相貌姣好,自我感觉不错。看得出来,她是个爱美、爱打扮、爱交际的女子,和托比有一定的反差。几次聚会,梅耶表现不错,夫唱妇随,很融洽。第一次到他们家做客,我就感觉到有什么地方不对。他们与俩外国人共租住一套三居室公寓,起居室、厨房和洗手间共用。那俩人,一个是年轻的美国大学生,一个是来自英国的三十来岁的职业不详者。两人都普普通通的,对他们夫妇也很友好,一切正常。我迷惑的是,三个家庭单元三男一女四个成年人,共用不大的客厅、厨房、卫生间,怎么处？文化背景、生活习惯的差异会造成怎样的摩擦碰撞矛盾冲突？至于其他的,也没多想。

在我回国以前,忽一日,梅耶给我打电话说要来我家拜访。当下我就犯了嘀咕:托比为什么不来？见面后她告诉我,托比回国探亲去了,想让我帮她租一间房。问她为什么,她吞吞吐吐地说是二人性格不合,想分居。啊?!我只有婉言相劝……其后,有人告诉我,平素梅耶就和那个英国人比较谈得来,这一段正值暑期,美国学生度假去了,托比回国了。孤男寡女独处一室,究竟是上演了一出司空见惯的爱情剧还是并不鲜见的激情剧还是有可能的骗情剧,外人不得而知,反正他俩好上了,梅耶要和托比掰。为了掩人耳目,那个英国人让梅耶先与托比分居,在外面找房子搬出去。

后来怎样,不得而知,梅耶没有再联系我,我更不会主动介入——尽管我对梅耶可能的遭遇充满了担心。我知道,我的劝说根本不会起作用,他们是真感情也好是各有功利性目的也好,外人的话都是耳旁风。隔了一段时间,托比回来了,要见我。一见面就问:梅耶是怎么了,为什么这么决绝？我能说什么？只是帮他分析,可能是你们的居住环境惹的祸。我临回国,托比要续租我住的房子,要离开那个伤心之地。我给他提出了一个要求:梅耶一旦有点什么,你托比一定不能袖手旁观！

我之所以不顾涉及外人隐私的风险单叙海恩斯夫妇的故事,实有深意。海恩斯夫妇的婚变不是绝无仅有的个案,出国留学者的感情嬗变是我国留学大潮中的一种不算普遍也不算稀少的现象,是一种亚文化现象,一种昭示社会内涵的亚文化现象。

出国留学者这个群体为什么会这样以至于形成一种特别的亚文化现象？从表面的、直接的原因看:其一,甲方有条件出国留学,乙方为了出去而舍情舍身攀附甲方,匆匆忙忙确定关系甚至领证,感情基础比较薄弱,也就是说乙方把婚恋当成了出国的敲门砖。其二,出国以后,我国留学者的境况一般不如外国人以及早出国者,而且对比比较鲜明,甲方的条件已失去了吸引乙方的力道,有些乙方"良禽择木而栖"的心理就会转化为行动。其三,甲方忙于求学,无暇顾及乙方的感受,在孤独又无处倾诉的状态下,乙方自我抵御外部诱惑的能力下降,遇有合适的人和时机,越轨就是可能的事。其四,当然不排除个别人朝三暮四水性杨花见异思迁道德败坏……

从内里的、深层的原因看,有两点不可忽视。首先,资本主义社会或美国社会实质上是一个极其功利的社会,成功是人们价值观的主要取向。在法律的框架之下,为了成功可以毫不犹豫地做需要做的一切,成功了就可以毫不客气地占有自己应该拥有的一切,没有什么客气、大度、婉转、迂回、谦让、宽容、舍弃可言。为了各种各样的"成功",只要不违法,其行为可以在"自由世界"里自由驰骋。在婚恋关系中,乙方为了彻底获得"新生",不惜摧毁、颠覆旧有,其行为不会招致社会非议。

其次,在资本主义社会或美国社会,只要不违法,人们思想与行为的社会约束力几乎为零。尤其从中国大陆来的求学者及其家属,从一个事事处处时时方方面面都要考虑父母怎么想孩子怎么想别人怎么想单位怎么想组织怎么想社会怎么想的国度,一下子到了一个除了法律可以不考虑别的一切的"自由"的国度,有的人震惊,有的人深思,有的人迷茫,当然也有的人欣喜若狂。自己要干什么就干什么好了,没有家人在旁边絮絮叨叨,没有领导在上头指手画脚,更没有亲朋好友街坊四邻相干的不相干的在周围评头论足。因第三者介入而离婚,这在三十年前的中国绝对会遭唾弃,放在美国,没人会说三道四——想离,离好了,这是你的事。即便搁现在的中国,也不是多大的事。

为了达到某一目的可以为所欲为,而且不受约束——这就是美国式的自由?我不敢肯定。但我敢肯定的是:不管什么社会形态,除了法律的约束,人的行为还要受不成文的社会准则和道德的约束。这种约束既有外在的社会约束,更有内在的自我约束,而且外因必须通过内因才能发挥作用。因此,自我约束是维护一个健康社会的两块基石的一块,另一块是法律约束。自我约束的基本准则是什么?不"损人"。

由海恩斯夫妇说到亚文化再说到行为约束,似乎言犹未尽。美国社会究竟是一个什么东东?当年,我是带着这个疑惑出国又回国的,后来就再也没有去想过。今天应该谈一谈了,但也只是管窥。

以我的感悟,美国社会是一个充满着自相矛盾的综合体。怎么讲?

第一,美国是一个高度崇尚自由、民主的社会,但崇尚的是自己的自由、民主,她不允许别国有与她相左的自由、民主,看待、处理国家事务、国际事务往往秉持双重标准。比如人权问题,对自己国家存在的甚至很严重的人权问题视而不见,反倒津津有味地研究别国的人权问题,必要时可大加鞭笞,"人权"成了随意抽打人家的鞭子。再比如,反恐也成了美国手中不仅杀威而且杀人的大棒,可以借助一些模棱两可的证据给人家扣上恐怖主义的大帽子。轻则禁这禁那,重则杀将进去一顿狂轰滥炸坦克机枪,连人家国家的头儿也一并斩首。美国想过没有,对一个主权国家不分黑白地打杀是不是超级恐怖主义?

第二,美国是一个多元化的社会,但历届美国决策者乃至一般民众的一元化思维都很鲜明。从哥伦布发现新大陆到美国立国一直到现在,美国都是在一波又一波的移民潮中不断膨胀、发展的。尽管最初的移民多来自欧洲、非洲,但很快就波及世界各地。泛民族、泛文化在美国的集聚,必然形成这个国家根深蒂固的多元化——这是美国的资源和优势,也是美国人引以自豪之处。但奇怪的是,该国的领导层,即一届又一届非驴即象的总统决策班底,以及实际操控国家命运的诸大财团,乃至整个社会,在国家观念上的一元化思维却十分顽固。该一元化的核心是"美国价值",符合美国价值怎么都成,否则就是另一副嘴脸。黑人总统不会特意为非洲人埋单,华裔驻华使节不会比别的什么大使多一分对中国的理解。

第三,美国是一个十分开放的社会,但在开放的大幕下隐藏着许多国家的隐私、群体的隐私与个人的隐私。美国社会的开放体现在方方面面,只要不违法,什么话都可以公开讲,什么事都可以在阳光底下大大方方地去做,开放成了美国式自由的一块重要基石。而实际上,各个社会层面上的隐私一点都不比别国少,一旦曝光,同样的丑陋让人同样地不堪,因此美国人会特别拼了命地去保护隐私。最简单最普遍的例子是,你不能随便打听美国人的年龄、收入以及家庭状况等并不属于机密的问题,否则会招致极大的反感。按说,不喜欢别人窥探是人之常情,但美国人过分敏感了。但与此相反,美国人却对别国别人的私密特感兴趣。最典型最极端的例子是,美国情咨部门利用信息技术优势,肆无忌惮地、海量地采集别国人特别是领导人的个人信息,大大地损害了人家的隐私权。让人不可理解的是,这种行径一旦被披露,不仅不爽爽快快认错,反而竭力掩盖,反而会把披露者打进了"国家公敌"的另册,必欲置于死地而后快。

第四,美国是一个很富裕的社会,但极端贫困的现象并不鲜见。美国的富裕似乎也体现在方方面面,除了相关统计资料披露的惊人数据,繁华的都市、高档的社区、富豪的家庭,以及畸形的消费、奢靡的生活等,无不让初涉的外国人尤其是来自发展中国家的人目瞪口呆,以为来到了天堂。但事物的另一面也同样让人吃惊。在我的感觉中,美国城市有两处最能体现美国式的贫困。一处是贫民收容、救济机构之类的地方,不知从哪里麇集的无家可归者为了讨一碗羹、找一处落脚的地方而静静地守候在街边。从他们的行装看,除了随身的小小行囊,似乎别无长物。另一处是城市的某些街区,例如少数族裔集聚的街区,市中心附近破败的街区,以及被富人抛离的街区、被市政建设忽视的街区等。这些地方,要么是居住群体的社会层级不高而被官方"忽视",要么是因富人的"郊区化"而被掏空,要么是原本的所谓"高尚社区"因平民的介入而被富人抛离。其共同特点为:基础设施水平不高,市政建设破败不堪,居民多属贫困阶层,社会治安状况不佳。这些街区类似于我国今天的棚户区,但情况要糟得多,关键是政府漠然视之。

第五,美国像西方社会一样也是一个十分讲究绅士风度的国家,但常常会用严谨、较真的绅士风格去做极不绅士的勾当。尽管美国的自由主义色彩非常鲜明,与英格兰式的呆板有很大不同,但社会上普遍尊崇绅士风度,而且做得一点不比别人差。不过,绅士风度的严谨与较真却用在了一些莫名其妙的领域,例如"黄赌毒黑"。美国不禁黄反而纵黄,成人书店、脱衣舞厅、成人电影院做得富丽堂皇,与其他公共场所并无二致。而且还有其专门麇集的场所,即能够成为旅游景点的所谓的"红灯区"。美国不禁赌反而纵赌,这里有世界著名的赌城,名声显赫的大赌场,赌博的招数眼花缭乱,拉客的手段无所不用其极,"产业"的实力强劲,各路绅士都可以冠冕堂皇地来赌场潇洒一把。赌业麇集的城市,随即成了著名的旅游胜地。美国禁毒反毒,但却是最大的毒品进口国,制毒的技术领先世界,贩毒的网络无所不达,社会各阶层都有瘾君子,包括所谓的名人明星、社会贤达乃至各级政要。美国反黑打黑,但黑恶势力十分猖獗,帮派体系错综复杂,似乎世界各地的黑帮在美国都能找到生存的环境。而且,黑帮集团一般都是合法的社会集团,头目都披着华丽的合法外衣。

以上是 1980 年代末我对美国的一些感性认识,今天将当时的一些碎片认知系统化了。现在来看,尽管美国的状况发生了很大变化,但其核心价值观依然如故。中美之间的大国关系现在依然错综复杂,将来也依然布满荆棘,求同存异才能相安无事,才能和平双赢。

2015 年 9 月 25 日,恰逢河南大学建建校 103 年校庆纪念日,亦是习近平主席首次对美国国事访问的第三天,他从西雅图起程飞抵首都华盛顿,与奥巴马总统正式会晤。全中国全美国全世界都在注视着他们……我在当天写了如下诗句:

太平海天蓝雪堆,中秋踏浪方寸维。抛却九三不平事,只为炎黄织经纬。

泱泱中华强国梦,凛凛公仆惠民遂。金风银燕征人往,春华秋实迎君归。

4.7 美东二都游

中国大陆的留学者,在完成学业的同时,一定要创造机会看一看、游一游、玩一玩美国。尽管是玩,我们都把旅游看作一定要做的硬任务,时间宽裕经济许可,还要尽可能地多玩几次、多玩几个地方。随着归国日期的渐近,我就开始盘算这件事。忽一日,老 T 问我,愿不愿在归国之前和他夫妇俩结伴旅游,自驾车,美东地区,AA 制。我当然愿意了,这种组团自驾的旅游方式有诸多优越性:伙伴之间可以互相照应,安全系数高;自由自在,不受约束,效率也高;几人均摊花费,既经济又合理。关键是要选好合适的游伴,合适了,什么都好办;不合适,哪儿都别扭。

在我看来,老 T 夫妇俩就合适。年龄比我大,来路清楚,性情温厚,还有私家车。事后知道,他们选择我做游伴,也是经过了精细的盘算。他们认为，河南"小王"人正派，诚恳，愿意帮助人，靠得住。随行一"小伙子"，路上不寂寞，遇到事有人商量、有帮手，还可分担些汽油费。再者说，他们一旦决定启程，就必须先向东家辞工，辞了工就必须从老板家搬出。回国以前住哪儿，随身家当搁哪儿？肯定不会再去租房子的——把小王家当做临时歇脚处，小王肯定不好意思拒绝。是啊，他们判断准确，我当即毫不犹豫就应承了。

我没什么准备的，辞了工，到 BU 地理系"巡视"一圈，与老 T 俩会合，出发！

我们要玩的"美东"，就是美国东部沿海地区，与西海岸地区、五大湖地区、中部地区和南方地区共同组成了美利坚合众国。美东包括大陆五十个州中的十五个州和一个联邦直辖特区，首都华盛顿特区在这里，纽约、费城、波士顿、巴尔地摩、匹兹堡、亚特兰大等世界著名城市在这里。这里经济发达，人口稠密，交通便利，自然资源丰富，是美国政治、经济、文化、科技等名副其实的"重地"。这里有不少历史名胜、著名博物馆和自然景观，是个玩儿的好去处，往往成为中国留学者旅游的首选。

尽管美东地区的面积不足全美的四分之一，要想一次游遍也几乎是不可能的事。我们商定，只去费城、华盛顿特区这两个曾经的首都与现时的首都，尽可能地沿东海岸走，领略海边风光。选定路线、驾驶汽车均由老 T 负责，他太太坐副驾驶位置，负责给司机提神并提供贴身服务。我坐后位，观赏沿途风光、打瞌睡，来兴致了唱歌、唱戏，也算给前座二位提供免费音乐戏曲欣赏。吃饭基本上是买超市食品饱肚，很少下饭馆。晚上要么在汽车里睡，要么在城市的公园长凳上睡，很少住旅馆。那时天气不凉，在室外露宿很舒服，警察不仅不干涉，还提供安全保护——他们肯定把我们当成了受法律保护的无家可归者（homeless）了。总之，我们的美东游是典型的穷旅游，比那时中国大陆穷旅游还穷的穷旅游。刚开始我觉得还不错，既省钱又新鲜刺激，后来就有点动摇。而老 T 夫妇俩坚定得很，我不得不佩服二位老同志的革命坚定性。花费是完全的 AA 制，三一三剩一。

第一站是费城（Philadelphia）。费城位于美国宾夕法尼亚州东南部，市区面积 334 平方千米，是德拉瓦河谷都市区（Delaware Valley Metropolitan Area）的中心城市。费城市区有人口约 160 万人，是美国第五大城市，仅次于纽约、洛杉矶、芝加哥和休斯敦；也是宾州最大的经济体城市，GDP 排名全国第七，在美东仅次于纽约和华盛顿。费城地理位置优越，向东北距离纽约大约 160 千米（2 小时车程），向西南距离首都华盛顿特区约 220 千米（3 小时车程）。

费城曾经是美国的首都。在美国的 243 年国史（从 1776 年 7 月 4 日

《独立宣言》发表计起,截至 2019 年)中,曾有三个城市做过首都:纽约(1789~1790),费城(1790~1800),华盛顿特区(1800~)。在美国立国初期这一特殊历史阶段,费城做首都历时十年。而在这之前,1774、1775 年两次美州大陆会议在这里召开;1776 年在这里通过了《独立宣言》;1787 年在此举行制宪会议,诞生了第一部联邦宪法。费城可说是美国最具历史意义的城市之一,独立宫和自由钟是外国旅游者必看的历史遗迹。

我们是后半夜到的费城,也就没有费神去找住的地方,车行至一座大桥,就在边上歇了。猫在车里睡不着,出去溜溜腿。夜幕之下,沉睡的城市俯伏在充满欲望的美东大地,未名河裹挟着浓浓的夜色像黏稠的黑浆一体地向前蠕动,一座黑黢黢的钢铁怪物横跨在河上,眼睛应该是闭着的。我有一种被震慑的感觉,心上、身上都有一丝丝凉意,我依靠在路边的栏杆上,无语……不知过了多久,夜色渐散,晨曦微露,一抹玫瑰色轻轻地拂过。压抑的黑色缓缓退去,暖暖的晨光悄悄地浸润,只剩下默默的静谧还不肯走。突然,远处的歌声驱走了静谧,恰似一个精灵在施展魔法。歌声越来越近,一个身影渐渐逼近。原来是一位早起的流浪汉,总有六十多岁了吧,唱歌似乎是他的晨练。从我身旁走过,一个甜甜的狡黠的微笑抛给了我,一下子驱散了我心头的阴霾。世界的早晨总是美丽的,不管是在中国还是在美国。

先去独立宫,再去自由钟,费城就算来过了。

独立宫(Independence Hall)在美国人心目中有特别重的分量,似乎是美国式的自由、民主与国家独立的象征,甚至可以说是"圣地"。因此,尽管观者如潮,所有参观者仍然一律免费,他们不在乎这几个钱。独立宫位于费城国家独立历史公园内,两次美洲大陆会仪、通过《独立宣言》以及宣布建立美利坚合众国等美国历史上一些重大事件就发生在这里。我们到了这里才知道,自由钟原来就在独立宫对面。这样好啊,搂草打兔子,今儿半天就把费城游了。

独立宫始建于 1732 年。那年正值"我大清"雍正十年,我们的明清皇宫、今之故宫已存世 312 年了(故宫建成于公元 1420 年)。也就是说,中华大帝国已是康乾盛世,美国小儿、现而今的资本主义大鳄还得 44 年才出生——时空一穿越,总会引起中华儿女如我者的旷世叹息。

独立宫是一座两层旧式红砖楼房,楼顶有镶嵌着大时钟的乳白色的尖塔,塔顶就是当年悬挂自由钟的地方。楼门前是乔治·华盛顿的塑像,楼内保留着当年的会议场景和陈设装饰。经过严格安检进入小楼,参观者(包括我们)一下子就被朴实无华、庄重大气所承载的大历史、大事件所俘获,只有按照既定的参观路线走下去,用心灵而不是用兴奋、喧哗与惊奇去感受她。

在独立宫大门对面隔着马路的绿茵上,有一造型简洁的长方形钢架玻

费城独立宫

璃平房,称作"自由钟中心",放置着美国人心目中的圣物"自由钟"(Liberty Bell)。这座"美国第一钟"由伦敦著名的怀特佩尔铸造厂于 1751 年铸造,是费城以 100 英镑的代价定制的。1752 年运交费城独立宫,最初悬挂在宫顶。

我看到自由钟,自然要与中国的大钟相比。自由钟有一短一长,短于锻造工艺实在不敢恭维,长于她所承载的极其厚重的自由价值。中国的永乐大钟是现存中国最大的青铜钟,亦可称为"中国第一钟"。它铸造于明永乐年间(1420 年前后),明万历三十五年(1607 年)移至万寿寺,清雍正十一年(1733 年)移至觉生寺(今大钟寺)。该钟高 6.75 米,重约 46 吨,钟体内外遍铸经文 22.7 万字,敲击起来真个是"声如洪钟"。美国自由钟年龄逊永乐大钟 330 余年,个头也小得多,重量(900 多公斤)是后者的约五十分之一。要命的是其工艺水平实在不高,敲击声音次不说,压根就不耐敲。运到费城初次敲击即裂开,只好命当地铸工用原有的金属材料重铸两次,翌年才完工。1835 年庆祝华盛顿生日时,据说被几个孩子敲出了一尺长的裂痕。十年后在同样的活动中裂缝继续蔓延,最终形成了现在看到的这条著名的锯齿状裂缝以及钟体上的其他裂缝。

自由钟长于她所承载的极其厚重的自由价值。据史料记载,自由钟是宾夕法尼亚州为其众议院制造的,供开会时鸣钟召集议员用。美国人从开国之前就特别珍视自由、民主与独立,这只一开始并不具备全国意义的地方议会的"叫人钟",充分体现了美国式的自由价值。钟面上第一行铭文就是《旧约全书·列未记》的一句名言:"向世界所有的人们宣告自由。"后来该钟曾为第一次宣读《独立宣言》而鸣响,为美利坚合众国宪法通过而鸣响,为送富兰克林赴英陈情而鸣响,为召集市民讨论英国颁布的《糖税法》和《印花税法案》而鸣响,为华盛顿的逝世而鸣响——它并不怎样响亮的声音承载着了美国的自由和独立精神。而那条看起来十分丑陋的裂缝,在美国人心目中却成了米洛斯岛的维纳斯雕像的断臂,为不完美的自由钟增添了弥足珍贵的意蕴。

第二站是美国首都华盛顿(Washington)。华盛顿市区位于华盛顿哥伦比亚特区(Washington D C),是美国的第三个也是时间最长、延续至今的首都城市。美国国会、总统府、国务院、国防部以及大多数联邦政府机关、各国驻美大使馆,还有世界银行、国际货币基金组织、美洲国家组织等国际组织总部等设在此地。纪念堂、图书馆、博物馆、艺术馆、大学等文化机构、历史建筑鳞次栉比,而且许多具有世界级声誉。

回溯230年前的1789年,美国邦联政府正式成立,乔治·华盛顿当选为首任总统。国会中南、北两方的议员都想把首都设在本方境内,并为此争吵不休,只好把纽约作为临时首都。1790年国会最后达成妥协,由总统华盛顿选定南、北方的天然分界线——波托马克河畔长宽各为16千米的地区作为首都地址,并抓紧时间进行规划、设计、建设,同时将首都从纽约迁往费城。十年以后(1800年),华盛顿特区建成,首都由费城迁往此地。

华盛顿特区总面积6094平方千米,而市区面积177平方千米。据美国统计局2010年的统计数据,华盛顿市区有601723人,其中黑人占50.7%,白人占38.5%、亚洲人3.5%、印第安人0.3%,其他种族7.0%,居民主要为联邦政府官员、雇员及其家属。目前华盛顿市区白天的人口(包括流动人口)将近100万人,夜晚流动出的人口约为40多万人,是世界上人口昼夜变动最为剧烈的城市之一。

我们是从西北方向抵达华盛顿市区的,自然而然地就先看了阿灵顿国家公墓(Arlington National Cemetery)。该公墓建于1864年,坐落于弗吉尼亚州阿灵顿郡、波多马克河西岸,与华盛顿特区隔河相望,五座跨河大桥连接两地。站在公墓大门前,放眼向东展望,一条平坦的大道穿过阿灵顿大桥直抵位于华盛顿市区西端的林肯纪念堂。墓园占地面积612英亩(1公顷≈2.471英亩),有二十多万人长眠于此,他们是战争中阵亡的士兵、对国家有杰出贡献者,以及在工作岗位上殉职的国家工作人员。阿灵顿国家公墓应该相当于我们的八宝山革命公墓,能长眠于此,绝对是一份殊荣。

我们置身于墓园走走看看,显然没有美国人的那份虔诚,但园内如茵的芳草,绵延起伏的墓地,有200多年历史的酷似雅典修斯神庙的"阿灵顿之屋",都有着足以吸引我们眼球的"颜值"。如果没有排列有序的墓碑,我们感觉好像在逛公园。正是那数十万个白色大理石墓碑,宛如一支阵前临战

阿灵顿国家公墓

的庞大军团,无声的威势摄人心魄。出于对逝者的尊重,站在墓碑前的我们不由得肃然。但想到埋在这里的人既有为国家独立为世界和平献身的英雄,也有侵略战争、武装干预的牺牲者,肃穆之中又多了一份深思。

出了墓园,往东望去,不用搜索,著名的"华盛顿中轴线"(Washington Axis)便赫然入眼。该中轴线由华盛顿市中心区一条约3.5千米长的东西主轴线和较短的南北次轴线及其周边街区构成。东西中轴线的显著地标是中心的华盛顿纪念碑——西端的林肯纪念堂——东端的国会大厦。南北短轴的南端是杰弗逊纪念堂,北端是白宫,两条轴线的交会点恰是华盛顿纪念碑。其他建筑如国会图书馆、五角大楼、华盛顿歌剧院、国家交响乐团、肯尼迪艺术中心、国家艺术博物馆、自然历史博物馆、宇航博物馆等,在中轴线框架下展开个性化的布局。中轴线型的城市空间布局形态,是许多城市规划师中意的范式,但真正成功的案例并不多。我认为,堪为典范的一个是美国的华盛顿,一个是中国的北京,而且二者既有各领风骚之奇妙,也有异曲同工之契合。后来,我给研究生讲城市空间布局形态时,华盛顿与北京的中轴线必是师生津津乐道的话题。

林肯纪念堂(Lincoln Memorial)坐西面东,是一座南北面宽约58米、东西进深约36米、高约23米的长方体古希腊神殿式纪念堂。堂主亚拉伯罕·林肯(Abraham Lincoln,1809~1865),美国第十六届总统,是美国黑人奴隶制的废除者,为维护美国南北方统一做出过巨大贡献。这位美国人心目中最伟大的总统,后在任上不幸遇刺身亡。纪念堂于1914年破土动工,完成于1922年。36根白色的大理石圆形廊柱,象征林肯任总统时的美国36个州;顶部护墙上的48朵下垂的花饰,代表纪念堂落成时美国的48个州。美国人用一个总统的纪念堂意含了国家成长壮大的历程。这使我想到了面对着人民英雄纪念碑的我们的毛主席纪念堂。同样是坐落于城市中轴线上,同样是面对着一座碑,同样是为了纪念伟大的领袖人物——这些"同样"是显性的,举世皆知。但我更看重二者深层次的同样,堂主同样是为了民族独立、国家统一而奋斗终生。尽管林肯在 56 岁的盛年因不测而溘然长逝,而毛泽东 83 岁高寿寿终正寝,他们二位都赢得了民心,赢得了人民的永久记忆。可以肯定,林肯纪念堂不会遭遇苏联莫斯科红场列宁墓的下场;我相信,毛主席纪念堂应该也不会。

林肯纪念堂

纪念堂内部大厅,只有一座高 5.8 米的大理石林肯坐像,别无他物。雕像由 28 块石头雕成后拼接而成,但看上去浑然一体。两臂放在座椅扶手上的林肯,如炬的目光穿过大门,越过华盛顿纪念碑,掠过白宫,直达中轴的末端国会大厦,似乎在盯着一代又一代治国理政的高官显贵,似乎在"监国"。大厅南北两边石壁上铭刻着林肯的两篇著名演讲,南墙上是《自由的新生——葛底斯堡演说》,北墙上是林肯 1865 年第二次总统就职演说词。林肯雕像后的墙壁上方铭刻着 4 行大字:"In this temple as in the hearts of the people for whom he saved the Union the memory of Abraham Lincoln is enshrined forever.",翻译成中文是"林肯永垂不朽,永存人民心里"。

每年 2 月的第三个星期一的"总统日",在林肯纪念堂台阶上都要举行纪念仪式,仪式的重要内容之一是朗读《自由的心声——葛底斯堡演说》。这里似乎还是民权运动者心目中的圣地,1963 年 8 月 23 日,20 万人在纪念堂东阶外至华盛顿纪念碑前举行和平集会,著名的民权运动领袖黑人牧师马丁·路德·金发表了《我有一个梦想》的著名演说。

林肯纪念堂向东，就是中轴线的中心地标——著名的华盛顿纪念碑。但二者之间北部的一片小树林，不得不提。小树林斜坡的下方，是越南战争纪念碑（Vietnam Veterans Memorial），又称越战将士纪念碑、越战阵亡将士纪念碑、越战墙。纪念碑由两道黑色花岗岩纪念墙组合成V字形，每道墙长约76米，用于纪念越南战争期间战死的美国士兵和军官。墙体上刻着美军57000多名1959～1975年在越南战争中阵亡者的名字，以及碑前由三名看来在撤退中的疲惫不堪的美军士兵组成的主题雕像，都使我产生了异样的感觉。越战期间我已成人，侵越美军的血腥与残暴的"鬼子"形象已在脑海生根。面对着凭吊的人群与墙前的花束，除了对那一代美国人的儿女遭遇的同样不幸有些许怜悯，我更多的是悲哀，人类的悲哀。但愿纪念碑能使美国人和世界人记得战争的痛。

不得不提的另一个理由是，这座纪念碑是由林徽因的侄女林璎（Maya Ying Lin，译为玛雅·林）设计的。她是著名的美籍华裔建筑师，祖籍福建省闽侯县，参加纪念碑设计竞赛时才21岁，是耶鲁大学的三年级学生。她获得了设计竞赛第一名，其方案于1982年3月11日获得最后批准，当年3月26日动工，主体工程在10月完工。她的这件作品曾获美国建筑师协会"美国20世纪最受欢迎的十大建筑"第7名以及2007年度"25年奖"等。她本人曾被美国《生活》杂志评为"二十世纪最重要的一百位美国人"与"五十位美国未来的领袖"，还获得了2009年度美国国家艺术奖章。写到这里，我在互联网上搜索到她的有关纪念碑的话语："当我站在那里时，开始本能地想象着自己用小刀将地面立体切开并翻起成两翼，一边指向林肯纪念堂，另一边指向华盛顿纪念碑，上面还按顺序刻着阵亡者的名字。""当你沿着斜坡而下，望着两面黑得发光的花岗岩墙体，犹如在阅读一本叙述越南战争历史的书。"我的同胞，我不清楚你的设计理念，但我认同你的设计效果，一个亚裔小姑娘执着地通过自己的建筑艺术表现一场亚裔受侵害者的战争，你的勇气、担当和睿智让我敬佩！

好了，还是回到中轴线上的华盛顿纪念碑（Washington Monument）。提起此碑，我现在精神仍然为之一振。为纪念美国首任总统、美军首任总司令乔治·华盛顿（George Washington，1732～1799）的丰功伟绩，美国人前后用了51年时间，耗资1187710美元，建成了这座彪炳历史的恢宏建筑。这是一座大理石方尖碑，占地面积235.9万平方米，建筑面积60.8万平方米，建筑高度169.045米。碑体内部中空，设有50层铁制步行楼梯和70秒到顶端的高速电梯。游人登顶后通过小窗可以眺望华盛顿全城、弗吉尼亚州、马里兰州和波托马克河。这使我联想到在我们开封子弟心中巍峨的铁塔（即宋开宝寺塔）。此塔仅55.88米高，不及华盛顿纪念碑的三分之一，据说登塔顶可望见10千米外的黄河。华盛顿纪念碑三倍于铁塔,若非亲见,难以置信。但想到铁塔建成于1073～1077年,年长了华盛顿纪念碑八百余岁,心下的民族自豪感也就修复了。

华盛顿纪念碑

登碑顶眺望远方自是心旷神怡,但我更感兴趣的是纪念碑承载的人文情怀。其一,算起来,纪念碑从开工到落成历经51年(1833～1884年),在建到50米左右时,工程因南北战争等引发的动乱而停摆22年。美国人锲而不舍地要干成这件事,当然源于他们对自己国家奠基者的崇拜与怀念。联想到中国大陆曾出现的彻底否定毛泽东的暗流,苏联一解体就迫不及待地掘列宁墓的丑行,我只有唏嘘。

其二,纪念碑耗资近120万美元,今天看不算多,当年绝对是一笔巨款。"国家纪念碑筹建协会"负责在全国范围内募捐,并规定每人捐款上限为一美元,捐款活动持续了约15年。这种捐款方式很奇怪,竟然拒绝多于一块钱的捐赠,似乎在有意拖延捐款时间!话说回来,全国民众在15年时间里每人捐一块钱,何尝不是一场普及面广泛、历时久远的庞大的全民爱国主义教育活动!

其三,按常理,应该在碑体上适当镌刻一些颂扬之词,而华盛顿纪念碑通体无一字,似乎要用"无声"承载华盛顿一生难以用文字表述的对国家、对人民的无量功勋。内墙镶嵌着188块(一说193块)由私人、团体及全球各地捐赠的纪念石,其中一块刻有中文的纪念石是清政府(一说是"清朝宁波府")赠送的。其文取自福建巡抚徐继畲的《瀛寰志略》,曰:"华盛顿,异人也。起事勇于胜广,割据雄于曹刘。既已提三尺剑,开疆万里,乃不僭位号,不传子孙，而创为推举之法，几于天下为公，骎骎乎三代之遗意。其治国崇让善俗，不尚武功，亦迥与诸国异。余尝见其画像，气貌雄毅绝伦。呜呼，可不谓人杰矣哉！米利坚合众国以为国，幅员万里，不设王侯之号，不循世袭之规，公器付之公论，创古今未有之局，一何奇也！泰西古今人物，能不以华盛顿为首哉！"这段中西合璧的文字虽有些不伦不类，但150多年前这个脑后拖着根小辫的中国官员抒发的旷世感慨却发人深省。促成这事的是曾担任过我国京师大学堂总教习（校长？教务长？）的美国长老会驻中国的传教士丁韪良，其人其事，又是另一段不凡的历史了。

在华盛顿纪念碑与林肯纪念堂之间，是一方长约600多米、宽约百十米的长方形人工倒影池。从林肯纪念堂东望，池中映出华盛顿纪念碑硕长的碑身，实虚相连，气贯长虹；从华盛顿纪念碑西望，池中映出林肯纪念堂洁白的身影，蓝白映衬，刚正不阿。这里水鸟群集，游人流连。我们坐在池边小憩，我的脑子里便划过一条长线，从华盛顿到林肯，从第一届到第十六届，从18世纪前半叶到19世纪前半叶，美国的国体逐步形成，美国的梦想逐渐升华……回到波士顿后，我与华人朋友谈起当时的感受，他笑着说："你还不知道，美国人这样构筑那里的景观还有一层深意。两座建筑加上倒影池，恰似一副男性的外生殖系统，象征着雄劲、锐利、昂扬、向上。"此君所言，虚实无可考。

从华盛顿纪念碑向正北方向望去，美国总统官邸白宫（The White House）赫然在目。这是来华盛顿特区游览的人必看的一处建筑，它不仅具有标志性的景观，还有着巨大的现实价值，是现任总统办公的地方。也就是说，影响全美国甚至全世界的重大决策都是从这里发出来的。白宫给人的神秘感对游客有无比的吸引力，我们看白宫，就有点迫不及待了。

其实从外表看，白宫就是一栋白色的普通新古典风格砂岩建筑物，位于宾夕法尼亚大道1600号。它开工于1792年10月13日，竣工于1800年11月1日，有210多年的历史了。白宫共占地7.3万多平方米，由主楼和东、西两翼组成。底层的外交接待大厅是总统接待外国元首和使节的地方，天蓝色的椭圆形地毯绣着美国50个州的标志，墙上是巨幅美国风景环形油画。二层是总统全家居住的地方。三层最主要的厅室是西翼内侧的椭圆形总统办公室，巨大的蓝色地毯正中织有美国总统的金徽图案，50颗星排列成圆形环绕着一只鹰。办公室后部两侧分别竖立着美国国旗和总统旗帜，正面墙上是华盛顿油画像，两边摆着两只中国古瓷花瓶。总统办公桌上有一则座右铭："这里要负最后责任。"墙架上陈设的外国贵宾赠送的礼物中，有中国1979年赠送的"马踏飞燕"仿古青铜器。白宫南面正前方是可供总统座机起降的南草坪，又称为总统花园。国宾来访，要在南草坪举行正式欢迎仪式;每年复活节,总统伉俪要在这里举行传统的游园会。

白宫

白宫应该是世界上保密、安保级别最高的地方,但同时它却又是最平民化的总统官邸。建造白宫的动议是首任总统华盛顿提出的,其基本理念是,在这里工作的主人是国家的仆人,决不能建成一座豪华的宫殿,只要宽敞、坚固、典雅就行;也无须高大,三层高足够。由于对建筑质量要求极高,施工期拖得较长,华盛顿总统没能入住,第一位白宫主人是第二任总统约翰·亚当斯。由于白宫的建造与建成后的各项支出是全体纳税人负担的,历届白宫主人都坚持总统官邸要向公众部分开放。因此这里就成了世界上唯一向公众开放的国家元首的官邸,也成了世界游人观光的热点。行文至此,我不禁感慨:国内某些地方把县委、县政府建成白宫模样,但却戒备森严,民众难以接近。这些官员向白宫学习了什么?他们的公仆意识哪里去了?

五角大楼(The Pentagon)是美国国防部所在地,也就成了国防部或美国军事当局的代名词。在我们中国的当代语汇中,它曾很长时间是美帝国主义发动侵略战争的策源地,因此对我们就有特殊的吸引力。五角大楼位于华盛顿哥伦比亚特区的阿灵顿县,它的具体方位我已记不清了。该楼于1941年9月11日破土动工,16个月后(1943年1月15日)竣工,应该属于现代建筑。总建筑面积达60余万平方米,据说大约有23000名军方人士及文职人员在这里工作,是世界上最大的单体办公楼。该楼俯视图为正五边形(故称"五角大楼"),边长281米,共有五层(含地下两层)和5个环状走廊,走廊总长度达28.2千米,地上三层高22米。

我们兴冲冲地进去,只拍了几张照片便怅然地出来。能让游人看的地方,除了来来往往不知忙些什么的军人,其他乏善可陈。今天说起,倒有两件事值得一提。一是在1960年代,这里成了反越南战争浪潮的中心,个中的讽刺意味不言而喻。1967年10月21日,3500名反战抗议者在全国动员委员会组织下与2500名士兵对峙,一名抗议者把象征和平的康乃馨花插在了士兵的枪管里,留下了一张关于战争与和平的世界著名照片。二是美国2001年的"911事件",五角大楼遭袭,从某种意义上说是遭了发动侵略战争与军事干预别国的报应。当天,一架飞机袭击了这座建筑,部分结构被大火吞噬,125人死亡。诚然,"911"恐怖分子是全人类的敌人,但他们选择五角大楼下手,其意昭然。

美国国会大厦(United States Capitol)是美国国会所在地,位于华盛顿市区中轴线的东端,是民有、民治、民享政权的最高象征。国会大厦1793年9月18日由华盛顿总统亲自奠基,1800年投入使用,后来增建了参众两院会议室、圆形屋顶和圆形大厅,并多次改建和扩建。这是一幢全长233米的3层建筑,以白色大理石为主建材,中央顶楼上建有3层大圆顶,圆顶之上立有一尊6米高的自由女神青铜雕像。大厦东面的大草坪是历届总统举行就职典礼的地方。

美国国会大厦

由于看五角大楼引起的审美疲劳感,再加上我们到国会大厦时不知为什么没有对外开放,就没有进去,只在外围溜了一圈。现在只记得形态各异的青铜雕像美不胜收,饱了傻瓜照相机镜头的眼福。从国会大厦往回走,沿着宾夕法尼亚大街(Pennsylvania Avenue)漫步,沿街的博物馆一座挨着一座,有史密森尼博物馆、国家航空航天博物馆、国立美国历史博物馆、国立美国原住民博物馆、国立自然历史博物馆、国立肖像馆、国立美国邮政博物馆、美国艺术博物馆等。我们在航空航天博物馆和艺术博物馆逗留时间较长,前者向游客展示的美国第一颗人造卫星给我留下深刻印象。

由于老T夫妇要回国,我们不得不终止了美东游。我心仪已久的纽约游只好放来日了。我们的破大众沿着太平洋西岸的高速公路往回疾驰,海陆交融的美景也没能拴住我们的车轮……

4.8 回家

临出国时,我给自己的访问学者生涯定了个"一字方针",这一个字是"放"。即,放下差别,从美国同行那里尽量挖掘对中国有用的学术营养;放宽眼界,从波士顿大学的信息平台上尽量"劫掠"对中国有用的信息资源;放开脚步,实地考察波士顿这个有代表性的美国城市,创造条件考察其他美国城市。一年多过去,这个方针基本得以贯彻执行。

来美后,最初的兴奋、好奇过后,就提醒自己一个"收"字:收下心来,提高效率,按时归国。这个"收"是有思想基础的。我们那个年代,一旦出国,尤其到了美国,没有多少人愿意回去的。留学者留下不走的人大致有几种情况:学业有成,专业对口,学成后在美国就业、创业,先拿绿卡再入籍,属于成功人士;学业有成或半成或无成,脱离专业打工挣钱,有了一定积累,拿绿卡入籍,生活得很累。上述后一种人,有的在美国打个零工,回国以"海归"的身份谋一份差或开公司做生意,左右逢源,活得还滋润。通过其他途径出国的人,比如继承遗产、涉外婚姻、旅游打工等,更不愿意回来,想方设法走各种门路留下来,拿绿卡入籍。看到这种状况,确实令人丧气。和来自台湾的H教授谈起此情,他宽慰我说,二三十年以前,台湾的留学者也是如此,但现在(当时)情况大变,许多人愿意回台湾发展。我想,离那时距今,也二三十年了,大陆的情况也已大变,永久、定期或短时回国服务的留学者已经形成了"海归潮"。

但在当时,我的华人朋友听说我要按时回国,都很不以为然。BU地理系的系主任也明确表示,愿意提供继续滞留的方便。就连纽约总领事馆教育处的官员,当我打电话与他联系回国事宜时,我还未开口,他便先入为主地以为我要办延期,满口答应。对这些朋友,我没有过多的解释,但我心里明白,我的选择没有错。我按时归国的思想基础有三:其一,我的老父老母妻子娇儿亲朋好友老师同学同事都在中国,我的事业在中国,与亲们共同服务于祖国母亲,是理所当然、无可犹豫、斩钉截铁的事。其二,美国丰富的物质生活、国际化的文化背景以及宽松的生存环境确实妙不可言,但梁园虽好,不是久恋之家,真要留下来,只能是无源之滴水、无根之浮萍。其三,我是河南大学的学生,这所历经磨难的学校待我不薄,仅仅为了报恩,我也要按时回我的母校，为她的振兴尽绵薄之力。

今天的年轻人，可能还有我的一些老友，要么会认为我迂腐不堪，要么会认为我心口不一。那么在这里我再说点心里话：美国的物质条件、学术资源、研学环境都很不错，但像我这样40岁左右毫无背景的外来者，在美国没有任何优势可言。我的不甘人后的做人理念在这里迸发不出前行的动力，再拼命打拼，也只会挣扎在社会的边缘。与其做一个为了温饱而低眉顺眼的乞求者，倒不如做一个静心冷眼的旁观者，看够了看透了，满载而归就是。我的老父老母在中国，我的妻子幼儿在中国，我的亲朋师友在中国，那里有我魂牵梦绕的故乡开封、母校河大。我的事业只有在故土才能扎下根、开出花、结出果。离开故土，我就只能像一叶浮萍，随风而飘、随流而逝。

在美留学者，许多人会动让家属来美陪读、探亲、旅游甚至打工的念头，而且部分人也如愿以偿。我也动过这个念头，还认真了解了美国方面的有关政策，并在1987年12月6日的家信中向妻子正式提出。我的想法是，趁我在美，让她出来见见世面，也算对她多年来一心为家、任劳任怨的一种补偿。后来我们考虑了多方面因素，尤其想到我在美并没长期打算，此事也就作罢。要说遗憾，在美一两年没能让妻子到美国转一圈，算是一件。

决心一定，其他事都好办，无非是办手续、告别、与纽约总领事馆商定行程等。最伤脑筋、最费时费力的，想不到是给亲友准备礼物。当时，出一趟国，在许多人眼里是一件值得羡慕的事，何况我在美国住了一两年。回去了，不给亲友捎点美国的东西，那是无论如何都说不过去的。问题是买什么，要考虑东西的适宜性，要考虑不同人的差异性，要考虑路上好不好带，当然更要考虑经济上能否承受。想想，头都是大的！

出国留学一年以上的，国家规定可购买三大件、三小件免税商品，在美国订货，国内提货，很是实惠、方便。经反复考量并与家里商议，我最后买了松下电冰箱、夏普电视机和健伍音响三大件，以及兰陵自行车、雅马哈电子琴和一台忘了品牌的吸尘器。这6件货品中，电冰箱和自行车直到现在都还在正常使用，30多年了耶，想想也雷人。买的其他东西有戒指、项链等金饰，手套、头巾等服饰，还有各式各样的小玩意儿等，不一而足。尴尬的是，有的东西买回来了一看，竟是 Made in China（中国制造），以后就提高警惕了。给父亲买了一块老式怀表，他老人家一直没舍得佩戴，直到去世整理遗物时才发现。给母亲买了一枚金戒指，她拿到手就乐呵呵地戴上了，直到去世都没有摘下来过。想想他们那一代人，穷了一辈子，苦了一辈子，也是人世走一遭啊！

和波士顿的各路朋友一一餐别或话别，和地理系同仁一一握别或话别，在校园闲逛了半天对BU说了声"拜拜"，沿着查尔斯河漫步了半天对波士顿说了无数声"拜拜",也就该起程了。我的同屋,美国小伙柯克·艾萨顿开车把我和行李送到了灰狗汽车站。和他挥手告别后,飞速旋转的灰狗车轮把我送往来美的第一站、离美的最后一站:纽约。

在我国驻纽约总领事馆住下并办了一应手续后,教育处的官员特意交代我,不慌着走,飞机票晚定几天,在纽约玩一玩。好啊,正合吾意!

纽约(New York),位于美国东海岸北部,大约在华盛顿特区和波士顿中间,地处纽约州东南哈德逊河口。市区面积约1200多平方千米,35%为水域,65%为陆地,拥有近千万人口,人口密度也很高。纽约是个多族裔聚居的多元化城市,拥有来自约97个国家和地区的移民,居民使用的语言达数百种。据2012年数据,纽约市人口中白人约占67.9%,非裔占15.9%,亚裔占5.5%。纽约是美国第一、世界前列的巨大都市,在全球政治、经济、金融、传媒、教育、娱乐各界甚至时尚界,都有巨大影响。20世纪初以来,纽约对外来移民一直有巨大的吸引力,因而落了个"大苹果"(Big Apple)的昵称,"好看、好吃,人人都想咬一口"。今天美国苹果公司的产品标识就是被咬了一口的一个大苹果。

我想,纽约繁荣兴旺的主要因素如下:其一,在两次世界大战中世界许多城市都饱受战火的损毁,但战火并未伤及美洲大陆,世界其他许多城市被损伤了避开了战火的纽约存留了发展元气。其二,第二次世界大战后,其他国家经济缓慢复苏,而美国尤其是纽约的经济进入腾飞阶段,形成了领跑世界经济的优势。其三,纽约港是美国最大、世界前列的天然深水港,为纽约与世界的沟通提供了极好的条件。其四,纽约的地铁系统有30条线路、469个车站,堪称世界第一,为这个大苹果的良好运行打下了基础。其五,纽约的金融中心地华尔街拥有纽约证券交易所和美国证券交易所等2900多家金融和外贸机构,主宰了美国的经济命脉,是美国经济在全球称霸的龙头。其六,联合国总部于1950年在纽约设立,奠定了纽约在全球政治格局与国际事务中的中心地位。其七,屹立在纽约港的自由女神像,其精神感召力是吸引全世界移民的巨大动力。从而使纽约成为移民潮涌进美国的第一个入口与滞留地。

纽约的"自由女神铜像国家纪念碑",又称"照耀世界的自由女神",简称"自由女神像(Statue of Liberty)",是世界文化遗产(1984年确立),是第一次到纽约者必然造访的第一目标。女神像坐落在纽约海港内小小自由岛的哈德逊河口附近,距曼哈顿岛西南角仅3千米远,是法国赠送给美国独立一百周年的礼物。女神像1874年在法国起造,1884年完工,1886年10月26日在美国纽约自由岛上落成。个中的曲折与艰辛难以言说,法国著名雕塑家弗雷德里克·奥古斯特·巴托尔迪居功至伟。他以自己母亲的外貌和妻子高举的手臂为设计蓝本,历时十年才完成了雕像的雕塑工作。自由女神着古希腊风格服装,头戴七道尖芒冠冕,象征七大洲,右手高举象征自由的火炬,左手捧着《独立宣言》,脚下是打碎的手铐、脚镣和锁链。神像高46米(加上基座为93米),重225吨,金属铸造。

美国自由女神像

自由女神像最初只是美国与法国友谊的象征,矗立起来以后,美国人从她身上读出了争取民主、建设国家的理想,一批批来美移民读出了自由与幸福的象征。在花岗岩构筑的神像基座上,镌刻着美国女诗人埃玛·娜莎罗琪的一首脍炙人口的诗《新巨人》:"让那些因为渴望呼吸到自由空气,而历经长途跋涉也已疲惫不堪、身无分文的人们,相互依偎着投入我的怀抱吧!我站在金门口,高举自由的灯火。"

我游览自由女神像,第一焦点自然是她的外观。从远至近,她渐渐变大,既裹挟着徐徐的女性温柔的暖风,让我产生泊于她巨大怀抱的遐想,也排山倒海似的推着暴虐的烈风扑面而来,一股震颤流遍全身……从各个角度拍够了照片,我进入了神像内部,这使我想起了一位我国老画家的戏言:"我最后一次进入女人肚子,是参观自由女神像。"游人可乘电梯到达基座顶端,然后沿着近200级盘旋式阶梯登上顶部的冠冕处,这里有20多个小铁窗可容纳约40人观览,火炬底部可容纳12人观览。凭窗远眺,钢铁混凝土森林曼哈顿、清丽透迤哈德逊河、波光船影纽约湾尽收眼底。下来,在底座的展览馆里,我仔细端详女神摄像的面部,一张典型的几乎无可挑剔的欧美女性的脸庞,没有一丝表情。端详了一会儿,我突然感觉她有了表情,不是慈爱而是隐隐的狰狞……兴许风雨百年磨蚀了她老人家原本的敦厚与宽容?

联合国总部大楼(United Nations Headquarters,亦称联合国大厦)是联合国总部的所在地,这块土地的所有权已经不属于美国以及任何一国,而是世界上唯一的"国际领土"。大厦始建于1947年(与我同年),于1952年落成。联合国秘书处大楼是一栋玻璃面的39层板式建筑,是由包括中国建筑师梁思成在内的世界10位建筑师共同讨论设计的。秘书处大楼前方的100多个旗杆,悬挂着联合国成员国的国旗,主旗杆上则是蓝底白色图案的联合国旗帜。

我游联合国大厦,由于时间紧,就没有细看,只是在成员国国旗以及各成员国送给联合国的可展出的礼物面前稍稍驻足、拍照,感受一下这里的"万国"气氛。找到迎风招展的中国国旗不难,找到我国送给联合国的礼物还真费了点周折。我国1974年赠送给联合国的礼物是一座象牙雕刻,它描述的是1970年通车的成昆铁路,工艺精湛到可以看清刻在火车里的细小人物。据说这件礼物耗费了8个象牙,将近百位牙雕艺人用了两年多工夫才完成。当时看到这件美到极致的艺术品,心中充满自豪。今天看来,联合国应该将它收柜了,它与野生动物保护的宗旨相悖。

成昆铁路象牙雕

我在纽约有一次特殊的经历与感受,平生第一次,到目前也是唯一的,逛了一座赌城。这座城市叫大西洋城(Atlantic City),又叫大西洋娱乐城,位于美国大西洋岸边新泽西州多沙滩的阿布西肯岛上,东北距纽约约160千米,西北距费城约96千米,是仅次于拉斯维加斯的美国第二大赌城。1854年建市,有1896年修建成的长达约10千米的著名海岸木板路,有5个码头和众多的游乐场所,人口5万多人(2013年)。自1921年起,一年一度的美国小姐评选在此举行,1976年美国第一个合法赌场在此开业。大西洋城是著名的会展、旅游、博彩、休闲城市。

我在纽约的中国城办事,偶然发现可以坐10美元往返的所谓"发财巴士"去大西洋城一游。早就听说该城的种种,现在机会来了,自然不会错过。从纽约到大西洋城约2个多小时的车程。看到城市的天际线了,车停,上来两个明显是哪家赌场侍者打扮的小伙子,二话不说,给每个乘客发了一枚＄20的赌博筹码和一张＄10免费午餐券。这是什么经营之道？花10元的车费,竟然返回30元？汽车直接开到海岸边的一家大赌场,乘客(基本上是华人)急匆匆地鱼贯而入,这就进入状态了。

在中国,赌可是与黄、毒并列的大逆不道之行为,进这种场所,我除了好奇更有足够的戒备。冷眼旁观,再次感受到了美国人会极其严肃地去做一件并不严肃的事的德行(也可能他们认为赌博就是一件严肃的事？)。大致感觉是,赌场外观气派,内观豪华,完全是个高档、高雅的场所,绝无印象中赌场的因陋就简和乌烟瘴气;内里的服务生,无一不是俊男靓女,奇装异服,穿梭来往,态度热情,服务周到,连保安也彬彬有礼,绝无印象中赌场的黑打手之类的角色;赌场灯火、音响一流,赌博的方式花样迭出,设计巧妙,设备先进,公开公正,似乎绝无印象中赌场的黑暗与欺诈;众赌客衣冠整齐,雍容大度,文质彬彬,礼貌安静,似乎个个都输得起,绝无印象中赌场中人敞衣露怀汗流浃背大呼小叫之行状。

其实,一派其乐融融的景象下还是有蛛丝马迹可寻的。比如赌徒的心理,远不是所有人都输得起。可以看得出来,坐在桌子旁赌的,大多是有钱人,但眼里贪婪的绿光也会不时闪露。一般人大多玩玩老虎机子,站着赌,往老虎机嘴里塞最小面值的筹码,期盼着吐出来一堆25美分的硬币。我看到有个60多岁的老者玩这种赌法,不知塞进去几个筹码,赢的硬币"哗哗"地往外流,他兴奋得直喊"My God"。放在地上的大号旅行包流满了四分之三时,机器里没子儿了,急得他对着机器连踢带踹——其实充其量也就赢了几百块钱而已。尤其引人注目的是华人赌客,基本是夫妇俩同去。赢了,眉开眼笑;输了,男的满头大汗满脸愁容满心地不服输,女的扯胳膊拉袖地想让自家老公撤出战场……

说来也怪,尽管我一再提醒自己把赌场发的20元输完就住手,绝不给赌场贡献一毛钱,但一进场子,那种赌的氛围慢慢动摇了我的决心,住手的上限一步步提高到100元。当然也赌老虎机,最多赢到50元,最后毫无悬念地把20元输完。猛醒之下,立刻住手,踱着方步去场外观大西洋风景了。现在反观当年那一幕,我明白了一个道理:从心理学角度讲,其实正常人(或曰"经济人")都有风险意识,都有挑战风险以求一逞的欲望,也就是说人人都有"赌徒心理"。因为事事都有不确定性,也就都有"Yes or No"的概率,都有成或败的可能。自觉不自觉地，人们经常要"赌一把"，以至于有了"我把青春赌明天"的唱词。只不过，人与人的差别在于，有人是疯狂的赌徒，只想赢不能输，最后输个精光；有人是理智的赌徒，想赢能输，输赢有上下限，看准了，见好就收或见败就撤。这是智慧，跟人格无关——读者诸君，千万别以为我教唆大家进赌场啊！

梁园虽好，不是我等久恋之家。

1988年10月26日，我登上了回国的中国民航飞机。升空的一刹那，突然有一股莫名其妙的热流和战栗袭来。是离开生活了一年多的异国他乡的惜别？是即将回到母亲怀抱的兴奋？应该都有一点吧。

飞机在上海中转，在北京泊定，一路无话。但，从大洋彼岸回到大洋这岸，差异立刻就出现了。在上海机场下机，第一眼看到机场工作人员和负责安保的武警战士，明显地感到同胞个子低、身量小（当然，我也是），与美国人的人高马大形成鲜明对比。休息一个小时，我到机场候机厅洗手间方便，便发现座旁的手纸卷筒是空的！好在我自有方法解决这个难题，怪只怪我忘了中国国情。夜里，飞机降落首都机场后，不知何故不让下机。下了机出了口，迎接我的妻子没有如我想象那样飞扑上来，而是一脸焦急，连声问我："没事吧？没事吧？"原来，飞机到了人不见出来，接机的都急了。打问机场工作人员，答曰：飞机降落时掉下来了，现正在地上啃草呢。尽管大家都知道这是典型的北京式幽默，但悬着的心并没有放下来。第二天早上醒来，出了酒店房间门，见了谁我都是"您好"，可对方要么一脸漠然，要么一脸惊诧，要么一脸鄙夷：装什么装，有病？第一次坐出租车、第一次到饭馆吃饭，悄声问妻子：要不要给小费？在路上，要扔丢弃物，遍寻垃圾箱不见，妻子教导说：随手扔就是。仔细一观察，周围的人基本都是这样做的。我也就随手扔，心里逐渐坦然。

读者诸君，上面逐项写出来，不是要抹黑谁，确是我当时的真实体验。尽管一开始有点不适应，但感到很亲切、很实在，我确确实实脚踏这片令我魂牵梦绕的热土了！

回到开封、回到家，自然是热闹一番。也难怪，我毕竟是亲友中第一个出国又回来的，大家都很新鲜。而我，回到父母妻儿身边的那种惬然，让我陶醉。回到河大、回到地理系，同事的热烈欢迎让我感动，领导班子开会议时的严肃劲儿令我哑然，频频请我去做所谓"访美报告"的热情令我尴尬……没多久，河南省教育委员会在河大召开留学归国人员表彰大会，奖给了我一个红色证书，并让我在会上发言，主题是"按时回国"。这倒对我的口味，把心里话倒一倒，可能会引起大家的思考。

好了，这一篇就此翻过。以后的日子还长着呢。

第5章 定向

5.1 第一次定向：河南大学

学术研究方向是学者学术生命的导航。回顾我学术方向的框定过程，大致经历了四个阶段：(1)在河大毕业留校后，确定了人文地理学这一大方向。(2)华东师范大学时期，在人文地理学领域里，确定的主攻方向是研究城市，包括城市地理与城市生态两个具体方向，前者偏重研究城镇化进程专题，后者偏重研究生态城市建设专题。(3)波士顿大学时期，增添了城市规划、城市社会两个具体方向，前者偏重研究城市-区域系统综合发展专题，后者偏重研究城市犯罪空间防控专题。(4)回国后，在河大的教学与研究实践中，我的学术方向得以调整、细化并最终定型。

也就是说，我的学理路径为河南大学——华东师范大学——波士顿大学，最终还是河南大学。这是一个逻辑环节延展为一条逻辑链条的合理且必然的载体和过程，也是一个从理论到实践的共性选择与个性选择的过程，从而为我的学术生涯提供了一份行得通的"顶层设计"。

从河南大学毕业留校后，搞什么专业是我面临的第一个大问题。河大尽管是"十年"后的第一次招生，老师们生疏了十年，但爆发出来的能量惊人，用在我们七七级身上的功夫可说是无以复加。而且我们这一届学生心无旁骛，脚踏实地，埋头苦干，教学效果、培养质量可想而知。再加上我不偏科，大学四年打下的专业基础可以说是比较扎实、系统、全面的，这为以后选择学术方向构建了一个宽厚的、适应性较强的平台。毕业后，系里最初让我搞地理教学法，可以啊，遵命就是。再后来让我改人文地理，也行啊，我会努力的——从此与人文地理学结下了不解之缘。我学术生命的第一次嬗变，就是这样在"温顺的被动"下舒舒服服地来了个转身，基本上没有个人的选择。当然，"复兴中国的人文地理学"的大背景，地理系李润田教授的启蒙引路、尚世英教授的高瞻远瞩、黄以柱教授的指导提携,以及王建堂、金学良、潘淑君等诸位教授的悉心指教,使我在人文地理学的学术之路上越走越踏实。

若干年以后,我做了河南大学副校长。这时才有老师在闲谈中不经意地说,当初把你留校任教没有留错。其实我后来知道,在我的留校问题上,似乎学业、表现、能力什么的都无碍。有不同认识、心存疑虑者主要考虑两点:一是年龄,三十几岁的人从头做起在起跑线上就输了十年;二是我待人接物锐利、刚硬,难于驾驭。这两条我都认,尤其是二。经历过大风大浪磨蚀的我们这一代人,许多人越历练越圆润,而我却越历练越坚硬,算是个另类。解决一,只有以拼、以勤、以追补迟;解决二,只有加强个人修养的锤炼。

在地理系,我接受的第一项任务是做商幸丰老师的助教,专业方向定为地理教学法。让我搞地理教学法,也算知人善任,因为我做过中学教师,因为我在教育实习时做了公开观摩课,还录了像。当然,与张恒渤、商幸丰老师的主动要求也有关。于是就跟着商老师上课,在商老师指导下备课,并准备本学期先试讲一章。

接受的第二项任务是做八〇级的政治辅导员,前提是我已经加入中国共产党。安排毕业留校生做辅导员,应该是个聪明的办法,不仅锻炼年轻老师迅速成长,也部分缓解了大家都不愿做辅导员的"辅导员荒"。八〇级与我们七七级有两年的同学交集,我在他们心目中也就是一个老大哥级的学兄。做他们的辅导员,身份彻底转变,一开始总有些别别扭扭。好在我有当中学班主任和年级段长的经历,很快就适应了。但由于做辅导员的时间较短,也就乏善可陈。

从事地理教学法专业的教学与科研,顺带当两年学生辅导员,我的教师之路似乎毫无悬念,学术生涯似乎轻易框定——沿着这条路坚定不移地走下去,只要努力,就算不会有大成就,对得起"大学教师"这顶帽子还是信心满满。可是,一个偶然的机会把"既定方针"完全颠覆了,于是迎来了我学术生涯的第一次定向。

刚留校不久,为适应改革开放对人才培养的新要求,国家开始重视高级人才的"走出去",各种形式的出国留学、学术交流纷纷涌现。河大针对刚刚留校的七七级青年教师,举办了首届青年教师高级英语培训班,考上者,脱产强化培训英语一年,目标就是外语出国考试过关。地理系鼓励青年教师报考,但反应似乎不积极。受年龄限制,我本欲"事不关己,高高挂起",可尚世英主任做我的工作,要我只管报考,权当"陪太子读书"。听主任的话,就去考,结果一放榜,地理系就我考上了。搭一年工夫学外语出国混两年?还嫌我不够"老"啊!再者,我搞的是地理教学法专业,国外就没有这一门,不去。尚主任当机立断替我做了主：系里支持你脱产学外语、出国进修，不要搞地理教学法了，搞人文地理吧！我只有接受，而且这一"被动的偶然"使我完成了学术生命的第一次嬗变，从此与人文地理学结下了不解之缘。

1980年代初，中国的人文地理学一片荒芜。为什么？新中国成立后，我国的大学教育走的是苏联的路子。地理学也毫不例外地照搬了苏式学科体系，分为自然地理学、经济地理学两大门类，把城市、乡村、人口、旅游、政治、社会、文化等地理问题的研究统统归于经济地理学。至于人文地理学，视为流行于欧美的伪科学，则毫无道理地将其贬为资产阶级学派，并一把将其从地理学学科体系中剔除且甩到了太平洋彼岸。我想，问题出在了"人文"二字。

为了比较准确地诠释新中国成立后我国学界全面排斥"人文"二字的这一特殊现象，我特意浏览了有关文献，结果大吃一惊。连我这搞了大半辈子人文地理学的教授都没有料到，围绕着"人文"二字，竟有那么多的学问，那么多的歧义！当即，一个念头飞上心头：70岁以后，如果精力许可，我要写一本《人文地理学的人文思考》，力争比较彻底地说清楚。

这里先以"百度·百科"的解释点到为止吧：人文就是人类文化中的先进部分和核心部分，即先进的价值观及其规范；其集中体现是，重视人，尊重人，关心人，爱护人；简而言之，人文，即"人的文化"。而学者从事的人文研究（包括人文地理学研究），是学者站在自身或者其他的角度，用自己或别人提出的方法对已知或未知存在的客观事物或现象进行理性的思考，进而总结出既符合客观发展规律又能被大众接受的属于个人主观的知识点。总之，人文的核心是"人"，是不分类别的人的全体。而在新中国成立初期，"阶级斗争为纲"观念正浓的新中国显然不会把人文当成行事的圭臬，十几年后闹起来的"文革"更是将其打入邪恶的渊薮。

在1980年代初，人文地理学一片荒芜的中国正经历着"解放思想，实事求是"的大洗涤。于是，"复兴中国人文地理学"由少数学界前辈的呼声继而很快以燎原之势演化为中国地理学界的一场革命——一场不亚于"计量革命"的人文革命。在专门人才极度缺乏、研究成果乏善可陈、学术水平落后于国际几十年的困难情势下，我，还有全国一批中青年学者被裹挟到复兴人文地理学的大洪流中。因此，我的第一次学术定向落实到人文地理学，应归于中国地理科学的时代要求，归于尚世英主任的高瞻远瞩，当然也归于我本人的"争气"观。

既已定向，立即转向。地理系指定黄以柱教授做我的指导老师，跟着他学习、研究城市地理、区域地理；跟着金学良教授讲授经济地理课程，先从讲成人班开始。其间，尚世英教授曾带领我们赴豫西的灵宝县科学考察，接了地气的同时又一次感受了恩师的高尚人品风范。

5.2 第二次定向：华东师范大学

河大地理系受多年的地域限制，自然地理学、经济地理学尤其是人文地理学的学术基础乃至师资力量，与国内一流大学相比有相当的差距。继续猫在本校、本系，我们青年教师实难实现学术的突破以及可持续发展。还是我们可亲可敬的尚世英主任，在系里亟须用人之际甩出大手笔，送我们五人出去深造，时限一年。李永文去了东北师范大学，李小建去了南开大学，马建华去了南京大学，秦耀辰去了北京大学，我去了华东师范大学。我们同为进修，但我是经考试进了华东师大的"人文地理学助教进修班"。在第二母校助教进修班的研修经历开启了我短暂的但却对我的学术生涯有重大影响的第二次学术定向。

在华东师范大学进修期间，尽管只有短短的一年，却是我学术定位由被动服从到主动选择的一个非常重要的时期。能满足个人的兴趣、有足够的学术空间、有现实的社会价值是我入校前夕定下的选择方向的三个目标性准则。我把"个人兴趣"放在第一位，除了宣示"自主"以外，也在一定程度上不自觉地表明"青年学者"已经初步成熟并开始进入不惑。我对"学术空间"的追求，是在洞悉地理学的博大与可塑性之后的必然。博大而又可塑成就了地理学强大的与相邻学科渗透与交叉的能力，未来发展就具备了宽阔的空间，而这恰恰是我学术兴奋点之所在。我重视学科的"社会价值"，源于读本科期间常常的自我拷问：我们的地理学能为这个社会的发展做出实实在在的贡献吗？而人文地理学所涉足的诸多人文现象都与社会发展密切相关，这显然激发了我浓厚的兴趣与强烈的挑战心理。研究城市地理和城市生态，较好地满足了我上述三个方面的诉求，严重敏教授的人格魅力、刘君德教授的诲人不倦、宁越敏教授的锐意新进，成为我学术追求的楷模。

在华东师大，一个问题会时不时地跃上心头：人文地理包罗万象，我的主攻方向是什么？

在华东师范大学完成我学术生涯的第二次定向，非常必要而且时机已经成熟。为解决这个问题，我建立了逻辑思维的三个"目标函数"。第一，要满足个人的兴趣。我在古都开封长大，对研究城市很感兴趣；上本科时，喜欢人文地理，也喜欢自然地理。第二，要有足够的学术空间。城市是人类活动主要的空间载体，研究城市就会有与相关学科交叉渗透的巨大余地；自然地理学知识用在城市研究，顺理成章地衍生出城市生态系统的研究。第三，要有现实的社会价值。区域城镇化趋势把研究区域中的城市推到了学术前沿；城市可持续发展要求营建生态城市。

基于这个思考，结论就呼之欲出了：在人文地理学领域里，我的主攻方向是研究城市，包括城市地理与城市生态两个具体方向，前者偏重研究城镇化进程专题，后者偏重研究生态城市建设专题。

主攻方向定位于城市，除了我个人的兴趣以及对城市的感悟，严重敏老师和宁越敏老师的影响起了重要作用。严先生，个子不高，满头泛着银色光泽的白发，慈祥、睿智。她在课堂上迸发出的学术火花启动了我对城市的透视力，点燃了我对研究城市的钟情之火。严先生2017年10月2日辞世，享年98岁。我率河南大学人文地理、城市地理的学子沉痛悼念严先生，我还亲笔素描了严先生的遗容。

宁先生，当年的"小宁老师"，现在的我国城市地理学界的扛鼎人物，是严老师的首届硕士生弟子。在严先生指导下，宁与同门师兄于洪俊合著的《城市地理概论》(安徽科技出版社，1983)，是当代人文地理著述的经典之作。读着这本书，我不由自主地步入"城门"。

方向既定，努力就是。我学术生涯发表的第一篇学术论文"城市系统合理规模预测——以开封市为例》(《河南大学学报（自然科学版）》，1986年第1期)，成稿于在助教进修班读书期间。我学术生涯出版的第一本专门著作《人文地理——社会·文化与空间》(译作，北京师范大学出版社，1988)，是在助教进修班读书期间与同宿舍王民、李悦铮、祝炜平、程玉申学友共同策划、合作翻译的。今天翻看我的科研成果目录，几乎每一项都可以找到当年助教进修班的影子。

5.3 第三次定向：波士顿大学

在波士顿大学期间以及回国以后的一段时间，我进入了第三次学术定向状态。尽管最终的定向完成于1990年代初中期，但基本的理念与思路形成于波士顿大学期间。

从华东师范大学结业后两年，我踏上了东渡太平洋求学的路程。由于有了两年的科学研究实践，我心中的学术目标更为清晰，自主选择的意愿更为强烈，也不会再刻意地去寻找自己心目中的学术偶像。波士顿大学极其宽松的学术环境给了我任意驰骋的条件，图书馆浩瀚的学术资源及十分人性化的服务与管理方式使我乐意浸润其间，地理系频繁而自由的学术交流活动给我提供了丰富的学术养料，工作与生活的单一性给了我充足的时间与精力。在波士顿大学的第三次学术定向是我学术生涯中很特别的一次。城市规划是我赴美前就已经确定的研修方向，我要做的是，先看看美国人是如何搞的,再确定我将来集中于哪个领域。城市社会方向是来美后增添的。在国内初涉城市犯罪地理,但在当时情况下,搞犯罪地理没有出路。来美后,观念彻底转变,从此走上了研究城市犯罪空间的"不归路",并跳出了地理学圈子而将其归入"城市社会"这个更为广阔的领域。

我在波士顿大学,尽管研修活动与参观考察活动很稠密,但由于任务单纯而可以做到心无旁骛,这在国内是很难得的。于是,在上述学术交流和学术实践的过程中,尤其在图书馆浩瀚的学术文献中徜徉时,还有晚上就寝后躺在床上的"一日闪回",大脑机器高效运转,思想灵感激情迸射,所有的思绪最后都集中在:回国后,我走一条什么样的学术道路?即我最终的学术方向。在美国做访问学者,有参照对比的客体,有缜密思考的心境,有权衡选择的条件,十分有利于凝炼自己的学术方向。

其实,我在波士顿熟悉了情况之后不久,就给自己的美国之行规定了四项任务,即攫取学术信息、体验学术场景、凝炼学术方向、实践学术考察。我希望,在美国的第三次学术定向是我学术生涯中起决定作用的一次。

首先,在美国的经历使我再次坚定了在人文地理学这个大领域里主攻城市研究。因为我坚信,无论何种社会形态,城市都是维护地球环境、发展人类社会的核心,城市研究的境界高、眼界宽、路径多样、效应多元。其次,在城市研究中,仍然坚持城市地理与城市生态两个方向,前者偏重研究城镇化进程专题,后者偏重研究生态城市建设专题。前者体现了我的专业根底,其专题体现了社会发展的趋势;后者体现了可持续发展的路径,其专题体现了城市生态文明的归宿。另外,我要开辟城市规划与城市社会两个方向,前者偏重研究城市-区域综合发展专题,后者偏重研究城市犯罪空间防控专题。前者体现了城市科学的应用价值,其专题体现了城市研究新的学术境界;后者体现了城市科学的关注焦点,其专题体现了维护城市社会健康、曾经被忽略的一个重要方面。

在美国的第三次定向,基本框定了我学术生涯的大致走向,即在城市地理、城市生态、城市规划、城市社会四个方向上持续前行。可以看出,这次定向由两个方向扩展为四个方向,是一种发散式的定向。相应专题的付诸实践以及专题的进一步聚焦,只有有待来日了,这个"来日"当然是归国以后。

5.4 最终学术定向:河南大学

以上这三个学校的三次熔炼,基本框定了我学术生涯的大致走向,即在城市地理、城市生态、城市规划、城市社会四个方向上持续前行。从美国归国前夕,梳理我的学术所得,我意识到两个问题:第一,同时搞四个方向,是一种发散式的定向,过于宽泛肯定会影响专门化程度与钻研深度;第二,学院式思维往往与社会实践有一定距离,这四个方向的具体化必须经受"落地"的检验与再设计。也就是说,回到国内,回到我学术生涯的原点——河南大学,在火热的、现实的教学、科研实践中,才能找到学术生涯的落脚点,最终定型我的学术方向!

回到河大后我清楚地知道,在我持续前行的路上,再也不会有大段时间外出进修深造了。其实,四十岁的我考博士应该是一点问题也没有。但前程只有二十来年的有效时间了,我实在舍不得再拿出三年去住学生宿舍,而且华东师范大学和波士顿大学给我的东西足以支撑今后的学术实践。不再去读博了,坚决!在我做出这个抉择的同时,我们七七级同时留校的其他四个同学有三个也做出了同样的抉择,我们想到一块了。从后来的发展看,我们没有读硕读博的四个同学,有一个三级教授三个二级教授,两个做过系主任、院长,两个做过系、院总支书记,一个做过河南大学副校长。特别有趣的是,四人全部是硕士生导师,其中三人还是博士生导师。没有硕士、博士学位的做了硕导、博导,而且是各自专业的带头人,真是难以想象,也只有那个特殊的年代才会出现此等特殊现象!而且,我们培养的研究生质量一点不比别人差,报考我们专业的生源一点不比别人少,我们本人也没有一点不自信!

靠什么?靠教学科研实践活动的锤炼以及个人的勤于思考与感悟。

关于学术方向发散的问题,有两个调整途径:一是四减一或减二,也就是收敛,把学术视野由宽变窄;二是保持四不变但在每一方向中精选一二,也就是聚焦,总的学术视野保持宽阔但每一方向的视野变窄。经认真思索,我坚定地选择了后者。地理学本来就是一门学术视野十分宽阔的学问,眼界宽是地理学工作者的一大优势。以城市地理空间格局为框架,用城市规划与设计手段干预城市发展,密切关注城市生态质量,积极应对城市社会问题,这是一个地理学背景的城市学学者较完美的学术研究结构。

再则,这几个方向都是我之所爱,割舍哪一个都心疼呢。

从美国返回河大,除了辞职不成继续搞行政,教学任务扑面压来,科研任务一桩接一桩。火红的年代,火红的事业,人的状态也是红红火火!尤其是科研工作,是我直接面向社会、融入实践的平台,更是进一步调整、细化、聚焦、定型学术方向的重要契机。尽管以后的岁月仍在持续地进行学术方向的凝炼,但学术方向的定型是在这个时期完成的,以后,主要任务是充实、实现。

我的学术方向最终定型为:我是一个人文地理学者,主要研究城市。始终坚持四个研究方向:(1)城市-区域综合发展,重点研究城镇化与城镇体系;(2)城市生态,重点研究生态城市建设与开放空间系统优化;(3)城市规划与设计,重点研究总体规划与景观设计;(4)城市犯罪空间,重点研究犯罪空间防控与空间盲区综合治理。

可以看出,这四个方向与前述略有不同,不是以学科为名,而是以科学问题为名。既定的四个学术方向给我搭建了耕耘的平台。在这片充满希望的田野上,以我界定的学术身份能做什么?

5.5 共性与个性选择

作为一个人文地理学者,我曾用概念式的极简语言描述这个学科:人文地理学是地理学两大分支学科之一(另一是自然地理学),是研究人地关系中人类活动的地域规律、空间组织法则及与环境的互动效应的学科,下含经济地理学、聚落(包括城市和乡村)地理学、人口地理学、旅游地理学、政治地理学、社会地理学、文化地理学等。现代人文地理学注重理论体系的完善、新技术手段的应用以及与相关学科的交叉渗透,在国民经济建设、社会事业发展和科学教育等领域里发挥着重要作用。

人文地理学者研究城市,研究这个"以人为主体的高度人工化的空间地域实体",是顺理成章的事。因为城市是地域的、国家的乃至整个地球的政治、经济、社会、文化、信息中心,是人地关系碰撞、冲突最集中也最激烈的地域,是人类活动的地域规律最深奥、空间组织法则最完备以及与环境的互动效应最明显的地域。在中国的现代人文地理学者中,把研究目光聚焦于城市的学者占大多数。就连经济地理学者,他们最为关注的经济地理现象,也多发生于城市或者"城市-区域系统"。所以说,我研究城市,实际上是一个人文地理学工作者的从众选择、共性选择。

而个性选择,则体现在上述四个方向上。

第一,在我眼里,"城市-区域综合发展"方向的学术眼界覆盖了整个地球表层,因为其研究对象"城市-区域系统"是"以中心城市为核心,与其紧密相连的周围区域共同组成的,在政治、经济、社会、文化、信息等方面密切联系、互相协作,在社会地域分工和空间相互作用中形成并协调发展的城市地域综合体"。该系统对地表全覆盖,搭建了一个包罗万象的无外缘界限的巨大研究框架。而人文地理学研究该系统,则聚焦在城市与区域的内涵关系、有机联系、相互作用以及由此而衍生的千变万化的系统机理。以这个方向为核心,我为人文地理学专业的研究生开设了一门主干课程,对硕士生是"城市-区域系统分析",对博士生是"城市-区域系统组织"。

在"城市-区域综合发展"方向上,我重点研究城镇化与城镇体系。城镇化的实质是"能够适应和推动社会进步的城镇生产、生活方式以及城镇性质、状态不断扩展与深化的发展进程"。该进程包括外延扩张和内涵优化两个过程。前者是指城市数目、规模、地域的扩张过程。后者体现在三个层面上的优化过程：其一，狭义内涵优化，是单个特定城镇内部结构、功能、质量的优化；其二，广义内涵优化，是特定区域内的城镇体系结构、功能、质量的优化；其三，泛义内涵优化，是城镇生产、生活方式和文化、景观形态等在非城镇地区（即乡村地区）的渗透、扩展和普及。至于近几年来学术界、实务界与公众社会普遍关注的所谓"新型城镇化"，实际上是城镇化的深层次发展。

城市-区域系统的综合发展与城镇化进程伴生，而综合发展的空间依托是系统的城镇体系，城镇化的主体形态也是城镇体系。何谓城镇体系？我的理解是，在某特定的城市-区域系统内，所有城市和镇组成的有机统一体。在明确的等级层次结构制约下，该统一体具有独特的规模序列结构、职能类型结构和空间布局结构，发挥城市-区域综合发展的空间依托功能与城镇化的主体形态功能。城镇体系有个特例，即在有限区域内，交通联系便捷、相互作用强烈、整体功能强大、空间分布密集的大中城市集群，还可被称为"城市群"或"城市连绵区"。围绕城镇化与城镇体系，我们河大人文地理专业研究生导师组为硕士生开设了"城镇化研究"和"城市群研究"课程，为博士生开设了"城市群与城镇体系"课程。

第二，在我眼里，"城市生态"方向是1980年代以来可持续发展思潮的一个合乎逻辑的必然衍生，关注的是城市当下的存在状态和未来的发展趋向。21世纪人类住区的可持续发展是整个人类社会可持续发展的中心内容之一。城市的生态观和可持续发展观在本质上是一致的，二者均注重城市系统的整体优化与发展，除了强调社会进步和经济增长的重要性，更为注重城市质量和品位的提升，以实现人与人、人与自然的和谐共生，经济效益、社会效益和生态效益的和谐统一为最终目标。我的这个研究方向以健康和可持续作为城市发展的主要宗旨，追求科学和理智的城市发展思想内核。其基本理念是，通过城市开放空间系统的优化来加强生态城市建设，进而推动城市的可持续发展与新型城镇化，是当前和今后相当长一段时期推动我国城市发展的一条重要途径。

因此，生态城市建设和城市开放空间系统优化成为我"城市生态"方向的重点研究领域，并以此给人文地理学博士、硕士研究生开设了"生态城市与城市开放空间"课程。城市可持续发展呼唤生态城市建设，建设以人为中心的生态城市是当今世界城市规划、建设与发展的一个重要价值取向，是当前我国"全面建设小康社会"的新的发展战略与传统发展战略的根本区别。生态城市是以现代生态学的科学理论为指导，以生态系统的科学调控为手段,建立起来的一种能够促使城市人口、资源、环境和谐共处,社会、经济、自然协调发展,物质、能量、信息高效利用的城镇型人类聚落地。生态城市建设,说到底,是通过人类活动,在城市自然生态系统基础上改造和营建结构完善、功能明确的城市生态系统。

生态城市建设呼唤城市开放空间系统的优化。生态城市的要素、结构和功能最终都要以城市的地域空间为载体。但是,过去的城市发展与建设多关注城市非开放空间(即各类建筑与设施等封闭型空间)的布局和营造,而不重视作为城市空间的重要组成部分——开放空间的可持续利用和保护。没有被建筑和构筑物覆盖的开放空间是城市生态系统中"生态环境"部分的主要成分,面积占市区的50%以上,且分布广泛,无所不在。无论是绿色、蓝色、灰色开放空间,还是外围圈层、主体圈层、内里圈层开放空间,都与城市生态系统的主体——城市人群保持着最密切的接触,可说是城市生态系统的一个大"容器"。城市生态系统的开放性决定了开放空间系统的优化必然是生态城市建设所要解决的一个关键问题,优化开放空间系统的存在状态,是一个充满科学理念、浪漫想象和实务空间的领域。

第三,在我眼里,"城市规划与设计"方向,旨在研究城市要素在城市系统的组合规律;在城市运转的功能定位;在城市空间的合理布局;在城市局部的科学配置,是城市科学理论为城市建设、发展、管理实践发挥指导、服务作用的重要途径。这些要素包括人口、土地、产业、环境、建筑、设施及景观,当然还有无处不在的开放空间。要素的数量、构成、作用和分布直接决定了城市系统的结构、功能与空间形态。研究城市科学的学者,必然要关注城市规划与设计。建筑学界的城市规划与设计学者着眼于城市本身,精于城市功能区的空间安置、地上地下路管线网络的布局与工程设计、局部地段的控制与修建,以及各种基础设施、服务设施的规格与配置。地理学界的城市规划与设计学者着眼于区域背景中的城市,精于构建区域城镇体系、营造区域的城市核心、塑造城市的宏观空间形态,以及规定城市发展的各项经济技术指标。地理学在城市规划与设计中的"区域视角"带动了许多人文地理学者的积极参与,我也被裹挟其间而乐此不疲。尽管河南大学环境与规划学院后来开设了本科层次的城市规划专业,还在河南省住房和城市建设厅申请到了资质,但由于团队力量不足,实际操作的案例不多,我的工作主要集中于理论探索及城市规划成果的评定。好在,我们的硕士人文地理专业开设了一个城市规划与设计方向,学生选修的积极性很高。

在"城市规划与设计"方向上,我重点研究总体规划与景观设计。城市规划一般包括城市总体规划、详细规划与要素专项规划,但我认为前二者之间还应该有"城市分区规划"这样一个承上启下的层次。显然,地理学者见长于城市总体规划。总体规划,要在论证城市在城市-区域系统中的地位及作用的基础上,完成下列任务:确定城市的发展性质与规模;制定城市经济社会发展的目标、重点、模式;确定城市发展的技术经济指标(人口、用地规模,资源需求与供应、基础设施水平、用地结构等);提出优化市区空间布局结构和划分功能区的方案;确定规划的实施阶段,论证关键措施。我的理念是,把规划对象看作城市-区域系统的"极核",不能孤立地就城市论城市;中心城市的性质不仅要体现其主导职能和个体优势,更要体现其在城市-区域系统中的地位和作用;不仅要规划硬要素,也要规划软要素。城市总体规划由两大部分组成,即区域城镇体系规划和中心城区规划,地理学者的优势显然在前者。城镇体系规划根据区域一定时期内发展的目标与总体部署,充分考虑区域发展的自然条件、资源禀赋、历史背景、经济基础、社会文化与城市体系的现状和问题,以区域创新体制为主导,以社会生产力发展为动力,以政策机制为调控阀,通过调整结构、组织功能、控制城镇化进程,为充分发挥城市体系的区域带动效应创造条件,使城市体系在自身建设和带动区域发展中渐趋完善,最终使城市-区域系统综合发展的总进程迈入共生互控的良性循环轨道。可见,本方向的这一研究领域的理论根基在于"城市-区域综合发展"方向的"城镇体系"。

景观设计以街道、广场、绿地、道路交叉口、标志性建筑、近水空间、城市天际线与竖向空间等局部地段为对象,设计形体、体量、高度、色彩、明暗、功能等呈现的组合景观,在保证功能的前提下最大限度地体现城市的个性与特色。景观设计是城市详细规划的重要内容,不仅要求设计师有扎实的工程设计和环境设计功底,还要求他们有高超的审美眼界与丰富的空间想象能力。一个优秀的规划师不一定能成为优秀的设计师。这个领域可以把地理学者引向中微观尺度的探索,对于我来说,还可在"城市生态"方向的"城市开放空间系统优化"领域里找到理论与方法论依据。可惜的是,后来由于工作面向的转移,我始终没能深入下去、沉浸其中,只是在指导博士、硕士论文时给以引导,或在评审他人成果时抒发一下个人的理念与感悟。

第四,在我眼里,"城市犯罪空间"方向从一个独特的角度关注城市社会问题,是城市地理学经世致用的一个非常有价值的方向。城市犯罪是深深植根于城市空间地域环境并与各种城市问题相伴而孳生的社会毒瘤,直接侵害的对象是当代人类社会的心脏、大脑和神经中枢。城市犯罪的载体"城市犯罪空间",对真正认知犯罪并开展空间防控有着特殊的意义。为国民提供一个安全、稳定的生存与发展环境,使国民免受违法犯罪问题的侵扰,是一个重大的社会系统工程。研究城市的犯罪空间并探索犯罪空间防控的有效途径,是城市地理学与犯罪科学联手拓展的一个重要科学命题。这个方向尽管没有耗费我很多时间与精力,但自从在美国定型以来已持续关注了三十多年,结出的果实也较多,其中包括一项国家自然科学基金项目。不过,坦率地讲,我没有主动拉我的学生继承这个方向,只是给他们做过几次报告,后来还组织部分人参加了我的一项国家自然科学基金课题。

在"城市犯罪空间"方向上,我重点研究犯罪空间防控与空间盲区综合治理。所谓城市犯罪空间防控,是在城市犯罪根源综合观的引导下,客观认识犯罪基本要素的空间行为特征,理清空间环境因素对犯罪的影响,构建空间防控的理论模型;在此基础上,推进新型城镇化,建立犯罪综合防控体系,并通过科学营造良好的空间环境、强化地域单元的科学管理、理顺专门力量的空间配置等,最大限度地铲除犯罪基础、防范犯罪发生、抑制犯罪发展和减轻犯罪危害。城市空间防控的研究需要一个明确的科学框架,建立适合中国国情的城市犯罪空间防控理论体系,只有这样才能使该研究领域始终围绕理论主线不断成长壮大。

城市犯罪空间盲区综合治理是犯罪空间防控的一个实践性极强的重要课题。犯罪空间盲区是指那些不易被公共防控系统或个体防控行为所察觉的,"有利于"犯罪发生而可能成为犯罪场所的空间。受不良区位因素的影响,空间盲区往往有着明显或潜在的防控缺陷,致使防控体系的各种力量难以发挥作用,从而形成给犯罪主体与受体的碰撞提供场所的空间载体。可以说,整个城市犯罪问题、局部的犯罪高发区(点)以及犯罪的个案等都与各种类型的城市犯罪空间盲区有着十分深刻的直接或间接关系。城市犯罪空间盲区综合治理是城市犯罪空间防控的焦点,是城市犯罪空间研究的重要内容。综合治理的目标是消除内、外环境中的空间隐患,树立环境中人的自我防控与公共防控意识,从根本上铲除滋生犯罪载体的基础与条件。研究城市犯罪空间盲区综合治理的技术路线是,在充分认知公共、非公共、边际、移动、虚拟空间盲区的基础上,厘清综合治理的基本理念,探索综合治理的主要途径,进而提出综合治理的关键措施。

以上对四个研究方向的陈述,既表明我在这些领域能做什么以及努力去做什么,也表明我的 35 年学术生涯建立在了一个什么样的平台上。

第6章 定位

6.1 世风与师道

1990年12月,中央电视台一套播出一部50集电视连续剧《渴望》。三十年过后重提这一部电视剧,是因为当年它异乎寻常的热播。

晚间新闻联播、天气预报过后,全国的电视机都对准了这一频道,男女老少齐聚电视机前,《渴望》的主题歌悠悠地在中华大地流淌:

悠悠岁月,欲说当年好困惑,亦真亦幻难取舍。悲欢离合都曾经有过,这样执着究竟为什么?

漫漫人生路,上下求索,心中渴望真诚的生活。谁能告诉我是对还是错,问询南来北往的客。

恩怨忘却,留下真情从头说,相伴人间万家灯火。故事不多,宛如平常一段歌,过去未来共斟酌。

这部剧的社会背景是几个普通家庭的悲欢离合,展示了几个普通人物的坎坷命运,歌颂了人间真情,诉说了普通人对美好生活、美好情感的"渴望"。正是这个普普通通的主题,戳中了人们心灵的柔软部位,唤起了人们对真善美的期盼,引起了人们灵魂深处的共鸣——她之所以风靡全国,有着深刻而耐人寻味的意蕴,这就是当时的"世风"。此后,全国上下"过去未来共斟酌",逐渐步入改革开放的新阶段,亲亲祖国的航路开启了新的一程。

从美国回来的我,42岁,已过而立,进入不惑。

人到中年,经历了许多,见识了许多,历练了许多,感悟了许多,自然也成熟了许多。人到中年,应该看开了,想开了,遇事能明辨不疑,遇人能明鉴不疑,不会像青年人那样经常困惑了,是谓不惑之年。显然,而立的终结必然要不惑,而不惑的顶端必然要知天命,人生最重要的三个十年就是这样奇妙地被拴在一根逻辑链条上。

在我的朋友圈里，那时经常讨论甚至争论郑板桥的"难得糊涂"，常常弄不清他的真意：你老先生是教导人们糊涂啊还是精明？大多数人的意见是，人到中年而不惑，就应该以"静谧、淡定、雅致、稳妥、平顺、从容"为为人处世的准则，不能不明不白、混沌人生，也不要活得太明白、太精细，要以一颗平常心面对人生几多风雨、世事几番浮沉。哦，伟大的郑板桥，不朽的"难得糊涂"！

我能做到吗？这是个问题(problem)。对于我来说，人生的时间节奏迟了许多，我四十岁左右，不是已经不惑，而是刚进入不惑之年，还有许多困惑有待于"解"。例如，我该怎样定位自己而坚定不移地前行？当命运转折不可逆转时我该如何应对？如何在这个最有爆发力的年龄段闪耀生命的价值？糊涂不得、懈怠不得、浑噩不得哟，哥哥！还要深度感悟不懈解惑，还要解放思想主动出击，还要迎接挑战筚路蓝缕，还要义无反顾勇往直前！这就是我们这一代人在特殊年代里的特殊人生，挣扎、奋斗、搏击是我们一辈子的常态。我自以为，在我的不惑之年，我还没有从必然王国进入自由王国，我还会在"身不由己"的状态中挣扎、奋斗、搏击。

尽管我的学术方向经历了华东师范大学与波士顿大学的再次框定，但上升到理性的高度并在学术实践中将其固化，还须继续努力。

出国回来以后，地理系副主任的职务不仅没有辞掉，双肩挑中行政的一头反而越来越重，面对现实只有变消极应对为积极转型。

思想、观念、意识层面的不惑解惑是一种反复而深刻的精神砥砺，必须在行动、实务、践行层面出锋，获得显性的成果，才能不负不惑之年！

而且，回国后至任副校长前（1988年末至1996年中）的八年，是风云变幻、惊心动魄的八年。

这八年，中国和世界的最大特点是，以中国为代表的少数国家仍在坚持走社会主义道路，我国开始了由计划经济向社会主义市场经济转型的艰难历程。我的最大变化是，主动、快速进入了学术研究的最佳状态，被动、逐渐进入了从专攻学术到学术、行政双轮驱动的适应期。

那时的"世风"对我的人生定位产生了猛烈冲击，也对我在河南大学的"为师之道"以及"职业定位"产生了深刻影响……我对自己的学生有一个基本估计：他们人生奋斗的目标比较清晰，关注社会的主动精神值得肯定，他们的稚嫩与鲁莽还有点可爱。这不是浑浑噩噩的一代，不是只知道死读书的一代，不是自私自利的一代，是有担当、负责任的一代，他们身在象牙塔、心系全天下。那么我该如何践行我的"师道"？

最先占据我脑海的是今后学生的培养目标与方向。"德智体或德智体美劳全面发展"，很明白的，无疑。"社会主义的建设者和接班人"就有深思的必要。"建设者"无疑。"接班人",接谁的班?接什么班?接了班干什么?这个似乎也是无疑的,我们小学加入少先队后就开始唱队歌:"我们是共产主义接班人,继承革命先辈的光荣传统,爱祖国,爱人民……不怕困难,不怕敌人,顽强学习,坚决斗争,向着胜利勇敢前进……时刻准备,建立功勋,要把敌人,消灭干净,为着理想勇敢前进……我们是共产主义接班人!"

联想我们历来接受的革命传统教育,我强烈地感觉到,做一个合格的接班人,就是做一个"革命事业的接班人",简称"革命接班人"。这就要求我们的孩子,爱祖国、爱人民,胸怀祖国、放眼世界,有理想、有志气、有胆识、有担当,不怕艰难困苦、不怕流血牺牲,乐于助人、乐于奉献……"国家兴旺匹夫有责"的社会担当应该深入年轻人的骨髓和血液,"又红又专"的培养纲领应该深入大学教育的各个环节。而我们以及我们之前的几代人,不管境遇如何,就是如此熏陶出来的。

后来,大学生的此类人格养成悄悄地发生了变化,更注重好好学习,淡化了政治觉悟;更明确了凡事讲政治,淡化了积极搞政治;更强调了感恩铭德,淡化了居安思危;更突出了社会实践的服务功能,淡化了社会实践的干预功能;更要求遵纪守法,淡化了理想追求;更致力于学生的标准化培养,淡化了学生的个性引导……也就是说,学校推崇的是刻苦学习、循规蹈矩、积极向上、阳光健康。这都是好东西,但是不是还少了点儿什么?

我坚信,一代人有一代人的时代特征,也有他们那一代人的历史使命,也一定会有那一代人的灿烂辉煌!我相信我面前的这些孩子们终会成为属于他们时代的栋梁之才。

所以,我爱我的学生。同样,他们也爱自己的老师。

学生对老师的爱,恰如古希腊学者亚里士多德的一句名言:"吾爱吾师,吾更爱真理。"公元前367年,17岁的亚里士多德来到雅典,追随柏拉图做学问凡二十年,从最初的学生变成教师。柏拉图死后,亚里士多德否定了他老师的很多观点和理论,创立了与柏拉图截然不同的哲学体系。对此,亚里士多德说"吾爱吾师,吾更爱真理"。

老师对学生的爱却是无条件的。这种爱,深沉,发自肺腑,不受时空限制,是"吃的是草奉献给学生奶"的那种爱,是"燃烧了自己照亮了学生"的那种爱,是"视学生如己出"的那种爱。在老师的眼里,学生就是一块块正待琢磨的璞玉,尽管会有杂质,也不甚成型,但经过亲手琢磨而让璞玉变美玉后,老师就会获得最大的幸福感和成就感。学者,所以求知求真求道也,化己时为之学;师者,所以授业传道解惑也,化人时为之师。这点儿师生之情,是老师忠诚于人民的教育事业、爱岗敬业爱生如子的强大动力。

我希望老师都爱生如子。后来抓学生的"考风"建设,我要求教务部门和监考老师：严格管理，严格要求，想方设法消除考场作弊的环境与条件，想方设法消除学生作弊的欲望与念头，竭尽全力不使违纪作弊现象发生；如果因松懈而使个别学生得以违纪、作弊，尽管你毫不犹豫地取缔其考试资格，事后也毫不留情地依纪惩处，但我不认为你是一个合格的教师，因为你让自己的学生蒙受损失，你让自己蒙羞。

我要求自己爱生如子。若干年前的一个冬夜，已从副校长岗位退下来的我愉快接受邀请，到大礼堂观看全校学生的短剧大赛。护理学院的节目《天使不哭》讴歌了白衣天使，很感人。晚会结束，已近午夜，我缓步走出大礼堂，走出南大门。寒夜里，急着回西校区的三女一男四个学生在和出租车司机讲价钱，司机坚持要高价，学生显然不乐意。我停下脚步向司机陈情。可能是我的一脸皱纹使司机动了恻隐，终于同意打表计价。车子开动之前，那个男生突然问我，您是王老师吧！你们是？我们是护理学院的！哦，天使不哭？天使不哭！

天使不哭。我把这四个字送给那些忧国忧民、义无反顾的河大学子，也送给那些曾因一时的冲动而吞咽苦果的河大学子，还送给那些心灵受过创伤、人生之旅不再平坦的河大学子。事实证明，这些学生，出类拔萃者大有人在，事业有大成者亦不在屈指。

教师是伟大的职业，是天底下最阳光的职业。大学教师负责的是学校教育的最后一站，是学生人生观、世界观、价值观的锤炼者。尽管这一刻我脑子里一闪而过了教师队伍中的极少数败类，但教师在"人"的塑造中的永恒价值毋容置疑！教师的孺子牛精神和蜡烛精神值得永远承继、延续和发扬光大，不因曾经遭遇的不堪而废止，不因教育之道的困惑而稍减，不因个人的荣辱进退而怀疑——我以卑贱的心仰望崇高，即便这是文化人的悲哀和自慰。我希望每个教师尤其是大学教师，都要悟一悟我们的"师道"，这是当好人民教师的根本。

这个时期，我主讲了两门本科生的课，"城市规划原理"和"专业外语"。1993年，我开始招收"人文地理学"硕士研究生，研究方向是"城市-区域综合发展"。我的"师道"不可避免地渗透到我教学工作的各个环节。后来，我的河大事业发生了重大转折，我的人生定位也只好做出重大调整。

6.2 地理系主任

从美国回来后，两次口头、两次书面请辞地理系副主任，未果；据说学校主要领导曾想让我去校长办公室当主任，也未果；后来，经地理系民主推荐做了系主任；再后来，经全校中层干部民主推荐做了河南大学校长助理，先是兼任地理系主任,后兼任教务处长;再后来,做了河大副校长。

事情就这么奇怪,你越是不想当"官",你的"官运"反而越旺,你的"仕途"反而越平坦。该是认真思考这个问题的时候了。

仕,为官,任职,引申为职位,还有"审察"之意,通"事"和"士",谓从事于某种工作或事业。"仕途"原指读书人通过应试等各种方式转变成国家管理者的过程,现代被通俗地理解为做官的途径、做官的道路、做官的过程、做官的生涯等。

咬文嚼字就咬嚼出一个悖论。学校的管理者,是仕、是官吗?这本来是毋庸置疑的,学校不是国家机关,学校干部不是仕、不是官。但不知从何时开始,学校干部尤其是高校干部,真成了"官"。远的不说,当年国民党在广州办的"中国国民党陆军军官学校"(黄埔军校)的校长,是最大的官了;共产党在延安办的"中国人民抗日军政大学"(抗大)的干部,也是共产党、八路军的高级干部。当然这两个学校是培养"军事长官"的学校,由当官的兼任学校领导也在情理之中,因此不具备普遍意义。新中国成立后,一批中高级干部从部队转业或从党政机关转行到大学任职,他们可是带着官位的职级的。新中国成立初期一直到"文革"前后,河南大学校领导班子的许多成员都是高级干部转行过来的。和我共过事的河大一位党委书记就是从某个地级市委转过来的地厅级干部。

于是,高校的大大小小干部就都有了职级。书记、校长是正厅、副厅级,处长、院长(原来的系主任)是正处、副处级,底下还有科级、副科级。干部的选拔必须走组织程序,由上级党委任命;不同级别的干部享受不同的待遇,官场行为遵循严格的职级位序。这种状况,搁现在叫"行政化""官本位",要想去除,叫"去行政化"。

那时,一旦组织上看中了你,你就得干下去。想辞职,基本没听说过。除非犯错误而且是不小的错误,你才能被停职、免职或撤职。也就是说,一切都是组织说了算,组织让你干,你不想干或中途不干,那就是对组织权威的挑战,是可忍孰不可忍。当然,这种状况后来渐渐有了变化,辞职的个案已有所闻。

出国回来以后,地理系副主任的职务不仅没有辞掉,双肩挑中行政的一头反而越来越重。面对现实只有变消极应对为积极转型。

地理系的老主任,继尚世英教授之后,就是李克煌教授了。李先生,1934年生,湖北咸宁人,全国教育系统劳模,河南省优秀专家,享受国务院政府特殊津贴,主攻气象气候、自然资源研究。1983年开始任地理系副主任、主任凡十年,任职期间,河大地理系逐渐进入全国同类学科机构的先进行列,取得了三个硕士学位授予点,开辟了15个研究方向,可以说为河大地理类专业的近今发展打下了厚重的基础,构筑了坚实的平台。

在大家印象里,李先生是个严肃、严谨、严格的长者。给我们上课也好,指导毕业论文也好,带领我们搞科研也好,处理系务也好,处处透着这三严,似乎是个不太容易接近的领导。其实不然,熟了,他待人很亲切、很随和。我在他家吃过饭,在他"吃呀吃呀"的催促之下,师母做的煎炸小鱼和羊肉炖萝卜特别可口。他在任十年,当主任七八年吧,为地理系的发展殚精竭虑、不遗余力,在夯实本科教育基础、开拓研究生教育、创新科学研究等方面做出了突出贡献。

1993年,李先生年近60,河大党委决定地理系党政班子换届。程序是,组织部到地理系进行"民意测验",让教职工投票初选;组织部门考察初选对象;学校党委常委会研究决定;校长聘任,任期四年。据校领导说,这样搞法在河南大学是有史第一次,以后的公开招聘、竞争上岗等新型的干部选拔方式都肇始于此。

过程波澜不惊,似乎水到渠成。但现在看来,那时的竞争意识不强,不像现在,一个职务几个人争。我有些忐忑,但一想到全系教职工的厚望,也就无话可说。心里却暗下决心:到此为止,决不再往前走一步。

1993年2月16日,校党委在地理系召开聘任会,地理系全体教职工和机关、其他院系的代表参加。组织部宣布结果,靳德行校长讲话并发聘书。我准备了一篇发言稿子,拿到会上念了念。事后有同志告诉我,你没打官腔说了实话,也说到大家心里了,在感慨系之的同时给地理系带来了希望。这是我平生第一次也是唯一的"就职演讲",可惜找不到原稿了。

到我改任河大教务处长之前,我做地理系主任一年零六个月,是地理系包括以后的环境与规划学院任职时间最短的一任。在这一时段,我在地理系主要推动了两件事。一是重新修订地理学本科专业培养计划,几上几下,出了几个方案,公开张贴展示,请老师们评头论足,为以后执行的教学计划提供了蓝本;二是开辟新的产业经营路子,既加大社会服务力度,也弥补教育经费不足和补贴教职工生活。

关于后者,这里有话要说。学校办企业(即"校办工厂"),源于"文革"期间毛泽东主席的《五七指示》:"……这个大学校,学政治,学军事,学文化。又能从事农副业生产。又能办一些中小工厂,生产自己需要的若干产品和与国家等价交换的产品……"河大当时办了机械厂、化工厂、印刷厂等,经营状况一般。到了1990年代初,校办企业有了新的内涵,一是争取以科学技术服务于经济社会发展,二是尝试社会主义市场经济,获取经济利益即"创收"。理念上以前者为主,实务中以后者为重。河大在原有基础上扩大了产业覆盖面,还成立了专司此职的机构"校办产业办公室",正处级。学校还鼓励各系推动此事。

　　大潮裹挟，难以违逆。养鸭子就是地理系开天辟地第一回。到了我这儿，不仅不能躲避，还要迎头而上走出新路。于是成立了"地理系科技服务部"，派得力干部负责。于是兵分三路分头出击。一路是以从黑龙江建设兵团引进的袁立海教授为主，生产、推广、销售农作物"增产素"（即"复合肥"），为农业生产服务并创收；二路是在原有"农村土地地籍调查"的基础上，在河南省国土资源厅指导下开拓了"城镇土地定级估价"项目，首战长垣县城并一炮打响，还获了奖；三路是扩大成人教育，通过函授辅导、自考培训等创收，其背景与支撑是当时的"文凭热"。

　　一时间，地理系男女老少齐上阵，系里系外闹攘攘。后来，情况就渐渐变化了。复合肥销路不佳，处理一大堆原料成了问题。城镇土地定级估价项目逐渐转向，性质也由地理系公办变为其他，参加人员也分化组合。成人教育逐渐转化为面向全社会的继续教育，函授、自考随着文凭热的降温而逐渐转为岗位培训。"地理系产业办"解体，负责同志被追究责任，最终导致调离河大到苏州发展，地理系失去了一位人品、学问、能力都很好的青年才俊。我于1994年调离地理系，对于这一切均不甚了了，看来有机会真得找当时在地理系负责的同志聊一聊。不过两点可以肯定。其一，地理系办产业的逐渐式微，既受当时大形势的左右，也有人为的因素；其二，成人教育这一路能存续至今并有所发展而成为创收的主要渠道，根本原因在于"教育"是我们的本行，基础、资源、人力的支撑取之不尽用之不竭。

　　最后必须得说一句：地理系教职工的热情支持，系党政班子孙应谦、毕锡仁、王磐基、马建华、杨新民同志的密切配合，都给我留下美好的印象，谢谢"老家"的父老乡亲了！

6.3　校长助理兼教务处长

　　1993年6月初的一天接到校党委办公室通知：第二天上午在学术馆报告厅召开中层干部会议，让带上笔。我问时任地理系总支书记毕锡仁老师何事，他说可能要传达上级关于保密工作的有关事项，还强调要记好录。哦，毕书记，你去吧，代我签个到，回来向我传达即可。若有人追问，就编个瞎话，说我上课去了。第二天上午无话，下午一上班校办通知我，靳德行校长召见。我带上地理系改革发展的有关汇报材料准时敲开了靳校长办公室的门。刚一坐下，校长就严肃地批评我上午不去开会。我无话可说。话锋一转，说上午经过中层干部投票推荐，党委决定教务处长张家顺、校办主任袁顺友，还有我，任河南大学校长助理。我傻傻地问："地理系的发展设想刚刚起步,我能不当这个校长助理吗?"校长脸上的表情就有点儿啼笑皆非了:组织上定的事没有商量的余地！你还兼着地理系主任嘛。回地理系一说,各种议论就有了:好了,我们地理系又出了个学校干部;王主任早晚也是去学校,地理系咋弄哩……

6月5日,学校发文宣布:张家顺任校长助理兼教务处处长,王发曾任校长助理兼地理系主任,袁顺友任校长助理兼校办主任。靳校长给三位新出炉的助理开会,明确强调"恁仨是我校长的助理"。分工:家顺协助王文金副校长抓教学和成人教育,发曾协助李泽民副校长抓财务和校办产业,顺友协助贺禄才副校长抓总务和基建。给我在校办公楼安排了一间办公室。与我原先估计相反,校长助理的工作被放在了第一位,地理系的工作被放在了第二位。得,这回真是上了 x 船下不来啦,没有回头路了。王助理这就开始了职业生涯新的一章。

协助李副校长抓财务,也就是在一定数额内签批经费申报与开支,超过数额得由李副校长签字同意,数额特别大的要上校长会研究决定。那时每年办学经费也就一两个亿,但开支很大,学校财务经常捉襟见肘。李副校长的一句名言"要钱没有,要血有一盆"令人莞尔。我的收获是基本熟悉了学校财务工作的框框与道道。至于校办产业,老企业经营困难,新路子项目难寻。校产办下属的一个公司"东西方信息公司"搞的"航空(机场)天气实时预报系统"有点名堂,是河大最早开发的信息产业产品,值得在河大校办产业史上一书。

1993年底,我任河南大学理工学院副院长,院长是当时的田继善副校长。该院囊括了所有的理科系、部,是河大管理体制改革的一个尝试,意欲在校、系之间增添一个虚的管理层次"学院"。平常没有什么实务,到1996年初也就无疾而终。

1994年初,一个人事变动改变了我的工作轨迹。张家顺同志作为无党派人士调任开封市副市长,河大教务处长空缺。一石激起千层浪,各路有想法者"蠢蠢欲动",因为教务处是学校的核心业务部门,处长升迁的机会比较多。这事与我毫不相干,我处之泰然。就在各种说法不胫而走之际,突然有一天,靳校长找我谈话,让我推荐教务处长人选。我推荐了两位处级干部,并具体分析了他们各自的长短。校长未置可否,临分手时不经意地问我:"你没有考虑你自己?""没有,教务处太忙。"

王文金副校长找我闲聊,意思很明确,想让我转岗教务处长。我还是原来的态度,教务处太忙,我想多搞点业务,请考虑别人。但我又加了一句:"听从组织安排。"于是,这年4月,组织安排我校长助理改兼教务处长,协助王文金副校长抓教学和成人教育工作,另协助贾华锋副书记和王文金副校长抓学生工作。地理系主任由李小建同志接任。

教学、学生、成教都是学校的关键部门，肩上的担子一下子重了许多，我开始感觉到了"苦不堪言"。这几个部门也是我做副校长后主管的部门，其中情事下一章一块儿说吧。

1995年6月，靳德行校长和贺禄才副校长代表河南大学出访德国，这是河大和德国高校进行的第一次交流和访问。一天上午，学校党政班子在家的成员开会，王才安书记主持。会议进行中，党办工作人员说贺副校长打来国际长途，请王书记到保密室接。20分钟后，王书记返回，一脸凝重，莫名哀伤。一坐下便沉痛宣布："靳校长在回国途中不幸因病离世！"啊？！怎么会？！看王书记，不像开玩笑啊，再说也不能拿这事开玩笑啊！

后来得知，这次访问日程安排十分紧张，因公务繁忙与旅途劳累，靳校长哮喘病时时发作。访问结束后，在从柏林回国的飞机上，起飞两个小时后靳校长第一次出现呼吸困难，经随行同事与机组人员救治而有所缓解。在飞机接近西伯利亚上空时，靳校长第二次出现呼吸困难。机长决定将飞机临时停降于新西伯利亚机场，以便于救治。飞机迫降后，靳校长当即被救护人员送到当地医院抢救，但最终因呼吸障碍而抢救无效，于当天在新西伯利亚医院去世，享年59岁。

噩耗传来，河大震惊，开封市震惊，河南震惊。据说在全国范围内，高校校长以这种方式离世者这目前为止是仅有一例。于是，一些带有先兆性的"说法"开始流传：靳德行，就是"禁止德国之行"啊，为啥还要去？每次出国，靳校长总是习惯性地带上钥匙串，说是回来可方便进家，可这次偏偏特意将钥匙串留给了夫人宋玛丽老师，说是出国了用不着……这些无稽之谈很快淹没在河大人痛失校长的哀痛之中。在河南省委组织部的具体安排下，学校在小礼堂举行了隆重的追思会，河南各界尤其是各高校与开封市的代表，靳校长生前亲朋好友，以及河大干部、师生代表，参加了追思会。介绍了靳校长的生平后，校外各界代表行礼如仪，依次退出会场，仅剩下河大人的小礼堂里一片哭声……事情过去二十年了，忆及当时，作者仍会动容而难以平静。

靳德行教授（1936~1995），河南许昌人，河南大学原校长。他长期从事中国近现代史的教学和科研工作，主要学术著作有《中国革命史》《中国现代政治思想史简编》《中华人民共和国史》《中国国情综览》等。他任校长以来，亲自抓师资队伍建设与学校长远规划，推进改革，扩大开放，较早提出高校走教学、科研、生产、科工贸一体化的办学新思路。在他的领导下，河南大学率先与省内大型企业联合，成立河南大学董事会，促进学校、企业紧密联合，优势互补，明显促进了河南大学的全面发展。靳校长在河南大学的百年校史上占有不平凡的一页。

靳校长的身后事不再赘述。但有两件事须提及。一是，据说，按照俄罗斯官方规定，在该国辞世的外国人，遗体要就地掩埋。于是，靳校长长眠在了西伯利亚大地，亲属曾多次赴俄祭奠。二是，此事成了靳校长的遗孀宋玛丽教授和随同靳校长出访的贺禄才副校长心头永久的痛。

我和靳校长主要是工作关系，很少私交。但有两件事留在了我的脑海。有一次我随校长在郑州开会，晚饭后逛街，他给我说了不少关于穿衣服的话，并几度进入服装店，精挑细选了两件衣服。靳校长是个很有生活情调的人，在河大算得上个"美男子"呢。还有一次在他办公室，说完正事闲聊，他说准备选几位年轻干部到北大、清华专门进修大学管理，为河大未来发展储备人才，并问我想不想去。

哦，靳校长、靳老师，您的学生、您的助理此时此刻深情回忆曾经，感恩和思念如绵绵渭水、荧荧流火……

2015年底，我听说学校举办了一次中国近现代史研讨会，以纪念靳德行校长逝世二十周年。我打电话给学校党政办，问为什么不让我们这些与靳校长亲密接触过的人参加会议。答曰：会议是历史文化学院举办的，学校不便干预。

好了，思绪扯回1996年。我职业生涯的新一页就要展开。

6.4 副校长

1996年上半年，河大校领导班子换届。某日，河南省委组织部换届考察工作组进驻学校，给中层干部做了动员并宣布了工作程序与纪律要求。河大的换届引起社会广泛关注，校内更是牵心瞩目、充满期盼，甚至能感觉到有点喜气洋洋又有点莫名骚动。写到这件事，我自然先翻我的工作笔记，试图找到当时的记录以确保准确。奇怪的是，竟然一字未见，连工作组何日进校、离校都没有记录！20多年过去了，记忆已经模糊，只有凭印象凭感觉写了。

这次换届，按传统模式进行。先动员，再"民意测验"以获得所谓的"票数"，再找中层及其以上干部和有关人员个别谈话以了解真实而具体的意见，再召开座谈会、考察会等以观察候选人的表现，工作组根据组织部的意见和上述考察情况提出具体候选名单，再找有关人员（包括候选者本人）有针对性地听取意见，考察组形成最终考察结果上报组织部并离校，省委组织部召开部务会议研究最终入选名单，省委常委会议开会研究、确认，公示以最后听取群众意见（这个环节我的印象不深了），省委、省政府同时、分别下文件任命党务干部与行政干部。

　　一切都按既定程序推进，严谨、认真、有条不紊，表面的水波不惊掩盖了实际的汹涌如潮。广大教职工生殷切期盼广泛热议，年龄到站的老领导积极参与各抒己见，有可能进入圈子的人员心怀忐忑努力表现，可能性不明但极想进入圈子的人员在幻想与焦虑中坐立不安，资历到了而自认为没戏的人员在淡定与微笑中密切观察……毕竟事关学校发展大局，毕竟事关干部个人前途，毕竟河大人盼望新的掌舵人已太久太久……

　　这次，我的心态产生了重大变化。我知道：依我现在的状态，已是箭在弦上，已是身不由己，只能顺其自然，只能顺势而为。我明白：我如果进入新领导班子，行政的一头肯定会更重，业务的一头肯定大受影响。但是我终于明白了：在较高的层面致力于学校的管理、建设与发展，也是一种崇高的事业，也是对亲亲母校的一种贡献。为此，个人做一些牺牲，值得！

　　于是一切都认真进行。认真投票，投出我心目中的合适人选；认真回答考察组同志提的问题，不掩饰不虚妄；认真参加考察组举办的座谈会，直言不讳地抒发推动河大发展的一己之见……

　　结果，河南大学新一届领导班子如期组成：党委书记肖新生，副书记贾华锋、张亚伟，纪委书记赵振海，工会主席袁顺友；校长王文金，副校长关爱和、周铁项、王发曾、郭天榜。

　　1996年5月15日，省委组织部召集新班子成员到郑州省委大院集体谈话，无非是热烈祝贺、寄以厚望、严格要求等。返回开封返回河大，下了汽车鱼贯而入办公楼，我注意到一些异样的细节。进楼时的先后顺序有个短暂的自我调整；面部表情有着难掩的笑容；遇到的同志趋前与我们重重地握手……踌躇满志写在我们脸上，热切期盼弥漫在我们周围。

　　在河大上下有了新的掌舵人的欢欣鼓舞中，一些不负责任的流言不胫而走。例如某某上头有人，某某想当一把手，某某是被某某顶掉的，某某得罪了上头领导……中国特色的干部调整，由于透明度低，总会生出一些是非与话题，姑妄听之，信不得也。

　　在新班子中，本人分管本科教学、学生管理、成人教育、仪器设备、郑州培训部、图书馆、体育运动委员会、语言文字工作委员会、自学考试委员会以及附中、附小、幼儿园。后来又先后管过人民武装学院、民生学院、监察审计处、财务处，还短时期管过科研处，后期还负责过学校的行政常务工作（不是常务副校长）。现在一"清算盘点"，连我自己都有点吃惊。

　　这一届班子，以"文革"后的七七、七八级大学生为主，来自基层，思想新锐，工作扎实，作风硬朗，迥异于以前的历届班子，有点儿新时期、新人物、新气象、新担当的意味，可用"意气风发"四字概括。

党委书记肖新生,郑州大学原党委副书记,思路清晰,亲和力强,作风民主,身体力行,一到河大任上就很快得到广大师生认可,调走后大家还经常念叨他呢。后来他做到河南省教育厅常务副厅长。党委副书记贾华锋,河大原党委副书记,是班子的老师份儿,主管宣传和学生工作,温良敦厚,顾识大局,经验丰富,原则性强。党委副书记张亚伟,信阳师院原副书记,主管组织工作,思想活跃,乐于创新,谦虚好学,待人诚恳,后来做到河南师范大学党委书记、省教育厅副厅长。纪委书记赵振海,河大原校产办主任,主管纪检、监察工作,坚持原则,善动脑筋,谨言慎行,进退有度。工会主席袁顺友,河大原校长助理、校长办公室主任,认真负责,敢于言表,联系群众,执着追求。

校长王文金,河大原副校长,是班子的老师份儿,勤于思考,精于分析,长于筹划,善于管控。是我的老领导,从他那里我获益多多。副校长关爱和,河大原文学院院长,主管科研与研究生工作,理念先进,作风严谨,朴实认真,书卷气浓。他做副校长6年,做校长、书记16年,凡二十余年,占河大校龄的五分之一,是河大校史必书的关键人物。副校长周铁项,河大原党委办公室主任,主管人事、财务工作,思想解放,思维缜密,工于筹划,执行力强,后来做到新乡医专党委书记、河南师范大学党委书记。副校长郭天榜,河大原总务处长,主管总务、基建工作,精于业务,深入实际,作风豪放,爱好广泛。

这个班子,单个来看,个个都是好手,组合起来,也非常棒——因为有肖书记的周密把控,有王校长的统领全局,有贾副书记的斡旋协调,有我们几个的同心同德、不吝心力,再加上全校师生的信任、期盼与热情支持——河大的发展应该进入良性循环时期了。所以我说,这一届班子是河南大学历届的好班子之一。

考验很快就来了。

1996年9月10日,新班子遇上的第一个教师节。上午八点半,全校教师、部分职工与学生代表齐集大礼堂,等候河南省张副省长率领的省教育厅等部门领导来河大祝贺节日,并在此向全省教师祝贺节日。这是省领导第一次到河大祝贺教师节,也是新的学校领导班子第一次在大礼堂集体亮相,参加大会的同志自然充满了期待。教师节庆祝大会定于九点钟开始,肖书记和王校长到大路口迎接,我们几个在大礼堂"严阵以待"。将近九点,守候在大礼堂电话机旁的周副校长接到"前方"电话:因有雾,副省长一行推迟一小时抵达。这可要了命了。咋办?让满大礼堂的教职工和学生干等一小时?不可能,老师的书生脾气上来可不管你是不是副省长呢,一个钟头能退场一小半。

于是，几个人一商量，决定临时开个联欢会，争取把老师们稳在大礼堂、留在大礼堂！他们几个在后台组织节目，我上台当主持人。先找艺术学院的某老师救急，却碰了个钉子。回说：没有服装、没有化妆、没有伴奏，怎么登台演？我们还要顾及自己的艺术形象呢！没法，只好找业余的。我想起了团委的年轻干部王老师，他可是个懂得轻重、敢于冲锋的角色，歌也唱得不错。给他一说，二话不说跑回宿舍就去找伴奏磁带。第一个节目有了，还得给台下的老师讲明白啊。我这主持人只有先道歉再以情动人，还好，老师们很给面子。

出乎意料的是，从第一个节目开始，整个大礼堂就处于极度兴奋、欢乐的状态，成了一台没有既定节目单、没有专门舞台设计、没有专业演职人员的地地道道的草台艺术盛宴！临时拉上台的"演员"那么忘我，台下的观众如暴雷一般的掌声似乎要把礼堂顶掀起！

直到十点多，前方传来消息，副省长的车队已进入南大门。会议开始。副省长讲话。可是，欢乐的波浪还在人们心头荡漾……哎呀，一开始组织节目难呐，为了不脱钩，我只有在台前与表演者互动与观众互动；后来，艺术学院的老师也积极要求上台了，我现场采访唱完歌的那位某老师，她侃侃而言，讲了一通艺术的群众性；刚从俄罗斯留学回来的艺术学院马老师要唱俄罗斯民歌，没伴奏带，我们的郭副校长自报奋勇登台做"钢伴"①……直到以后几天，碰到一些认识不认识的老师还在津津乐道：王校长啊，多少年都没有看过这么好的节目了；王校长啊，你们新班子的几个年轻人真是了不起呀；王校长啊，我对你有个意见，副省长进大礼堂时，你应该指挥全场齐唱《团结就是力量》……

我不由得感慨，河大的老师太好了！他们看重的不是自己被耽误时间，更不是听听歌曲、打发时间，他们看重的是维护河大的荣誉，支撑新领导班子的场面，他们在一场很不正规的联欢会上尽情品尝着仅仅属于河大人的欢乐与幸福！他们与我们同呼吸共命运，同心同德同仇敌忾。亲爱的老师们，你们还记得二十多年前发生在大礼堂的那一幕吗？

这一届班子，后来有点儿变化。党委书记肖新生调任河南广播电视大学书记，上头给的理由是"为了加强广电大学的领导"。新调来的孙培新书记，原是新乡市委常委、宣传部长，他热心办学、勤奋务实，深入实际，勇于担当。他是河大政教系七七级毕业生，回到母校做书记，自然和大家有共同语言，融入也极快。培新出身农民，有地方干部的朴实、精明与明快，给河大带

---

① 大礼堂后台常年放着一架钢琴，从后台推到前台即可。

来了新的气象。他肤色黢黑,穿衣服不太讲究,我开他玩笑说:在河大,我是大黑,你是二黑。听他多次讲,他决心在河大干到退休,不料,后来省里调他做了民政厅厅长。据民政厅同志反映,孙厅长是个好厅长,书卷气较浓……

这一届班子,在肖、孙书记与王校长的带领下,平稳运行,河南大学的各项事业蒸蒸日上。

6.5 三校合并

2000年7月,河南大学历史上一个重大变故来临:河南大学、开封医药专科学校、开封师范专科学校三校合并。

高校合并,早在1992年就已开始。据统计,截至2000年6月21日全国已经有490所高校(普通高校355所,成人高校135所)合并组建成204所大学(普通高校196所,成人高校8所)。高校合并,据称是针对高校原有体制中条块分割、重复设置、布局不合理等弊病而展开的,是继1952年院校调整后中国高校布局进行的最大的一次改革。在五年左右的实践与摸索的基础上,1997年主管教育的李岚清副总理提出了"共建、调整、合作、合并"的"八字方针",要求到2002年左右基本完成高等教育管理体制改革和布局结构的调整,形成综合性大学、多科性大学和单科性大学比例合适的新格局。可以说,高校合并是我国高等教育跨世纪改革的重要内容。

河南省一直按兵不动,直到八字方针公布三年后才启动分别以郑州大学、河南大学为中心的高校合并,而且以后也再没有主动开展此类活动。为什么?不便妄评。河南大学同样在合校问题上不积极,因为,在开封,只有和开封医专、开封师专合并。不管怎样,经过反复运作,河南省委、省政府决定:郑州大学、郑州工业大学、河南医科大学合并,成立新的郑州大学;河南大学、开封医药专科学校、开封师范专科学校合并,成立新的河南大学。2000年7月10日在河南省人民会堂举行挂牌仪式。

关于合校,当时有各种思潮:国家极力推动高校合并,根本目的在于扩张大学的平均规模,进而打造在国际上有地位的大学航空母舰;郑州大学是三强合并,河南大学是一强两弱合并,这样做的结果使河大永远难以望郑大项背;开封医专和开封师专是专科学校,与河大不在一个平台上,应该"并入"河大,而不是同等地位的"合并";开封医专还可增补河大的医学类专业,开封师专的专业河大全有,合并的效益只是接收了一批老师、学生和一座几十亩地的校园;合校后的河大被称为"新河大"更是莫名其妙……

因此,据我感觉,河大对合校态度不积极,校领导不积极,教职工生也不积极,基本上是被推着走。校友们更是忿忿不平,甚至有人设计,如果一定

新的河南大学挂牌

要合校,可以将河南医科大学、河南农业大学、河南师范大学与河大合并,划分为开封校区(校本部,综合)、郑州校区(农、医)和新乡校区(理、教)等三个校区。这样做,不仅是一种理性的回归、历史的回归,更为河南省构建了一所在全国能位居前列的名副其实的"河南大学"!据我所知,在郑州、新乡的那三所大学也有类似议论,尤其是河南医科大学,一些新中国成立前的河大的老校友专门跑回来直抒己见。据说,合校后的"郑州大学医学院"的老师到外地开全国学术会议,赫然发现"河南大学医学院"(即原来的开封医专)参会老师的名牌竟然放在他们前面!

"新河大"的新班子,以"老河大"原班子为骨干,又加进去医专和师专的党政一把手,分别任副书记、副校长。他们是,副书记姬常兴、葛润发,副校长田中岭、史全生。后来还有省教育厅思政处长赵豫林、河南工业大学副书记郑邦山先后来河大任副书记。郑邦山副书记,分管宣传和学生工作,与我接触较多。他思路清晰,善于谋划,深入群众,工作扎实。尤其值得称道的,一是工作作风深入,一来河大就深入基层了解情况,很快找到了"河大人"的感觉,深得教职工生好评;二是对河大、河大人有深厚感情,在他后来担任安阳师范学院、河南师范大学书记时期,一直推崇河大办学模式,而且经常率领队伍来河大互动,早几年春节还来河大看望老同事。后调任中共河南省委高校工委专职副书记,河南省教育厅党组副书记(正厅级),新闻发言人;2018年11月任河南省教育厅厅长。

三摊合一摊,千头万绪,问题重重,调整、重构、磨合、统筹的任务艰巨而复杂。首先要有大局意识、科学态度,还需要周密筹划、有序执行,也需要解决问题、克服困难、消除纠纷、化解矛盾的耐心、果敢与胆识。更需要协调能力、平衡机制。还好,尽管这个震荡的过程长了些,但总算没有出大问题。

今天看高校合并的得失,很难全国统论,但一般反思的意见多于肯定的意见。另外,各个学校情况不同,效果千差万别。

我看河大的三校合并,尽管前期的思想准备、合并模式有不尽如人意之处,但在三校同仁的多年努力下,结果与效果应充分肯定。首先,学校规模的扩张得到充分伸展,今天四万余人的本科生规模与合校有一定的关系。其次,河大增加了医科,其综合性愈加明显。还有,医科迅速发展,由原来的一个医学院衍生为医、药、护三个学院,从专科培养层次快步上升到本科和硕士;最后,办学空间得到扩展,医专、师专带来了几百亩校园,新校区的征地与建设得到省、市的大力支持……

归根结底一句话:今天的河大已经是三合一的有机整体,今天的河大已经完全看不到三校之间的界线。当然也有遗憾之处。医专的原校办药厂有相当实力,生产的六味地黄丸全国知名。但在体制、机制的动荡中日渐式微,最后官司缠身,无声无息终结,不仅原医专的同志,而且所有的河大人都很惋惜,于是就有人以"败家子"论之。还有人员的分流、组合有不妥当之处,干部的安排、调整有不得已而为之的状况,医专、师专老校区校园的置换不甚理想,等等。

合校以后,领导班子有所变化。2001年9月王文金校长年龄到站,关爱和接任校长。2003年2月孙培新书记调任河南省民政厅长,郑州大学原副书记张秉义接任书记。2003年底周铁项调任新乡医学院书记(后又调任河南师范大学书记)。我分管河大行政常务工作。2005年8月赵豫林调任商丘师范学院书记(后又调任河南工业大学常务副校长)。李小建任副校长(后调任河南财经学院院长),赵国祥任副校长(后任河大常务副校长、副书记,调任河南师范大学党委书记)。张秉义书记原则性强,联系群众,博闻强记,爱好广泛,在向外界推介河大以及校园建设等方面做出突出贡献,2008年1月被选调为河南省政协秘书长。

1996~2006年,尽管有三校合并这样大的变故,但"党委领导下的校长负责制"这一基本办学体制依然如故,没有丝毫变化。其间河南省教育厅曾经搞过一次小范围的调研,我们也都坦诚进言,但最后不了了之。简言之,该体制在河大如是运转:书记主管党务和思想政治工作,副书记分工合作;校长主管行政工作,副校长分工合作;党委实行集体领导,书记主持党委工作,校长对党委负责;民主集中制贯穿体制运行始终。一般我们都称呼书记、校长为"两个一把手",但真论起来,书记是一把手。

决策形式为不同类型的会议。例行会议有校长办公会研究一揽子行政工作,校长专务会研究专题行政工作,书记会议研究党务工作,党委常委会议研究干部问题与学校重大决策。显然,党委常委会议是学校最高的决策形式。非例行会议有党政联席会议听取校长、副校长通报行政工作,分析讨论问题,取得领导班子共识;党委委员全体会议对干部任免进行票决;其他各种形式的会议。

  事在人为,体制的缺陷在一定程度上可以由"人为"弥补。1996~2006年,即我做河大副校长期间,凭借班子的集体智慧和成员的个人努力,依靠广大教职工生的理解和支持,河南大学这艘百年航船迎着风浪艰难前行,我也在我的岗位上奋力拼搏,以求问心无愧!

第7章 孺子牛

7.1 十年跨世纪

鲁迅先生的职业也是教师,他的"横眉冷对千夫指,俯首甘为孺子牛"精神使教师的职业精髓得到升华和拓展。我职业生涯中最重要的主题词就是"孺子牛",而且贯穿我的"河大人"始终。其间有四个重要的时间节点:1982年毕业留校任教;1988年国外留学归来;1996年做河南大学副校长;2006年卸去行政职务。

截至2020年,我河大人的"孺子牛"身份延续了38年,真是"弹指一挥间"啊。这38年是是我生命之花在沃土中绽放的时日,更是新中国改革开放的时日,岁月的年轮滚滚向前,隆隆有声,熠熠生辉。其中我在副校长实职岗位上的整整十年(1996~2006年),在岁月的年轮上只是一转,但却是我这头"孺子牛"肩上最负重、腰杆最吃力、脚下最沉重的十年,是我河大人生涯最值得念想的十年。

这十年,我年届50~60岁,应该是从知天命到耳顺之年,已初进花甲。按迟滞十年算,我仍自认为是"天命之年"。我理解,所谓"知天命",是明白了角色定位,既会豪迈地扛起社会使命也会勇敢地负起责任;洞察了客观规律,既会坚持自己的既定主见也会谦恭地博采众长;端正了人生目标,既会自觉地循序前行也会不懈地努力争取;懂得了世事的艰难,既会含辛茹苦地奋斗也会明智地随遇而安;看开了个人的荣辱,既会追求长远的成功也会承受短暂的顿挫。总之一句话,这个年龄段,必须做到"安身立命"。

这十年,是我一肩挑行政、一肩挑业务的"双肩挑"十年,是我人生征途上在"双轮驱动"下迅疾奔跑的十年,可以说是我的生命之火燃烧得最旺盛、人生价值最持重的十年。我能知天命而安身立命、知使命而负起责任吗?虽然有一定的专业基础、有一段的行政实践,我真正明白了高等教育管理的真谛吗？我知道我要做一个、会做一个什么样的大学副校长吗？我对前路的艰辛与必须面对的困难有充分的准备吗？尤其是,我能在完成好行政工作的同时做好自己的教学、科研工作吗？我能成为一名合格的双肩挑干部吗？双轮驱动会不会双轮皆废？

更何况,这十年,全世界同时进入了跨世纪的同一个时间节点。在这个时间点上,河南大学要完成从师范院校向综合性大学嬗变的最后一搏;河南大学与开封师专、开封医专的"三校合并"面临着一次巨大而深刻的动荡;河南大学进入九秩朝着百年学府迈进……

1996~2006年,跨越世纪的豪迈与愿景设计的梦想交融在一起,河大风云激荡、破浪前进,河大人同心同德、筚路蓝缕。这是本人自我感觉最好的十年,是值得我以及我的同道、同好永久记忆的十年,是我职业生涯中最幸福的十年！

这十年对于河南大学的价值,不在于做了多少事、事业有了多大的进展,而在于勇敢承担、出色完成了沉重而光荣的跨世纪与转型使命,义无反顾、毫不动摇地坚守并发扬了河大精神和办学理念,在大学之道的"大道"上苦苦求索而实现了一次次的凤凰涅槃与升华。连续多年大幅度地扩大招生,成倍增加了办学规模,极大地冲击着办学秩序与教育质量;从改革开放初期就启动的综合性大学回归之路,需要完成老专业的改造与新专业的定型;跨世纪的教育教学改革,要求在规范的基础上改革创新,以提高质量为中心改善学科构成和培养方式,形成学校的办学特色;三校实行实质性合并,面临着组织机构、学科专业、干部队伍、教职工生的重新组合,个中的复杂、繁琐与纠结难以言说……这十年,要完成把什么样的河南大学带进新世纪的全力一搏,以及新世纪的河南大学新的百年建设的开局一击。任重而道不远！

我们赶上了,既无话可说也豪情万丈。感谢上天眷顾,赋予我们百年难遇的历史使命,赐予我们坚守阵地的荣幸,授予我们大道求索的光荣旗帜,而且让我和我的同事们站在了历史潮头的前列！但是我清楚地知道,我的第一身份、最终身份是教师,是永远的孺子牛。无论在三尺讲台上还是在副校长的岗位上,我都是为河大学子服务的一头牛。

1999年12月31日夜,河南大学师生在东操场举行千禧年篝火庆祝晚会。我们几个穿着棉大衣站在主席台上。放眼望去,漆黑的天空月朗星稀,河大操场人头攒动,十几个巨大的篝火堆熊熊燃烧……预定的程序在异常兴奋中很快走完,我们几个也跳下主席台汇入人群欢乐的海洋,忘形之下我一脚踩进了一个废弃的约二尺长宽深的窨井坑,腿上留下的疤将伴我余生……12点了,新年的钟声和人们的欢呼声合着对未来的憧憬淹没了东操场、河大,当然还有古城,还有中国,还有全球……

兴奋中的我知道:新世纪启明,新的考验、新的奋斗在前头。

世纪轮回前路光明,

信心坚定奋勇前行。

如牛负重无怨无悔,

脚踏实地仰望星空!

7.2 入口与门卫

当代中国大学有一句流行语:大学门不好进好出。招生,好比是一所大学的入口,进门不容易;毕业,是一所大学教育过程的终点,出门不难。而负责招生、参与招生的人是站在大门入口处"择优汰劣"的门卫,使命光荣,责任重大。

高校的招生制度与国民教育制度、国家的政治经济社会特点紧密相联。在我国,小孩子求学读书历来是家庭的核心价值,而现代高等教育资源的稀缺,使计划经济下大学的入口"门禁森严"。直到现在,谁家的孩子考上了大学都是一件大大的喜事,独生子女家庭更是如此。

新中国统一招收高等学校新生的考试制度(简称"高招"),尽管历经不断的调整、改革、完善,但其基本制度至今未发生根本性的变化。我将其总结为32个字:"计划控制,政府做主;分类设计,严格管理;统一考评,分批招收;择优录取,作弊必究。"曾经有过保送、免试推荐等形式,但数量极少,无关大局;曾经有过个别学校、个别专业单独招生,但问题较多,难成气候。

据我数年在教务处长、校长助理、副校长职位上主管河大招生工作的感知,河南省的高招工作按如下基本程序进行:省政府制订当年招生计划,上报国家教育部批准;省招生工作委员会、省教育厅辖下的河南省招生工作办公室(简称"省招办")组织特殊专业的专业加试;教育部组织专人封闭式进行文化考试命题;省招办印制试卷,安排考务;各地级市教育局与招生办在全国统一的时间按统一的要求实施文化考试;省招办组织河南大学、郑州大学分文理统一评卷,统一录入成绩;省招办公布考生考试成绩,并根据招生计划与考试成绩划定最低录取分数线;考生填报志愿(个别年份先报志愿后公布成绩);省内外高校进驻录取现场(后进化到在本校互联网上录取),分批次调阅档案,择优录取;省招办录入并检查高校录取结果(简称"录检"),在审批表上盖章批准、生效;高校向被录取新生发放书面录取通知书;新生报到后进行复查,发现替考、作弊者取消入学资格。

以上程序言之无味,实行起来可是轰轰烈烈、肃穆庄严、风起云涌、形如战场。官方高度关注,高校高度关注,考生及家长高度关注,媒体高度关注,全社会都在高度关注。我国每年在固定时段都会引起全面高度关注的社会事件,唯有高招。卷进这架巨大工作机器的人,无不兢兢业业、如临大敌、如履薄冰、谨言慎行。心理上,有一份自豪有一份庄严,更有十份沉重和十份压力,紧张是常情,疲累是常态;行动上,必得严格要求、规范操作,必得确保安全、保守秘密,一点疏失不能有,一点问题不能出。参加高招的过程,就是一个备受煎熬的过程。

招生的紧张氛围从每年的三四月份就开始了。报考音乐、美术、体育、播音主持等所谓的"特殊专业"考生,除了要看统考的文化成绩,专业水平如何是录取的重要依据。于是就有了由省招办提前组织的特殊专业水平加试。

改革开放以来,社会普遍重人才、重知识。在九年制义务教育的基础上,高中教育逐步普及,上大学成了事关适龄青年人生前途的"龙门一跃",高考生源逐年增加。由此,高考竞争趋于白热,甚至出现了"千军万马过独木桥"的夸张的局面。考生的报考方向有了只有中国才有的耐人寻味的显著变化,其中最奇葩的是艺术体育类特殊专业的大热、极热。这与我国的录取政策有密切关系。大文大理专业单凭文化统考成绩录取,有一分算一分;特殊专业或在文化成绩上线(分数线极低)后凭专业加试成绩从高到低录取,或文化、专业各占一定比例按综合成绩从高到低录取,抑或专业分过线后凭文化成绩从高到低录取。也就是说,走特殊专业的路子可以避开文化成绩的激烈竞争。于是,一些考生及其家长选择了这条路子,以图快捷方式上大学,至于孩子是否喜欢是否适合将来是否对口就业,统统顾不上了。特别是有些富家子弟,不咋爱学习,就走这条路,反正就是为了一张文凭,经济的支撑不在话下。

河大的特殊专业门类齐全,发展历史长久,师资力量雄厚,专业基础扎实,总体培养水平全省领先,是河大的窗口专业、形象专业,当然是省内外艺术、体育类考生热烈追逐的目标。报考河大的考生数往往是录取名额的数十倍甚至更多,形成了典型的"千军万马过独木桥"。尽管后来许多学校为了招揽生源而不顾条件纷纷上马特殊专业,但河大的特殊专业仍是众多考生的首选。于是,省招生委员会就顺理成章地把大多数专业加试考场放在了河大,考务工作委托河大教务处和招生办代行,省招办只派人来督考。这是河大高招工作的第一个热点、忙点。

河大的专业加试全省关注,几个特殊专业加试轮番上场,全省数万名考生云集开封古城东北一隅的河大明伦校区,形成一道特殊而亮丽的风景线。在延续两个多月的过程中,我忙得疲惫不堪但颇有心得。

这是一个赏心悦目的过程。那么多年轻的俊男靓女凑在一块,古朴的河大园花团锦簇、美不胜收;那么多年轻的运动健儿凑在一块,平静的河大园青春涌动、英气勃发。我带着教务处、招办一干人巡查各个考场,不啻是美与健的巡礼呢。

这是一个组织繁琐的过程。从拟定考试方案、安排考场,到聘请考师、制定评分标准,再到接受报名、实施考务,再到巡视考场、认定结果等等,既要分工协作,又要集中管理。这需要一个庞大的工作队伍,教务处、招办几乎全员投入,还要组织纪检监察、安全保卫、后勤保障以及考场服务人员参加。

河大高招工作的第二个热点、忙点是高考评卷。大约从1996年开始,河南的评卷工作,克服以往评卷点过多的弊病,集中到了河大、郑大两个点,是为"河南省高招评卷基地"。河大评语文、外语、政治、历史,郑大评数学、物理、化学。那时的高二科目没有地理、生物。

每年的省招办评卷工作会议,每年的评卷基地工作动员大会,每年的学科评卷组动员会,讲的内容可说是五花八门面面俱到,宏中微观层层展开。每年都必讲讲得最精彩而且年年有新内容的,是高招评卷的伟大意义。我说"伟大",丝毫不夸张。宏观上说,事关国家人才选拔乃至高等教育事业的发展;中观上说,事关河南省高招工作能否顺利完成;微观上说,事关高校的录取品质。但让我最挂心的是"超微观"这一层:事关千万考生能否在公开公正公平的环境下竞争,事关他们在"一分定终身"的严酷现实中何去何从,事关比考生人数多得多的家长亲属们能否安心静气地陪孩子度过"黑色高考月",事关全社会如何观瞻这一影响广泛、事关各级政府形象的现代社会大事件。说着说着,又从小说到大了。

能认识到这一层,就啥都别说了,只有引起百二十分重视、抖起百二十分精神、付出百二十分努力,做到百分百地按期、高质完成任务,向国家和人民、向考生和社会交出一份百分答卷!

首先,要建立机构、组织人力。学校成立以主管副校长为组长、纪委书记为副组长的领导组,以及领导组下的办公室、材料组、纪检组、保卫组、后勤组等,这些机构全由河大干部组成,总有二百来人。成立语文、外语、政治、历史四个学科评卷大组,每个大组又有相应一干机构,层层把关层层负责。学科评卷组的主体是评卷教师,以本校教师为骨干,聘请部分中学教师,按试卷题目成立小组。四个评卷大组每个都有几百人最多上千人,这样,全校卷入高招评卷的人员约有几千人,全校的暑期工作都得围着高招评卷转!

其次,必须安全接收并妥善保管试卷。试卷一份不能丢失一份不能损毁、丢失或损毁一份(哪怕一页)的总事故率很低,但对于事关考生来说,事故率是百分百,意味着他今年的高考有完全泡汤的可能。从省里接收试卷,运回开封河大,分流到四个学科评卷点,一路上戒备森严,专车专人还配备保安,试卷入了库,才放下心来。全国曾通报过一宗案例:某省在运送试卷途中,从车上掉下一捆试卷,善后极难处理,云云。哦,入了库也不能放心,还要想尽一切办法防盗、防雨、防潮、防火、防鼠,还要防评卷老师。怎讲?防评卷老师大意造成茶水污渍、烟头烫烧、翻页撕毁等,防止个别人忘了规矩没按时归还试卷。学科评卷组所在的教学楼,实行全封闭管理,大门口、楼层坐着专职保安,认证不认人,非工作人员难越雷池一步。

最关键的是学科组评卷这个主要环节。要求只有两个,即按期完成和保证质量。省招办要求必须在十多天的时间里完成评卷,拖延一天就会影响下面一连串的工作环节。语文、外语和政治三科是所有考生必考,这就意味着河大承担的这三科试卷份数满额,各科每年都是几十万份的任务。为了在保证质量的前提下保"工期",我们摸索出了"先慢后快最后再慢"的工作节奏和进度统计管理制度。还好,多年了没出过这方面的问题。

保证质量自然是整个评卷工作的核心。从学习评分标准入手,到制定评分细则、质量抽查、质量督导、分数核查一直到总差错率控制,如履薄冰,步步惊心。评卷教师必须执行"给分有据,扣分有理,宽严适度,始终如一"的"十六字令"。为了解决语文评卷的"作文误差"问题,省招办和河大教务处共同启动了"作文误差控制改革",对语文评卷实施了全程监控,取得极好效果。只有到了最后一天,省招办认可了全部评卷结果,储存分数的软盘顺利提交,评过的试卷打包装车上交省招办,随车的教务处长打电话说试卷交割完毕,我才能彻底松一口气。

这一口气松不多久,高招工作的第三个热点、忙点——录取,就如期而至。这是每年高招的落地点,是重中之重,社会聚焦,万众瞩目。评卷环节,高度保密甚至拒媒体于外,大家关注却很难深入其中;录取环节,充分开放甚至组织家长代表进现场视察,公众从及时公布的录取信息即可明了一切。也就是说,评卷是封闭操作,录取是阳光操作。

全省集中录取时期,录取现场最早在辉县市的百泉宾馆,后来挪到了位于登封市的河南省招生基地——鹿鸣山庄。两个录取现场均位于旅游胜地,前者有百泉湖,后者有嵩山,可见政府对招生工作的重视、录取人员的关爱。登封的鹿鸣山庄,是省招办主持建设的现代化招生基地,1997年开业。基地竣工之前,当时的招办主任侯福禄同志特邀河大的部分教授参观并为基地以及基地内的建筑命名出谋划策,王文金校长和我带队前往。1997年8月1日,取名"鹿鸣山庄"的河南省招生基地举行挂牌仪式。晚上在基地举办了盛大的露天庆祝晚会,我们河大艺术学院送去了一台华美的文艺演出。晚会进行中,舞台前方的一盏照明大灯突然跌落,一声爆响,电火花四溅,碎玻璃纷飞……事后,有人释为老天助兴,也有人暗自嘀咕,觉得恐非吉兆……至于有说后来的招办负责人变动与此有关,那就是江湖话了。

录取工作紧张忙碌,但程序化的步骤丝毫不乱,也就是说,没啥写的。有些插曲,倒也难忘。河大招生队伍与省教委、省招办、兄弟院校招生人员关系极好,一进招生基地,如隔三秋不见般亲热异常。我们与高校里的河南医科大学、河南师范大学、河南农业大学招生人员分外热络,情如兄弟姐妹,这可能与历史渊源有关。录取现场全封闭,关在里面不得外出,白天紧张、枯燥、疲累,晚上大家聚一聚就成了主要的业余活动。省招办也善解人意,时不时地组织一些歌舞晚会之类的活动。我原来不会跳舞不喜跳舞,就是在招生基地,经不住河南医科大学的"学妹"们极力诱导,下了舞场,她们就自然成了教练。最后连一向淳朴的文金校长也被拖下。同在录取第一线工作多年的战友们,你们还好吗?今生还有闲情怡兴再聚首吗?

7.3 连年扩招

从我1994年介入高校招生,十多年的时间里,高招工作一直处于一种不断革新、不断完善的"自组织"过程。其中具有里程碑意义、全局意义的进步是,高考评卷由评卷教师的人工操作到计算机上的机器操作,录取现场从全省集中在高招基地到分散到每一个招生学校,录取方式由录取人员在基地现场的人工操作到录取人员在各自单位的网络操作,高考时间从7月初提前到6月初。这些巨大的变化蕴含着时代前行的必然性。高校招生规模的持续扩张使传统的人工操作方式无法应付,计算机技术的进步使计算机评卷和网络录取得以实现,以人为本的理念给考生、家长、高校提供了人性化服务的动力。

高招工作的不断革新、不断完善与招生规模的不断扩大有直接关系。

改革开放后,高校招生规模的持续扩张(简称"扩招")从来就没有停止过。其中有两次高峰:一是1990年代初中期施行了上大学收费制度,客观上提高了高校扩招的积极性,也在一定程度上刺激了考生家长的教育消费欲望。这是一次小高峰,扩招在不知不觉中渐行。二是横跨两个世纪的改"适当发展"为"大力发展"的改革,这是一次大高峰,扩招大张旗鼓地连年跨大步疾行。

大张旗鼓的连年扩招给中国高等教育带来巨大而深刻的影响。

1999年1月13日国务院批转了教育部制定的《面向21世纪教育振兴

行动计划》(简称《振兴行动计划》)这一纲领性文件。该文件制定的与高等教育有关的发展目标为:到2000年,积极稳步发展高等教育,高等教育入学率(在校人数与适龄人口之比)达到11%左右;到2010年,高等教育规模有较大扩展,入学率接近15%。也就是说,与1998年我国高校的入学率10%左右相比,今后十来年要提高5个百分点,那就必须扩招,但扩招的步幅保持相对平稳就行。

半年不到,情况出现突发性激变。1999年6月16日,高考临近,原国家计划发展委员会和教育部突然联合发出紧急通知,决定1999年高招在原计划扩招23万人的基础上,再扩大招生33.7万人,招生总计划提高到153万人,比1998年增长42%!如此大幅度的扩招引起社会各界强烈反响,尤其受到老百姓的普遍欢迎。于是,从那年起,中国高等教育进入了一个连年大幅度扩招的高速发展的特殊时期,全国招生人数年均增长约40万人。2002年,入学率已超过15%,进入国际公认的高等教育大众化发展阶段;2007年全国招收567万人,是1998年的5.25倍;2010年,据比较可靠的统计资料,入学率达到25%,比《振兴行动计划》的目标超出整整10个百分点!10年左右的时间,中国高等教育发展规模先后超过俄罗斯、印度、美国,居世界第一!

我国高校之所以要大幅度扩招、能大幅度扩招,原因很复杂。摆在面上的主要有:我国持续快速的发展需要更多的高素质人才;广大人民群众普遍渴望子女都能受到高等教育;降低考大学难度,推动应试教育向素质教育转型;推迟高中毕业生就业,缓解社会就业压力;刺激教育消费,拉动内需,带动相关产业发展。上述原因都能站得住脚,但陡然间连年大幅度扩招,深层次的直接原因还在于缓解就业困境和拉动内需等经济发展方面的原因。

从国家层面考虑,上述诉求是否能实现,另当别论。我在河大,亲身感受到了扩招带来的机遇、压力与困惑。扩招前,老河大每年的招生规模稳定在1500~2000人,在校生规模稳定在6000~8000人,开封医专与开封师专招生有限;三校2000年合并后的"新河大",招生规模逐年大幅度扩大,到我不再主管招生,年招生人数已达万人左右,在校生规模已达4万人左右。招生规模的膨胀,使河大为中原子弟上大学作出新的贡献,为学校发展带来新的机遇,为新校区建设提供了新的动力,也增强了教育教学一系列改革的急迫性。扩招使河大以足够大的"块头"进入新的世纪。

作为主管招生和教学的副校长,我个人感受和看问题的角度又有不同。招生规模的扩大使招生工作压力陡增且不论,我认为,连年大幅度扩招的负面效果主要有两方面。

其一,生均教育资源下降,教育质量无法保证。大学生在校人数大幅度增加,而各项教育资源没有增加或没有同比例增加,生均教育资源肯定下降。例如,原来100名学生享受200单位教育资源,生均2单位;扩招三年后学生增加100%达200人,教育资源增加20%达240单位,则生均1.2单位,下降40%。换一个算法,扩招前生师比为18∶1,平均一个老师教18个学生;扩招后生师比变为30∶1,平均一个教师教30个学生。我之所以用小学生算术不厌其详地算这个账,是因为当时有人就是不肯认这个账,甚至提出用"加强管理"来弥补教育资源不足的奇谈怪论。我身处教学管理的第一线,切身感受到了生均教育资源下降的困境:每年新学年开始,解决蜂拥而至的新生的住宿、吃饭问题成了极其头痛的难题,往往第二天学生就要报到了,宿舍问题还没有完全落实;社会上没有多少合格的大学教师可供扩大教师队伍,而且受编制限制也无法大量引进,导致新学期课表安排不下去;办学空间人满为患,教室、实验室、体育场地严重不敷使用……

其二,严重干扰了高校跨世纪教育教学改革的进程,在一定程度上破坏了前几年的改革成果。为了超能力安置学生,计划中的教改项目被迫停止,本打算推广实施的改革项目无奈延后,原来精心培育的改革基础与环境遭受严重扭曲……最为典型的,正在进行并已取得巨大进展的高等教育"规模、结构、质量、效益"的调整遭受严重冲击,四者好不容易建立起来的平衡与协调遭受严重扭曲。四者的平衡与协调是高等教育系统要素整体运行、健康运行的前提,"规模"突飞猛进,"结构、质量、效益"均未适时跟进,系统不出问题才怪!

以上,其一是显性的,能强烈地感受到,必须立即解决;其二是隐性的,一时感受不到,但早晚是个问题。为了解决前者,我们绞尽脑汁无所不用其极。缺宿舍,除新建外,还在原有宿舍内加床,租用附近单位的房子,甚至发动周边社会力量建房。教师不够,除积极向省里要编制引进新人外,还加大高层次人才引进的投入力度,开辟人事代理新管道,延聘退休教师,动员老师合班上大课。教室不够用,同样可以合班上大课,还可用时间换空间,夜晚、周末、节假日都安排上课,见缝插针……总之,第一要务是把学生安置住,至于如何维持良好的教学秩序、稳步提升教育教学质量,那就暂时顾不上了。可以说,那些年的连续大幅度扩招,是只追求规模扩张而忽视质量提升的发展观念的一个典型案例。

这种状况以扩招后的前几年为甚,后来逐渐有了改观。到了2008年,全国高校与教育行政部门都先后认识到连年大幅度扩招的危害性,陆续放缓了扩招的步伐,停止了扩招,甚至有小幅度的缩招。但是,巨大的发展惯性使遏制扩招的努力打了折扣,2014年高等教育毛入学率达到了37.5%,比上年增加了3个百分点(据《教育公报》发布资料)。尤为虐心的是,河南省以高教基础薄弱、入学率低于全国平均为由,继续保持扩招的势头;河大以紧抓历史机遇为动力,也继续保持扩招的势头,办学的个中艰辛无以言表。

我当时不赞成连年大幅度扩招,但"螳臂当车",不起作用。我所能做的,一是不给扩招点邪火、加邪力,二是通过我主管的教学与学生管理部门的努力使河大这条百年老船安全行驶。

7.4 且行且解惑

从1994年做教务处长以后,我就与河大的招生结下不解之缘,十多年中,每年一次的煎熬一次也没少。尤其是做了副校长以后,我成了河大招生的第一责任人,偶尔会有点小小的成就感和自我满足,因为十多届数万人的河大学子是我签了名录进来的呀。但更多的时候是淹没在事务性海洋里负重前行,不论白天黑夜,不知周末节假。好在我时年五旬,虽不是年富力强,但身体够健硕,精力够旺盛,思维不混乱,筹划不粗疏,另有一股使命与责任之气不息,也就如鱼得水、驾轻就熟。结果是那些年河大都顺利完成了每年的招生任务,没有出纰漏,没有留遗憾!现在回想起来,那时我哪儿来的那种精气神?万一出个啥问题咋办?想想就后怕。

让人无语的是,高招的两个核心环节评卷和录取,均发生在7、8月(现在有提前),也就是说,那些年,暑假我没有休息过。疲累倒也没啥,职责所在嘛。问题是,自始至终,招生过程都有一些让人困惑的情事发生而且又必须及时解惑、妥当处理。

前文说到,专业加试环节是一个赏心悦目的过程、组织繁琐的过程,但更是一个纠结虐心的过程。招生计划有限,优秀考生众多,在好苗子中硬是要剔除一大半,心疼啊!当时是这样"剔"的:比如某专业招生计划是100人,2000名学生报考,我们划定的最低专业分数线刚好让上线考生达到1000人,与招生计划数的比例是10∶1,其他1000人惨遭淘汰;接到专业加试合格证的1000名考生欣喜若狂,积极准备文化高考,但只有300人过了省定的文化最低录取分数线,取得报志愿资格,其他700人惨遭淘汰;报了志愿的300名考生充满憧憬,录取时从高分到低分排队,省招办按1∶1.2的比例给河大投放120份考生档案,其他180人惨遭淘汰;河大录取人员阅档,从120份档案中精挑细选100份,录取,其他20份退档。算总账,该专业从2000人中录100人,20∶1,录取率5%,95%的考生被淘汰。虐心啊!

高招评卷环节,多年的实践使我刻骨铭心地认识到,分儿分儿,真是学生的命根儿啊!我时时刻刻提醒自己,我们这些给"分儿"的人,手中实际上操着考生的生杀大权啊！掉以轻心不啻是草菅人命啊！误判试卷不啻是伤害性命啊！真是寝食难安。

在考完之后与录取之前，考生要估分和填报志愿。分数估准与否直接影响报志愿定位，志愿报得是否妥当直接影响录取结果。我曾经接到无数个家长的报志愿咨询，感慨良多。在他们心目中，我就是"招生专家"，我的意见是"金科玉律"。这可把我吓坏了，我给人瞎指挥，蒙对了还好，蒙不对岂不害人一辈子！所以，让我帮着分析分析可以，直接问我咋报，对不起，你自己拿主意。

奇怪的是，全体家长都患上了焦虑症，低分学生家长担心孩子落榜，高分学生家长担心孩子上不了心仪的大学。尤其是跨在某一批次分数线边缘学生的家长，更为虐心，志愿报高了怕孩子跌落到下一批次，报低了怕孩子受委屈。这种焦虑症，是中国家庭分外重视孩子升学、独生子女政策、高等教育资源稀缺、学校教育途径与模式的单一化等因素的综合征——社会综合征，文化综合征。这也成了我们招生人员每年都会虐心的"综合征"。

而我，河大招生领导组组长，是这一切活动、所有人员的核心，心塞千百头绪，肩抗如山责任，累并快乐着也在煎熬着。在繁忙的实务中，我觉得自己似乎还在成长：摊子这么大的事都弄过、弄过多年而且弄得不错，还有什么破事能在话下？

平心而论，1977年恢复高考后的40年，我国高等教育招生制度不断改革、逐步完善。这个制度依附于国家的宏观政治、经济制度与文化、教育体制，是现行格局下最公平、最公正、最公开，设计得最严密、执行力度最强的"应试"招生制度。应试存在一天，高考就无可代替。"公平公正"是中国式高招一年一度稳步走到今天的重要支撑，其中工作环节设计的合理可行性和工作人员的清廉奉公是"科学招生""干净招生"的重要保证。至于近年来愈演愈烈的对国家高招计划的地域不公的质疑，是另外一个层面的"公平公正"，此处不论。不论并不代表不知、不同意，我们多年参与高招的人员心里最清楚。

有时，来自上面的状况也让我们很尴尬。每年录取工作人员进驻录取现场以后、正式开始工作之前，省招办都会在招生基地举行省内外高校录取工作大会，都会请主管领导讲话动员。有一年，新上任的一位领导在大会上说了些没文化的话，引起外省高校人员的嘘声。领导注意到了，语气开始严厉，下面的嘘声更大，会后就有外省朋友毫不掩饰地在我们面前发泄他们的鄙视与不满。就是这一位领导，严令取消了录取工作中实行了多年的"补录"，使得本省极其宝贵的高招名额不能满额完成，使得一些因报志愿疏漏而落榜的高分考生最终与当年的上大学失之交臂。

关于"干净招生",我更有话说。在录取环节,卸下高考压力的莘莘学子,表面轻松,要疯玩几天,内心紧张,有如等待宣判。更有考生的家长,表面镇定,宽慰孩子的情绪,内心纠结,开始了沉重的焦虑。自认为有门路的,要跑,跑招办跑高校跑一切可能利用的关系;自认为没门路的,暗自叹息,开始盘算孩子如果落榜将何去何从。

有不少家长和社会人士曾经问我:你们招生人员手里是否有不计分数的额外指标?分数不够多拿钱行不行?我也曾经不厌其详地明确回答:没有,不行。但是,似乎不信任与猜测的心思、怀疑的目光从来也没有真正消除。作为过来人,我要负责任地告诉读者诸君:怀疑是没有道理的。我不为别的人背书,我敢肯定的是,河大那些年的招生工作人员遵守招生纪律,没有出过实质性问题,也没有处理过一个人。这话说得不干脆,是因为我们也曾经有过干扰与困惑。

专业加试阶段,有人曾通过关系打探试题,也有人找工作人员为考生加分。据我所知,没有成功一例。考试过后,有不少学生家长千方百计地探听考试结果,我们为避免泄密就尽快向社会公布成绩,分数尽快通知考生本人。评卷阶段,有开封市的中学找评卷教师讨要我们制订的评分细则,目的是辅导考生估分。开始我们没有在意,发现以后就坚决制止,并在省招办的统一要求下连媒体都谢绝采访,结果还得罪了一些开封媒体的朋友。录取阶段,有许多家长通过各种渠道提出各种要求,有分数不够要求捐资助学的,有上了线要求保证录取的,有临时要求修改志愿的,有要求低批次专业录取转入高批次专业的,手段无非是送红包、纪念品、请吃饭,还有不少拿着上级领导的条子杀上门来……

面对这种情况,必须划定严格的行为界线。第一,充分理解考生家长的心情,充分理解社会的负面观感,该受的委屈就得受。第二,有人找上门来,一律正常接待,耐心倾听,认真解释,没有必要开罪或激怒对方。第三,坚决不收红包(现金和有价证券),坚决不收礼品,坚决不赴宴请。第四,反复向工作人员讲明规定,各级负责人以身作则,如有违犯,坚决查处。关于第三条,有个例外,那就是,在招生基地,省招办、当地政府、兄弟院校出于慰问、联谊的目的,在录取期间会互相宴请与互赠纪念品,与具体的录取毫无关系。当然用的是公款,搁现在也是违纪,不能搞的。

上级领导写条子要求关照,那年月真是不老少,如何处理真得动动脑筋。我们的做法是,根据写条子领导的级别对等接待,态度一定要热情,表态一定要明确——当然要殷殷地表示"请领导放心一定关照",也就是说一定要让来者焦虑而来满意而去,不然不知会得罪哪尊神,担不起的。但是如何关照?正常录取的,在第一时间给当事人报喜,落个顺水人情;分数不上线或档案下不到河大的,也要及时报告当事人,让对方明白河大想要但俺们见不到档案;档案进到1.2倍的行列里了,尽量不要把人家退掉,但是留甲必然要退乙,这没办法了。咋样,这官样文章修炼得够可以了吧!现在想想,有几分无奈,更有几分歉疚,但无一分得意。对一些老朋友、老相识打招呼的考生,咋办?好办,一概搁置一旁,凭考生的分数,录了就录了,没录,分不够!

其实,当事人特别是考生家长的这种做法,有特殊的心理思虑。他们会千方百计地找门路托关系,即使学生考分不低,也不放心。这得理解,社会风气如此,他们认为别人找了托了你不找不托,就可能出问题。他们会千方百计地送与请,态度极其诚恳,要求极其坚决。这也得理解,他们认为你只要收了吃了就不好意思不办事,不收不吃,就不能够放心。他们会竭力让你明白,他们是出于尊敬你甚至爱戴你才给你送和请的,并非为了办事才这么做。这还得理解,他们认为人都好个面子,如果说送你和请你是让你为他办事,可能会因面子挂不住而遭拒绝。

我曾经做过验证。某年,我们按照考生志愿录了一名河北省考生。录取工作结束回到开封,该考生的两位家长不知通过什么关系找到我家,要退档,说在河北的大学找好了门路,并拿出一封申请书硬要我签字同意。无奈,我推脱说要研究研究,他们扔下一个红包就跑。好在他们留下了在河大招待所的房间号。我立马跟着过去,郑重应允这个事我们马上研究,但红包一定要退回。推让之下,我坚决表示不退回就不签字,甚至说,等我签完字就收红包。结果很有意思,我和招办同志研究了一下就签了字,他们眉开眼笑千恩万谢辞别而去——从此再也没见过他们,红包的事早已"忘"到九霄云外。

其实,我也有特殊的心理思虑。你们送我请我,不是尊重我高看我,是想花点钱让我替你们办事,让我当你们金钱的奴仆——这是对我人格的极大侮辱,是可忍孰不可忍!

我们也曾经接到一些匿名举报,经查,纯属虚假。我们也曾遇到社会不法分子打着我们的旗号招摇撞骗。我就撞见两起。其一,一个朋友打电话介绍学生,分不够,家长想给我2万元以成其好事。我说不行。他说你收了两万给别人办过。我说:好,请你来河大纪委举报!后来他说经过询问是家长编的。我说滚蛋以后少来烦我。其二,我已经不管招生的某日,一男一女来找我,调查某男C行骗事,其中一事与我有关。他们说,某男C交代,他办的一件学生转专业事收了家长3万元。家长是省公安厅的一个处长,后追查,C说钱交给河大一个副校长了。二男女经详细询问后,判定此事虚无,第二天专门从郑州过来向我说明情况并道歉。两天后学生家长从郑州过来向我道歉。在处理此事过程中,我要求教务处刘处长参加,并极力主张河大报案。不知为何,对方反对,这事最后不了了之。

个别社会不法分子捣鼓事还好办,成规模的办坏事就很难处理。某年,我已不分管招生,但分管与河南省报业集团联办的独立学院——河南大学民生学院,该院的院长由已退下来的王文金老校长担任。该学院许多事情相对独立,例如招生,与校本部是两个户头,录取单独进行。平常我也不太管他们的事,他们相对独立运作。这年下半年,新生已经入校。突然接到举报,说该院几十名新生是计划外扩招的,在省招办没有备案,已经在民生学院办理了入学手续并上了课! 这怎么会? 在阳光下,在我、王校长和负责全校教学、招生工作的赵副校长眼皮子底下,谁胆大包天倒行逆施不计后果敢做出这等天理不容、国法不准、校纪不允的事儿? 纪委、省公安厅一调查,原来是社会专吃招生饭的不法分子以中介名义伙同省教育厅的不肖作下的案,每个学生收取3万元中介费,答应毕业时发正规毕业证。这下可乱了套了,我们怎么自己内部排查情况,怎么协助公安破案,怎么安抚清退学生,怎么做学生家长的工作,怎么整肃内部,等等,不堪回首、不堪言说啊!

7.5 新生军训

迎接新生,是办学周期轮回的第一步。迎新工作做得到不到位,关系到新生对母校的第一印象、第一感受,做不好,会使他们的四年大学生活在一开始就蒙上阴影;关系到新生会怎样认可学校传统、融入学校群体,做不好,会使他们失去最容易受感染的良机;关系到新生如何认知自己的学院、能否热爱自己的专业,做不好,会使他们失去大学生活的动力甚至后悔自己的选择。所以,迎新工作非同小可。

在河大,全体干部、教师、职工无一例外地非常重视迎新。而作为主管的我,更是别有一番感觉在心头。在迎新工作的每一个环节,看着稚嫩的、好奇的甚至有些许迷茫的 fresh ladis 和 fresh men(新人)一步跨入河大大门,有一种见到自己孩子回家了的感觉,有一种四年后这帮孩子竟会雄赳赳气昂昂跨出这个大门那种不可思议的联想,真想上前去拥抱他们啊!

迎新工作的每一个环节,都是累并快乐着。几千上万新生一下子涌来,繁忙之中的热烈、欢快形成一种特有的神奇氛围。在迎新的两天里,我根本无法待在办公室里,百年老校的老当益壮与新新河大人的青春飞扬自然柔和,对我产生了一股不可抗拒的拉力。直到夜晚,我还会再到大礼堂前走一遭,堂前广场工作之余的凌乱让我驻足良久……迎新工作的每一个环节,都会使我重温母校的伟岸、温暖。我置身于渴求了解学校的孩子之中,和他们一起睁大好奇的眼睛,赞叹每一个发现,吸吮每一滴琼浆,想象未来四年的每一处精彩……对新生来说,他们经历了一次河大传统、河大精神的洗礼;对我这"老老生"来说,一年一度的迎新不啻是一次时感时新的再洗礼。我终于明白了,我这个骨灰级的铁塔牌,原来是这样锤炼出来的!

说到老生,迎新广场上的青年志愿者——大二学生,我姑且称他们为"小老生",也是一道"靓丽的风景线",与新生相映成趣。他们包揽了几乎迎新的一切,到车站接人,引导,登记办手续,接受咨询,送行李,包括大礼堂台阶上的迎新总站,等等。他们在河大才上了一年学,就俨然是老河大了。他们的紧张而不失自信、矜持而不失诚恳、干练而不失热情,都让我忍俊不禁,他们似乎忘了一年前他们的菜鸟状。而今年的菜鸟们对师兄师姐的那份信任、依赖甚至崇敬,也让人心动,他们明年也会是小老生的。

感动归感动,工作质量丝毫不能马虎。由于许多小老生对我还不熟悉,我曾多次冒充新生家长到各学院的迎新摊位上,提出各种绝对有技术含量的问题难为这些志愿者们,还好,基本上没让我失望。

每年的明伦校区的迎新现场都以大礼堂为中心,背景是铁塔。说铁塔、大礼堂见证了一代代河大人的成长历程,绝不夸张。君不见,铁塔脚下堂前广场上,各学院竞展风采,彩旗飞扬,人头攒动,千岁铁塔老爷爷和八十岁大礼堂公公的岿然不动与新生、小老生、大老生这些大大小小的孩子的欢快,构成了一幅融入厚重历史的现代大学的特殊景观。身临其境,迎新工作千头万绪的迷乱,因扩招造成的教师、教室、宿舍、运动场不足的窘迫,解决各种问题各种矛盾遭遇的不快,以及这一切造成的压力、急躁与疲累,在我这"老老生"的身上统统烟消云散。这种景观,我自信,至少在河南省,你在别处见不到。一直到现在,尽管我已有十多年不管这一摊子了,尽管河大的迎新工作一大半挪到了金明校区,每年此时,一股无形的力量还会把我拉向大礼堂。恐怕,只要可能,每年都会这样,直到我的永远。

在迎新的诸环节中,军训是最重要的一个环节。对年轻人实施"军事训练",最早可追溯至夏商时期,以后各朝代,直至中华民国,都有过军训的实践。学校军训是学生接受军事国防教育的基本形式,是培养和储备军队后备人才、壮大国防力量的有效手段。当然,不同的时代,学校军训的宗旨、制度与目标、途径等,各不相同。

新中国的学校军训,始于1955年。当年7月我国颁布了第一部《中华人民共和国兵役法》,第一次从法律上作出了对大学生、高中生实施军事训练的规定,同年冬季,首先在北京的十几所高校开展了军训。以后,历经多次立法变革,学校军训的普及面越来越广。至今大学新生的军训已基本实现了全覆盖,其立法依据越来越完善,《中华人民共和国国防法》《中华人民共和国教育法》《中华人民共和国兵役法》《中华人民共和国国防教育法》和《中共中央关于教育体制改革的决定》等都有所涉及。

军训,是新生的第一课。其目的是,增强学生的国防意识与大局观念,锤炼团队协作与严守纪律的精神,培养团结互助、严格自律的作风,提升勇于拼搏、超越自我的能力,为大学的学习生活打下基础,为学生终生铺就一块厚重的人生基石。

来河大承接军训任务的是驻汴部队,地方上起组织联络作用的是开封市人民武装部。每年承训部队都要派出几十名指战员承担河大的军训,再加上开封市其他学校,部队的军训任务挺重,他们还有训练与战备任务呀。因此,我们除了争取部队首长的支持,重要的是为承训教官提供良好的生活与工作环境,使他们一进校就融入河大的育人环境,使他们心情愉快地开展工作,使他们也能领略百年河大的魅力。

于是,我们做了精心的前期安排。学校成立专门的领导组,党委委派我任组长,同时担任"河南大学新生军训团政委"。好家伙,从未穿过一天绿军装的我一下子当了团政委,而且是个大大的加强团,几千、万把兵力!军训服装的制备、军训科目的安排、军训期间大型活动的安排、承训教官的生活安排等等,在负责这项工作的校园管理处(又称保卫处、武装部)全体同志的努力下,有条不紊,件件落实,该处李处长等一干人进入了全年工作的最旺季。

万事俱备,只等开训。正常情况下,在新生报到结束后的第二天,承训教官就要进驻了。于是,一个特殊的"迎军"仪式在等着他们。上午10时许,两辆军车缓缓驶进河大南门,李处长等接下子弟兵,引入科技馆报告厅。厅里,军训领导组成员、各学院负责军训的副书记、几十个连队的指导员(由一年级新生辅导员担任)在后排、边排正襟危坐,我在大门口恭迎。一声暴喝"全体起立",厅里座椅响成一片,百十号人的掌声算不上雷鸣但使出了真劲儿。团长(是承训教官的领队,自然是军训团团长)一看这架势,也立马来了精神,军人气概立马喷发,一个简单的进场、坐下搞得英姿勃发、霸气十足,看得我们直想当场喝彩。我代表学校致辞,腰板儿挺直,声音洪亮,尽量地干净利落,少了许多平时的嗯嗯啊啊,语言也火一般的热烈!然后是团长简单讲话,再然后是李处长让各连指导员与连长(教官担任)接头,紧凑严肃,程序如仪。退场后,教官们到住处放下行装略一整理,就在河大园河大人的汪洋大海中消失得无影无踪。迎军仪式让初到地方来可能有些松弛的教官立马绷紧了弦,也让我们的人马正式进入了战时状态。客观地说,我们这些"老百姓"在迎军仪式上的表现,除了全体起立凌乱一些,也算可以了。

火热的新生军训这就在河大园拉开了序幕。

第一个必搞的项目就是"新生开学典礼暨军训动员大会",这可是展示我团官兵整体面貌的第一遭,各个连队特别是各级指挥员们都铆足了精神。东操场上,临时搭建起来的主席台庄严肃穆,周边红旗飞舞,校园管理处军训工作人员全员上岗。学校党政领导班子全体成员和特地赶来的部队首长着正装坐在主席台第一排,第二排是领导组其他成员,我主持会议。唱国歌,校长致辞,承训部队首长致辞,开封市人民武装部部长(或政委)致辞,老师代表、老生代表、新生代表分别发言,一项一项地,紧凑、严肃、热烈。最可看的是场中席地而坐的主角——河南大学新生军训团的指战员。几十个连队组成巨大方阵,教官们坐在自己连队前,指导员在队后督阵。且看那阵中战士,男女一律绿色迷彩军训服,一扫入学报到时的青涩,有模有样的还真像那回子事。我就奇怪:还没正式开训呢,统一服装一穿,教官们一调教,咋就跟换了一个人似的?解放军到底是革命大熔炉啊,只要一沾边,立马就不一样!

　　接下来的十几天,河大园里新老倒置了,才入校几天的"新兵蛋子"成了河大主人。草绿色裹包着的挺拔身躯焕发出的青春律动在八百亩园子里肆意飞扬,人民子弟兵的神威在古城一隅的百年老校炫目张扬,到处可看到绿色,随时可听到呐喊,原先宁静的象牙塔被搅合得似乎要跟着起舞——这肯定对学校的管理、老师的工作、高年级的课堂教学造成了一定干扰。但不用特别交代,所有的部门、人员均自觉为军训让路,最大限度地满足军训需要,人人脸上写满了理解、宽容和欣喜。

　　更有甚者,有些教职工会抽空到操场上溜一圈,感受一下那特殊的气氛;也有附近居民专门进到学校参观、助威,而且乐此不疲。他们就是新生军训的"粉丝"!我也是其中一员而且是特殊的一员,领导组长、政委的职责所在呀。我每天至少去训练现场走一趟,而且不要人跟。明知在教官和校园管理处的严格执行下一切都不会有问题,但身不由己。名义上是去"巡视"或"视察",实际上是去享受那种氛围。躲在一旁看教官们的一招一式,看战士们的亦步亦趋,陶醉其中,乐而忘返。偶尔被教官发现了,他会立即停下训练跑步到跟前"请首长指示!"咱只有挺胸凹肚走上前去敬一个欠标准的军礼,然后装模作样慷慨激昂一番,然后立马撤。

　　军训的主要科目是训练"军姿",立正稍息、前后左右、转身齐步走、正步走、跑步走等,其次是队列训练。投弹训练不怎么搞了,射击是要练一练的,但我印象中实弹射击只有一两次。人多,实弹射击很难组织,枪支的调配、子弹的消耗以及靶场的使用等,都要经过严格的审批。仅有的一两次实弹射击,准备工作是真麻烦,现场是真震撼,我这老百姓是真的"涨姿势"!

　　军训期间有三项活动。一是请开封市人民武装部的首长对全体做一次国防教育报告，我由此认识了开封市人民武装部的胡司令员并很快成为好朋友。报告在大礼堂举行，各连队都想在司令面前露一手，也就分外重视，拉歌的吼声能把大礼堂顶震三震。二是军训结束前检查宿舍内务，并打出分数评比。战士们都能做到把各自的小被窝叠得跟豆腐块儿似的，显然是教官精心培训的结果。三是歌咏比赛，一首自选军旅歌曲，一首必唱歌曲《河南大学校歌》。为了练歌，训练场地上除了此起彼伏的口令声口号声，战士们憋足了劲吼唱的声浪具有巨大的耳膜冲击力。比赛时，各连队花样百出，加朗诵，加领唱，甚至加造型加舞蹈加道具，谁都不想落后。必唱校歌，是一个极好的创意，使新生刚一入学就学会唱，就能在校歌的熏陶下步入健康成长的轨道。

军训最后一个项目是全团会操和总结大会。还是动员大会的阵势，但情况已经大大不同。

首先，承训教官表演标兵就位和迎接军旗。偌大个操场、几千名官兵，静得能听见心跳。表演者精准的动作、潇洒的身姿让河大师生再次领略了威武之师的迷人风采。

其次，部队首长和学校领导检阅部队。在军训团长陪同下，承训部队首长和河大校长（校长不在时由我代替）向八一军旗敬礼后，精神抖擞地在阅兵曲中从集结在操场东部半边的各连队面前走过。校长得一遍遍地喊"同志们好""同志们辛苦了"，各连队要一遍遍答"首长好""为人民服务"并行注目礼，和北京天安门阅兵式一样样的。我检阅时，就可着劲儿喊，自觉嗓门又大又亮，声贯河大园。

再次，是一个漂亮的入场式，又叫分列式。在反复播送的《解放军进行曲》伴奏下，几十个连队列队从操场西边百米跑道上自北向南走过，经主席台前方齐步变正步，并右转头行注目礼，团部教官和部分领导组成员组成的评判组为各连队表现打分。战士们已晒得黢黑的年轻面庞上洋溢着青春的光彩，自信而且自豪。据教官说，河大学生素质就是高，十多天的训练效果比部队新兵连训练两个月的效果还强。此说虽有夸大，但据我这外行在现场看，小孩儿们还真争气，几十百十号人的连队就像一个人似的，那精气神儿，连我这半大老头子都想加入他们的行列。坐在主席台上的大小领导把巴掌都拍红了！

最后，是激动人心的颁奖。分列式后各连队在操场指定位置列队，该致辞的致辞，该发言的发言，在大家的忍耐快达到极限时，终于迎来了整个军训活动的最后一个也是最激动人心的内容：宣布内务、歌咏、分列式比赛以及军训优秀集体的获奖名单并颁奖。这可是个集体主义精神、革命战士荣誉感大膨胀的时刻。团长每念到一个单位，总能引起台下一片欢腾，有的连队甚至把自己的教官抬起来往上扔……整个大操场真的成了欢乐的海洋!

分列式表演

　　该曲终人散了吧?不,事儿还没完。会操、总结大会结束后,校领导、领导组与部队首长、教官在大礼堂前合影留念,然后教官们拎起当天早上就打好的背包乘车返回营地,我带领领导组成员在南大门口恭敬送客,军训宣告结束。头几年没经验,咋也没料到最后的送教官环节会出问题。大会结束后,同学们知道和教官分别的时刻已到,惜别之情来了个总爆发,几十名教官一下子淹没在大操场新生堆中。惜别的话儿说不完,有的连队又把自己的教官往天上扔……场面极其火爆而感人,我这团政委的眼睛湿润了。不对了,咋还没完没了啦,大礼堂前可还等着照相呢。我跑回主席台操起话筒使劲吆喝,辅导员们连推带拉,一团团以教官为中心的人潮缓缓向大礼堂移动,照完相后又向教官宿舍移动……直到教官上了车,同学们又把军车团团围住,哭的喊的,车辆寸步难行。

　　这成何体统!我带领校园管理处的弟兄们做劝解,无效;拿出我团政委的威势训斥,无效。可总得让人家走啊,各种方法用尽,军车缓缓驶出南大门,左转、加速——后面还有学生在跟着汽车跑……才十几天的工夫,就这样难分难解?看那阵势,可绝对是真情流露。我明白了,新生与教官结下的"战斗友谊"超越一切,进了河大门的新生是有情有义、知恩感恩的好孩子!别说学生,就连我这"大政委",无缘当兵又一辈子向往、崇敬绿军装,军训中的大事小情都常常拨动着我那柔软的"小心脏"。而且,以后的岁月里,我讲话、走路、思维、办事都多多少少有了点儿军人的味道。军训啊军训,你训了学生,也训了我这老政委。

不能光顾战友情长耽误了正事。后来我们这样做：会操与总结大会结束后，我让主席台上的大小领导先撤，到大礼堂前等候照相；我在主席台上整理队伍，发口令让全体教官跑步到操场西北角出口处集合，集体带往大礼堂；我开始对学生讲简短而充满激情的训话，然后让各连队指导员给各自的队伍进行小结；火候差不多了，解散。急切的学生蜂拥而至大礼堂前，照相早已结束；再跑到教官宿舍，人去楼空，接教官的军车该进部队营房了吧。

军训结束，沸腾的校园恢复了往日的宁静，新生完成了河大园的第一次战斗洗礼，开始了在河大教书育人特殊环境中的"长征"。

7.6 "四风"建设

当上副校长，我开始主管本科生教学。其实，在我两年多的教务处长任内，我已经在深入了解教学第一线情况的基础上，有了一些比较成熟的想法。

本科（undergraduate）是高等教育的基本组成部分，于是就有了本科教育、本科专业、本科教学、本科生等一系列概念。中文"本科"原指科举制度中的进士科，《宋史·选举志一》云"开宝三年（970年），诏礼部阅贡士及十五举尝终场者，得一百六人，赐本科出身"；近代高等学校的本科是指相对于预科的"正科"。我理解，当代高校的本科是大学的本来之科、根本之科、本源之科、本体之科，学制四年（个别如医科五年或六年），修毕颁学士学位（Bachelor's Degree）。

由此可见，本科生是大学生的主体，本科教学是大学教育活动的主体，本科教学管理是大学教育管理的主体。过不了本科生教学关就不能算作合格的大学老师，名教授都会积极给本科生开课；有出息的大学生必然是优秀的本科生，本科求学经历是大师、大家一生事业最坚实的基础；本科教学管理是大学管理者的必修课，大学校长一定是优秀的本科教学实践者和管理者。

本科教学管理是"内容"的管理，课程专业体系的组织与更新永远是大学最为重要的学术性建设；本科教学管理也是"过程"的管理，课堂教学体系的搭建与维护永远是大学最为重要的基础性建设；当然，本科教学管理也是"结果"的管理，课程考核体系的严谨与完善永远是大学最为重要的目标性建设；最后，本科教学管理更是"人员"的管理，建立老师和学生之间良好的师生关系、教学关系、相长关系等永远是大学最为重要的人本性建设。用我的老上级、老师王文金校长的话说，主管本科教学的副校长就是啥事都沾边、啥时都有事干，啥事啥时都离不了的学校"大管家"。

可以说,大学本科教学的管理永远是大学最为繁忙、劳累而且吃功夫又不见功夫的活儿。我刚到教务处时,听到的几句顺口溜形象地刻画了当代中国大学的"生态":进了组织部天天有进步,进了宣传部就怕犯错误,进了总务处有吃又有住,进了教务处忙得吃不住……我不幸而又有幸进了教务处,还当了教务处头儿,最后还当了管教务处的头儿。不幸的是,把我的全部有效时间与精力都"拽"进去了,对我个人的专业冲击很大;幸运的是,把我扔进了大学门里最锻炼人的"炉子"里,在知天命的路上平添了许多历练与精彩。

高校本科教学管理的表层目标是"维持教学秩序",核心目标是"提高教学质量"。前者天天都在做而外人无觉察,属于无功劳有苦劳;后者天天挂在心而短期难见效,属于做了不见功不做混也行。

关键是怎么做。切入点在哪里?抓手是什么?我认为,切入点是校风建设,抓手是"四风"(考试风气、教学风气、学习风气、工作风气,也简称"考风、教风、学风、作风")建设。所谓风气,是指社会上或某个集体中流行与崇尚的爱好、习气,是一种核心价值观的表现。河南大学的校风是"团结、勤奋、严谨、朴实",其蕴藏的重要载体与表现的重要平台就在本科教学。抓校风建设的具体抓手只能是这"四风"建设。

有这样的认识,基于长时间的观察。即便在考试管理比较严格的河大,当年考试违纪作弊问题也相当严重,考试带小抄、不听监考老师管理、传递考题答案、替考、监考老师不履行职责、院系瞒报等事件时有发生。即便在教师素质较高的河大,老师不认真履行职责的现象也并不鲜见,教案多年不更新、实验室使用不规范、随意调课停课、上课迟到早退、讲课信口开河、向学生透露考题等行为不是个别。即便在学习风气比较浓的河大,学生不好好学习的现象也比较普遍,随意逃课、上课迟到早退、课堂打瞌睡看闲书、课余疯玩逛大街、沉溺于会老乡谈恋爱等不一而足。即便在行政管理比较成熟的老学校河大,机关与院系干部疏于管理的现象也不容小觑,管理章程缺失、纪律约束松散、服务意识淡薄、业务水平不高、师生关系紧张等令人吃惊。

上述问题放在今天可能就不算问题,在有些人眼里甚至纯属鸡毛蒜皮——我不知该捶胸顿足还是该"事不关己,高高挂起"。而当年,狠抓"四风"建设势在必行,而且这是领导班子的共识。于是,就由力主"四风"建设的主管教学的副校长即本人专抓这项工作。但是,"四风"涵盖高等教育与学校建设的方方面面,主要矛盾是什么?从哪里抓起?

主要矛盾是考试风气,"四风"建设要从考风建设这个牛鼻子抓起。考试,是古今中外各类学校测试、评价学校教育水平、老师教学水平、学生学习水平的不二法门,也是选拔、擢用各类人才简洁易行的不二法门,正所谓"考,考,考,老师的法宝"。一个学校,有科学、完备、精细、可行的考试章程,教师兢兢业业、一丝不苟地设考,学生认真主动、全面积极地备考,工作人员照章行事、严格规范地管考,考风健康、优良、和畅,这个学校才算得上一所好学校。在考试结果(即"成绩")的激励下,集体共有的荣誉、追逐卓越的欲望、挑战自我的胆识、赢得竞争的潜力等等全部被启动,学校好好办,教师好好教,学生好好学,各级干部好好管,职工好好干。在实现自我价值的驱动下,学校各层面的积极性都被调动起来了,考风建设带动教风、学风、作风的根本转变。

这没什么新鲜的。在应试教育主导的中国基础教育界(中小学)早就这么、一直这么干的,而且早已干得炉火纯青、滴水不漏。可是,在大学,情况截然不同。大学"难进易出",没有"升学率"的压力,学校出口不设严明的"卡杆",工作人员稀里胡涂地混,教师马马虎虎地教,学生吊儿郎当地学,只要没有太大的意外,毕业时都能穿上学士服戴上学士帽。而这种现象的根源之一就是考试的衡量、评价、甄别作用没有发挥出来,换言之,不管怎么教、怎么学、怎么考,都会轻松及格,大学出口的"门槛"被撤掉了。这是中国高校回避不了的现实状况,是中国高校培养不了多少杰出、尖子人才的重要原因之一。

一定要抓考风建设,而且以此带动全面的"四风"建设,最终实现校风的根本好转!立即行动,从我做起!

首先,建章立制,给转变考风提供制度支撑和处理依据,制订了《河南大学考试工作条例(讨论稿)》(简称《条例》)。框架定了以后,我把文字关,逐句逐段地细抠、死抠,排除一切似是而非与模棱两可。因为我知道,该条例必须真实地体现学校的坚定决心与实施意图,来不得半点疏漏和扭曲。我也知道,《条例》是我们的行动纲领,而我作为主要责任人,必须做到胸有成章、烂熟于心。《条例》有两大特点:一是全面、系统、成熟,涵盖面广,系统性强,有经验基础,能最大限度满足考试工作的所有层面、所有细节对制度的要求;二是具体执行要求严格,发现违规处理严格,不给违纪作弊现象留下任何可乘之机与残存余地。《条例》的焦点是违纪作弊的处理尺度。《条例》规定:有违犯考试纪律者,行政记过;有考试作弊者,留校察看,情节严重者,勒令退学;留校察看期间二次作弊者,开除学籍。

紧接着,开展考风建设的动员与讨论,尽可能在全校范围各个层面形成共识,并积极营造优良的建设氛围。召开教学口动员会,在各院系主管教学副院长(副主任)、主管学生副书记、教学助理、学生辅导员和教务、学生、宣传、纪检、总务、保卫等部门负责人的范围里,摆情况、讲道理、说意义,宣讲

《条例》,提出要求。学校层面举行各种类型的教职工座谈会和学生座谈会,充分听取大家的意见。把《条例》印发给各院系,单位负责组织所有老师和学生讨论。

讨论与征求意见的过程很出人意料。原以为老师肯定都会理解、支持,学生可能会有反弹。结果相反,抓考风获得了学生强烈的共鸣,甚至有的院系、班级提出了取消监考、自觉维考的倡议!倒是老师,颇有些疑虑。一是认为当前社会风气不好,作假的现象遍及社会各个角落,学生考试作弊是社会风气使然,单抓学生不公平、不起效。二是认为《条例》规定的处理标准太严厉,学生犯了错误应该给改正错误的机会,不能一棍子打死。老师们的第一条意见启发我们,学校抓考风是对社会不良风气的勇敢挑战,"象牙塔"是神圣而洁净的,我们知识精英层不去做靠谁去做?第二条意见提醒我们,人的处理一定要慎之又慎。

《条例》在校长会议上顺利通过。一年两度的期末考试,河大校园出现了过去少有的紧张、忙碌、热烈、喜庆的"丰收"气象。考前动员、组织命题、建立试题库、布置考场、培训监考、多级巡视,组织阅卷、宣传鼓动、后勤保障,等等,全校都进入了一种亢奋的工作状态。

这期间,抓考风的一个基本理念得到彻底转变。抓考风必然要严格考试管理,但是"严格"的着眼点与目的是什么?我发现,针对监考老师不认真履行职责、考试现场睁一只眼闭一只眼、不去"抓"违纪作弊的现象,大家不约而同地把"抓"学生考试作弊作为标志,哪个老师、哪个考场、哪个单位抓的此类事件多、处理学生多,就做到"严格"了。发现这个苗头后,我出了一身冷汗。我们抓考风,难道就是为了多揭露违纪作弊事件、多处理学生?例如,监考老师发现某生有作弊苗头,本来能够及时"掐断"苗头让他的作弊行为不发生,但却静观其变,等待时机成熟突然出手抓他个现行。显然,此念此举绝对荒谬,必须彻底扭转!有的同志别不过这个弯,我就引申:若你是家长,设身处地地想一下,你愿意自己的孩子不作弊还是乐意看他"被抓"受个处分造成终身伤害?答案不言而喻。好了,学生也是我们当老师的孩子,师徒如父子嘛,一日为师终身为父嘛!

这个道理一想通,立刻一通百通。在整个考试期间,所有环节,包括动员、培训、监考、巡视以及考场布置、氛围营造等,都奔着引导学生讨厌作弊、不想作弊、不敢作弊、不能作弊去努力,这就叫"防患于未然"。刚开始抓考风,被抓的违纪作弊事件陡然增多,那是监考老师、上上下下都负起责任的结果;再后来,违纪作弊事件快速减少直至基本消除,那是从根本上消除了违纪作弊现象,考风建设进入良性循环状态。

当然,反面的例子也有,虽不多但让人痛彻心扉。每次考试,都有几例带课本进考场、不按指定位置就坐、不服从监考老师管理的违纪事件,当事者受了行政记过处分;也都有几例偷看课本、抄小抄、传递答案的作弊事件,当事者受了留校察看处分。依我的观点,学生时代因违纪受处分,处分记录不应跟学生一辈子,毕业时撤销即可。可我国的人事档案制度却不允许,一旦记录在案入了人事档案,再抽出来几乎不可能。但能否只进入学生的学籍档案,到了一定时机自动取消?

极端的反面例子也有。一位中年监考教师,为学生提供作弊便利而受到记过处分。这是当时的唯一的例子,在河大可是大大丢人的事。他托人说情无果,事后大病一场,处分记录对他的方方面面都产生了负面影响。处理这事,我曾犹豫过,能否只通报批评不处分?看到大家都眼巴巴地盯着我,只有牙一咬心一横。那以后多年,这位老师碰到我就绕道行,但我相信,他是悔恨、愧恨,不是愤恨,而我的心里始终有一道痕。

还有一个学生,男生,平时吊儿郎当不学习,据说是作弊的老手。抓考风似乎对他没有触动,他就不相信学校能奈何得了他。抓考风的第一次考试第一门考试,他就当了试刀石。考试开始就东张西望,直到考试结束,在监考老师的监控和同学们的不配合下,始终没有机会,考卷大部分空白。事情到此,顶多此门功课不及格,但还有两次补考机会,好好补习就行了。可谁也没料到,临交卷他竟采取了令人匪夷所思的极端行动:边骂骂咧咧边顺手抢过邻座同学的卷子,还顺手把人家名字划掉,填上自己的名字,甩给监考老师,扬长而去!全班同学哗然,监考老师气得发抖。这算得上"情节严重"了吧?恐加上"特别"二字也不为过!只有勒令退学,他已经狠狠地戳破了纪律容忍的底线。让监考老师写出详细事情经过,让三位临座同学写出书面证明,让他本人写出认错检查,让教务处写出处分决定,召开校长紧急会议,在留察还是勒令退学的反复讨论甚至争论中达成一致决议,勒令退学的处分决定发至每一个院系,限时办理离校手续……一路畅通,基本上没有阻隔。但是,虐心的一刻终于来了。

处分决定下达的第二天,该生闯进我的办公室,"扑通"一声跪地不起,后面是他满面沧桑的老父亲。我清楚地知道,勒令退学意味着他的大学生涯戛然而止,今后的人生之路漫漫、茫茫。看着这父子俩,我立刻想到了我自己的儿子……刺心般地疼痛啊!我无权改变处分决定,但有责任对他进行最后的劝导。说什么呢?我说了两点,似乎打动了他。第一,在未来的人生大舞台,学生时代的挫折若能警示你一辈子,未尝不是好事;第二,哪里跌倒哪里爬起,河南大学欢迎你再次报考,到时我们会高度关注。可能苍白无力,但我发自肺腑!

在转变考风取得初步成效后,我们及时跟上了其他三风的建设。制订了《教师教学工作条例》，开展了以老带新、集体备课、公开教学、讲课大赛、教学评估等旨在提高教学质量的活动，每年一度的评职称尽可能地加重教学业绩的分量；完善了课堂考勤制度，引导学生评优奖先活动倾向专业学习，以有利于学生学习为目的改革教室、实验室、图书馆、宿舍等方面的管理办法，传导河大的读书传统与学习风气；开展转变机关作风活动，开拓学生服务窗口，完善学生学籍管理模式，培育教职工对学生的亲情……

针对教学管理，我们建立了常态化的三项制度。第一，各级领导与教师听课制度，硬性规定上至书记校长下至科室主任要深入教学第一线，每学期必须完成一定的听课时数，教师也要听其他老师的课，还要求做记录、提建议，学期末检查。第二，教学督导制度，成立校、院两级督导组，聘请退休老教师、老干部参加。督导组除了可以不打招呼凭证进教室听课，还有权检查教学计划、教学大纲、教案、学生作业，其整改意见具有指令性。第三，教学工作会议制度，规定每学期召开三次教学会议。学期初一次，总结上学期考试情况，宣讲本学期工作计划；期中一次，评议期中教学检查情况，安排下半学期工作；期末一次，总结本学期工作，布置期末考试。

我常说，河大是个读书的地方。"四风"建设催生了河大学生、教师、干部、职工的新面貌，用心观察，可以发现明显的变化。就拿学生谈恋爱来说，我始终认为，大学期间谈恋爱，是一个极其美好的事情，不一定能结出丰硕的果实，但能够开出美丽的花朵。学生谈恋爱，简单地看，就是男女同学关系密切一些，共同的学习生活空间多了一些，没什么神秘的，大可不必像如今听到"恐怖袭击"一样那么惊慌。我管教学、学生期间，从不强调禁止学生谈恋爱，更不会到操场、花园去"哒，你俩是哪个系的？！"尽管有谈恋爱谈出状况的，毕竟是极少数，大多数无非是在公开场合"勾肩搭背"而已。抓"四风"以后，成双成对的照样有，但有碍观瞻的现象确实少了，而且手中多了本书——大学里小情侣们在一起看书学习可是最美的特殊景观！

7.7 嬗变

河大的教学管理，有一个很得力的职能部门——教务处。该处下设教务科、教研科、教材科、教学设备科、招生办，后又增添实践教学管理科、教学质量监控科，还挂靠语言文字工作委员会、自学考试委员会等工作委员会。这个处职能繁杂、任务奇重，二十来号人几乎管了学校一半的业务范围。上述的招生工作、"四风"建设等就是以教务处为核心、为基干完成的。

尤其让我不能忘怀的是，教务处处风良好，大家团结协作、认真负责、勇于创新、乐于服务，与其他部门配合密切，在教职工中有很好的口碑。这得益于两条。首先是我主管期间历任的几位处长、副处长以身作则，个个都能独当一面，个个都是河大响当当的人物，其中两位后来高升为外校副校级干部。一批年轻的科级干部也甚是了得，先后擢升副处甚至正处。其次是教务处坚持不懈抓处风建设，职能明确，行为规范，要求严格。例如，每人办公桌前设一岗位职责牌，让来办事的教职工生一眼明了该进哪个门、该找哪个人；再如，曾经规定，外出公干餐饮人均消费不得超出十元……翻翻我的工作笔记，我曾在教务处全体会上对大家提出了"五个结合"的要求，即学习与研究相结合，继承与创新相结合，严格的岗位职责与宽松的工作环境相结合，主体意识与服务意识相结合，工作关系与兄弟关系相结合，并提倡大家做开拓型、学者型、公关型的教务干部。

我当教务处长近三年，做副校长主管教务处八年，教务处是我最熟悉、最有感情的一个部门。亲爱的同事们，真诚感谢你们在共事期间毫无保留的支持，深情怀念共事期间的美好时日，兄弟姐妹们，你们还好吗？

1996~2004年，我主管教务，此时段恰好是前后各四年的跨世纪时期。在这个特殊时期里，除了常规的教学管理与风气建设，一项既是分内也是额外但无疑是意义重大、影响深远的工作，不期而又如约而至：全国高校进入了全方位、全覆盖的教育教学改革密集期。当时我不由自主又心甘情愿地卷入这个"风潮"，没有空闲和精力思索深层次的问题，并不十分清楚为什么。现在卸下了肩上的担子，就有了轻松回头看的兴趣与心境。我认为，跨世纪的教育教学改革有百分百的必然性，无论从客观还是主观，都是"必须的"。

从客观上看，有三个方面的客观存在急切要求开展高校教育教学改革。

其一，跨世纪发展态势要求高等教育必须跟上时代步伐。1990年代中期至2000年代中期的十年，全世界、全中国都处在两个百年交汇、一个百年一遇的发展大机遇。上个百年，中国和世界风云多变、世事难料，中国曾在屈辱和困顿中挣扎。憋了百年的民族振兴之气在世纪之交在全国总爆发，加入世贸组织在客观上提出了新的要求，施加了新的推动力，各行各业都进入了一个追求增长、渴望发展、梦想复兴的亢奋期。教育特别是高等教育被列入"科教兴国"这个宏大的国家战略或曰基本国策之中，在我国跨世纪发展中既是先锋又是后勤，不改革就无法承担这个光荣而艰巨的历史使命。

其二，高层次人才需求给高等教育提出了现实的任务。随着我国经济社会的高速度发展和大幅度提升，高层次人才不足成为阻碍发展的一个瓶颈。跨世纪时期，我国改革开放踯躅了十几、二十年，国外先进的发展要素、新技术革命涌现的新元素，都要求高等院校提供宽阔而高质的人才支撑。但我国高校培养模式基本沿袭了"文革"前的一套，教学内容与培养方式大大落后于国际先进水平,已不敷对高层次人才的需求。高校招生规模的扩充只解决了量的增加,质的提升只有通过教育教学的改革来实现。

其三,科学技术的飞速发展对高校培养模式和方法提出严峻挑战。从20世纪末一直到现在,世界范围内科学技术的发展进入了空前繁荣、人才辈出、成果累累的黄金时期。系统论、控制论、信息论风行一时,信息科学无处不在,生命科学、环境科学、材料科学等各领风骚,基础研究的平台多层次、全方位。在这样的背景与基础上,全球进入了蓬蓬勃勃的"新技术革命"时期,现代先进技术成了各个领域渴求的香饽饽。在高校,各学科尤其是理工学科,教学内容面临全面更新,计算机技术、网络技术、现代教育技术直接冲击着固有的教育教学模式和方法,再不改革,我国高等教育将难以为继!

从主观上看,有三个层面的主观愿望急切要求开展高校教育教学改革。其一,在全国层面,国家教育部(原国家教育委员会)有振兴我国高等教育的比较周密的顶层设计。为提高高等教育对21世纪高层次人才需求的支撑力度,为有效担当科教兴国的时代大任,为赶超世界先进水平,教育部出台了一系列推动教育教学改革的政策和措施。

其二,在省(自治区、直辖市)层面,各级教育行政部门也有一套既与全国相适应又有自己特色的行动计划。例如河南省,很长时期没有全国重点大学、重点学科、科学院院士,甚至连博士学位授予点也没有,高等教育状况与文化大省的地位远远不匹配,教育经费的投入与全国平均水平有较大差距,外地高校与本省高校招生规模远低于人口规模的相应比例。在省委、省政府的力促下,河南省教育厅以各种形式积极扩大高等教育规模,积极推动高校的教育教学改革,并取得了显著成效。

其三,在学校层面,处在第一线的高校基本上都有自己雄心勃勃的发展规划。例如河大,辉煌历史已成为包袱,办学实力长期徘徊不前,在师范院校向综合性大学演变的路途上苦苦挣扎。"河老大"的地位本来就岌岌可危,与"211工程"失之交臂、不对等的三校合并等更是让河大有了本省二流角色的自我感觉。可以说,河大上上下下都憋着一口气,社会舆论也替河大抱不平。在扩大规模的同时,急于提高办学水平与质量是学校领导班子的第一要务,是所有教职工生的共同愿望!

综上所述,跨世纪时期我国教育教学改革是牵涉面广、改革力度大、内涵深刻的一场改革,是我国高等教育与高等院校一场意义深远的"嬗变"。教育的改革,例如"211工程"、高校合并与升级、党委领导下的校长负责制、后勤服务社会化、本科教学水平评估等等,得失成败且不论。各高校广泛开展的教学改革,真是取得了实质性进展,取得了实实在在的成果,推广、实施至今,证明很多改革举措是经得起实践和时间检验的。

我主管河大的教学改革，自然动脑筋多些。千头万绪，从哪里下手改？一时头懵，还得提高认识。在改革开放的年代，有价值的职业生命必然在改革开放这块园地绽放。试想将来退休，如果扪心自问"在那一段改革开放的火红年代，你做了什么？"怎么回答？说"跟着大伙往前跑呗，改革开放的甜头倒是尝了些"？那就连我自己都看不起自己！我在这个台上，手里握有主动权，我不领头干叫谁领头干？！这就是挂在嘴边已经说滥了的使命感、责任感吧。

有这一股气撑着，主意就源源不断了。我最先想到并立马动手的事是，对河大的教学改革进行尽可能系统、完备并站在时代前沿的顶层设计。在充分调研并征求各方意见的基础上，以教务处为责任部门，制定了《河南大学跨世纪教学改革工程》（简称《跨世纪教改工程》）。该工程将教学改革视为一项系统工程，力图涵盖教学目的、教学内容、教学方法、教学评定、教学考核以及学科载体、培养方式、管理机制、奖惩办法等，力图用十年左右的时间，在21世纪初，基本完成全校教学工作的"嬗变"，把一个"涅槃"了的河大本科生培养体系带进新世纪。

这个工程的目标不可谓不雄心勃勃，方案的制定不可谓不呕心沥血，实施并取得实质性进展的决心不可谓不坚决。在实施过程中，除了1999年开始的大幅度连年扩招造成的压力与窘迫确实拖了教改的后腿，由于决心很大、态度强硬、紧抓不放，进展基本顺利，所取得的成果惠及今日。《跨世纪教改工程》的成功为后来启动的《河南大学新世纪教学改革工程》的启动做了扎实的铺垫。

《跨世纪教改工程》的核心目标是河大学校性质的嬗变。新中国成立后，从全国排名前列的综合性大学蜕变成一所省属的地方师范院校，河南大学经历了百年发展史的最低谷，而且时间长达28年。如果说河大因"211工程"无名而坠落到河南省第二梯队是河大人心头的一个痛点，那么另外一个痛点就是其办学空间大受限制的师范性质，其实质是对河大延续多年的"摧残"，这是原痛。1977年恢复高招以后，河大在短短七年时间里经历了"更名"为"河南师范大学"，又"恢复老校名"为"河南大学"，足见河南省与河南大学力促河大实现综合性大学嬗变的急迫心情。1984年后，胡耀邦同志题写的"河南大学"牌子，挂上了河大南门，标志着向着综合性大学的嬗变正式启程。

换一块牌子，尽管也要付出巨大的努力，但要"名符其实"，却要经过漫长而艰辛的过程。十年以后，1994年，我们还不敢说河大已经是综合性大学了；又过去六年，2000年，新世纪了，我们仍不敢说河大已经是综合性大学了；一直到2004年，《跨世纪教改工程》接近尾声，我们才敢小心翼翼地宣称,河南大学是一所综合性大学。算个总账,新中国成立以后,从1956年河大更名为"开封师范学院"起,历经28年纯粹的师范院校;1984年恢复老校名,又历经20年的过渡期;到我退休(2017年)又历经13年的综合性大学巩固期。这就是60年一甲子的折腾史,占河大108年(1912～2020年)校史的将近60%!

在这个嬗变的过程中,学科专业建设、培养方式改革、学籍管理改革、发展研究生教育、调整内涵关系等是实质性的支柱和实现"涅槃重生"的主要途径。

学科专业建设是办学的基本载体和发展的生命线,其构成与水平是判别学校性质的主要指标。开封师院、河南师大时期,主干学科是老河大保留的人文社会科学,中文、外语、历史、地理、政治等有一定实力,艺术、体育有一定水平和特色。招生专业的设置完全围绕培养中学师资展开,无非是语外政史数理化地生体音美。在这样的基础上,学校要跨上综合性大学,何其难也!

再难也要做,做就要做出成效!这是一项脱胎换骨、浴火重生的大事业,其核心是拓宽办学平台、增加新型学科专业。首先,改校、系两级管理为校、院、系三级管理。学院相当于原来的系,是实的;系相当于原来的教研室,归学院领导。这样,学科与专业的承载体平台被大大拓宽了。同时,充分发挥河大师范类专业基础雄厚、口径宽泛的优势,分批、陆续组建了一批新的非师范专业,以组成成分的量变促成办学性质的质变。或分蘖成株,在一个学院内新增若干非师范专业。例如外语学院、历史文化学院、环境与规划学院、教育科学学院、体育学院、艺术学院等就是这么干的,形成了各自的非师范类专业族群。或插枝成林,一个学院分成若干学院,相关学院组建新的学院。例如文学院派生出一个新闻与传播学院,原政教系分为哲学与公共管理学院、商学院、经济学院、法学院,原数学系、物理系、化学系组合成数学与统计学院、物理与电子学院、化学化工学院、计算机与资讯工程学院、土木建筑学院、生命科学学院,医学院派生出药学院、护理学院。

这个嬗变的过程还有三个支撑点。其一,学科专业结构向综合化发展,变原来的大文大理二元结构为文、理、工、医、特(体育、艺术)结合、基础学科与应用学科结合的综合性多元结构。每个学院只保留一个师范专业。其二,启动重点学科建设,按省、校两级设置,省、校分别给予经费支持。坚持多年的省级重点学科建设取得显著成绩,不仅争取到了大笔省财政建设资金,还带动了学校全面的学科专业建设,并为后来申报、争取国家级重点学科打下了基础。其三,制定并实施了学科带头人培养计划,建立结构合理、水平较高的学科梯队和专业骨干队伍,为新开辟的学科专业提供人才支撑。

制定了优厚的高层次人才引进政策,先后确定了若干批学科带头人培养对象,他们在学科专业建设中发挥了实实在在的核心带动作用。

培养方式的改革要解决综合性大学本科培养体系实现过程与途径的科学化和规范化,建立针对培养目标的程序化系统。长期以来(包括改革开放以来),我国高等院校基本沿袭了苏联"学年制"的培养方式,做起来驾轻就熟,许多老师和同学都欢迎。但是,用改革思维衡量学年制,许多沉疴积重难返;用开放眼光透视学年制,距世界先进水平相当遥远。我的亲身感受是,学生没有压力,好歹混个及格就能毕业;教师没有压力,多年教一两门课、多年用一个教案也能说得过去;学生没有自主,不能根据情况提前或延后毕业,不能根据兴趣选修他专业甚至他院系的课程;教师没有自主,缺乏教师根据特长开设新课程的动力和可能,缺乏教师根据需要更新教学内容的动力和机制。也就是说,高等教育的培养方式竟与基础教育(中小学教育)基本相同!我想,我国高校的"难进易出"的奇怪现象,人才培养规格单一、尖子人才不易脱颖而出的弊病等,与学年制的培养方式有一定关系。再者,师范院校实行学年制还勉强对付,综合性大学也实行学年制,那就无论如何都说不过去了!

"学分制"改革已成为培养方式改革的核心内容。河南省教育厅意识到这个问题之后,小心翼翼地迈开了改革的步子,开始启动学分制改革试点。我们意识到了这个问题之后,积极向上申请到改革试点资格,立即动手设计改革方案,并大张旗鼓地推动这项改革。从学年制到学分制,一字之差却差之千里。这又是一个涅槃的过程:突破四年八学期学制的限制,学生可根据自己的能力与实际选择自己的培养年限或长或短;废除以课程成绩及格与否来衡量学生培养成效的陈旧办法,根据课程的难易、分量赋予课程学分,以获得学分多少来计量学生培养成效;打破一院系、一专业课程设置的封闭性,开通专业族群乃至全校的互通性,以供学生任意选课;强行结束学生被动接受课程安排的局面,开发强大的、高效的学生自主选课系统。

在这个过程中,设计不同年限的学制、给每门课程赋学分、给每个专业设计总学分量、制定新的培养方案与教学计划等,属于早期须解决好的、一次性解决的顶层设计,虽无经验可循,但一次艰苦的、开创性的劳动即可基本解决问题,以后逐步调整、完善即可。最考验决心、耐心和功力的是教方课程体系的设计与学方选课系统的运转。前者关乎学校能给学生提供多大的选择空间,后者关乎学校能否让学生顺畅选到心仪的课程;前者成了教师与教学管理者时刻不能贻误的常态化挑战,后者是每个学期学分制实施乃至教学秩序维护的基本保证。

在我的印象中,河大的学分制试点改革基本贯穿了《跨世纪教改工程》

的全过程，设计、实施中遇到的问题、障碍、困难是空前的，取得的成效也是空前的。尤其是，河大在全国率先成功开发了"学分制网络选课系统"，为我国学分制改革作出创造性贡献。直到今天，河南大学现行培养方式的基础与架构依然是当年嬗变的结果。当年的这项改革有两点遗憾：一是老师、学生的自主性发挥没有达到原设计目标，不少人依然乐意沉溺于学年制的松散与慵懒之中；二是学生自主选课计算机系统的能力不够强大，在海量信息瞬时拥挤的巨大压力下，系统堵塞的状况时有发生。我相信，这些问题今天已经有了有效的解决途径。

学生学籍管理改革是学分制改革最为重要的配套措施，原来学年制下学籍管理的老办法已完全不适用。这项改革与学分制改革同时甚至是稍微超前进行，考试安排、成绩录入、学生升降级、学生选课、奖励与惩罚以及主辅修制、双学位制的实现与管理等，均须根据学分制的框架与要求重新设计，而且最大的进步是这一切的操作平台是计算机。学籍管理系统是一个半开放的网络系统，通过一定的认证允许校领导、有关部门与院系进入，这在一定程度上也促进了校园网建设，对校园网的办公系统提出了较高要求。

积极发展研究生教育是学校性质嬗变的重要支撑，也是综合性大学的必然选择。"文革"后河大的研究生教育起始于1978年，基本上与本科生教育同步。但是在师范教育体制下，招生的规模与培养的水平长期徘徊在自然发展状态。尤其是培养层次局限于硕士，博士点的缺位成了河大人心头另一个层次的痛。可以说，研究生教育成为河大提升办学水平、登上新的办学台阶的最大、最显的限制因素，加强学位点建设、积极发展研究生教育是全校上下的共同任务、中心任务！其要务是，博士单位、博士点取得突破性进展，积极稳妥地扩大研究生招生规模，力争一级学科博士学位点、扩大一级学科硕士点，开办博士后流动站。这些目标都陆陆续续实现了，尽管过程漫长、进展艰难、细节难言。

所谓调整内涵关系是指调整办学的规模、结构、质量与效益四者的关系，使之达到高度的协调、统一。一个学校，如果招生规模即办学规模扩大了，学科专业结构、生师比例结构等学校内部结构没有相应跟进调整，或者结构无序、混乱，办学质量就会下降，办学效益就会折损，反过来还会对办学规模产生副作用；如果规模扩大的同时也进行了有效的结构整合，但却不注意过程的高效管理，学生培养质量上不去、学术质量上不去，办学效益就无从谈起，反过来还会对规模和结构产生副作用；如果规模、结构、质量都没有问题，但不注意高层次人才的社会需求、不注意高质量科研成果的社会转化，办学效益体现不出来，反过来还会对规模、结构和质量产生副作用。只有这四者达到高度的协调、统一，大学之道才能充分彰显，办学才能进入理想状态,教育教学改革才算取得成果。

四者的辩证关系再次印证了一般系统论的普适性:系统组分、结构、质量、功能是一个整体,一项出了问题,不仅影响其他,更对系统整体产生损害;只有四者高度协调、统一,系统要素加和才能大于系统整体;当一个要素发生突变时,其他要素必须相应调整,否则,系统必将沦落甚至崩溃。跨世纪时期,河南大学三件大事成了系统要素发生突变的诱因:连年扩招,由师范院校向综合性大学嬗变,三校合并。前者使办学规模陡然蹿升,中者要求从根本上转变办学结构,后者对规模与结构都产生巨大冲击。在这个当口,河大要维持系统稳定还要提高质量和效益,那真是困难重重(chóng)、压力重重(zhòng)!但是,河大挺过来了,靠的是全校共同努力,靠的是百年老校积淀的深厚的办学底蕴和强大的自组织能力,当然,我们教务部门的《跨世纪教改工程》起了关键作用。

2001~2005年,我们以教务处为平台,组织编辑出版了七本《高等教育研究》(1~7辑)(河南大学出版社出版,主编王发曾),集成了河大教师教育教学改革的大部分成果,在本校与兄弟院校产生巨大影响。教务处的同志尤其是刘卫东老师,为这几本书的出版立下汗马功劳,我铭记在心!

河大一系列脱胎换骨的嬗变,一路走来磕磕绊绊、筚路蓝缕,我们向着光明的前路不动摇,我们的付出换来了收获的喜悦——而这一切直接的受惠者,是学生,是河大的孩子,我们的孩子!

7.8 大学生综合素质教育

传道、授业、解惑是教师的天职,三项天职的对象都是人才。人才培养,是教育的基本功能,高层次人才培养是高等教育的基本功能。我重述这些尽人皆知的常识,是要郑重地说明:学生工作是学校所有工作的中心,学生是所有教职工的服务对象,学校以人为本的"人"主要是学生。

国外的学校尤其是大学,人才培养相对单纯得多,招生、专业培养、考试、授学位,走人。校园没有院墙,不设门卫、保安,学校就是社会的一个开放单元。似乎没有"学生管理""学生思想政治教育"这一说,学生的吃住行、娱乐、医疗、安全和就业统统交给社会,学校才不费那个心呢,只管专业培养。在我国的教育体制下,大学基本是一座封闭的"象牙塔",学生就是圈养在塔里的"精英",一所大学就是大社会中一个相对独立的小社会,学生工作是学校的本分而且分量很重。这是因为,我们的学校不仅要培养社会主义事业(早先是"无产阶级革命事业")的建设者,还要培养社会主义事业的接班人;学生在学校不仅要学知识、增智力,还要德智体美劳全面发展;学校不仅要负责学生的学业，还要负责学生的思想政治教育，还要负责学生的吃住行、娱乐、医疗、安全和就业。

为了支撑这个庞大培养目标，我们的大学比国外多了四个东西。一是有一套完整的思想政治、学生管理工作机构，学校党委以及宣传部、组织部、学工部、团委、学生会、学院（系）党委（总支）、教工党支部和学生党支部等，部门齐全，职能明确。二是有一支专门的庞大的思想政治与学生管理工作队伍，各个层次的党委书记、总支书记、支部书记、团委书记、部长、处长以及科长、科员、政治辅导员等，工作繁忙，岗位明确。三是有一系列的思想政治课程、马列毛邓课程和道德养成课程，名目繁多，要求规范，当然还有对应的一支教师队伍。四是有一套、有一支完整、专门、庞大的为学生也为教职工服务的行政机构与工作队伍，学生处、财务处、基建处、总务处、校园管理处、后勤服务总公司、校医院等，肩负食管宿管车管、医疗卫生保健、运动娱乐健身、收钱花钱发钱、奖励处罚表彰、洗澡理发安全、盖房修房分房、供水供电供暖等几乎涵盖一切的大小情事，全包大揽，分工细致！

于是，学校高层就会时常纠结三件事：生怕学生一时想不开，在政治敏感时期闹事、戳事，对上面没法交代；生怕服务不周或各种矛盾引起学生不满、冲突、起哄、闹事，对学生没法交代；生怕发生失火、楼塌、中毒、溺毙、伤害、自杀等意外事件，对家长、上面、学生和社会都没法交代，还连带赔偿、问责。另外还有两件事也很虐心：原先不让学生谈恋爱现在允许谈恋爱甚至结婚，就担心学生因情弛业、意外怀孕甚至殉情，得进行正确婚恋观教育和密切监控以防患于未然；原先包毕业分配现在不包了改为双向选择，但为了保证毕业生就业率以获取良好社会声誉，得进行就业指导，得组织毕业生与社会用人单位的供需见面会。

于是，学校领导层面得由专人分管学生工作，一名副书记负责学生的思想政治工作，一名副校长负责学生的行政管理和日常事务。我当十年副校长，分管学生工作八年，先后与贾华锋副书记、葛运发副书记、郑邦山副书记搭档合作。贾书记是老师分、前辈，自然我要多听他的；葛书记是医专合过来的，情况不是太熟，我只有当仁不让；郑书记一见之下特别投缘，我俩之间真正实现了无缝隙合作。

我做学生工作，基于两个基本理念，一个趋于理性，一个趋于感性。

第一，准确、全面地认识当代大学生，对自己的培养对象有一个理性的分析和判断。正如农民之于农作物、工人之于工业产品、医生之于病人一样，当教师的如果对于自己的学生知之甚少，简直不可思议。可这种不可思议的现象还真有，在有些同志眼里，现在的大学生哪哪儿都不对，娇生惯养、玩心太重、不能吃苦、缺乏磨砺、胸无大志、不知感恩等等。有了这样的判断,对学生能有个好吗？顺理成章的工作思路无非是约束、限制、管控、惩罚、处置。多的是严厉和堵、卡,少的是温情和导、养,教育无效时,要么放任,要么惩处。

在我眼里,绝大多数为独生子女的当代大学生,固然有先天性培养管道的不畅、不顺,但他们身上的优势与闪光点不容忽视。与我们这些人相比,他们(尤其是城镇学生)的少年成长环境要优越得多。物质生活水平的提高可以使家长慷慨地多花资源用在孩子的成长和教育,他们获得的物质支持要好许多；独生的孩子"独占"了父母和家庭的关注、希望甚至宠爱,家长心无旁骛的关爱不全是坏事；社会生活的安定给孩子的成长提供了更多的正能量,不可或缺的健康营养使孩子们茁壮成长的路途上少了许多本来可以避免的曲折与磨难；科技文化事业的飞速发展使当代大学生从小就受到现代文明的熏陶,他们成长进步的起点要比我们高得多……一句话,当代大学生是光明的一代,是充满希望的一代,是堪负重任的一代,他们的心和我们一样红,他们的血和我们一样热,他们绝对是大学里绚丽多姿的全风景！和我们也有许多不同,但都是不同时代的必然折射,没什么稀罕的,不值得大惊小怪。其实,真正的不同在于,我们的青春是灰暗的,而他们的青春却比较纯净、明亮。

第二,准确、全面地认识教育的功能途径,对自己的培养对象有一个感性的心理倾向。如前所述,教育的功能通过教师的传道授业解惑这个途径贯穿,受教育对象在施教者心目中的地位如何直接决定着教育的结果与成效。一些同志站在学生的对面,斜着眼睛看学生,心里的不耐烦甚至厌恶溢于言表。也有的同志没有那么严重,但却形而上地理解"严师出高徒"之古训,坚信"严格"是学生成才的不二法门。学生遇到这样的师长,本应色彩斑斓的大学生涯就必定损色。

我认为,教师和所有的教育工作者都应该把学生当做自己的孩子,视若己出,这是一个施教者职业感情的归宿和基本职业素养。在世上所有以"雕琢"为手段的职业中,教师雕琢的对象是人,而且是成长中的儿童、少年、青年。他们和我们一样是有感情的人,他们的成长不仅需要磨砺也需要滋润,不仅需要严格也需要温情,不仅需要约束也需要宽松。家长把孩子交给学校,国家把培养人才的重任交给学校,学校就必得负起教育、教养、养成孩子的责任,而要做到这些,只有热爱学生,而且必须是发自内心的、像爱自己的孩子一样。在学生成长的过程中,他们每一点进步都会使你欣喜不已而不是不屑,每一个困顿都会使你高度关注而不是不觉,每一次失败都会使你寝食难安而不是不见！况且,如果通过爱的沁润与学生融为一体,而不是人为地在师生之间造一道感情的藩篱,施教者本人的职业心理感受将会是光明而温馨的，一辈子如是，那将是一个怎样美好的人生？！

大学里学生工作千头万绪，但积极主动的教育、养成工作是其综合素质培育。素质，是指人应该具有的本质禀赋；综合素质当然是指人的方方面面素质的集合，是一个人格、人品、人才的完整、统一系统，综合素质培育是一个系统工程。

有人认为，高等教育是职业教育，或是专业教育，或是文化教育，或是学术教育。这些认识都有一定道理，又都有一定局限性。我认为，归根结底，高等教育还是素质教育，是综合素质教育，说得更准确一些，是学生综合素质的培育。由于认识的不明确、不统一，长期以来（包括"文革"前），我国大学的人才培养没有凸显学生素质培育，更遑论综合素质培育。直到1990年代中叶，才从对当代大学生的感知中引发了素质教育问题，但可惜的是，那时的素质教育有所偏颇。

那时，大学招生的门槛很高、门缝很窄，能考上大学不啻鲤鱼跃上了龙门，真能改变学生的一生命运。城市、乡村的高中毕业生无一例外地都要考大学，在"千军万马过独木桥"的惨烈景观背后，隐藏着多少为人知不为人知的"十年寒窗苦"的悲情故事。德智体美劳全面发展的教育方针在高中被扭曲为智育高于一切、分数大于一切，应试教育到了无以复加的地步。这种培养方式教出来的一些高中生而且是高分考进来的高中生，进到大学门后自然被侧目而视：这些学生，就是呆头呆脑的学习机器，就是既高明又蠢笨的考试机器，不关心政治，胸无大志，没有情趣，知识狭窄，爱好单一，不懂得历史，不懂得文学，不喜欢音乐、美术，缺失"艺术细胞"，懒得运动，不会与外界交往……素质差，文化素质差！

尽管这些所谓"素质差"的学生只是一部分，但已经足以给当代大学生贴上一个不甚光彩的标签，足以引起官方、社会、高校甚至家长的严重关切。于是，一个不约而同的命题自上而下、自下而上地同时迸发：一定要加强大学生的文化素质教育！国家教委（教育部）开动惯有的"啥都管"思维，积极开展了大学生文化素质教育的试点工作，并在每一个省（自治区、直辖市）确定一所大学作为试点。河南大学自然是积极争取，河南省自然是故我照旧，郑州大学自然是当仁不让。

河大没有做试点，倒让我有可能、有机会在局外冷眼旁观、冷静审视。我翻阅一些试点大学印发给学生并用于校际交流的《大学生文化素质教育读本》，不用费力就可以发现：所选读物无一例外都是政治、文学、历史、法律、艺术等人文社会科学领域的经典文献，同时也很讲究可读性，故事新鲜动人，文字生动有趣，而且图文并茂。但是，一连串疑问浮上心头：这就是文化素质的载体吗？文化的元典概念是什么？当代大学生欠缺的只是文化素质吗？大学生的素质教育究竟应该怎么实践？

我的回答是，首先，我认可《现代汉语词典》（第7版）的解释："文化是人类在社会历史发展过程中所创造的物质财富和精神财富的总和，特指精神财富。"特指的"精神财富"应该包括人文文化和科学文化两大类，那么文化素质就应该体现在人文文化素质和科学文化素质两个方面。如果只强调人文文化素质、忽略科学文化素质，那就有失偏颇。其次，大学生文化素质是其素质构成的重要部分，但却不是全部，还有其他相互关联、相辅相成的素质要素，所谓"全部"，只能是综合素质。如果只强调文化素质而忽略综合素质，那也有失偏颇。

关于"其次"，我有更多思考，并试图构建一个综合素质的构成框架。我想，大学生的综合素质包括三个层次：第一，应具备现代人的一般素质，包括思想道德素质、文化素质和身心素质；第二，应具备大学生的必需素质，包括专业素质、创新素质、研究素质和文明素质；第三，应培育高层次人才的特别素质，包括科学思维素质、决策选择素质、组织领导素质、管理控制素质和人格魅力素质。

大学生综合素质培育的途径复杂多样，无时不在、无处不在，大学的所有工作都应该围绕培育学生综合素质展开。具体来说，无非是专业教育（课内）和业余培育（课外）。专业教育是一个自成体系的庞大系统，自有其必然性与固定性，特别强调授课教师要"教书育人"；业余培育是一个开放自由的广阔天地，怎样开展、水平如何，由施教者的积极性和智慧决定，有必要动脑筋、总体设计。

专业教育中的"教书育人"是指教师关心爱护学生，在传授专业知识的同时，以自身的道德行为魅力言传身教，引导学生寻找自己的生命意义，实现人生应有的价值追求，塑造自身的完美人格。有关精神在《中华人民共和国教育法》《中华人民共和国教师法》都有所涉及与体现。本来，教书育人是个无须特别关注的命题，古训早已多有涉及，例如，教师必须是学生"可以师法的模范""学高为人师，身正为人范""为人师表"等等。但到了现代，少部分教师个体身上出现的形形色色的问题甚至恶行，在相当程度上掩损了教师职业的光芒。积极提倡教书育人，旨在提醒教师自律自爱并注意学生的思想道德培育。但遗憾的是，自律自爱的要求似乎对极少数教师不起作用，许多教师对育人的理解就是课前课后给学生讲点大道理。看来大学教师与干部综合素质的提高也是不容小觑的任务呢。

业余培育的途径有一个常在、常态的活动领域，即"校园精神文明建设"或"校园文化活动"，这在下一章专论。其中蕴含着两个特殊，特殊的时间点和特殊的人群。特殊的时间点有特殊的背景、特殊的目标、特殊的要求、特殊的行动，比如新学年开始的迎新活动、周末文化广场活动、暑期社会实践活动、春秋季运动会、重大节日活动、迎新年活动、校庆纪念活动、敏感时期活动等。特殊的人群有特殊的身份、特殊的需求、特殊的针对、特殊的行动，比如新生活动、贫困大学生支助活动、学生干部培训活动、女学生活动、毕业生活动、教职工活动、老教师老干部活动等。

在实践中我们还特别关注两个"极其特殊"。一个是新学生这个特殊人群在新学年开始这个特殊时间点的活动——军训，极其特殊，已在本章7.5节专论；另一个是贫困大学生这个特殊人群的扶助活动——扶贫，极其特殊，就放在本章的下一节专论。

7.9 贫困大学生

1990年代，我国大学出现了一个极为特殊的学生群体——贫困大学生。在新中国，"贫困"二字过去是个十分模糊的概念，因为大家都一样，没有富裕也没有贫困。再者，社会主义也不允许有贫困更不会宣传贫困、救助贫困，更不会有什么慈善事业。自打提出"让一部分人先富起来"以后，在商品经济大潮的狂风巨浪中，一些人善于弄潮而迅速致富甚至致大富、暴富、巨富，但有更多的人逐渐沦入贫穷，甚至在中国形成了一个庞大的贫困阶层，以至于国家不得不郑重面对贫困问题，扶贫、脱贫成了一项重大的社会系统工程，各种各样的慈善事业也粉墨登场。

贫困家庭的出现必然影响到其子女的求学，贫困大学生现象在新中国出现自有其必然性。

据我工作中所遇，贫困大学生主要来自贫困地区的农民家庭和城镇下岗职工家庭、低收入职工家庭、遭遇特殊困难家庭。我国贫困地区大多分布在中西部，其中革命老区、少数民族地区、边境地区尤甚，为"老少边穷"地区。这些地区的普通农（牧）民，多以种田、放牧为生，收入菲薄，难以支撑一个大学生动辄万元、数万元的年花费（包括学费、书费、杂费、生活费）。政府对扶贫工作十分重视，专门设立了贫困县、贫困乡的评定机制，专门制定了扶贫、解贫的政策、办法。在这些地区，考上个大学生不容易，乡里或村里一般都会给学生开个"贫困户"证明，以便新生报到时申请支助。

城镇低收入职工的贫困问题由来已久，而下岗职工的贫困问题却是1990年代才出现的一个突出社会问题。我国过去虽有失业现象，但构不成社会问题，于是也就长期回避"失业"二字。随着计划经济体制转轨为市场经济体制，大批国营、集体企业转制为私有企业，大量国有、集体所有资源无端流失，大批企业职工被迫脱离岗位、丢掉饭碗，终于集成了巨大的"下岗职工"群体——而且,下岗是永久性的。其上大学的子弟自然就沦为贫困大学生。

这只是问题的一个方面,是学生家庭经济状况这一个方面。我们1970年代末期上大学,也有贫困家庭的大学生,但是不用交学费,一个月十几二十几块钱的生活费也能对付,助学金即可解决问题。后来,物价猛涨,特别是大学开始收学费,供养一个大学生的费用越来越高,这就从另一个侧面酿就了贫困大学生问题。数据显示,1980年代末,我国大学开始收费,每学年学费约200元,加上生活费和其他学杂费开支,每年一个大学生平均花费600元左右,占当时城镇居民平均年收入的50%(1989年统计)。此后,学费逐年快速上升,1993年生均缴纳学费610元;到1996年翻了一番,达到1319元;1999年又翻了一番,达到2769元。扩招后学费又大幅上涨,2000年比1999年上涨28.2%,2001年达到生均3895元。目前,大学生学费一般在每生5000元左右,比1989年增加了几十倍。而城镇居民人均年收入只增长了4倍,扣除价格因素实际增长2.3倍,大学学费的涨幅几乎10倍于居民收入的增长!"井喷"式的高校收费,使越来越多的贫困家庭孩子读不起大学。据我在河大所感,贫困大学生约占四分之一之多,而且其中不乏特别困难的"特困生"。

当贫困生终成一个无法回避的问题时,对贫困生的认定就成了一个首先应该明确的问题。当时对贫困生是这样认定的:本人月平均生活费、家庭人均收入在300元以下的,平时生活节俭,完成学业确有经济困难的学生;家庭所在地处边远经济较落后的农村地区,或父母下岗无固定经济来源,以及残疾学生、单亲父母离异低收入家庭的学生;少数民族学生,及少数本人虽未主动申请但家庭确实贫困,且有相关证明情况属实的学生。除符合以上条件外,还具备以下条件的,如烈士子女、孤儿、父母患有严重疾病或残疾(丧失或部分丧失劳动能力的)以及特殊困难家庭,家庭持有《特困证》《社会扶助证》《最低生活保障证》及本人月平均生活费与家庭人均收入在200元以下,难以维持基本生活的,列为特困生。

现在回顾当年,有些"专家"尽管可以找出许多理由来论证市场经济大潮中产生贫困的不可避免,论证大学收费而且越收越高的不可避免,论证贫困大学生问题的不可避免,但我作为曾经直接面对贫困大学生、具体负责扶助贫困大学生的"当事人",却不愿意费尽心思去找理由、去自我安慰。因为我是教师,因为我了解我的学生怎样在贫困中挣扎,因为我始终认为出现贫困大学生问题责任不在他们,也不在他们的家庭。人民当家做主的新中国建立半个多世纪了,不应该有这么多的贫困家庭和贫困生,贫困生问题也不应该成为大学要解决的办学大问题。

接到学校录取通知书后,贫困家庭的新生及其家长喜悦的心情很快被愁绪淹没,通知书上明文告知的要一次缴纳的学费与住宿费、卧具费像一座山一样,横亘在他们眼前,不可逾越而又必须逾越,这还不算赴校的路费和头几个月的生活费。多数家庭东挪西借、卖牛卖房能多多少少凑几个,少数家庭一贫如洗、一筹莫展。前者都会携带一纸当地政府开具的贫困家庭证明,盼望能在入学时获得学校支助;后者有的自动放弃了入学资格,社会多了一个今日普通体力劳动者,学校少了一个明日高层次人才。

到学校报到时,学费或减或免或缓或贷,手续繁琐,层层过关。安顿下来了,生活问题立马出现。据我观察,在我主管期间,学生的伙食费一般需400~500元/月,而贫困生每月能有200元吃饭就算不错。一天六七块钱伙食费,能吃啥?吃馍就咸菜素菜喝米(面)汤,要吃面条,菜就免了。我注意到一个细节,有的学生到食堂就餐时间很晚,一是等人少了可以避免同学发现自己的窘状,二是可以让打菜的师傅免费给盛点就要倒掉的菜汁以下饭!我曾经试了一次:没人了,我匆匆买了俩馍,让师傅盛了半碗卖剩下的菜汤,躲到食堂角落里狼吞虎咽,真香啊!但心是苦的。新中国都50多岁了,不新了,连自己的大学生孩子的吃饭问题都没有彻底解决,我这老共产党员为人父为人师者还有何颜面?除吃饭之外,他们的穿衣问题和其他日常、正常花费一样没有着落。

带着强烈的感情去面对贫困生,这是河南大学贫困生工作做得出色的根本原因。国家要求、省里要求,不能让一个贫困生因为家庭经济困难而辍学。河南大学要求,不能让一个贫困生因为家庭经济困难而影响学习!为了实现这个更高的目标,我们可说是想尽了一切办法,或者说是"无所不用其极"。

尽量减免缓贫困生的学费。每年的学费是贫困生的一道大难关,这一关过了,就不会"因为家庭经济困难而中途辍学"。由于学费是国家准收的教育经费的重要组成部分,要减免缓,手续肯定比较严谨甚至繁琐,不是谁说一句话就可以解决的。再者说,这部分经费是学校的正常办学经费,早已打入学校的年度预算,减免缓肯定会减少收入,会给本来就很紧张的财务造成更大压力,学校并不乐意做这个事。但我想,重中之重是留住人才,积少成多,功德无量;少收一人的学费,损失是学校经费的数万分之一,因交不起学费而辍学,对于一个学生及其家庭来说是百分百的厄运。于是,我的做法是尽可能地减免缓,能免的就不减,能减的就不缓,缓交者到期还交不起的继续缓,到毕业还交不起的欠着,挣了工资再还给学校也行。另据教务处同志回忆,他们使用教材折扣款免收了占学生总数15%的贫困生的教材费。

结果许多贫困生受益,他们对母校心存一份永久的感恩;也有少数人毕业后泥牛入海，造成了一批"坏账"。于是，有的部门有意见了，其职业原则性与严谨性不允许"欠债不还钱"。于是就采取了一个"绝招"：毕业时还无力缴费者，临时扣发毕业证，只给复印件以不耽误学生找工作，拿了工资还了学费再领取毕业证原件。这样做果然有效，但我心里不安逸，对自己的学生采取这样的办法实在是有损师道尊严，况且这样做合不合《中华人民共和国教育法》我也没想明白……

因减免缓而受益的学生无形中增添了学习的动力。有一年，新学年已经开始，新生报到已临近结束，王文金校长接到一封山西陈姓新生来信，言及家庭困难学费无着，自愿放弃入学资格，准备打工挣学费，明年还报考河南大学。校长立即将信转我阅，并指示一定要处理好。信写得很长，对家庭困难状况的描述令我心酸，对自愿放弃入学的无奈令我震动，对到河大读书的执着令我欣然，尤其对这孩子勇敢面对现实的人生态度令我感佩——这是个有志气、有担当的好孩子，这样的学生配做一名光荣的河大人！我立即布置教务处、招办以及新生所在的计算机学院组成专门小组，即刻启程赴山西寻人，务必把该生带回！据赴山西的同志回来讲，找到小陈时，他已在某建筑工地上了，灰头土脸晒得黑黢黢的，哪里是高中刚毕业的花季小青年！经研究，全免小陈四年学费，尽量安排其勤工助学岗位。办好了所有入学手续，他的辅导员老师领着他来见我——挺秀气的一个男孩子，但眼睛里闪现着坚毅的光芒。我告诉他：在校四年，如果有过不去的坎，可直接来找我；毕业时，如果四年的学习成绩在年级排前十名，来找我告诉一声，如果进不了前十名，就别来见我了。四年中，他一次也没有找我，毕业时来见了我最后一面。小陈校友，你还好吗？不管你在何方，王老师的祝福都永远跟随着你！

积极争取国家优秀大学生奖学金和贫困大学生助学金。解决学费之后，紧接着而来的生活问题就必须靠"真金白银"来解决了。国家对大学生扶贫工作非常重视，拨出了大笔资金设立优秀大学生奖学金和贫困大学生助学金。但是，再多的钱落实到每个高校能有几何？落实到被奖、助学生更是只能起到"聊补"的作用。况且，这里还有个条件的掌握与评定问题，稍有不慎就有可能造成不公。我曾经接到一起匿名举报，说某学院辅导员在奖助学金评定中有偏向老乡的现象，经查，不实。

积极宣传大学生扶贫工作，争取社会扶贫资金。那时的贫困大学生问题，引起了社会的广泛关注，爱心单位和爱心人士的捐助是扶贫资金的重要来源。河大校园内经常有学生自发组织为遇到特殊困难同学的募捐活动，老师和同学们踊跃捐助的热烈场面是学校一道亮丽的风景线。我只要遇上了，肯定要解囊，这样的场景大约有十多次。有时，特别困难的学生找我申请减免缓学费,我也会当场拿出三五百元钱以解燃眉。学生处还主动联系经济效益好的企业,争取数额较大的企业捐助。有一次,豫东商丘县(现睢阳区)一家企业有意捐助,但希望举办一个仪式,以扩大社会影响。尽管该企业有商业目的,但我们还是爽快答应了,只是为了我们的学生。开会那天,我代表河大致辞,除了表示感谢,我着重讲述了河大贫困生的状况,讲到动情处潸然泪下。不想,这感动了一个人,此公当场将随身带的现钱悉数捐出,并发表了一篇感人的讲话。这人是代表当地政府参会的县长。"王校长一席话,X县长倾囊捐"成了从学生处传出的一段扶贫佳话。我有一个开封市公路局的朋友,闲谈之中得知河大贫困生情况。和家人商议后提出,他想捐助4名河大贫困生,从大一捐助到大四,请我代为安排。其间,受捐助学生几次提出要当面致谢,均被其婉言谢绝。

以某种名义成立基金会,也是社会捐助的一种形式。我们地理系七七级校友聚会时,几个同学提议,从我们这届开始,校友自愿募捐,集资成立"环境与规划学院校友基金会",专门资助环规院的优秀贫困学生。此倡议一出,立即得到大家热烈响应,一下子捐了数万元,后来届别的校友聚会也萧规曹随。我做了这个基金会的会长,马建华同学是秘书长。

现在也有贫困大学生问题,但似乎没有那些年严重。在此,我谨以参与扶贫的工作人员的身份,向当年所有为河大贫困生慷慨解囊的单位和个人表示深切的谢意,你们的善举已经开花结果,受益的学生已经成才!

行文至此,本节可以画句号了。但我突然想起,当年的贫困大学生是什么感受?他们经历了怎样的特殊心路历程?我试着根据我所接触到的个案,走近他们的内心。第一,贫困生有强烈的自卑意识和失落感。他们常常认为自己在大学是弱势群体,因经常在经济上接受接济而自卑,因生活学习条件不如别的同学而失落。第二,贫困生人际关系疏生,孤独而封闭。由于自卑和失落,他们大多性格内向,对人际关系很敏感,交往面狭窄,心理自我封闭。

对于扶贫这件事,他们的感受和我们这些站在施与一方的人可能大相径庭。他们不愿意表现自己的贫困,除非万不得已,他们不会主动拿自己的贫困说事;他们不愿意伸手求助,除非万不得已,他们不会为了一点扶助资金而摧眉折腰;他们不愿意做被宣传的对象,除非万不得已,他们不会站在大家面前为了感恩而感激流涕……在他们心中,贫穷是耻辱,接受"恩赐"不是荣耀。这有道理吗?当然,我们可以毫不犹豫地说:孩子,不能这样想。但是,如果换做是你呢?

所以,在我的理念中,扶助贫困大学生,绝不仅仅是几个钱的事,抚慰他们的精神创伤,赋予他们与其他同学一样的阳光心理,可能更重要!

于是，我在各种场合对干部对教师对学生尤其是对贫困生，反复讲：家贫出孝子，家贫出人才，富贵多蹉跎，富贵不可羡。我们不可以以施舍者自居，贫困生不可以自我沉沦甘居人下，富裕家庭学生不可以自认高人一等盲目优越。每逢中秋节，我们会召开各个层面的贫困生联谊会，把月饼送到他们手上，把老师、同学的情谊送到他们心里。在学校层面举行的中秋联谊会上，我还现身说法，回忆上高中时作为贫困生享受助学金的往事。这种形式很好，往往使他们从默不作声到倾心宣泄，心扉打开了。

同时对扶贫工作提出新的要求：必须在促使贫困生融入集体的过程中开展工作，必须在不损伤贫困生尊严的前提下开展工作，特别不要过分宣扬接受扶助的贫困生个体。另外，随着国家大学生扶贫工作的深入，我们也调整了一些做法。首先，新生报到时，开辟贫困生绿色通道，让学费减免缓工作按程序进行，避免贫困生个人再费周折；其次，积极联系、推动银行开展贫困生助学贷款工作，形成常态；再次，把扶贫的重点向发掘学生潜能方面倾斜，积极组织贫困生参与勤工助学，使贫困生在劳动光荣、自食其力的氛围中找到自信。

当年的贫困生同学们，你们还好吧？你们凭自己的坚毅和国家、社会、老师、同学的帮助在河大度过了黄金一般的大学生活，我始终相信，你们是河大校友队伍中最优秀的一群也是最值得尊敬的一群！

7.10 研究生培养

我从1993年起担任河南大学人文地理学硕士研究生导师，每年指导3~5名硕士生，并作为牵头导师负责该学位点的建设工作。时过9年，2002年我们人文地理学博士点获国家批准开始招生，李小建、秦耀辰和我成为该学位点的第一批博士生导师。博导的遴选，须经校外专家评审、校学术委员投票。我和耀辰是本科生，担任博士生导师有点匪夷所思，校外专家有些疑虑也在情理之中。当时河大的校学位委员会主任王文金校长力主批准同意，一则因小健一个博士独木难支，二则因他了解我们的实力，三则因其他专业、其他学校已有先例——真得感谢王校长的信任与支持，否则我们人文地理学博士点的建设可能要推迟一些年。从此以后，我每年负责指导1~2名博士生，小健转入区域经济学博士点后，我承担了人文地理学专业牵头导师的任务。

我作为一名教师，当副校长，全校的专业学科建设和教学管理是我的第一本分，全校学生是我的第一工作对象；不当副校长，人文地理学研究生专业学科建设、教学管理以及我本人的教学工作是我的第一本分，人文地理学博士、硕士生尤其是我负责指导的学生是我的第一工作对象。粗粗算起来，从1993年至2017年，人文地理学位点共培养了24届大约300多名（按每届平均15名计）硕士，我本人负责指导近90名（按每届平均3.5名计）；细细算起来，从2002年到2017年，人文地理学位点共培养了15届40多名博士，我本人负责指导13名。另外，我还承担了5名博士后的合作研究工作。

一个研究生专业的牵头导师是一份很奇怪的工作。在专业的导师名录上要写在第一位，但与其他导师完全平等，没有什么"民主集中"一说，别人尊重你，是因为你年长。我要负责本专业的业务管理工作，但不会参与学院学科专业建设的决策，我虽是河南大学的学位委员会委员却不是环境与规划学院的学位委员。牵头导师没有助手，所有的工作都须亲力亲为。好在没有太多的日常工作，主持新生复试、主持迎新会、主持开题报告会、协助学院组织论文答辩会等，是必须要做好的。再就是频繁的专业培养计划的修订，那是要费心思、费工夫的活计。

我曾经经历了若干次专业培养计划的修订，最近一次是2011年的那一版。我在该版"培养计划"中这样定义"人文地理学"：人文地理学是探讨各种社会、政治、经济、文化等现象的空间分布、扩散和变化，以及人类活动的地域结构和空间组织的形成与发展规律的一门学科，是地理学的主要二级学科之一，下含经济地理学、城市地理学、乡村地理学、政治地理学、社会地理学、文化地理学、旅游地理学等分支。该学科横跨自然科学、社会科学与人文科学，具有理论性、实践性、区域性、综合性等特点，在现代科学体系和社会实践中占据重要地位，对理解和优化人类活动的空间组织及其与地理环境的关系具有重要意义。

我在该版"培养计划"中这样介绍本专业：河南大学人文地理学专业历史悠久，学科体系健全，师资力量雄厚，是本校地理学科的支柱专业，在人才培养、学科建设以及服务于全国与地方经济建设、社会发展等方面作出了重要贡献。历年来，在城市地理、乡村地理、公司地理、区域开发与规划、区域开发模型、可持续发展、旅游资源开发与规划、城市体系与城市群、城市规划与设计、城镇化进程、生态低碳城市等研究领域里，学术积累厚重，特色明显，成果丰硕，研究成果和水平在全国处于先进行列。硕士生有4个研究方向：城市-区域综合发展，旅游开发与规划，城镇化与城市可持续发展，城市规划与设计。博士生有2个研究方向：城市-区域综合发展，区域可持续发展（随着导师的变动，前后有变化）。

每周我要给研究生集体上一两次课，先后开设有"城市-区域系统分析""城市-区域综合发展的功能组织""生态城市与城市开放空间""城市体系与城市群"等课程。多次给他们开设学术讲座，例如"省域城市群深度整合的理论与实践""城镇化——地理学的永久课题""我国城镇化进程的宏观推进机制""城市开放空间系统的分析与优化""城市犯罪空间防控研究""丝路经济带战略的中原行动""学位论文的研究与写作"等。

我上课,有诸多毛病。一是课间不休息,一上午连贯4个钟头,但会提醒学生早上别喝那么多水,也默许学生可以不经允许自行方便。学生习惯了,也就迁就我。二是思维发散、表达发散,大多是有意的有时是无意的,总想来一番由此及彼、举一反三,所以我的讲课每年都有变化,但一般我会及时收敛,回归本题,据说学生还很欢迎。反正只要我发现学生有一点不耐烦,我会立即转向。三是爱搞突然袭击,频繁与学生交流,如果学生答不上来,我会来一番"启发"。学生一开始不习惯,但他们做不了我的主,也就只能上劲,在我的课堂上高度集中精力,随时准备与我"碰撞"。四是严重违背教规,上课吸烟,但奇怪的是,学生竟然容忍。我还是讲一定规矩的,想吸烟了,叫个女生站起来做"民意代表",如果允许即欣然领学生美意,如果不允许也就作罢。后来我戒烟了,劣迹终止。

学位论文的研究与写作是研究生学业的重头戏,过不了关就拿不到学位。上课是集体上,论文是分工指导,实行导师负责制。学生按专业方向选择导师,专业内部做平衡,导师基本上没有选择学生的主动权,这叫"有教无类"。我发现,同一人文地理学专业的几个研究方向,对学位论文的统一性、规范化的要求不尽一致,学生的意见反映到我这里。本来可以不管的,导师负责制嘛。但从客观实际出发,我这牵头导师不能坐视。于是就开发了"学位论文的研究与写作"课件,从选题、开题、研究、写作、答辩5个方面做了全方位的诠释。先是在本专业讲,后来又应邀在全院研一学生的大课堂上讲。

我指导学位论文,有自己的做法。一是一定要把对初稿的修改意见写成文字发给学生,费时间也在所不惜,值得。二是绝不替学生改一个字,哪怕是一个错了的标点符号。我会在原稿的错处画红线,后加括弧用蓝色字体说明为什么错了、怎么改,然后要求学生自己动手改。三是我要求学生一定按我的修改意见修改,而且至少三稿才能过关。据我的记录,有的学生最多修改五遍才过关。

论文答辩是研究生学业的最后一关,学校、学院、专业、导师、学生都是高度重视、全力以赴。环规院让导师推荐外单位熟识的答辩委员,我一般不发表意见,谁来都中,这点自信还是有的。只不过先期我已帮学生做足了功课,例如,硕士生的答辩课件必得经过我认可,博士生必须在答辩前进行"预答辩";我会启发学生找出论文中的质疑热点,让他们提前做好准备;教学生如何详略得当、如何突出重点、如何应对答辩委员的质疑、如何充分利用时间,等等。于是,答辩会上,学生从容不迫,我这当导师的气定神闲。也怪,我本身没有经历过研究生学位论文答辩,却擅于指导我的学生答辩,这叫"蓝不如青而高于青"?

学生每每提起这些事,会津津乐道。亲爱的同学们,多么怀念花在课堂上和你们论文稿件上的美好时光!课堂和学生习作是老师职业"表演"的舞台,已经当老师的学友会不会在自己的舞台上想起那个张牙舞爪、口沫飞溅,有时几近苛刻、有时又特别宽容的老者?

我可没有忘了你们,尽管你们已经风流云散,在山南海北甚至天涯海角。每年的教师节,一波波的问候涌来,一个个鲜活的面孔闪回眼前。

刘晓丽,朴实,真实,执着而又灵气十足,2003 级硕士生,学位论文是《中原城市群空间整合研究》。这个地地道道的河南妞,以优异的成绩成为我们人文地理硕士学位点的免试推荐保送生,毕业后在我的鼓动下考了中科院地理研究所方创琳教授的博士生。毕业后留北京工作,是国家住建部城乡规划管理中心的"大员",据说专管城市地下综合管廊的规划与建设,经常到各省巡视。城市规划职能从住建部移往资源部以后,她还留在建设部并担任"节能与科技司建筑设计管理处"的副处长。这孩子,实诚,勤快。

王新涛,文静,内敛,成熟而不失真挚,2005 级硕士生,学位论文是《基于环境库兹聂兹曲线特征的主体功能区划研究》。入学前是河南省发展与改革委员会的干部,毕业后选择到了河南省社会科学院,现任城市与环境研究所副所长,已经是这个领域的专家。他习惯于努力洞察时代脉搏,让自己的学术与学问尽量接地气、融社会、济民生。在学期间,他发表的一篇比较洛阳与开封的文章被我多次引述。我参加了他的结婚典礼,还是证婚人。他的小孩子已上小学了。

李响,热烈,执着,诚挚而富有才气,2006 级硕士生,学位论文是《开封市域文化产业发展研究》。他是从山东某高校转学到河大计算机学院的本科生,地地道道的一枚"理科男"。但我惊奇地发现,他既承继了父亲(开封市文化馆馆长及知名作家、曲艺家、导演)和母亲(艺术教育工作者)的艺术涵养,又对体育运动(例如足球)特别钟情,美、健、理的结合就自然生成了环规院学生极少的特殊气质,很讨人喜欢的。他的硕士论文浸透了对故乡、八朝古都开封的热爱,对开封文化产业的通灵透视使他在论文答辩会上挥洒自如。毕业后到黄河水利职业技术学院工作,现在做学院"信息化管理办公室"主任,处级干部呢。

吕金嵘,精明,干练,踏实而富有想象,2006 级硕士生,学位论文是《中原城市群城市竞争力演变分析》。他做论文,有深度,讲究运用新方法新手段,动手能力强。毕业后到河南省城市规划设计研究总院供职,工作中独当一面,颇受同事好评,不几年工夫就可以做项目经理了。2018 年 9 月,我接到《地理研究》杂志社通知,由我执笔、金嵘制图的一篇论文《中原城市群城市竞争力的评价与时空演变》,在《地理研究》创刊35年里发表的4000多篇论文中被评选为30佳最有影响力的论文。现在是"雅居乐地产集团郑州产城事业部"的项目经理,2020年初获得集团公司"杰出经理人奖"和"专业影响力奖"。

王阳,漂亮,时尚,灵动而刻苦努力,2012级硕士生,学位论文是《基于空间句法模型的现代开封市区城市空间形态演变研究》。她不浮躁,坐得住,气定神闲,语言掌控能力较强,颇有大将风度。她的论文,做起来特别繁琐,技术要求很高。我很惊异,那么多空间句法图件她怎么就耐着性子一张一张画了出来,而且分析得那么到位。她是开封人,毕业后随同是校友的夫君到商丘发展。从小学教师干起,学校很远,干了两年,很出色。已经有了小宝宝,也调到离家较近的一所中学了。她可以往教育管理方向发展的。

徐晓霞,大气,稳健,沉静而浪漫有加,2001级我的第一个博士生,学位论文是《中原城市群城市生态系统分析、评价与城乡一体化调控》。她从河南大学环规院教师考上博士,毕业后继续在环规院供职,多年担任区域与城市科学系主任。她为人谦虚、低调,颇有大姐风范,为环规院学科专业建设和教学科研管理作出突出贡献,是学弟学妹的榜样。现在她是河南大学"城市-区域综合发展"研究团队的带头人,是网上学术平台《中原城市-区域研究》的主编。她的交谊舞跳得很好,据说还经常和夫君牵着手在小区散步,显然是恩爱夫妻。

刘静玉,诚挚,儒雅,律己而又充满韧性,2003级博士生,学位论文是《当代城市化背景下的中原城市群经济整合研究》。他学习刻苦,思路开阔,研究思维细密,博士论文的逻辑性与系统性特别突出。毕业后留校任教,长期担任环规院区域与城市科学系副主任,现转岗"区域研究与规划研究中心"的主任。是"城市-区域综合发展"研究团队的骨干成员,《中原城市-区域研究》的副主编和执行主编,曾分担了许多本应我做的研究生牵头导师工作。在他们同时晋升副教授的几位同事中,他最早晋升教授。据说他在篮球场上也是生龙活虎,倒有点儿出乎我的想象。

李晓莉,时尚,乐观,坚守而又充满活力,2005级博士生,学位论文是《构建河南省城镇化进程的支撑体系研究》。本科和硕士所学专业是计算机软件,有比较扎实的数理和计算机基础,这为她出色完成博士学业提供了良好条件。她从河南工业大学教师考上博士,毕业后返回工大。我知道,工作之余她把许多时间和精力花在了绿色环保、贫困捐赠、培训讲座等社会公益事业,是工业大学2017年度"好人榜"榜主之一,学校为她申请了"郑州好市民称号",我很为她自豪。每年教师节、春节她都会来开封看我,带着夫君和儿子，那份幸福和恬然让我欣慰。

陈玉英，真诚，鲜明，专精而又眼界开阔，2006级博士生，学位论文是《城市休闲功能扩展与提升研究》。她天生一股拗劲，要干一件事，纵有天大的困难也要努力干成。写论文，需要完成案例区开封市园林的问卷调查，她利用暑假，骑个破自行车满城转悠，直把自己晒成颗"黑珍珠"。她从河大历史文化学院教师考上博士，毕业后又回原单位供职，现在是旅游专业休闲与会展方向的带头人，事业卓然，性格依然。她积极响应国家的博士下基层挂职锻炼号召，做过开封市旅游局副局长，为家乡旅游事业的发展尽了一份力量。那年我去大连开会，先期去了哈尔滨，她给我安排得妥妥的。

王胜男，聪颖，新潮，灵动而又锲而不舍，2007级博士生，学位论文是《城镇化进程中洛阳市区开放空间系统的分析与优化》。她是个典型的城市姑娘，原是洛阳大学的教师，在成人教育部门供职。灵机一动，她踏上了求学深造的不平坦道路，跟着我读硕士，研究洛阳的城市开放空间；毕了业又考我的博士，还继续研究洛阳的城市开放空间，博士论文获得当届河南省优秀博士论文，学术水平登上了国内这个领域的制高点。毕业后她远赴海南三亚一所大学就职，教学、科研俱佳，很受学校重视。胜男有一位特别特别优秀的女儿，很少见呢，现正在美国哈佛大学求学，学的是建筑学。

马少春，睿智，坚强，低调而又内涵丰富，2007级博士生，学位论文是《环洱海地区乡村聚落演变和优化研究》。她来自昆明学院，是虔诚的穆斯林。一到开封，她在迅速融入河大大家庭的同时，不失时机地拜谒了开封北大寺和东大寺，很快融入了当地的民族与宗教氛围。她对家乡的山山水水有深厚感情，毫不犹豫选择了苍山洱海地区做学位论文的研究对象，并全身心地投入，给我们这个主要关注中原的团队吹来了一股清新的风。毕业后她重返昆院工作，在新的起点上有新的气象，与同样优秀的夫君大马和儿子小马其乐融融。我再去云南，游了在论文稿上熟知了的苍山洱海，还近距离领略了伊斯兰教的神秘与魅力。

程金龙，聪明，能干，上进而又脚踏实地，2008级博士生，学位论文是《城市旅游形象感知研究——以郑、汴、洛为例》。他学旅游出身，从郑州升达学院考来，入学考试成绩很好，复试时给我留下深刻印象。他上学很不容易，小孩小，爱人要读医学硕士，最初在河大周边租了一间小房住。毕业后留河大历史文化学院就职，与他玉英师姐同院，互相多有照应。金龙最大的长处是关注地方旅游事业发展，经常深入基层，也承揽了不少横向课题。现调入洛阳师范学院，是旅游学科的带头人，还做了旅游学院的院长。调走之前好有一番纠结。

郭志富，朴实，向上，努力而又有学术潜力，2009级博士生，学位论文是

《县域尺度城乡地域系统空间整合研究——以巩义市为例》。他硕士即投入我门下，是很有发展潜力的学生，我相信，只要给他时间与条件，他能做出好学问。他从商丘师院考上博士，毕业后又重返原单位，现在是学校的业务骨干。在读期间，环规院为了解决学生辅导员人手不足，动员一部分博士生兼任本科生辅导员，志富被选中。他百分之六十的精力投入其间，在一定程度上影响了学业。当时我没能拦住，心下愧疚不已。他爱人是河大环规院教师，也很出色。

史雅娟，机灵，热情，执着而又勇于创新，2010 级博士生，学位论文是《中原城市群空间格局的多中心网络化研究》。她从河南工业大学考来，毕业后又返回原单位就职。我们团队对中原地区中心带动战略的研究，一直主张强化以郑州为中心的核心增长极，进而通过城市体系带动区域发展。雅娟在做自己的博士论文时，尝试进化这种空间格局而为"多中心网络化"。一开始我并不鼓励，我担心答辩时会有严重质疑。后来我的学术思想有所发展，同时也觉得应该从正面鼓励乃至引导学生创新，态度也就彻底转变。结果，她完成了一篇质量很高的学位论文，答辩会上获得很高评价。

丁志伟，沉稳，细致，内敛而又有巨大潜能，2011 级博士生，学位论文是《中原经济区"三化"协调发展的状态评价与优化组织》。他求学之路比较曲折，先从农村考到郑州师专（现在的郑州师范学院），作为优秀毕业生又专升本到安阳师范学院，后考硕士到河大，又考博士还在河大。他学习既刻苦又聪明，积极参与我的中原崛起有关项目，把工作交给他，放心。环规院也很欣赏他，毕业留校是水到渠成的结果。他是"城市-区域综合发展"研究团队的骨干成员，是《中原城市-区域研究》的副主编与执行主编。他拿下一项国家自然科学基金资助的青年项目，从而具备了做博士生导师的资格，现在做了区域与城市科学系的主任，很令我欣慰。这孩子心细，也很操我的心，我有什么事请他来帮忙的居多。

张改素，腼腆，内秀，刚强而又娴静素雅，2012 级博士生，学位论文是《基于新型城镇化的中原经济区城乡统筹发展研究》。她是山东姑娘，硕士和博士都是在河大念的。她对学习和进步的渴望让我感动，她学风的朴实和坚毅支撑着她不仅顺利完成各门学业，也推动她出色完成了学位论文的研究与写作。她具有相当高度的中原城乡统筹研究使她成为"城市-区域综合发展"研究团队最年轻的的骨干成员。现在《河南大学学报》任编辑，没有也不会脱离教学与科研。她和她最小的师兄丁志伟总是差一年，差一年读硕士、差一年读博士、差一年留校任教。但有一件事是同时、共同完成的——同一天结婚。师兄妹恋爱，豫鲁联姻，更妙的是他俩是我学生辈里成就的唯一夫妻，而且都分别跟我读了 6 年书，我颇有成就感呢。小小丁毓峤是我起的名,不知才到人世不久的小小闺女儿芳名如何?

卜书朋,稳重,谦虚,努力而又务实求真,2013级博士生,学位论文题目是《新型城镇化背景下浙江省现代城镇体系空间组织及其优化》。他从浙江师范学院考来,毕业后又返回原单位。他工作负担和家庭负担都很重,由于种种原因,求学之路颇不平坦。

毛达,阳光,帅气,成熟而又潜力巨大,2014级博士生,是我的关门弟子,学位论文是《基于多重网络功能分析的平原城市开放空间系统研究》。他原来是学城市园林设计的,与我的城市开放空间系统研究有契合之处。他在河南科技学院工作,已经是单位的年轻骨干。这孩子比较全面,学习刻苦努力,思维敏捷新潮,创新意识明白,研究能力很强。尤其突出的是,他娴熟IT技术,学位论文的研究与写作使用了大量定量分析手段与制图技术,这是他的博士论文获得省优秀博士论文推荐的原因之一。我曾经交给他一些文献分析与制图工作,他都圆满完成,而且又好又快。我的计算机和手机出现故障或问题,都会请教他,竟然从未难住过他,所以我会恭恭敬敬地尊称他一声"毛老师"。他也是《中原城市-区域研究》的副主编和执行主编。

闫卫阳,实在,真诚,幽默而又学思深邃,他是我的硕士生,后来是与我和秦耀辰老师合作研究的博士后,2007年出站,研究报告是《城市体系空间布局的模型化方法及其实证研究》。他是对城市体系研究有重要贡献的年轻学者,他创新的划分城市影响范围、建立城市-区域空间系统的理论和方法,被学界广泛认同并推广应用,已占据了这个研究领域的制高点。他曾是环规院地理信息科学系的主任,现在是河大"国家级实验教学示范中心"副主任。他事业、家庭两丰收,我很为他高兴。他儿子聪明好学,上河大附小,可巧抽到我儿媳李曼的班级,落下了卫阳说的"两辈人为师为生"的佳话。

朱占峰,成熟,成功,稳重而具有爆发力,是我合作研究的博士后,2012年出站,研究报告是《中原经济区城乡一体化物流配送体系研究》。他在入站前就已经是教授,享受国务院政府特殊津贴,是商丘一家高校的学科带头人,可说是功成名就。我本来想婉拒的,但他不断进取、虚心求教的精神感动了我。他学数学出身,后一直浸润在管理学领域,研究方向为物流与供应链管理。我们在中原经济区研究有交集,就选定了这个题目。他在研究、进取的道路上成功率很高,在学界有较高的知名度。现为宁波工程学院"宁波临空经济研究院"院长,二级教授,宁波A类专家,还有"教育部学校规划建设发展中心"专家、"中国物流学会"副会长等社会和学术兼职。

赵威,上进,努力,刚直而勇于创新,是我合作研究的博士后,2014年出站,研究报告是《中原经济区空间趋同俱乐部研究》。他本科、硕士、博士均在河大修完,是个彻头彻尾的"铁塔牌",博士生导师是我们人文地理学博士点的覃成林老师。他很有事业心，进取目标很明确，学术思维开阔，有较强的研究能力。读完硕士后就已留校任教，不费什么周折就评上了副教授职称，而且在同年龄段年轻学者中较早拿下了一项国家自然科学基金项目。他是"城市-区域综合发展"研究团队的骨干成员。2012年我到北京301医院做声带息肉手术时，他陪护始终，真得谢谢他。2018年下半年，他升任河南大学环境与规划学院副院长。

乔光辉，文静，细致，聪明而思维敏锐，是我合作研究的博士后，2015年出站，研究报告是《生态旅游目的地可持续性发展研究——基于国际游客视角》。他学旅游与酒店管理，有8年的国外留学经历，分别在法国和韩国读了硕士和博士，是很有国际视野的青年学者。他手中积累了很多研究成果，做博士后的出站研究报告时，明显要从容得多。进站前有一天，我在河大工商管理学院做报告，陈玉英领一个帅气的男孩子来听我讲课，事后我知道他就是光辉，颇有艺术青年的气韵。

廖炳华，认真，执着，刻苦而脚踏实地，是我合作研究的博士后，2016年出站，研究报告是《中原城市群中心城市不同环境梯度下植物多样性及其动态研究》。他的研究方向是植被生态学，对中原城市群的关注使他和我的研究方向有了交集。他很能吃苦，研究植被从研究样带和典型样方入手，是难得的注重现场踏勘的青年学者。他的研究报告提出了中原城市群中心城市不同环境梯度下植物多样性的动态变化机制，同时，从景观、植物群落、植物功能群、植物物种等多个研究尺度提出植被优化与设计的新思路和新方案，符合"绿色发展"的宏旨，也十分接地气。

2015年，为了保证在2017年结束我的教师生涯，我主动提出不再招生。

亲爱的同学们，我力图用笔刻画一个真实的你，力图用脑记忆一个活生生的你。因为有你们，我的繁忙的第一春有了一抹特别亮丽的风景线，我的专注的第二春有了一幅特别壮丽的全景图，我的闲适的第三春有了一册特别厚实的影像集！祝福你们，曾经的学生、永久的朋友！

7.11　全面职责

我除了主管本科教学和学生管理，还分管其他十多项工作。先后有多种兼职，例如河大语言文字工作委员会主任、河大体育运动委员会主任、河大自学考试委员会主任、河南省高校教材建设委员会主任、河南省高校实验室管理研究会理事长、河南省计算机教育委员会副主任、中国大学生篮球协会（CUBA）副主席等。我不太了解别的学校主管教学副校长是否管这么多事,我一直从积极方面理解这种分工:组织信任咱呗,管事多虽辛苦但可以全面深入了解掌握学校情况,也可为亲亲母校多做一点事嘛!

应该说,当十年河大副校长,我工作的精神状态一直是愉快、轻松、专注和满足的。因心甘情愿而愉快,因驾轻就熟而轻松,因心无旁骛而专注,因实现自我价值而满足。

成人教育工作由成人教育学院(现改名为"远程与继续教育学院")负责。河大的成人教育事业发端很早,"文革"以前就有了,例如函授、短期培训等。1977年恢复高考后,一些未考大学或未考上大学的大龄青年以及部分没有接受过高等教育的中年人,在"学知识、干四化"的驱动下,转而将学习热情投入到业余学习,函授、夜大事业蓬勃而兴。1980年代中后期,随着一年年高中应届毕业高考落榜生的增加,成人教育逐年大热,成人教育事业逐渐发展;最初设在教务处的函授科,扩编、升格为正处级单位"成人教育学院";脱产成人教育应运而生且成为主项,自学考试的规模越来越大;函授、脱产、自考被列入国民教育序列,国家承认其文凭……

我是在成人教育大热的锋头接管此项工作的。在为"四化建设而学习"的与"文凭热"的共同驱动下,河大招生规模甚为庞大,形成了辅导、评卷、招生、培养等一系列常态化工作环节,在校脱产成教生成了在校生的一支生力军,成人教育与普通本科、研究生教育并驾齐驱而成为办学的"三驾马车"。我主管河大成人教育,所花的心、力不比管本科教育少,遇到的麻烦(比如不规范招生引发的事端)也很让人头疼。但这项事业除了社会效益,给学校、给各院系带来的经济收益也相当可观。尤其是各院系,成教收入是改善办学条件和教职工生活状况的主要支撑,各院系的热情都很高。后来,普通高招的招生规模大幅度扩张,高中毕业的落榜生越来越少,成教文凭在社会上的认可度与含金量越来越低,"文凭热"逐渐降温,高校成人教育事业由热变冷。在校、函授、自考逐渐式微,工作重心逐渐转向职业培训和远程教育,河大成人教育学院也改名为"远程与继续教育学院"。

仪器设备、实验室管理与教材管理工作原是教务处的一个科,即"教材与教具科",由一位副处长分管。这种状况在以人文社会学科为主的开封师院、河南师范大学时代还行,在恢复河南大学老校名的初期还能勉强应付,但在全校上下倾力建设文理工全面发展的综合性大学的情况下,把仪器设备、实验室管理归结为"教具管理",并且与教材管理合为一个科,那就不仅无理而且荒唐了。于是,河南大学"实验室与设备管理处"在紧锣密鼓中于1998年正式成立。筹备一个新的处,可说千头万绪,所幸时任教务处副处长的赵瑾教授主持一切,倒省了我这个主管校长的事。

我主管实验室与设备管理处,由于处长得力、全处努力,就相对从容许多。同样由于处长得力、全处努力,我校实验室与仪器设备管理工作在河南省处处领先,河大成为"河南省高校实验室管理研究会"挂靠单位,我还当选了理事长。河大是全国高校实验室管理研究会的常务理事单位,赵瑾同志被选为副理事长。

有一次,河南省高校实验室管理研究会在郑州轻工学院开年会,全国研究会的负责人也参会了。头天晚上,研究会秘书长盖致义教授(河大实验室与设备管理处副处长)给了我一份讲话稿,说让我审查审查。这有点奇怪,我从不让别人为我准备讲话稿的,盖老师工作真到位,省得我再费神了,就没有审看。第二天开会,一百多人把会议厅坐得满满的,第一项就是理事长讲话,我拿起稿子就念,客套一番进入正题。刚念了几句,坐在主席台第二排的盖老师小声提醒我:"王校长,错了,那是我的讲话稿!"啊?是秘书长的年度工作报告!我稍一定神,强迫大脑飞快运转,有关实验室与仪器设备工作的酸甜苦辣一下子涌上心头,并缓缓从口中吐出……中午休会,盖老师满脸歉意,赵处长满脸诡笑,北京来的客人连声夸赞却搞不明白为什么把讲话稿丢在了一边,我只有哼呼哈嘿。

我任河南大学体育运动委员会主任期间,主要做两件事:一是推动群众性体育锻炼活动,二是参与、组织各种类型的群众性竞技体育比赛。河大体委设在校公共体育教研室,室主任兼任体委副主任并主持日常工作。群众性体育锻炼无非是早操、课间操、课外活动,不强求统一,没有严格要求。其间开展了长达数年的"阳光计划",对推动师生积极参加体育锻炼起了巨大作用。校门以里的竞技体育比赛,名目繁多,主要追求群众参与的程度。不定期举办的单项体育比赛,有篮球、排球、足球、羽毛球、乒乓球、棋牌、广播体操、太极拳、操舞等,偶尔也搞过游泳,学生和教师分开举行。定期举办的综合性体育比赛是每年的全校春(秋)季田径运动会,这关乎到各单位的集体荣誉,大家都很在乎,体委工作人员更是上劲。除了项目比赛,运动会最有意思的两大看点是开幕式上的运动员入场和得分榜。各单位不管比赛实力如何,运动员入场是一定要好好准备、高调亮相的,那真是争妍斗奇各显神通,高潮一浪接着一浪。过去,文学院(中文系)学生规模最大,体育人才也多,得分往往高居榜首。后来各专业都扩招了,学生人数都不少,运动成绩的差距就越来越小。运动会期间,停课3天,再加上周末两天,5天不上课。于是,操场上热火朝天,校园里轻松闲适,更有部分师生短期出行在外,形成每年一度充满快乐的特殊景观与氛围。

校门以外的竞技体育比赛一般有两个层次,河南省的以及全国的,有时也参加开封市的。由于河大办学历史悠久、规模较大,特别是我们的体育专业多年是一花独秀(即便是百花争艳,河大的实力也是位居前列),体委工作也特别给力,竞技体育比赛的水平一直是最棒的。这就形成了很让河大人自豪的状况:河大的运动队伍往往在各种比赛中取得骄人成绩,河大经常代表河南省出战全国重大赛事,河大经常承办省内外各种体育赛事——河大自然就成为河南其他高校赶超的对象。能成为众矢之的,自有一份霸气和豪气,但也高处不胜寒,如何保住"霸主"地位成了萦绕我心头的一个问题。

本省最给力的赛事是"河南省大学生田径运动会",这是由河南省教育厅(教委)主办、河南省学生体育总会田径协会执行、高校轮流承办的一项重大赛事,基本上每两年举办一次。我多次率河大团参加比赛。

与这项赛事相对应,全国有"中华人民共和国大学生田径运动会"。有一年,我率团代表河南省参加在四川成都举行的全国大学生田径运动会,并捧回了一座特别的奖杯,国家教委首次奖励体育运动优秀大学校长的"校长杯",全国只有十所大学获此殊荣。

这期间,特别值得大书特书的赛事是中国大学生篮球协会(CUBA)举办的"中国大学生篮球联赛",简称CUBA。河大学生男、女篮球队大放异彩,篮球文化、体育精神在河大校园大放异彩。这值得在下一章用一节的篇幅专述。

河南省有个语言文字工作委员会,主任由已经退下来的一位省教委副主任担任,办公室设在省教育厅。河大语言文字工作委员会设在教务处,我自然就是主任了,而且还是省语委委员。在我任内,语委的工作主要有两项:在师生中推广普通话和在校园推广规范汉字。推普工作除了要求教师上课用普通话、学生日常讲普通话,师生普通话水平测试以及等级证书的管理是当时最为繁琐的工作。记得第一次测试时,省语委办公室主任亲自带队,在大礼堂隆重召开动员会,测试对象是大四学生,全员。主任在做动员时,声色俱厉,并声言不参加者或测试不合格者不发毕业证,当时就引起台下学生一片嘘声。眼看会开不下去,我不能坐视,简单讲了三点:第一,推普意义重大,测试势在必行;第二,相信自己,相信学校,河大人历来不怕挑战;第三,放心大胆去测试,我王老师是你们的坚强后盾。讲毕,大礼堂欢声雷动,同学们高高兴兴进了测试场。我差一点说出来,不可能扣发毕业证的。

当时,国家对语言文字工作极其重视,工作干部讲话调门高一些,要求严格一些可以理解。在校园推广规范汉字,我们是一处一处查,发现问题一处一处改。突然有一天,省语委办公室主任电话通知我,河大南大门门楣上校名"河南大学"四字的"学"用了繁体字"學",不规范,须立即整改。我当然要力争了:书法、匾牌、楹联等属于艺术汉字,可以不用简化字的;这四个字是从宋代书法家米芾的字帖中摘的,没有简化字。对方当然不认可且一次又一次催促,还说要给全省做个榜样云云。于是我只有施展"拖"字诀,也不给校长汇报,有什么问题我担着。后来,这事当然就不了了之。

　　河南大学图书馆创建于河大建校之初的1912年,是第一批全国古籍重点保护单位,既是河南高校最大的图书馆,也是全河南省最有分量的图书馆。经过一代代河大人的百年经营,该馆拥有文献资源总量近800万册,其中纸质文献与电子文献各占一半。馆舍面积达6.5万余平方米,明伦校区图书馆和金明校区图书馆分别位于两校区的中心地带,成为河南大学的标志性建筑。

　　1997年,我主管图书馆不久,学校启动了自动化、信息化建设工程,2000年制定了"图书馆自动化可持续发展五年规划",河大图书馆的发展进入一个新的时代。学校投入了大量经费用于硬件、软件设备添置和新技术引进,彻底改变了图书馆传统的管理与服务模式,为学校的教学、科研、管理上台阶发挥了重要的作用。其间,先后创建了100多座"磁盘阵列＋显示器＋视频终端、无键盘"模式的VOD视频点播阅览室,电子阅览室的计算机终端达到数百台,装载有中国学术期刊、维普科技期刊、万方硕博论文、数图电子图书、人大复印数据等20个全文数据库,开发了馆藏中文书目文献、馆藏中文报刊文献、馆藏线装古籍书目文献、馆藏英文书目文献等数据库,2003年建成河南省高等教育文献保障体系文科分中心。图书馆的信息化无疑是一场攻关,馆领导与职工大胆创新、锲而不舍,他们卓有成效的努力是攻关胜利的关键。

　　为了扩大学校的办学空间,我们一直想在省会郑州开辟一片园地,建设河南大学分校,但上级不支持。无奈之下只有在郑州市区北环的马李庄办了一所"河南大学成人教育郑州培训部",内部称"河南大学郑州分校"。该部(校)占地40余亩(1公顷=15亩),干部与员工来自校本部和郑州的河大校友及友好人士,举办过在校函授班及其他培训班。兴盛期间在校学生达数百人,基建已成规模,发展势头相当不错。可惜,随着在校成人教育的逐渐萎缩,郑州培训部办学困难越来越多,几经变迁,最终演变为今天的河南大学软件学院并迁回开封校本部,其过程相当复杂。写到这里,我与软件学院领导联系,建议他们安排专人摸清这一段的来龙去脉,留下准确、翔实的文字材料,也算对河大"异地办学"的历史有个交代。现今建设中的河大郑东新区龙子湖校区,是另一个故事了。

　　同样为了扩大办学空间,2002年,在河南省政府的支持下,我们与河南省军区联合兴办了"河南大学人民武装学院"。该学院的前身为河南省人民武装干部学校,位于郑州市金水区北部,东临郑东新区,占地面积170余亩。学院是河大直属一级学院,承继河大的优秀教育理念与军事院校的严谨管理体系,采用军事化管理,具有军地联合办学特色。开设公共事业管理专业和信息管理与信息系统专业两个一类本科专业,招生男女不限。学员入学后,着军队院校学员服装,但不入军籍,按河南大学普通类学生标准交纳学费、住宿费等,在校期间和毕业后待遇与校本部同专业学生完全一致。修完相应的课程,成绩合格,颁发普通本科毕业证书,授予管理学学士学位。

我分管人武学院,十分乐意,业务上驾轻就熟,情感上融洽热络,正好又一次圆了我的军人梦。由于原来的办学基础比较好,河南省军区又选派了得力干部,建校初期的繁杂事务井井有条,我就没有多管,主要把精力用在了学科专业建设上。该院原来的专业是中专层次,为名副其实,就先要上升为专科层次,再要上升到本科层次,缓不得也;该院原来的教师数量、层次均不敷举办本科专业,扩大、提高教师队伍是当务之急;该院干部熟悉的是中专学校管理,生疏的是大学管理,管理理念的更新刻不容缓……这些事都是大事、急事,好在人武学院的主要干部积极努力、谦虚好学,在学院发展的道路上一步一个脚印地走到今天,已成就了一番景象。其间,河大选派哲学与公共管理学院副院长李天章教授代表校本部常驻该学院,为确保人武学院的教学与教育质量发挥了重要作用。

我管人武学院,非常注意培养河大与学院的互相认同感、地域存在感,铸造二者血肉相融、命运相连、荣辱相关、情意相通的有机一体。和人武学院的干部、教工接触,人家谦虚、谦恭,我不能妄自尊大、自以为是,凡事用商量的口吻,不懂的就虚心求教;人家有什么要求、什么想法,我不能漠然视之、敷衍了事,必须热情响应、尽量满足。每次全院集会,例如开学典礼等,凡邀请我必欣然前往,而且必代表学校讲话,必讲得全场欢声雷动。我盛情邀请他们参加每年一度的河大春、秋季田径运动会,人武学院的队伍在大操场刮起了一股绿色旋风。我和人武学院的历届干部都结下了兄弟般的友情,有位院长想送我一套正规的军装,大校军衔,被我婉拒,这不合规矩;学院一位政委(书记)是河南省著名军旅书法家,他退伍后还和我多有联系……

管人武学院几年,有遗憾也有风波。按省军区的主旨以及原有设计,该院毕业生应该直接到县、市级人民武装部就业,以充实地方人武干部队伍,提高河南人武干部的学历层次。遗憾的是,这个愿望始终没有实现。尽管不少毕业生主动到地方人武部联系就业,但由于没有政策支持,如愿的不多。据说其他省同类人武学院有解决的,可在河南省无论如何行不通,太遗憾了。

风波发生在春季田径运动会上。那年,人武学院运动队像往年一样参加了河大运动会,运动场上照旧叱咤风云。一天晚上,我照例8点多下班回家,拖着疲惫的身躯走近南大门,一阵喧哗传来——有事!有事我就来了精神，三脚两步赶到大门里——人群中一位年轻军官正和门卫纠缠不清。保卫处一个干部告诉我：该员是人武学院运动队的带队教官，晚上在市里会朋友喝多了，坐出租车返校，非要带车进校，门卫依规不许。我们的门卫基本上都是部队转业老兵，自然不会迁就一个年轻军人，就有了言语冲撞、推推搡搡。我正想上前排解，一支人马呼啸而来，人武学院的几十号学员运动员来增援他们的教官了！霎时间场面大乱，一边是义愤填膺的转业老兵，一边是为教官两肋插刀的人武战士，场面眼看就要失控。我怎样被激动的人群挤进了大门角落，怎样亮明身份先镇住人武学员，怎样严令保卫处长约束门卫，怎样喊着口令强行把学员队伍带离了南大门，怎样对一群忿忿不平的小青年既声色俱厉又苦口婆心地训话，怎样和匆匆赶来的人武学院院长、政委挨寝室做学员工作……情节曲折，有声有色。第二天中午下班，出了南大门，一眼看见人家保卫处与人武学院两家干部还有门卫、学员在亲亲热热照合影像见证友谊呢，一天大事烟消云散。事后，人武学院主要领导检讨再三，我也诚心慰藉；他们表示一定要处分肇事教官，被我坚决拦下。这次风波值得认真总结反思，如果双方真的交上手，后果不堪设想，就不是处分一两个干部的问题了。

与人武学院几乎同时，另一种形式的办学载体在河大蓬蓬勃勃生长、发育。2003年4月25日，河南大学民生学院正式挂牌成立并于同年开始招生。该学院是经国家教育部和河南省人民政府批准设立的本科层次的独立学院，由河南大学与社会力量按新机制、新模式共同创办。经过十几年的艰苦努力，在上级与社会各界的支持下，目前，由河大和河南日报报业集团共同创办的民生学院拥有44个本科专业，涵盖文、理、工、经、管、法、医、教育、艺术九大学科门类，拥有1个省级重点学科、4个省级特色专业。有一座与河大金明校区一路之隔的独立校园，占地500余亩，校舍建筑面积达29.72万平方米，在校生达1.6万余名。

该院现为全国独立学院协作会常务理事单位、全国高等学校教学研究会理事单位、全国高等学校教学研究会独立学院专门委员会副主任委员单位、中国民办教育协会高等专业委员会常务理事单位、河南省民办教育研究会副理事长单位。该院先后获得"全国最具活力和影响力十强独立学院""中国十大品牌独立学院""河南考生心目中最理想的高校""全国先进独立学院""河南成长发展最快的院校""最具就业竞争力高校""2013年度河南高等教育质量社会满意十佳院校"等荣誉称号。

河大民生学院是河南省独立学院名符其实的一面旗帜。河大领导班子的决策选择是审时度势、科学发展的成果，先后参与学院建设的干部、群众可说是殚精竭虑、居功至伟。河南省民生银行、河南省万宝集团（股份）有限公司在办学早期的无私援助难能可贵、不可或缺，河南日报报业集团投身于高等教育事业称得上是远见卓识、宏图大略，也是对河南大学的一份沉甸甸的信任。

独立学院刚刚兴起，我们抓住先机，在全省率先出手，与河南省民生银行共同申请创办，名称取作"民生学院"。由于该学院本身就植根于河南大学这棵大树下，校舍、教师、专业以及管理等统统由河大包办，民生银行并没有实际投入，收益也完全归河大。这显然不符合上头吸引社会力量办学、与原校保持相对独立的初衷，但河南省有关职能部门也显然是半睁半闭、不言默许，只要手续齐全、保证质量即可。但不多久，这种局面维持不下去了，河南省民生银行由于内部人事变动，撤销了与河大的这种有名无实的合作。怎么办？民生学院的招牌已经响当当打出来了，学生也招进来了，学院不仅不能撤连名称都不能改！

该院主持日常工作的常务副院长郑传斌（正处）的亲戚开了一家颇有实力的家电公司"河南省万宝集团（股份）有限公司"，经多方努力，对方愿意充当新的合作伙伴。需要做的是，该公司要在需要的时候将2000万元真金白银人民币打到河大的账上，银行出具"投资证明"，过后原数奉还。也就是说，通过"资金运作"证实公司的"合作伙伴"身份，以备上头检查。据我所知，两家没有文字协议，万宝公司也没有丝毫实际收益，完全是"友情出演"！在此，我要真心诚意感谢万宝公司感谢公司杨总和郑总，感谢你们在河大遇到难题时慷慨解囊、拔刀相助！你们无私的援助高尚、真诚，河大人、河大民生人感铭在心！同时也要感谢郑传斌院长，尽管现在你已经不在民生学院了，但当时你所起的关键作用至关重要，我会永远记得你的这一功！

通过资金运作证明自己的"独立"身份，靠的是一张银行证明；如果要在上头实地、全面检查时证明自己，那就难到天上了！这一天终于不期而至、不约而来。某年，接到省教育厅通知，国家教育部要在全国进行普查，河南省第一个就来河南大学民生学院。其实，为了解决民生学院独立办学的问题，我们已经初步打算将河大老校区的该学院整体搬迁至原开封医专校区，待医学院这一块整体搬迁到金明新校区后即可实施。不想，催命的令符恰在这时赶到。面对如此局面，领导班子下决心要"搏一把"，用"空间大挪移"应付这次检查。

作为总指挥，我怎样寝食难安、费尽心思、提心吊胆但又义无反顾，怎样统一各部门认识、协调各单位行动，怎样将原医专校区大门、教室、实验室、办公场所的牌子统统改为民生学院的牌子，怎样做好接待、开好汇报会、安排好考察路线，怎样在考察当天把医学院学生安置到河大老校区、把民生学院学生安置到原医专校区，我们怎样在盛大的汇报会上精彩表演而赢得考察组的高度评价,……个中情节犹如一场战役,但更像一场大戏!

现在回味,依然兴奋,但多了些冷思考。第一,当时创办独立学院,社会力量承担全部投资的少,部分投资或名义合作的多,搞所谓"资金运作""名独实不独"的不在少数。第二,这种状况绝非河南一省,河南绝非河大一家,因此引起教育部关注,所以要来普遍核查。第三,河大在计划搬迁民生学院至原医专校区的基础上实施空间大挪移,并非完全无中生有、空穴来风。但无论怎样自己安慰自己,都是瞒天过海、弄虚作假。第四,一场"大演习",组织得如此严密,教职工生心甘情愿地听从指挥、倾心投入、全力配合,效果与结果如此完美,而且没有出一点纰漏,真的令人叹为观止!第五,那时,"一切为了河大发展、河大利益、河大形象"是每一个河大人发自内心的呐喊,没有人考虑个人的进退、安危。要搁现在,会怎么样?反正我会顾虑重重,我会担心内部不协调,我会担忧自己的前程与退路,我会认为牺牲自己不值得。

更深层次的回味,我深感那个时期办学的不易。我国高等教育管理的体制不允许办学多元化,而高等教育的投入不足又使大学书记、校长总要千方百计地寻求更多的办学空间。特别像河大这样的省属院校,国家不会常规性投资,省里又没有把支持的重点放在河大,自己不想办法,靠谁?可悲的是,当我们想有所作为的时候,总会有人用政策、规定、纪律来约束你,使你欲可为而不可为;当我们想寻求政策、规定支持的时候,由于没有政策、规定可依,也没有先例可循,往往使你满怀希望落空。独立学院好啊,录取分数低、收取学费高,上面又鼓励,高校何乐而不为?只是寻求愿意拿出真金白银创办收益小、收益慢的教育事业的社会有识之士,在盛行拜物拜金的今天,难。于是,琵琶半遮面的有,拉旗巧包装的有,当然,完全不靠谱的也有,用有些同道的说法,这叫"逼良为娼"。前提是,必须保证教育水平和培养质量。至今想起当年我们民生学院的空间大挪移,我也不后悔,没有负罪感!

所以,后来河南日报报业集团愿意与河大合作兴办民生学院,投入了大笔资金修建一座现代化的大学校园,并派出强有力的干部充实该院干部队伍,实在是给了民生学院合规合法、正大光明地发展极为关键的一把力!

我还分管河南大学附属中学、附属小学、附属幼儿园,因此有朋友戏说我是幼小中大统管。其实,这三个附属学校都有一定的相对独立性,我只不过是它们与校本部的联络人,平时无事不会过问、干预。但是,每年的新生考试、入学季都是我介入最多的时候,要安排河大教职工子弟入托、上小学、升中学呀。这三个学校,基础都很好,尤其是附中,办学历史久,教师水平高,社会声誉好,是开封市数一数二的中学,是河南省示范性高中,办学经费由省财政全供。那个时期,附中与开封高中实力不相上下,每年高考后两校的宣传大战不可开交,我夹在中间,一个是母校,一个是附中,虽时有为难、时有尴尬,但左为开高自豪、右为附中高兴,加倍地幸福!

十年一秩,既有春暖花开又有波涛汹涌;十年一瞬,既按部就班又跌宕起伏。可叙之处一笔带过,可叹之处萦绕胸间……

第 8 章　守望者

8.1　心路

　　50岁,本应是"知天命"的顶峰,我却刚刚启动;60岁,本应安享花甲天伦,我却刚刚领略生命的真谛;这十年,本应在知天命到花甲的精彩中悠然自得,我却还在波浪中坚守求索,在风云际会中再知天命。

　　这十年,除了上一章平铺直叙绕不开的"孺子牛"职责,除了春暖花开、按部就班,始终萦绕我心的是其间的波涛汹涌与跌宕起伏,实实地可忆、可叹,真的不可以一笔带过。奠定我在波浪曲折中坚守、风云际会中奋进、再知天命中升华的,是来自心智成熟过程中铸就的决心与意志。这一段心路虽不漫长也不复杂,却是累并快乐着、痛并快乐着。

　　毋庸置疑,我这十年的"双轮驱动"或曰"双肩挑",主要的一轮或一肩是行政管理,即履行河南大学副校长的职责。省委组织部的"训令"、学校领导班子老同志的谆谆告诫,乃至地理系我老师的语重心长,都向我传达了一个十分明确的信息:你的主业就是河大副校长,个人专业实务绝对要服从学校行政管理。这我太清楚了,也只能服从,不然我绝对不会接受组织的任命!我服从,是因为我相信,在副校长的职位上,我可以为我亲亲母校作出更多的、特殊的贡献。

　　但我心里明白,服从就意味着牺牲。我不是超人,我不可能业务、行政双卓越,不可能双轮叱咤风火、双肩胜任愉快。而且,深刻自省,我这人是不适合当官的。

　　当官就必须秉持中国官场的价值观,通过官员的社会价值判断,做出"我要当官"的价值选择。可我的家教从小就向我灌输"宁为良医不为良相"的理念,我也深以为然。尽管当了副校长后有一定调整,但当官不如做学问的价值判断始终萦绕在心。我戴上官帽子是出于为河大做事的动力和热情,当然也有点儿身不由己。我知道,只有把当官作为自己人生最高追求目标的人,才能拥有当官的动力和热情。

当官就必须坚信"可持续发展"的理念,在个人发展的路上坚持不懈地走下去,追求的是仕途顺畅、持续升迁。我把伟大的可持续发展观用在此处,显然不伦不类,但也准确表达了我的意思。当了官,就应当不断进步,就应当不甘后人,就应当努力进取,就应当在更大的平台上更多地为人民服务。这和当教师是一个道理,当了讲师就一定要争取晋升副教授,当了副教授就一定要争取正教授。在这个问题上,当官的别鄙薄业务技术人员,后者也不必鄙薄前者。可是,放在我身上这条"法则"不起作用,我没有更上一层楼的欲望与动力,我却有原地踏步的底气与资本,大不了还当我的教授嘛。所以,我不会去"跑官",当河大副校长十年,就去过省委组织部两次,一次是任命谈话,一次是卸任谈话。所以,我会不经意间得罪了有关领导,得罪到他们很不舒服的地步;所以,我会毫不犹豫、心甘情愿支持、辅佐比我年龄小的同志,而且从来没有过当校长的憧憬……这在别的人看来,是够奇怪的,你不想尝尝一把手的滋味呀。我知道,只有把升官作为自己人生不懈追求的人,才能拥有取之不尽用之不竭的当官的动力和热情。

当官有当官的艺术,这种艺术我不是学不会,而是不愿意学、不屑于学。我认为,当官的必须说真话、说实话,因为你心仪的是事业、面对的是真实、代表的是民意;当官的不能屈就于扭曲的现实、听命于失责的上级,因为你应该有坚强的党性、神圣的尊严。所以,我会在省长召开的"城镇化专题研讨会"上直抒己见,甚至不惜与领导"抬杠";所以,我会在副省长推动高校超负荷扩大招生、贷款建新校区的大会上,发言直陈高校的实际情况而引起领导不快;所以,我会在分管高校的某部副部长主持的大会上,发表不受上级待见的逆耳之言……这在许多人看来,也很奇怪的,你憋着不说不就行了嘛。在省委副书记与副省长召开的河大现场办公会上,领导决策欠考虑,我就只能生生地把话到嘴边的不同意见憋了回去。我知道,只有自觉与上级领导保持一致的干部,才会被认为是好干部,才会在升迁的仕途上顺风顺水。

我有许多不足与缺点,不会应会的含蓄,不分应分的场合,不计应计的后果,不留应留的余地,不维应维的关系,不懂应懂的酬和,不走应走的路子,不绕应绕的弯子——确实,我不谙干部升迁之道。另外,我的年龄也是一个劣势,不想提拔我,只拿我的年龄说事,就可以把我轻轻放下。

因此,在不想被提拔也不会被提拔的状况下,依我的价值观、理念和作风,做一个堂堂正正、舒心顺气、不计荣辱、敢于担当的河大副校长,倒是一个极好的选择!站稳河大副校长这个平台,积极、高调、热情地做我应该做的事,争取在有限的时间里多做一些有益于河大发展、有益于教职工生的事,同时不辜负我钟爱的学术与本分的业务,我就是一个幸福的副校长、快乐的河大人。繁忙、辛苦、疲劳是我十年的常态,但累并快乐着!

于是,我给自己设定了两个"两坚守"。

第一,坚守河大这块阵地,坚守河大副校长这把椅子。前者是指,尽管外部有邀约(例如某大学的加盟邀约),我不会为利而动;尽管本省有传闻(例如升任××学院的院长),我也不会为权而动。由于我是内部确定的正厅级后备干部,所谓"内部传闻"倒真有"变现"的可能。我就通过正式或非正式渠道表明:我是独子,上有80岁老母,调外地工作,谁来替我尽孝?我热爱我的专业,只有河大才能给我提供这个专业平台。因此,请组织上不要考虑我的升迁调动问题,谢谢了!这样做,每当有升迁的机会或每当有人提起时,组织部的同志就可以弱弱地提醒一句:人家不愿意离开河大呀。

后者是指,不要因为非正常原因丢掉屁股底下这把副校长"交椅"。在这个位置上,我可以局部地实现个人办学理念,可以在一定程度上影响学校的整体办学理念,轻易丢掉了会很可惜。所以,我绝不会辞职不干,再难再累再受委屈也要咬牙坚持,这比过去已经是一个很大的进步;所以,我说话、做事必须要有底线,绝不能不经意间留下想不到的把柄,这表明我已逐步成熟老练;所以,我要注意保健身体,绝不能因身体垮掉而中途退场,这表明我已经开始接受"身体第一"的普世观念;所以,我要洁身自好,绝不能有违法违纪、贪占身外、越轨放浪的不良情事,这倒不难做到……

但恰恰是"不难做到"的最后一条"绝不能",却时时在考验我的坚守。有意违法违纪的事,我不会去做。但在难断黑白是非的情况下,谁敢保证一步都不走错?有老领导教我:不管做什么事,一定要给自己留下后路,一定要使自己随时解脱;一定不要独断专行,一定要按规章制度办事,即使规定是错的也不要轻易突破;没有规章制度要循老例办事,没有老例要以少数服从多数原则办事,不便征求意见以请示领导结果办事……这一套"官经"不是教我不负责任嘛?!但仔细品来也不无道理,为了坚守岗位,必得有效地保护自己。只是我时时忘却前辈的教诲,率性、率意为之的事不少。但好在没铸成大错。

贪占身外之财、之物的不良情事,我有把握不去主动为之,但围绕在权利周围的诱惑以及随之而来的危险实在是太多了。尤其是有些诱惑不是仅凭坚强的意志力就可以抵御的。对方再三说明,无事相求,只是出于友情邀你赴宴,你去不去?不去,有伤友谊。去了才发现,宴席高档得让你咋舌,而且大多会拐弯抹角地提出某种诉求。对方一脸诚意地表明,这件纪念品不值什么,来看望老领导、老同学、老朋友,总不能空着手来吧,你收不收?不收,有伤友谊,当面打开验看再决定收不收,太矫情了些;收了才发现,区区"纪念品"竟然价值不菲。对方开门见山、直截了当,这事替他办了,给你多少多少好处,你答不答应?当然不能答应,而且还立即请他 go out(出去,滚蛋)。但事情并不算完,方方面面的压力会随之而来……这些"对方",多是朋友、同学、同事、亲戚,甚至还有某个领域的头头脑脑。

　　对于宴请,我有理由拒绝。我不喝酒,而且是货真价实的滴酒不沾,一喝酒就过敏。初时大家不信,就凭你王校长的性格和作风,能不会饮酒?看我真不喝,连顶级的国酒都不喝,才信了。开封市委原书记宴请,一向酒风超霸的他一开桌就言明,别让发曾喝,他不行。这类宴请实在虐心,除了豪饮,还得应酬场面,还得挨个地敬逐个地受敬,还得强颜欢笑、言不由衷、笑不由心,而且时间超长,简直到了不能容忍的地步。后来我就以不饮酒为名推掉了无数宴请,实在推不掉的,也要想法提前退场,腾出点时间弄我自己的事。有同志戏言,王校长为国家节省的酒数以吨计。至于所托之事,靠谱的,该咋办就咋办;不靠谱的,风过耳尔。

　　对于馈赠,要分情况和对象。送"纪念品"的,必得打开验看。名不符实的,坚拒;确为纪念品的,婉拒。确为纪念品的且无所求的且送者是亲戚或我的亲授学生的,留下吧,谢谢啦。原则是,如果有所求,无论何人,连一张纸都不收。但有的情况也很无奈。一位系总支副书记(女),是我的好同事,她为了什么事求我,搬了一箱罐装饮料送我办公室,拒收;事后,她仍搬了一箱罐装饮料送家,寒暄一番,放下箱子就走,拦都拦不住。我撑出门外,朝着她的背影把箱子扔了下来。从跌破的箱子里滚出一个个瓶子叽哩咣当顺着四层楼的楼梯而下,场面真有点那个。第二天我专门打电话给她,诚心诚意地道了歉。其实我很能理解送者的心情,当年我为了分一套五六十平方米的旧房,也是如此行事。

　　对于现金行贿,好处理。无论有事无事无论数额多寡无论送者何人,一概坚决拒收。但有两种情况较麻烦。一种情况是,不法不轨人士借着我的名义敛财,当事人也就信,这叫"躺着也中枪"。事主直接找我反映,好办,真相立即大白,这种案例有三四起。但是否还有没暴露的?想想就挠心。搁别人这事可能一笑了之,我不行,有洁癖。另一种情况是,我是教授就经常外出做学术报告就会有讲课费,我曾是省城市规划专家委员会副主任就经常受邀参加或主持城市规划评审会就会有评审费,我曾是省高校设置专家委员会副主任就经常受指派考察申报高校就会有考察费。这本来与贪腐无关,直到有一次某外地市纪委找我了解某校长在专科升本科申报中的费用问题时,我才知道,此类报酬有个数额问题,多了就涉嫌受贿。这惊出了我一身冷汗,从此再也不参加高校的考察工作了。但讲课费与评审费呢?

至于越轨放浪的不良情事，也有有趣的故事。我这人，性格活跃，好动好玩，上台表演个节目啥的不在话下，唱歌、跳舞、朗诵、主持甚至口技样样都来。我从不避讳与女同志交往，而且很注重西方流行的所谓"绅士风度"，特别欣赏品貌、能力俱佳的女性干部、老师。于是就有同事、同学、朋友说我"多才多艺"，热情豪放，不拘小节。这本属戏言或奉承之言，当不得真的，我也坦然。但底下就有流言，说我喜欢谁谁、对谁谁好等等。对付此等有中国特色的流言蜚语（就是宋丹丹小品所说的"绯闻"），好办，注意点就是。例如，在办公室接待女同志，房门绝不碰上锁；接待单个女同志，必须房门大开。至于点名道姓的，也好办，完全不理睬，该怎么样还怎么样，时间长了，瞪着眼看的人看不出门道，也就兴趣索然。我不会去解释，越描越黑。似乎中国官场时兴抠别人的生活作风问题？也是，现而今反腐败，贪官多有钱权交易、权色交易。

　　而有些流言上升为谣言，就不能漠然处之。1998年8月，我和李润田老校长、李小建、马建华四人赴香港参加"21世纪的中国与世界国际学术讨论会"。会后我从香港直接返回登封，参加当年的招生录取工作，除了紧张、繁忙、疲累，别无他话。新学期开学了，谣言不胫而走，竟然传到了包括我在内的当事人耳中。先是说某副校长暑假期间在外地嫖娼，把乘坐的汽车搞丢了；再是说另一位副校长和我这位副校长在郑州嫖娼被警察逮去了；后又说反正有河大副校长在开封的酒店开房招妓被抓到派出所了，河大保卫处长把人领回来了……我听到此，照例一笑了之，故事发生的时间我在香港在登封，与我无关。我也不信别人会做下此等不长进的怂事。你想，如果真有此事，公安局不管纪委也要管，最不济保卫处长不敢隐瞒实情。当时的俩一把手书记和校长似乎也是这种态度，照样地和我们谈笑风生，根本没把谣言当回事。倒是有一位副校长不受这个屈，四个副校长仨被谣言了，这还了得？弄不好是有背景地抹黑整个领导班子！我一听，言之有理，就和他一起找俩一把手，强烈要求彻查此事，还我们一个清白，还河大一片清净！二位真重视了，据说找来保卫处长了解情况，还找了时任开封市长梁铁虎，询问是否开封警方受理过此类案子。调查结果如何，没有给我们直接、详细传达，只说完全是子虚乌有。于是，趁一次开中层干部会议，书记和校长都郑重其事公开辟谣，表情愤怒，口气严厉，给我留下深刻印象至今不忘的一句话是："说我们的副校长嫖娼，咋不说他们抢银行呀？！"这事也就这样了啦。

　　现在想来，此事的处理看似伸张了正义、破除了谣言，但也确实留有遗憾。首先，自始至终没有把调查的详尽结果向我们反馈。过后不久，在市里碰到梁市长，他主动笑谈此事，说不用调查都可以判断是谣言，你们河大的领导还竟然当成个事专门问我！其次，这次造谣传谣，编得匀、传得快、传得广，肯定有背景、有蹊跷，究竟谁在兴风作浪推波助澜，当时没查清，现在也不知道，河大班子吃了个哑巴亏，真是憋气。还有，当时辟谣，仅限于一个中层干部会，流毒远远没有肃清，恶劣影响持以时日。多年以后，还有同志告诉我：在网上有毕业校友议论当时校领导，说王某人不错，但听说曾嫖娼被抓，也不知真假，即便是真的也不掩其才能和对学校的贡献，云云。

今天在这里把发生在20多年前的一桩公案原原本本披露，既是正式为自己、为河大说一句公道话，也是发一声感慨：在中国官场，要想把人搞臭，从生活作风下手，一传十十传百百传千，速度最快，效果最妙，成本最低，造谣传谣者最安全，被传谣者受害最深。如果不能真相大白，不仅会阻碍受害者可持续发展，还可影响其群众威信，甚至还会破坏其家庭。名誉一旦被污就很难洗清，即便组织出头辟谣，坊间也半信半疑，无风不起浪嘛。说实在话，此事对我的实际伤害完全可以忽略不计，因为校领导已经公开辟谣，因为谣言对我的家庭没有丝毫负面影响，因为我没有继续进步的欲望，更因为，我自知，我坦荡，不做亏心事不怕鬼敲门！无非是，当河大副校长十年，痛并快乐着。一吐为快吧！

第二个坚守是，坚守教师、学者的本分，坚守教学、科研阵地，也就是一定做到另一轮实转、另一肩不空。我有两个基本的身份认定，首先我是个教师，其次我是个学者，这是不变的，不管我当不当官当什么官。是教师就得教书育人，就不能脱离教学；是学者就得学习、研究学术，就不能脱离科研。行政管理的一轮、一肩很重甚至奇重，是没办法的事，我个人做不了主。不脱离教学科研，是我主观的强烈诉求，我个人应该能够做主，上级也不会干预。我自认为，如果放弃了教师、学者的本分，我就没有资格在高校混下去，更无理由在副校长的位置上晃悠。而且，当官当任何官，都会有终结的一天，或折戟官场或平安着陆。老话儿有"无官一身轻"的说法。如果到了退休年龄"去官"，真可以一身轻；但是如果不到退休就无官了，能真正一身轻吗？还要继续工作呀，做什么？在机关当个什么"员"混日子？说句私心话，我这第二个坚守，实际上是为或早或晚的"有朝一日"做准备的，因为我绝不会恋位，我时刻准备去做完全的教师和学者。套句过往的时髦话，这叫"一颗红心两种准备"，而下台的准备更充分些。

坚守教师身份，坚守教学阵地，就必得坚持带研究生，坚持给学生上课。我是环境与规划学院的人文地理硕士点最早的导师组成员，并一直担任牵头导师，直到退休。2001年6月，经专家评审、校学术委员会投票，我担任人文地理博士研究生导师并开始招生，从2005年起担任牵头导师直到退休。

这十年我主持完成了3项省级教学改革项目。2005年5月，由我牵头的"地方综合性院校新世纪创新人才培养的研究与实践"项目,获河南省优秀教学成果特等奖;同年7月,同一项目获高等教育国家级优秀教学成果二等奖,获奖人还有赵国祥、王北生、王强、邱建章。这个奖项级别高、申报难,是河南大学所获同类奖项的顶尖成果。评奖的最后一关是国家教育部组织的学科专家答辩会,我代表课题组赴京应战。答辩会上,紧张、激烈,会后下楼梯,同志们脸上抑制不住的笑容难掩胜利的喜悦。

坚守学者身份,坚守科研阵地,就必得手上有科研项目、有出版的著作,坚持每年至少发表两篇学术论文,坚持每年参加一到两次学术研讨会,争取获得科研奖励。应该说我完成或超额完成了坚守任务。但也有遗憾,研究方向还不够聚焦,往往受社会经济形势的影响;有的项目投入时间、精力不足,没有达到预定的设计目标;学术论文的出手比较匆忙,有些论文的分析深度留有遗憾;由于行政职责所限,走出去参与学术交流受到限制,至少有一半受邀的研讨会无法出席;缺乏积极申报科研奖励的意识,有了成果就束之高阁了……

这十年,我陆续担任了一些学术兼职,例如,中国地理学会城市地理专业委员会副主任,中国城市科学研究会生态城市专业委员会委员,国家教育部精品课程评审专家,河南省十一五规划专家委员会专家,河南省优秀专家评审委员会成员,河南省城市规划专家委员会副主任,河南省高校设置专家委员会副主任……2004年10月25日,国务院颁发证书,授予我"享受政府特殊津贴专家"称号,奖金1万元,学校配套奖励1万元。

这十年,我在1997~2001年连续5年参加河南省高校高级职称评审,均担任大评委。2003年作为教育部本科教学评估专家参加对宁波大学的评估工作。2004年作为教育部聘请的国家精品课程评审专家,完成14门课程的评审。2005年作为河南省政府聘请的十一五规划专家委员会专家,参与了河南省十一五规划的论证、评议、调整工作。2005年作为中共河南省委组织部聘请的省优秀专家评审委员会成员,参与了第六批省优秀专家的评审工作。2005年开始,作为河南省住建厅聘请的城市规划专家委员会副主任,参与了本省省辖市、县级市的城市总体规划成果的评审工作。2005年开始,作为河南省政府聘请的高校设置专家委员会的成员,参加了部分高校设置的考察、评议工作。

和朋友闲聊,说起各人的工作负担。朋友问我:你当副校长的同时,还完成了不亚于甚至超过普通教师的教学、科研工作量,一个人干两个人的活,时间从哪里来?累不累?拿多少工资?我如实相告:周末、寒暑假、节假日从来不敢蹉跎,得出点空就搞自己的事,几乎天天晚上熬夜;身体当然疲累,但精神愉悦,而且恢复得快,在电脑上操作是工作之余的另一种休息呢;

工资标准走的是技术系列,没有走公务员系列,拿教授的工资。朋友就感慨、就摇头、就戏言:你那副厅级副校长是白干的啊!

不干副校长不影响我的工资收入,这也是我不恋副校长位子的原因之一吧。

坚守河大这块阵地和河大副校长这把椅子,坚守教师、学者的本分和担当,坚守教学、科研阵地,是摆在明面的事。骨子里是一种守望,守望大学之道、河大精神、教师本分和学者担当。披露我的心路历程勾起了往事浮沉,但真正让我时时念起的,是我在十年破浪前行、守望"麦田"中曾经遭遇的风云际会,曾经品尝过的累、痛与快乐……

8.2 校园文化

大学教育的正道当然是"教书育人",教自然科学与人文社会科学之"书",育德智体美劳全面发展、堪当社会栋梁之"才"。以我愚见,教书育人是个多维多面立体综合的系统工程,贯穿于学校教育的各个环节,融汇于学校教育的各个领域。例如,似乎与大学教育距离最远的大学门卫——门卫与学生发生摩擦是常有的事,孰是孰非且不论,门卫作为教职工队伍的一员,须反思。在大学做门卫与在其他地方做门卫的本质不同在哪里?大学门卫服务的主要对象是大学生,门卫的一言一行都会对学生产生影响,都是融合在育人大系统的有机元素。

借用"课堂"一词,大学的教书育人由四种课堂组成。教室内的课堂教学为第一课堂,强调知识的融会贯通,运用启发式,突出实践性教学环节;校园内的文化活动为第二课堂,尽可能地多姿多彩,寓教于乐,寓教于动;校园外的社会实践活动为第三课堂,深入社会深入民众,为社会服务为民众谋福,须常年坚持;网络上的虚拟世界是第四课堂,正确引导,耐心规劝,加强校园网建设和管理。换言之,教书育人的平台是个四维空间;加上时间,五维;分开部门,六维;分开院系,七维;平台互动,八维。

我国大学一般都是这个套路。河南大学的这一套极具文化含量,在博观中约取,在厚积中薄发,形成了自己既有浓厚传统又时新时鲜的独特风格。第一课堂不说了。第三课堂,暑期社会实践活动,连续十多年获得全国先进集体称号,由此,河大学生享有很高的社会声誉;第四课堂,河大的校园网建设在经费十分困难的情况下取得了全省领先的成绩,学生积极参与,由此,河大网上论坛在全国高校赫赫有名。

这些都不说了,只说第二课堂,校园内的文化活动。校园文化,是高等学府最靓丽的一道风景,往往是大学生未来回忆母校时的第一回放。河南大学历史积淀厚重，角角落落有故事，一砖一瓦有讲究，校园文化活动的资源丰富、题材多样、体裁各异，而且师生的认同感强，参与者与感受者众。

　　1997年香港回归前夕，为了庆祝这一伟大历史事件，河大自然要举办一台文艺演出，而且请了河大校友河南电视台的任鲁豫（后调中央电视台）回校做主持人。精心准备节目自不待说，放在哪里演？搁以往，非大礼堂莫属。这一次不行了，区区三千人的座位根本满足不了全校师生的观看需求。几个人一合计，从室内挪到室外，放在大礼堂广场演！行吗？舞台？灯光？音效？座位？保卫？演出效果？值得一试，尽力而为！演出是在下午，各单位按广场划定区间就位，座椅是学校统一买的五元一个的小塑料方凳，连老教师都反映坐着舒服。舞台是礼堂前的台阶平台，比礼堂舞台还要大，搞大型演出绰绰有余，背后是巍峨壮丽的大礼堂，不用灯光就是绝佳的舞台背景。事后艺术学院的老师反映，在这样的实景大舞台上演出，是从来没有过的经历，那份振奋那份激昂那份自豪那份台上与台下的水乳交融，令人终生难忘！置备了两套大功率音响，经音响师的反复调试，形成了既大气轰鸣又细腻优美的声效环境。主题极其鲜明的一台节目在这样的实景中展现，演出取得圆满成功，演员发挥得淋漓尽致，观众看得如醉如痴！本人应主持人点将上台朗诵了一首自创的小诗，观众自然报以热烈掌声。

　　首次实景演出的巨大成功给我们一个重要启示，校园文化活动的平台完全可以从室内搬到室外。阳光下的校园文化更具有特殊的魅力，而且能无障碍地面向全校教职工生，甚至包括外来的客人、开封市民。自那以后，河大新生军训的歌咏比赛、大型公益性活动、学生社团活动，甚至每届学生的毕业典礼、授学位仪式，以及河南电视台《沟通无限》栏目的走进河大，等等，都放在了大礼堂的堂前广场。2002年九十周年校庆前夕，彻底整修了大礼堂周围环境，清除了广场上凌乱的绿化小品，铺上了一水儿的厚厚的花岗岩石砖。校庆期间中央电视台《同一首歌》走进河大，整修一新的大礼堂堂前广场迎来她的"处女秀"。几天后中央台录播。《同一首歌》走进大学本来就少见，又放在那样一个特殊的环境里，立马引起电视观众关注。各种溢美之词中，共同的声音是"大礼堂真漂亮，河大真棒"！

　　充分利用大礼堂堂前广场并产生巨大影响的是河大自创的"周末文化广场"。香港回归文艺演出后的一天，党委贾副书记、团委周书记和我，一起乘车从郑州返回开封。聊起那台演出，我们依然兴奋，并不约而同地想到大礼堂堂前广场的可持续利用问题。突然间，我们脑洞大开，何不定期在大礼堂前搞一种由学生自己策划自己编导自己展演的文化活动？当即敲定：每周末搞一次，各学院轮流做，团委、学生处负责组织，学校提供物资支持，放开了让大家观看——名儿就叫"周末文化广场"！不用再开会，我和贾书记就把事儿定了,回去就干。

雷厉风行的周书记不多天就搞出了一台,一演,效果绝佳!从此一发不可收拾,成就了河南大学校园文化的一个靓丽品牌,开拓了一条教书育人第二课堂的新路,构建了一个展示百年老校与莘莘学子风采的窗口。各个学院积极性都很高,节目也花样百出,有音乐舞蹈,有曲艺说唱,有武术健体,更有结合本专业的实物图片展示、科普教育宣传。观众的构成也很有意思,主要有三部分组成。一是演出单位的学生,搞搞服务,把把场子,加油打气。二是有一批固定的观众,据他们自己说,一到周末就不由自主地往大礼堂前跑。三是偶然路过的师生和校外人员,走过路过不能错过,驻足观看,乐而忘他。额外的收获是,周末文化广场成为各学院发扬学院精神、塑造学院形象、维护学院荣誉的阵地。据2014年调任开封文化艺术职业学院院长的周书记讲,从1997年到2014年,除了寒暑假与特殊情况,每周一次的文化广场基本不落。保守点儿算,一年30场,17年总得有500场左右,不容易啊!我一直认为,每周一次的这种活动,只有河南大学能搞,能撑这么久。没成想,周末文化广场被移植到了开封文化艺术职业学院,而且搞得有声有色!

大礼堂堂前广场文化活动的另一主角是大学生社团。河大的大学生社团总有好几十个,涉及人文、自然与社会事务许多方面,例如环境与规划学院就有一个面向全校的环境保护社团。每年迎新军训以后,新生进入正常学习阶段,各社团就在统一的时间在大礼堂前摆摊宣传,招兵买马,扩充队伍。新生们就像是超市上购物的大妈,只不过多了稚气还多了点儿矜持——挑挑拣拣,拣喜欢的放在"篮子"里。逛一次社团"超市",兴趣广泛的新生能注册参加好几个社团。

社团的活动大多放在大礼堂前,小孩们知道,那里是河大的聚焦点,吸引力和辐射力都很强。在这儿搞活动,场地开阔景色美妙还不说,扩散效应更是妙不可言。这样子,大礼堂前就成了各社团展示风采的阵地,经常是彩旗招展、熙熙攘攘、俊男靓女、美图佳文,亮眼景观美不胜收。我们也担心,象牙塔里有这么一块热闹去处,是否会影响教学秩序?实践证明担心是多余的。大礼堂周围地势开阔,那点小热闹传不出100米就在河大园消融得无影无踪,更重要的是,大家喜闻乐见呀。有些社团特别善于攻关,善于利用资源。我从副校长位子上退下来后,还有社团找我沟通。例如办得有声有色的"国学研究会"拉我做了他们的顾问,还请我在综合教学楼最大的阶梯教室做了两场讲座,会前制作的精美的海报满天飞。

文娱活动永远是校园文化的主要窗口。河大的文娱活动主要有四个层面。

第一个层面,群众性的联欢、汇演。

校园社团活动

前文讲到的跨世纪篝火晚会,给跨世纪的河大人留下了永久的回忆;下一节将要述及的九十周年校庆期间的文艺演出,使河大一次次掀起欢乐的浪潮。有些活动,已经形成了例行。例如每年的迎新生晚会,是一台综艺性晚会,以艺术学院的节目为主,以新闻与传播学院、体育学院的节目以及师生的校文艺团体节目为辅,每年都花样翻新。在晚会上,我一般不会坐在给校领导设定的座位上,而是在大礼堂各处随意坐在新生当中。他们那欣喜甚至狂热的面容也感染了我,就和他们一道喝彩、鼓掌、叫喊,那简直是一种享受!不止一次有新生告诉我,这是他们有生以来看过的最好的晚会,比看中央台的春晚都兴奋。这言过其实了。不过,以后看惯了河大的节目,欣赏水平会逐步提高的。

再例如每年的新年联欢晚会,也是一台综艺性演出,由各个学院出节目,艺术、体育、新传学院每年必出,这自然又成了各个学院展示风采的平台。其他学院的节目尽管艺术水平不高,但其用心之良苦、设计之机巧、参与之众多、粉丝之热情在大礼堂哄起一个个高潮。艺术学院的艺术家们也放下很难放下的雅致,排了一些大众化的节目,反而更受欢迎。1997年的新年晚会上,艺术学院的一帮老师演了多年不见的民间表演唱《大实话》。十个演员着老农民服,头上白毛巾,鼻子下贴两撇胡须,人手一支旱烟袋,那唱词那表演令人叫绝!演着演着,男高音歌唱家马老师胡须半边脱胶离唇,人家不管不顾强忍着笑坚持把节目演完也不扶,任由台下笑翻了天——这就是艺术家的职业范儿!也在那年,校领导班子上台表演了男生小合唱,《我们走在大路上》《喀秋莎》,老师和学生是不吝惜掌声的。后来,每年的最后一天,12月31日晚10点至新年元旦凌晨,大礼堂的迎新年晚会(又叫跨年除夕晚会)成为例行,增添了零点撞钟等节目。

再例如各院系一般也会提前几天举行新年联欢会,校领导就分头下去,一是慰问一年辛苦,二是与大家同乐。于是就有同志起哄拉我们表演节目。我给大家唱过京剧曲调谱写的毛主席语录《群众是真正的英雄》,照例"掌声如雷"。还有两个学院较特殊,外语学院与体育学院,圣诞节平安夜要热闹一番的。外语学院是要感受西方文化,体育学院要和外国留学生联欢。我一般先去外语学院大楼。那里联欢会中心在大楼天井院,上下几层挤满了人,《铃儿响叮当》之类的乐曲欢快跳动,发表外文演说、跳集体舞、跳交谊舞、猜谜语,热闹得很。我会用英文问候大家,再跳一支舞,抽身便往体育馆。体育学院与外国留学生的联欢会放在宽敞的篮球馆,看台和场下都坐满了师生,中心有 块半个篮球场大的演出区。体育学院的师生是河大园里最会热闹的群体,外国留学生充满异国情调,这里的节目就十分具有观赏性。我一般会坚持到最后看完节目,有时也即兴客串一把。有一年,学生表演时装模特秀,一时兴起,我拉着体院副书记(女)也上场走猫步,自然又是"掌声雷动"。

  群众性的联欢、汇演活动,凝聚了集体主义精神,巩固了河大人的自我认知,密切了干群、师生关系,给教职工生留下太多太多的美好回忆。近些年河大园比较冷清,这些活动不多了,令老河大人怅然若失。

  第二个层面,专业性的文艺演出。

  由于河大有无与伦比的大礼堂,后来又有极具专业水平的音乐厅,当然还有特别浓厚的艺术氛围,专业性的文艺演出就非常火爆。我曾听兄弟院校的同志讲,你们河大人真幸福,能经常看高水平的演出——此言不缪。我们的艺术学院和新闻传播学院近水楼台先得月,专题大型演出、专业汇报演出、音乐会等一个接一个。专题大型演出一票难求,印象中有《长征组歌》《黄河大合唱》《马可作品展演》《抗洪救灾慰问解放军》等。更多的是专业汇报演出和各种音乐会,包括毕业生告别母校的汇报演出、庆典活动的汇报演出、各类检查评估的汇报演出等。他们一般都会邀请我观看,我也欣然前往。如果观后让我点评,我就毫不客气。我认为好的,就夸得像一朵花;我认为不好的,也不留情面,自己人嘛,说真话。多少年以后笑谈当年,有人对我说了实话:我们特别希望你去观看,又特别害怕你去观看。现在反思,搞艺术的人视自己的艺术如生命,我这外行胡扯一通,确实欠妥,对不起了老师们!

  2016年10月25日,我在河大校园网上看到一则新闻,河大首届民族歌剧班的校友回母校聚会,其开创人、我国著名音乐教育家84岁的武秀之教授被学生簇拥。当年主管教学的我曾经"深度"参与民族歌剧专业的发展与建设,曾经感佩于武先生的金石执着、不懈追求,折服于她的"真声位置假声唱法"的声乐教法,高度认可"民族、欧美、戏剧"三种唱法相结合的培养目标，为多数出身于豫剧演员的学员们的出色表现而骄傲，也为解决这个班的种种问题与困难而奔波……这个班的老师和学员自然是河大专业性文艺演出的主力，而且还能编、排、演大戏，例如歌剧版的《梁山伯与祝英台》，国内歌剧界无出其右者。

新闻与传播学院播音主持专业的老师和学生，也是专业性文艺演出的主力。这个专业启自文学院几位热衷于朗诵的老师，从办专科到办本科到培养研究生，从一年招20个学生到40个到60个，从一个教研室到一个系到一个学院而且扩展到相对独立的河大民生学院，一步步走来，筚路蓝缕、屡创辉煌，在河南省领军当仁不让，在全国也赫赫有名。毕业生很受电视台、广播电台欢迎。中央电视台的著名主持人任鲁豫就是河大校友，当时他是专科毕业，学历达不到河南省要求，要不肯定留校。也好，河大少了一个平凡的教师，中央电视台多了一个出色的台柱。播音主持专业的师生除了广泛参与学校各种文艺活动，他们的毕业汇报演出（主题为"绽放"）是河大该专业培养水平的集中展示，直到今天，他们仍然邀请我参加。这个专业的学生多才多艺，舞台形象靓丽，经几年的琢磨，已成堪用之才。演出在大礼堂举行，晚会整体筹划之新颖、节目编导演水平之高超、舞台美术设计之美妙、剧场气氛之热烈，让人很难相信这是一所省属大学学生的作品。由于河大是河南省这个专业的领头羊，其他学校同专业的师生代表就一个不落的每年都来河大观摩，而东道主每年都有新玩意儿，敬佩、羡慕的神情写满他们的脸庞。

外单位艺术团体、艺术家进河大表演也是常事。我的印象中，有河南豫剧院的豫剧《村官李天成》、北京某话剧团的话剧《切·格瓦拉》等等。上头组织的"高雅艺术进高校"活动，经常光顾河大，主要是管弦乐演奏。著名艺术家来河大交流也很有看头。影视演员鲍国安来和有关专业交流，在大礼堂做了一场报告，我主持。学生的好奇与热情，鲍先生的深入浅出，主持人的机智应对，都给参加者留下印象。鲍先生事后跟我谈及，其对河南大学刮目相看之情溢于言表。影视演员张凯丽带着一台话剧过来，谢幕后在大礼堂当场与师生交流。坐在前排的我和逻辑学专家马佩教授，都是认真而参与意识很强的主儿，可能提的问题有点尖刻，张女士脸上的表情就有些不快。但若干年后，她在西安偶遇当年我校的工作人员，对河大之行的难忘之情溢于言表，还特别请人问候当年的王副校长。小提琴演奏家薛伟几次来河大，在音乐厅举办演奏会，还带讲解。男高音歌唱家某某来河大举办个人演唱会，音乐厅人满为患，到演出时间了，却不见主角露面。我一问，说是人家不知为了什么正在闹情绪呢。千呼万唤始出来，一张嘴，水平就那样，还不如我们的李新现老师呢，而且一说话满嘴的江湖味。有了这个插曲，他的艺术形象在我脑海里就打了折扣。后来在电视上看到他,更出息了,留了大胡子,毛发染了色,大艺术家的范儿更足了,只是听他的歌比以往少了。

第三个层面,各种文艺比赛。

有实力,就会有检验、展示实力的机制和平台。河大的文艺实力直接催生了各种比赛,老师的学生的都有。而且,河大园当然就成了河南省高校文艺汇演、展演、比赛的重要平台,河大拿出的节目获奖是常事,还经常代表河南省参加全国或区域性大赛,比如合唱比赛、舞蹈比赛、短剧比赛、健美操比赛等,河大获奖比例全省是最高的。在全国性的大学生比赛中,我们的代表队获奖也不鲜见。例如我们艺术学院学生合唱队,在陈家海老师的调教并亲自指挥下,征战全国赛场,成绩不俗;学生剧社非艺术类专业的学生自编自导的短剧《我的李白》《看电视》等,参加全国大赛获了奖,《看电视》还在中央电视台录播。当然,比赛获奖在河大是有传统的,40多年前七七、七八级学生自编自导的一台话剧、一个舞蹈双双获得"首届全国大学生文艺汇演"的一等奖呢。

河大校内的比赛更是经常举行。常年举行的有校园歌手大赛,分专业组和业余组,接受全校学生报名。从初赛、复赛一直到大礼堂决赛,民族、欧美、通俗、戏曲各种唱法同台竞艺,校园沉浸在欢乐之中。决赛现场设计得如同盛大的文艺会演,各个环节都不含糊,当年比赛的优胜者成了同学们心目中的明星。2002年九十周年校庆,中央电视台《同一首歌》进入河大校园,校园歌手大赛的获奖选手和全国知名艺术家同台,演出效果不输半分。

还有短剧大赛,比赛的设计与套路同歌手大赛。不同的是,短剧大赛有个很好的支撑平台,即我们的学生剧社。该群众性社团可不是谁想参加就参加的,有严格的条件,不是玩玩就得的,得出作品,得演出,得去参加比赛。新传院和艺术学院的青年老师做指导,学生自己写剧本,必要时还创作、排演大剧。九十周年校庆时公演的大型校史剧《九歌》就是他们的作品。校园短剧大赛就是剧社发起组织的,他们趁机在比赛中发现、物色演员。我曾经写了一首诗,《题记河南大学短剧大赛》:

学苑杏梨根系壮
老枝新蕊竞芬芳
百年厚积撷翰英
稚子吐血凝华章
古今中外起苍黄
朝暮舍间听铿锵
止于至善度熏风
大学精神代代扬

这些比赛的共同亮点是决赛时的节目主持人。他（她）们一般是播音主持专业或音乐表演专业的学生，是学生主持人的"大腕儿"，是大家心目中的偶像。节目开始，主持人往台上一站，嚯，形象养眼、服饰靓丽、妙语连珠、反应机敏，不看节目就知道，这台晚会肯定精彩！决赛时我一般会参加，有时还代表学校讲讲话，有时主持人会现场采访我。机会来了，我会对主持人"反采访"，提一些有一定难度的问题难为他们。因此，他们也是"特别希望采访我，又特别害怕采访我"。

　　河大的老师有许多文艺爱好者，水平还相当高，教工的各种比赛同样吸引人。经常举行的是五一、十一、特殊事件纪念日的合唱比赛。每个单位都出节目，唱歌水平当然要努力发挥到最好，但更重要的是维护单位的形象和荣誉，于是就拼尽全力往决赛时的大礼堂进军。我会积极参与，还担任过指挥或朗诵。还有不定期举办的教工健美操舞比赛。老师们自编自导自演，舞台上七彩缤纷，舞台下热浪滚涌。可惜的是，演员中女多男少，于是男教工就成了啦啦队的主力。还搞过教工交谊舞比赛，但群众基础不厚实，只搞了几次，水平也一般。第一次比赛时，我被机关队硬拉进去充数，最后竟得了一等奖。于是下面就有了小话，说还不是看着领导的面子打分的。

　　第四个层面，其他活动。

　　上述三个层面应该很全面了，但仔细一算还是不全，只好再来个"其他活动"，比如学生军乐团、国旗班、礼仪队的活动。河大艺术学院的器乐演奏专业，民族乐器是长项，我国著名的二胡演奏家王寿亭先生、古琴演奏家丁承恩先生等，就曾长期在河大工作。为了加强西洋乐人才培养，同时为校园文化增添新的元素，我们成立了学生军乐团。全套乐器由学校统一购置，演奏员面向全校招募有一定演奏基础的学生。经过短时期的培训，他们就"粉墨登场"了，甫一亮相，立即引起全校关注。从此以后，河大校园就到处有他们的身影，尤其是大型活动，他们的参与壮了声威、提了精神。最盛时，军乐团在大礼堂举办专场演出，成套的节目令人耳目一新。不知为什么，学生军乐团无疾而终。目前活跃在校园文化生活中的河大老职工管乐团（我是顾问还客串一把演奏指挥），所用乐器还是沉睡了多年的学生军乐团的家什。

　　还有同属礼仪类的礼仪队和国旗班。前者由总务处罗老师发起并组织，一水儿的女生，穿上漂亮的衣服，服务于各种迎宾、庆典活动。开始我不大赞成，女孩子家捯饬得跟服装模特似的，也没有多少文化含量，脸上的笑容是训练出来的，站在那里如同"站桩"。后来看她们（包括学生）乐此不疲，我也就不再多说。国旗班我是举双手赞成的。大礼堂前广场整修时，在西边正中竖了旗杆修了升旗台。那些旗兵，是从全校选拔出来的俊男靓女，身高匀称，身材挺拔，在军训的基础上稍加培训，走旗兵步就像模像样了。身着标准而华美的旗兵服列队走在校园里,那阵势,那场景,特别是孩子们浑身透出的那一股英气、硬气、青春之气、豪迈之气,让我心醉。碰到他们,我总要停下脚步对他们行注目礼。升旗那一套,要特别训练,旗兵们也特别上心。每周一次的升旗仪式,庆典活动、大型活动的升旗仪式,不光是一次赏心悦目的表演,更是一次爱国洗礼。当乐声响起,旗兵就位,国旗就要升起之际,主持会议的我会朗声宣布"全体面向国旗肃立!奏国歌,升国旗,行注目礼"!那一刻,所有在场者都会为是祖国的孩子而骄傲!

教职工有合唱队、盘鼓队、模特队、京剧票友会、交谊舞协会等。盘鼓是开封地区极有地方特色的鼓乐表演,表演者一个个威风凛凛,敲起来震天动地,在全国各地方的鼓乐品种中独树一帜。这么民间的玩意儿也被引进河大园里了,一帮退了休的老教师玩起来也是威风凛凛震天动地。模特队也是退休老师们最先组织起来的,自己买服装甚至做服装,自编自导,积极找机会展演。我看过几次他们的表演,服装一穿,猫步一迈,那份自信自美自豪,让人向往——将来退休了,我也与他们为伍。有一次在大礼堂,晚会上有他们一个节目,坐在我旁边的关校长问我:台上哪一个是附属医院退休的你家嫂子?我脱口而出:哪一个腰最粗是哪一个。两边顿时乐成一团。

开封这地方文化气息特别浓厚,京剧票友活动十分活跃,还屡次在全国票友赛中拿奖。河大的几位爱好者自然不甘寂寞,在校工会支持下成立了票友会,定期在小礼堂活动。伴奏的除了京胡、京二胡、月琴三大件,还有三弦、大阮等,锣鼓家伙齐全。市里票友会的同好经常来交流、助阵,常见名角儿、名琴师的风采。他们知道我喜欢京剧,就请我做了名誉会长,有时还邀我登台合唱《沙家浜》的《智斗》,我这水平也就吼两嗓子胡司令。交谊舞时兴以后,爱好者们就积极促成了教工交谊舞协会,大家推举机关的崔老师做会长,晚上找空地儿活动。有一天晚上在老办公楼前活动,我路过,在办公楼过厅碰见一俊秀小伙,老冲着我笑。仔细一瞧,我的个天哪,是周铁项副校长,戴顶假发,真认不出来啦!他被大家推举为交谊舞协会的名誉会长。

教职工生的绘画、书法经常展览、比赛,有专业的也有业余的。

河大的体育活动也是有声有色,群众性的体育锻炼与竞技体育结合得特别好。老河大的体育场地有两块,一块是专供体育专业师生使用的西操场,另一块是供全校师生使用的东操场,都是标准的400米跑道,都可容纳一个足球场。操场旁边开辟有集中分布的篮球场、排球场,西操场旁边甚至还有一个网球场、一个室内篮球场。由于在校生规模不断扩大,体育场地的设施逐渐老化,增加新的体育场地、改善场地条件就成了这十多年我们要着力解决的大问题。

对东、西操场的地面进行了彻底整修,都铺上了非常漂亮、十分规范的塑胶跑道。尤其是东操场，西边修建了主席台、观看台，东边以外、城墙以里恢复了原来小桥流水的微景观，整个面貌大为改观。修建室内体育场馆，既可扩大面积，也可提高质量。对西校门边上的室内篮球场进行了彻底整修，新建了东操场南边小球类馆，新建了体院专用的田径馆，在体院旁边新建了河南大学体育馆。建河大体育馆可是个大事情，其情节待后叙。整修了露天游泳池，但根本不敷日益高涨的游泳爱好者的需求。建一个室内游泳馆是大家多年的心愿，直到2015年，这个愿望才实现。

根据国家教育部的要求，公共体育教研部启动了群众体育锻炼的"阳光行动计划"，把学生的课外体育锻炼计量化，并将运动情况与学生的表现挂起钩来，有力推动了师生日常的体育活动。在此基础上，每年必要举办的春（秋）季运动会就成了检验群众性运动水平的重要载体。运动会期间，全校停课，学生大范围参与。开幕式上，各单位的运动员入场超越了体育比赛，成了展示学院风采的机会；项目的决赛最有看头，人头攒动、欢声雷动；各学院在场边都设有"大本营"，做好服务的同时主要充当啦啦队。整个河大园都充满了青春的律动，运动场上下的龙腾虎跃与团结奋战让身临其境的我心向往之，想起了我在开封高中参加的百十米跨高栏，想起了上大学时在同一片操场为地理系加油、找裁判老师"抗议"……

学生、教工分别举行的篮球、排球、足球、乒乓球比赛，桥牌、中国象棋比赛，教工的钓鱼比赛，离退休教工的门球和游艺比赛，等等，可说是常年不断。这些活动，促进了体育锻炼，培养了集体主义精神，对加强学校的凝聚力也大有裨益。

在校内体育运动的基础上，河大组队参加开封市、河南省、全国的重要体育赛事，自然不在话下。开封市不说了，学校分外重视参加河南省的各类比赛，因为省赛往往又是全国比赛的选拔赛。例如河南省大学生篮球赛的优胜者可参加全国大学生篮球联赛（CUBA），河南省大学生运动会的优胜项目可加入河南省代表团参加全国大学生运动会。这两项全国赛事的故事很多，单说吧。

河大浓厚的校园文化环境造就了河大学子特有的风采与气韵。据毕业生追踪调查，在政界、企业界、文化界就职的"铁塔牌"取得骄人成绩的比比皆是。有用人单位的同志告诉我：河大毕业生不张扬，不显摆，内蕴充实，气质优雅，发展、进步的潜力较大。君不见河大校园，有历史老人的慈爱、文化先生的活力，她的孩子们如沐春风、如吮甘霖，在科教兴国的时代潮流中弄潮，在黄金人生的成长平台上砥砺，辛苦、快乐、幸福的多味营养给他们留下终生记忆……

河南大学连年荣膺省级、国家级精神文明单位，不是浪得虚名。

8.3　CUBA

河大代表河南省出征全国大学生体育竞赛的主要项目是田径和篮球。田径的载体是四年一度的全国大学生运动会。这是由国家教育部、体育总局、共青团中央联合主办，分届次由不同省（自治区、直辖市）级人民政府承办的大型综合性赛事，按照普通高校组成的甲组和高水平运动队试点校、体育院校组成的乙组分别进行比赛。我于2000年9月随河南代表团参加了在成都举办的第六届大学生运动会，并代表河南大学捧回了首次颁发的校长杯。"校长杯"是国家教育部与体育总局奖给群众性体育活动与竞技体育双佳的大学的，无非是激励校长们支持体育运动。成都大运会是首次颁发，奖励了十所大学。以后的大运会是否继续颁奖，不清楚，上网粗粗搜索，竟不得一个字消息，很奇怪。

为了承办全国性和重要专项性体育赛事，也为了彰显河大的体育教育实力，在河南省发展与改革委员会、省财政厅和省教育厅支持下，河大新建了全省高校第一家体育馆。这可是个大事情，列入了当年省基建重点项目，省直有关职能部门全过程指导、监督。体育馆建成后，成了河大老校区陪伴国家重点文物保护的近代建筑群的又一处靓丽的现代建筑，也是老校区的标志性建筑之一。体育馆总面积达8000平方米，有篮球馆、体操馆、艺术体操馆、武术馆、排球馆、乒乓球馆、健身房等。该馆建成后承接了无数重要体育比赛、文艺展演和庆典活动，见证了河大校园文化的蓬勃葳蕤。其中，值得大书特书的是，这里是全国大学生篮球联赛（CUBA）的比赛场所之一。

开封是曾经的篮球之乡，各种类型的球队全面开花，多次在全国、全省取得骄人成绩，也为国家、河南省输送了一批篮球运动员、教练员、裁判员和主管篮球的体育界官员。浓厚的篮球氛围当然会深刻影响河大的篮球运动，"文革"前的河大学生队、教工队的竞技水平在开封市当居前列。我们入学以来的这些年，亲眼目睹了河大篮球运动的兴盛。在学校各种体育比赛中，篮球是报名队伍最多、参加人员最多的赛事，不光学生，教工也是趋之若鹜。

1990年代后期，一个机遇启动了河大篮球人才培养的新篇章：河南省篮球高水平运动员的招生和培养理所当然地放在了河大。高水平运动员一般是指年龄不超过22周岁，获得国家二级运动员（含）以上证书且高中阶段在省级（含）以上比赛中获得集体项目前六名的主力队员或个人项目前三名者，获得国家一级运动员（含）以上证书者或近三年内在全国或国际集体项目比赛中获得前八名的主力队员，具有高级中等教育毕业同等学力。这些运动员需要通过省级教育主管部门统一测试,测试包括体育专项技术测试和专项素质测试两部分。被高校认定为高水平运动员的考生在录取时将享受优惠,文化课由所报考院校单独组织考试。

河大的篮球高水平运动员的招生、培养与管理交给了公共体育教研部,学员的录取归口于有关非体育类专业,毕业时拿该专业的毕业证。这一帮学员特别可爱,男生女生,高高大大的,平时多着运动服,浑身的青春洋溢,满脸的阳光灿烂,形成河大园里十分特殊的景观。篮球打得特别好的,自然在竞赛场上驰骋潇洒,于是就有了一批球迷、粉丝。他们充分展示运动才能的特殊平台,就是CUBA。

同样是在1990年代后期,一个机遇成就了河大篮球文化的新篇章:中国大学体育协会下属的"中国大学生篮球协会"(Chinese University Basketball Association,缩写CUBA,简称"大篮协")主办的"中国大学生篮球联赛"(也称CUBA)横空出世,并最早闯入河大校园。联赛于1996年由大篮协与杭州恒华(国际)集团有限公司联合推出,1997年建立章程,1998年开始正式运行,设男子组和女子组。其宗旨是,在社会化、产业化的运作模式下实现"发展高校篮球,培养篮球人才"的目标,赛制参照美国的大学篮球联赛(NCAA)模式。CUBA是中国历史上第一次面向社会、面向高校的大学生专项运动联赛,甫一问世,就受到高校热烈欢迎和社会各界广泛关注,中央电视台CCTV5等每年都会现场直播部分重要场次的比赛。至今,CUBA每年的基层预赛参赛队伍已经超过1200支,分区赛参赛队伍为112支,成为国内参赛规模最大、影响仅次于中国男子篮球职业联赛(CBA)的盛大篮球赛事。

我所经历的CUBA初创阶段大事记如下:

1996年4月10日,恒华(国际)集团总裁张宁飞(浙江大学篮球队原队长)与中国大学生篮球协会秘书长龚培山首次会晤,就CUBA的创意、规划、远景发展等达成共识,恒华(国际)集团决定投资CUBA联赛。

1996年8月1日,大篮协全委扩大会议通过与恒华(国际)集团合作的决议,同年11月28日,双方在北京人民大会堂举行正式合作签约仪式。

1997年上半年,国家教委批准CUBA中国大学生篮球联赛组织办法及在全国推行CUBA中国大学生篮球联赛,中国篮球协会批准中国大学生篮球协会为中国篮球协会会员,同时国家体育总局将CUBA联赛纳入1998年度全国竞赛计划。

1997年3月14日,作为CUBA联赛的经济实体,恒华体育(广告)发展有限公司正式成立,初步建立了各种制度,制定了联赛的章程,设计出完整的联赛VI系统,包括队标、会标、会旗、会徽、会歌、吉祥物等。

1997年5月20日,大篮协与恒华(国际)集团在京召开新闻发布会,宣布由双方联合主办的 CUBA 联赛将于 1998 年 2 月在全国全面推广

1997 年 11 月 30 日,以钱伟长为名誉主席的 CUBA 中国大学生篮球联赛组织委员会成立大会在北京人民大会堂香港厅举行。

1998年2月,首届 CUBA 联赛在全国如期展开,共有来自 26 个省(自治区、直辖市)的 617 支男女球队参加了基层预赛,参赛人数达到 9130 人,比赛场次达到 2440 场。其间,首届 CUBA 联赛开幕式在中央电视台举行,著名歌手刘欢为联赛作词、作曲并演唱了会歌《CUBA 之歌》。

1998年7月25日,首届 CUBA 联赛北方赛区的决赛在天津财经学院揭幕,8 月 8 日,首届 CUBA 联赛南方赛区决赛在武汉冶金科技大学揭幕。两地决赛成功决出全国男子前八名和女子前四名。

1999 年 5 月,推出了首届 CUBA 男八强、女四强赛。女四强赛首先在河南大学开战,天津财经学院获得冠军,河南大学获得亚军。男八强赛在长沙、成都两个赛区分别进行,成都电子科技大学获得冠军,湖南财经学院获得亚军,河南大学获得第五名。

1999 年 9 月,第二届 CUBA 联赛预赛暨第六届大运会基层选拔赛同期在全国各地全面展开。从第二届 CUBA 联赛开始,联赛进行重大改革:取消 A、B 级分组,在全国 34 个省(自治区、直辖市)预赛的基础上,进行东南、西南、西北、东北四个分区比赛,由各赛区的男子前两名、女子第一名进行男八强、女四强赛,最后前两名进行总决赛。原 A 级队另设试点校联赛。

············

中国大学生篮球联赛的主题口号也逐渐定型:领悟篮球、领悟体育、领悟文化;上大学是我的梦想,打篮球是我的梦想,CUBA 是我圆梦的地方;ALL FROM NOW 即刻上场!

CUBA 刚一开张,拥有篮球运动优良传统和高水平运动队的河大就闻声而起,积极参与。公共体育教研部自然担起了重任,我这校体育运动委员会主任总负责,副主任、公体部主任姚树基教授具体负责,各项工作紧张而有序地展开。在 CUBA 辉煌历程的头十年(1997~2006),河南大学创造了两项殊荣。一是锻造了男篮、女篮两支 CUBA 劲旅,运动水平进入全国前列,为河南省三大球进入全国先进行列开了先例。二是在河大园成功举办了四次重大赛事,这不仅宣传了河大、开封、河南,远播了百年老校的威名,也为中国大学生篮球运动的发展作出了重要贡献。

为了迎接首届联赛,以公共体育教研部为大本营,组成了男女队教练班子,选拔运动员,训练、备战,斗志满满。毫无悬念地战胜河南省预赛区的其他学校篮球队后,男女队代表河南省双双挺进北方赛区天津,并以女子前

四、男子前八的骄人成绩进入在河南大学和湖南财经学院分别举行的全国首届CUBA女子四强赛、男子八强赛。在自家父老乡亲面前，在兄弟姐妹疯魔般助威中，河南大学女子篮球队荣获首届大学生联赛全国亚军，男队在湖南的表现也可圈可点。自此，首战扬名立万的河南大学男女篮球队在奋斗中茁壮成长，在学校的大力支持下，在全校教职工生的呐喊助威中，一路走来，在河南省所向披靡，在全国威名远扬。历届的出色表现表明，河南大学男女篮球队是CUBA赛场上一支水平超群、作风顽强、特别能战斗的劲旅！咱的教练员、球员获得CUBA的荣誉称号，实至名归。

河南省的篮球水平在全国排不上号，但河南大学女子篮球队是CUBA全国亚军；河南大学是没进入国家211工程100所大学的省属普通高校，但河大学生为学校赢得了全国只有十座的"校长杯"！顺理成章，这些教练和运动员成了学校的宝贝，成了师生心目中的明星。明星效应还很强烈，他们的名字，他们打球的特点、绝活等等，许多球迷和粉丝都能细数一二。在篮球场上送给他们的震耳欲聋的喝彩不说，在校园的角角落落，只要他们一出现，就能掀起点儿小波澜。

大家都看到了球员们在赛场上的威风八面和赛场下的光彩十方。赛场、观众背后的情况大家知道吗？我知道。我知道他们在训练中洒下了多少汗水，知道他们怎样地伤病缠身，知道他们怎样带伤带病上场拼搏，知道他们牺牲了多少个周末和寒暑假，知道他们如其他学友一样想家却不得回，也知道他们承受着多大的责任和可能失败的重压……当我们在赛场上或在电视机前欣赏着他们一个个漂亮的进球时，或者为他们一泻千里的进攻拍手尖叫时，学友，别忘了他们付出的超出常人的辛苦！所以，我会利用训练或比赛的一切可能的机会，和校长办公室、公体部的同事们去慰问我们的小英雄，放下慰问品还要讲一番话，讲一番老师对学生说的话、父亲对儿女说的话、球迷对心目中的偶像说的话。

我也会走进他们的内心。一支劲旅，一支常胜的队伍，队员们面对的不只有胜利的喜悦、掌声和鲜花，还会有超重荣誉、责任的重压，可能失败的重压，众矢之的的挑战，客场环境的挑战等，还会有来自仲裁者莫名其妙的不公。我们队员的心理状况就出了问题，惶恐，委屈，愤懑……尤其是面对客场对方球员与当值裁判员的有意无意，陌生环境的无所适从与观众呼天抢地的呐喊，我们的队员赛前就进入了一种紧张心理，场上紧张得动作走形、反应过度。紧张，是失败的前奏，是心理素养的毒药。

所以，对运动员，不仅要从生活上关心他们，还要从精神上关心他们。我对教练员说，克服紧张心理，不能靠说"不要紧张"，说一百遍也不管用，得想点办法。女队想出来了，在客场失利或遭遇特殊情况时，场下队员会有组织地齐声高喊"防守、防守"。这招真灵,姑娘们清脆的喊声尽管远远比不上观众吼声的分贝,但却潇洒地飘忽在观众吼声之上,娇柔之中的那份自信和坚强就像清醒剂、振奋剂,在观众愕然的片刻迅速传递给了场上的战友!

  男队小伙子脾气暴躁,容易在特殊情况下发作而失去理智。有一次我随队去外地的一个有名的魔鬼客场,赛前教练员忧心忡忡,生怕场上出状况。临上场时,我对队员说:场上不管遇到什么情况,要强迫自己"灿烂一笑"。笑不出来不要紧,我就在主席台上坐着,对着我笑!这招也灵,每遇见对方球员动作大些或裁判员误判,当事者就灿烂一笑,从一开始的勉强、僵硬,到后来的自然、灿烂,急躁硬是给按下去了。这种特殊的自信与大气不仅会助我赢球,甚至还会赢得对方观众的心。就在那次比赛,我们逆转制胜。赛后,对方学校的一位老师专门找到我说:"你们河大的运动员太可爱了,受了委屈,连我们都看不下去,他们却泰然处之一笑了之。后来我的掌声都给你们了!"

  由于河大有了新建的体育馆和一支优秀的队伍,争取承办 CUBA 重大赛事,让我们的球队在家门口为父老乡亲表演,成了河大人的心愿。我经历期间,河大成功承办了四次比赛。第一次是 1999 年 5 月的"首届 CUBA 女子四强赛",河大女队获全国总亚军。第二次是 2002 年 9 月为庆祝河南大学九十周年校庆举办的"CUBA 2002 年冠军邀请赛",参赛的当年男队冠军山东科技大学队、女队冠军天津财经学院队分别与我校男、女队进行对抗赛,我校男、女队双双获胜。第三次是 2006 年 3 月举办的"第八届 CUBA 西北赛区决赛",共有 12 支队伍参赛,我校男队获得赛区第二名,再次进入全国男八强,并最终获得全国第三名。第四次是 2006 年 12 月举办的"第二届 CUBA-CBA 男子青年篮球对抗赛",CUBA 和 CBA 各有 4 支队伍参赛,我校男篮获第五名。每次比赛期间,CUBA 的核心人物,例如前述的龚培山、张宁飞,还有 CUBA 的秘书长陈南生,都亲临河大指导,我们还成了好朋友。由于河南大学篮球队的优异表现和学校积极承办 CUBA 赛事,使得河南大学在全国大学生篮球联赛中享有盛誉,我也因此代表河大当选中国大学生篮球协会副主席。

  四次赛事,四次辉煌,河大四次成为河南省甚至全国体育运动关注的热点!当时的盛况,其间的花絮,至今记忆犹新。

  河大淳厚的校园体育文化、篮球文化,是 CUBA 赛事的最好依托。比赛前期,全校行动,从组建筹备组,到制定、落实工作计划,到体育馆篮球场设备整修,到运动队食宿、训练安排,到校内、校外的宣传,到配合河南省电视台现场直播,到筹备新闻发布会,到啦啦队培训,一直到校园环境的整治,像是在迎接一个盛大的节日,虽忙乱但喜气洋洋。大篮协的工作人员一般

CUBA2012年冠军邀请赛

提前两三天到校，要按CUBA的规矩统一布置赛场。从那时起一直到比赛落幕，大约有十天工夫，校园的舆论中心是CUBA，活动中心是体育馆，关注中心是我们的球队。围绕着这三个中心，全校形成一个覆盖整个校园并无限溢出校外的篮球文化氛围，也可以说是气场，学校的其他似乎都不重要了。

我不知别人是怎么感觉的，我的感觉就是如此，而且至今还很新鲜。可能我处于活动的中心，感觉比较强烈？我也曾困惑过，一所以传承文明、培养高层次人才为己任的老校，一座纯净的、沉静的象牙塔，被体育竞赛的喧嚣所占据，哪怕只区区十天，合适吗？教职工、学生还有河大园似乎没有想那么多，义无反顾地、同心协力地投入到这场"众人拾柴"的火热中去。哦，纯净的、沉静的象牙塔更是一座熔炉，熔炉里有茁壮成长的新新河大人和资深河大人，当加进CUBA篮球文化的燃料、助燃剂，这座熔炉必然散发出欢快的、亮丽的、热烈的火焰！

开幕式上河大园、河大人的风采折服了电视机前的亿万观众。几次赛事的开幕式都是在晚上，连同当晚的比赛，都是河南电视台现场直播并连线CCTV-5。在预定的时间里，一应人等分批进入体育馆，立刻融入欢乐的漩涡；关注篮球、关注河大的观众也都坐在了电视机前。后来好多在电视上看了开幕式的朋友告诉我：正式开始之前，电视上先播辽阔深远的中原大地、宋风浓郁的古城开封，随着镜头进入河大南门，国家重点文物保护单位的特有魅力以光芒璀璨的大礼堂为中心徐徐展开，最后聚焦在精心装点的体育馆……朋友们说，夜幕下的河大园投放在电视屏幕上，怎么那么美丽……

开幕式上的文艺表演更是掀起了一个个高潮，艺术和体育的完美结合令人心醉。我想起了以艺术学院为主的文艺表演队伍如何煞费苦心地制作这一场体育馆秀,想起了几百位演职员一两个月的辛苦排练,想起了我带人审查节目时的兴奋和删减节目时的不舍……

比赛现场既有大赛的紧张,更有数千名大孩子聚伙游戏的欢乐。比赛总是要分出胜负,总是要剑拔弩张,紧张的氛围有时令人窒息。河大篮球队自然有主场优势,这个优势就在于场上观众对自己球队毫无保留的支持。好球的欢呼一下子把人推上峰顶,坏球的惋惜又把人拉下谷底。这一上一下的,观战的一些老师就直喊心脏受不了。观众席上各单位的啦啦队方阵别出心裁、尽情发泄,篮球场上学校啦啦队的表演炫丽如风、魅力四射。CUBA吉祥物是一个名叫"聪聪"的卡通版篮球,再加上一个大熊猫一个米老鼠,三个既笨拙又可爱的家伙满场飞,与观众的互动让人忍俊不禁。

第一次女四强赛时,中场休息,我们的姚树基老师激情之下竟然擎着特制的"河南大学"大旗绕场迅跑,对方球队也不示弱,两面大旗满场劲舞翻飞,满场观众呐喊助威,这就形成了CUBA赛场的一道特殊景观——对阵双方的校旗秀。后来我看电视录播,大个子老姚擎着一杆大旗满场飞,那真叫威风凛凛!我基本上是每场比赛都要到场,固定座位是主席台的一端,各个参与的职能部门负责人坐在我周围。我一只眼睛看比赛,一只眼睛注意场上动静,一有不对劲,立马现场排除。那种特殊战斗的特殊滋味终生难忘。

啦啦队的别样风采折射CUBA的魅力、河大的魅力。CUBA学美国NBA的样,篮球场上也要搞啦啦队。河大赛场的啦啦队由两个层次组成——学院的和学校的。前者要求各自统一服装、统一口号,主要为本队加油,也为客队加油,由各学院负责组织,在球场固定位置就坐。在河大,各学院的积极性一调动起来,就不得了。学院的啦啦队可不是简单鼓鼓掌、喊喊加油,他们服装、道具各显风采,锣鼓家伙都用上了,队员还化了妆,有的队简直是在做场边表演。为本队的加油也是不遗余力,声浪震天,热浪烫人。我们这个层面的啦啦队成了兄弟学校学习的榜样,但总是赶不上河大那种气势、规模和别出心裁。

学校的啦啦队由校体委统一组织,以舞蹈、体操的表演充填赛前热场和场间休息,为双方加油。这支啦啦队可不像NBA那么简单,弄几个美女手拿花环在场上扭扭腰、踢踢腿。我们的啦啦队,由在全国获过奖的艺术体操老师挂帅,在体院挑选个头匀称、相貌端庄的大一、大二学生(以体操、艺术体操专业学生为主),提前两个月就开始编排、训练。临赛,啦啦队一上场,靓丽的服装、青春的精气神就获得满场喝彩,绝对有范儿、够水准的表演激起一阵阵掌声,一场球赛的几次表演都不带重样的!据我观摩,河大的啦啦队有两个外校没有的特点。一是大量使用男生，阳刚与柔美相结合，场面丰满、和谐；二是动作难度大、技术含量高，尤其是成组队员的空中抛接常常引起观众的惊叹。CUBA投资商恒华（国际）集团的张宁飞总裁对我说，他心目中CUBA的啦啦队就应该是河大这样式的。

河南大学篮球队在河南预选赛中浴火重生。前文说到，我们的篮球队杀出河南是毫无悬念——那是头几届的事。后来，随着CUBA的影响日盛，河南各高校日益重视，纷纷组织自己的球队，而且水平越来越接近，"毫无悬念"四字不能轻易再说了。后来形成的局面是，各高校积极参与，最后由一支球队与河大争夺河南当年霸主，胜者代表河南省出征全国CUBA。这个"最后一支球队"就是郑州大学西亚斯国际学院男篮。该学院坐落在新郑市，属境外社会力量办学，出资人是美籍华人陈肖纯，担任校董事会理事长。他最初与郑州工业大学合作，校名叫"郑州工业大学西亚斯国际学院"；后因合作失败，转而欲改名"河南大学西亚斯国际学院"；与河大协商未果，最后与郑州大学联姻成功。陈肖纯在美国多年，对篮球文化情有独钟，在中国创办西亚斯，也是想利用高校平台实现自己的教育报国梦和篮球梦。投资球队不惜血本，甚至聘请了国内CBA的著名教练，不几年就带出了一支作风顽强的大学生男子篮球队。陈肖纯搞篮球的视野绝不仅限于河南，河大就成了他在河南省必须跨越的一道难以跨越的屏障。

中国式"友谊第一、比赛第二"的竞技体育理念至今仍有影响，但西亚斯与河大谁都不会理会这一套。西亚斯超越河大进入CUBA分区联赛是志在必得，暗中较劲明着争斗，球队水平越来越高，比赛成绩越来越好，在场上与河大男篮的对垒越来越激烈甚至有火药味，经常出现险象环生的局面。河大自然不会示弱，也针对对方的特点，针尖儿对麦芒，力争上风头。二者在赛场上相遇，比赛煞是好看，场下与场外的较量也是各出奇招。可以说，河南预选赛中西亚斯对阵河大，其激烈程度甚至超过了西北地区联赛和全国八强赛，后者争名次，前者决的是生死啊！西亚斯与河大对垒，如果主场在开封在河大，西亚斯基本没戏；如果主场在郑州在西亚斯，就不能让人放心。

我曾经两次率队征战西亚斯的主场。一次是在郑州市体育馆，承办方只给了河大三十几张入场券，而且座位分散，其意当然在于消弭河大球队的场下借力。我提前给队员开战前动员会，加油打气的同时重点强调"灿烂一笑"。当晚开战前，我提前一个钟头到体育馆门前，不理会东道主的引导，专候我们精选出来的体院三十几个啦啦队员。人到齐后，我们顶住观众涌入体育馆的人流，召开啦啦队战前动员会。我在人声嘈杂中拉大嗓门交代他们两件事，一是不要坐在入场券位子，要集中在赛场某一部位，站着看比赛也在所不惜;二是不要和全场几千名对方的球迷比嗓门,要在他们呐喊的间隙喊出我们的声音。比赛场上,我作为参赛队伍校方领导坐在主席台第一排,正中是当时河南省体委主管篮球的副主任王伟(我的开封高中校友)。为主队加油的声浪山呼海啸,让我们这"一小撮"胆战心惊。但是,场上队员的灿烂一笑,场边啦啦队的独辟先声,我在主席台上只有自己人才心领神会的肢体动作,使场上战况由对方的气势汹汹,到难分难解,到最后我们大赢对方三十几分,酣畅淋漓,扬眉吐气。赛到后来,部分郑州观众开始"反水"给河大加油,赛完起身,王伟主任主动和我这老校友握手相庆……当晚,我只恨自己不会饮酒。

另一次是在西亚斯学院的篮球馆。场面的激烈程度照旧,东道主又有了新招,他们竟然占据了比赛现场的主播音系统!那原来是供组委会宣布事项、叫停换人的场上唯一播音渠道,即便是东道主也不可用来为本队加油助威,否则就有失公允。面对如此不堪,我当然无法处之泰然,便让随行的学生处长周保平去向组委会"抗议"。她不辱使命,气昂昂找到有关负责人,一身凛冽,义正词严。回来后给我说,组委会答复说这不违规。这是什么话?! 好在场上局面已有好转,我也就强捺着没发作。赛后,一直坐在主席台督阵的陈肖纯理事长大将风度,特地到我面前握手祝贺我们的胜利。西亚斯的一些老师也跑过来和我们亲热,一问,他们都是河大的校友。

西亚斯的陈肖纯先生和他那支年轻的球队,为了大学篮球事业,为了荣誉,筚路蓝缕,锲而不舍,其顽强、执着的精神令人感动,他们为河南省、中国大学生篮球事业作出的贡献有目共睹,这里特向他们致以崇高的敬礼!

CUBA 是河南大学体育精神的载体,是校园文明的载体,也是办学宗旨的载体。遗憾的是,最近一些年,河大学生篮球在 CUBA 已威风不再,就连我们的中坚铁杆姚老师,退休后也到别的学校去推动篮球运动了……

唉,甜也罢,苦也罢,俱往矣,不说啦。2006 年 3 月西北赛区联赛结束后,我给学校有关媒体写了一篇短文,实录如下,以做本节终结:

祝福你,CUBA
王发曾

春回大地,万物复苏。由中国大学生篮球协会、CUBA 组委会主办,河南大学承办的"第八届 CUBA 中国大学生篮球联赛"西北赛区的比赛已圆满结束。

作为面向高校的专项运动赛事,CUBA 联赛以"发展高校篮球,培养篮球人才"为宗旨,在培养高素质的综合型体育人才、推进高校体育交流和校园文化建设方面起到了重要作用。CUBA 不平凡的十年历程昭示了博大精深的体育精神,CUBA 与高校的密切结合赋予她旺盛的生命力,CUBA

在高校师生心田中播撒的种子是推动当代大学生素质教育的一股强劲原动力！

我校历来高度重视学生体育工作,建设了一批功能齐全的体育场馆和设施,开展了一系列丰富多彩、富有成效的体育活动,曾承办过CUBA女子四强赛和冠军邀请赛等多项重大赛事。悠长、厚重、包容的百年河大,有一段辉煌的历史,有一份丰厚的家业,有一支自强不息的队伍,有一笔宝贵的精神财富。CUBA在河大舞台的上演既是现实的选择,又是历史的必然！这次,CUBA重返河大校园,作为本届西北赛区的东道主,我们在大篮协的主持下,全力作好各项组织、服务工作,并与全体裁判员、参赛兄弟院校代表队一道,把本次赛事办成了一次高水平的体育盛会。

在这个盛大的节日里,组委会所有成员忘我的劳动和卓有成效的工作令人感佩不已,我校篮球运动员的拼搏精神和男篮终于杀回全国八强的喜讯令人潸然泪下,参加文艺节目和啦啦操的演职员老师和同学们为学校挣得的巨大荣誉令人骄傲自豪,由各学院同学们组成的啦啦队方阵在赛场上发挥的独特作用令人激情满怀,我校各路媒体的小记者们活跃的身影与优良的新闻素养令人欣喜振奋。

祝福你,我的CUBA,我们的CUBA。

祝福你,我的河大,我们的河大。

8.4 科索沃

1999年,世界风平浪静,全人类都在准备改写新纪元——19改20,20改21;河大一派祥和,《跨世纪教学改革工程》正在走向一个重要节点,河大人从脸上到心里都洋溢着对新世纪的憧憬。

3月24日至6月10日,一场国际战争打破了新世纪前的安宁;河大人为了祖国的尊严再次走上街头,莘莘学子的赤子之心托举起森林般的年轻手臂,喷发出山呼海啸般的呐喊。这场战争史称"科索沃战争(Kosovo War)",是一场由科索沃的民族矛盾直接引发,在以美国为首的北约的推动下发生在20世纪末的一场重要的高技术局部战争。河大人走上街头是为了抗议5月7日一架美国B-2轰炸机悍然轰炸中国驻南斯拉夫联盟大使馆。

这场战争的根根由由、是是非非,不是本书关注的焦点,那是国际政治学家、军事学家、历史学家的事。但是为了再现二十年前这一事件中的河大、河大人,有必要说清这场战争的基本事实。战争发生在南斯拉夫科索沃地区,交战双方是南斯拉夫联盟与北大西洋公约组织(北约)及其支持下的

"科索沃解放军"；作战方式为大规模空袭，以美国为首的北约凭借占绝对优势的空中力量和高技术武器，对南斯拉夫联盟的军事目标和基础设施进行了连续78天的轰炸；南斯拉夫联盟战败，军队撤出科索沃；战争造成1800多人死亡，6000多人受伤，12条铁路、50架桥梁被炸，20所医院被毁，40%的油库和30%的广播电视台受到破坏，经济损失总共达2000亿美元；战争结束后，俄罗斯彻底被挤出了东欧原有势力圈。

1999年6月10日，联合国安理会以14票赞成、1票弃权的表决结果通过了由西方七国和俄罗斯提交的科索沃问题决议。中国代表投了唯一的弃权票，可见在这场西方与俄罗斯的政治军事角力中，中国基本上持中立态度。

在战争的整个过程中，千万里之外的中国在高度关注。早年上演的南斯拉夫二战期间抗击法西斯的影片，例如《瓦尔特保卫萨拉热窝》《桥》等，给中国观众留下深刻印象，南斯拉夫的国家形象在中国人民心目中是正面的。随着对南联盟国土狂轰滥炸的逐步升级，人们的不安情绪在逐渐郁积——我在河大园里已经有所觉察，学生开始议论纷纷。

突然之间，就是在这种不安氛围中，5月7日，格林威治时间夜21时46分，从美国密苏里州怀特曼空军基地起飞的一架美B-2轰炸机向中国驻南斯拉夫使馆投下5枚全球定位系统精准制导、全天候、各重2000磅的联合直接攻击炸弹(JDAM)，造成我驻南斯拉夫大使馆3人死亡，20多人受伤，馆舍严重毁坏。

先是震惊，后是爆发。好像愤怒的火山。

炸了我驻外大使馆，等于炸了我中华苑，也等于炸了我河大园，是可忍孰不可忍！美国人解释说是"误炸"，骗谁！5枚精准制导重磅炸弹啊，没有事前的精准定位，怎会直接冲中国大使馆而来？即便是误炸，也是重大国际问题呀，全国人民都感到了切肤之痛。

从高校开始到社会上，愤怒之火逐渐蔓延，河大在极力压抑。有学生也有普通市民，走上街头，抗议声浪逐渐浩大，河大在蓄势待发……两天之后，5月9日，中国国家领导人终于发声。在电视镜头前，国家副主席代表中国政府就北约袭击我驻南使馆发表电视讲话，表明抗议。

副主席的出镜似乎没有平息民众的愤怒，社会上不满的声音越来越大。5月10日晚上10点左右，正是学生结束晚自修回宿舍准备就寝时分。似乎也是突然之间，学生从宿舍蜂拥而出，在大礼堂前广场集中，群情激愤。我第一时间得到报告，赶到大礼堂前，愤怒的人群已经越聚越多，情绪几近失控。我百般劝说无效，只有赶紧派人向书记、校长报告情况。情绪激动的学生突然发出了吼声：上街游行！向政府请愿！……就像一根火柴，点燃了人们郁积太重的怒火。说干就干，人流立即向南大门冲去，总得有一两千人，任何试图阻拦的努力都是徒劳的——那年过后整整十年，河大学生又一次大规模的游行示威活动终于爆发。

学校几位较年轻的校领导以及有关职能部门的同志，出于本能反应，夹杂在学生队伍中向西疾行，但谁都不知这股气场极强的人流冲向何方。乱纷纷、气昂昂，喊口号、唱国歌，场景似乎回到了求民主、求解放的时代。看我们的学生，有的脚上穿着拖鞋，有的赤膊上阵，有的干脆光着脚（可能是疾行中跑掉了鞋子），显然是在即将就寝的状态下突然爆发的。当晚，古城惊愕，市民惊愕。

政府也惊愕了。混杂在学生队伍中的工作人员来报，学生队伍准备先到已搬迁到西郊的开封市政府请愿，再到郑州河南省政府请愿——政府能不紧张，能不高度重视？我关心的是，这么远的路，学生怎么去？步行！这帮孩子，是疯了，还是该当刮目相看？

知道了游行队伍的行动意向，就给政府、学校有效阻止学生的行动提供了可能。很快，我们的工作人员边随队疾走边开展了劝止的思想工作，但丝毫不起作用。上级的指令下达了，责令开封市与河大无论如何要把学生队伍阻止在开封，无论如何不能让他们去郑州。

浓浓夜色中，大队人马不知怎样就呼啦啦来到开封市委、市政府大院门前。从河大到这里，总要有十多里地吧，平时不怎么吃苦耐劳的独生子女们，不知怎样就呼啦啦来到这里，有相当多的人是穿着拖鞋甚至光脚板呀。抗议、请愿的声浪冲破夜空，市委、市政府大门紧闭。同学们可能是走累了，有人一声吼，大家席地而坐，改静坐了，但一直喊着口号。

有动静了。一位市政府副秘书长从戒备森严的大门里出来，讲了一些话，听不清。他一个副秘书长，能说什么，能做什么？僵持之中，传来消息：市里准备紧急调用公共汽车，到现场接送学生返校，河大要保证组织大家安全返回。

好了，目标清楚了，劝阻工作就有了明确的指向。先是郭副校长上场，掂个电喇叭对学生喊话；我接着上场，走到坐在地上的学生中间，也是电喇叭发声。说了些什么，记不十分准确了，无非是声嘶力竭、声情并茂，说到要紧处甚至声泪俱下。不是我泪腺特别发达，而是感动于学生的爱国情怀、担当的赤胆忠心，也是心疼学生。

一开始，有些学生站起来和我们大声争辩，但大多数同学反对他们和老师对着干。慢慢地，他们放松了，安静了。因为他们知道，老师是为他们好。事后有学生告诉我，同学们听着我们的话，也想哭。事后我想，如果不是动之以情，而是训斥，用纪律、维稳一套硬碰硬，后果会是怎样？

好了,老师和学生心曲共鸣,年轻人开始听进去了。恰当此时,十几辆公共汽车陆陆续续开到现场。在我们的一再"恳请"下,再加上各院系老师发动学生干部带头,连拉带劝的,学生极不情愿地陆续登车返回。直到现场没有了一个学生,我才上了最后一辆车。途中,我执意站在车厢前头,多想对沉默、疲惫的学生说点儿什么,但真的不知道说什么好。最后一辆车进入河大南大门,已是午夜过后。河大园陷入死一样的沉寂……

但是学生的心没有沉寂。隔一日,学生会的干部正式向学校提出要求,要在学校的统一组织下,在开封市区搞一次大游行。搁以往,没门儿。此时,学校党政班子很快统一思想,向省、市有关部门请示,很快批复同意。这是个明智的决策。在上头看来,让高校搞出一点动静,适当地表达民意心声,能给处理善后的美国施加压力;在我们看来,单纯阻止、压抑大学生的爱国热情,不是个办法,得给他们一个社会担当的机会,要他们发泄出来,对他们的成长有好处。

于是,那一天,河南大学八千子弟浩浩荡荡开出南大门,在开封市区饶了一大圈。河大校旗开路,各学院旗帜鲜明;校学生会干部走在大队前面,院系学生会干部走在自己队伍前面;打的标语、横幅是硬纸板,还有的是撕开或未撕开的床单;同学们阵容整齐,八到十人一横排,差不多一千排学生,浩浩荡荡;口号是统一拟定的,从年轻的胸膛迸发出来,特别有震撼力、感染力;沿途还唱歌,歌唱祖国的、显示力量的,甚至还有抗日歌曲……

那一天,古城和市民震动了,市民完全自发地和河大学生一起坠入亢奋的漩涡。沿途,驻足甚至随队助威的市民不计其数,大小车辆一律给学生队伍腾路;市民跟着学生喊口号、唱歌,整个古城沉浸在爱国、抗议的海洋;有大妈给学生端茶送水还有送水果的,沿途单位、店铺设了茶摊;助威群众和单位打出了国旗,卖音像制品的店铺把音响设备搬到了街上,震耳欲聋的音乐伴着青春的洪流向前,向前!

那一天,古城的父老乡亲真正把河大学生当成了自己的孩子。特别有意思的是人民警察。平时他们给人的印象是执法者的威严和不徇,不论什么情况,普通市民总是和他们有一定距离,有时甚至是侧目而视甚至是敬而远之、惧而避之。那一天,他们特别不一样,游行队伍从出发到终结,一路上警察叔叔保驾护航,用心用情。小警察满脸的羡慕与跃跃欲试,老警察满脸的慈爱与殷殷护犊。可能他们接到了上峰指令?不知道,但他们是真的"用心用情"!

游行过程中有个插曲:几个外国男女,欧美白人面孔,在鼓楼广场对着游行队伍又拍照又录像。群众不愿意了,上前理论,有些小小的摩擦。后在劝说下很快恢复正常。于是就有传言,说他们是外国特派,来采集信息、窥探情报的；也有说是河大的外国留学生，也是参加游行抗议的，是自己人。我想，最大可能是他们好奇，少见多怪，手里又有咱国人那时很少有的照相机、录像机，面孔也显然异己，又是这个事件背景，自然会引起群众侧目。

"我们"在哪里？在岗位上。省教育厅来了一位副厅长"坐镇"，神龙不见首尾，具体在哪里"指挥"，不知道。市里领导与各部门自是高度关注，调动各方力量，为游行取得预期效果、不出意外问题尽心尽责。这从沿途状况可以看得出来。河大各院系、各部门负责人、工作人员有组织地加进游行队伍，确保学生不出格，确保学生安全。我们党政领导班子，孙书记和王校长坐镇电话机旁，随时接听前方情况汇报，以便采取应急措施。其他人分两拨，一拨在游行大队前头引领压阵，一拨在队尾断后督阵，我在队尾。

坐在断后的车上，虽无法全程、全貌地感受游行示威的盛况和氛围，但那极其强大的气场照样笼罩、震撼了我。我本就是喜欢热闹的人，更何况是事关祖国尊严的热闹，是亲亲母校发动、组织的热闹，是八千亲亲学生为主角的热闹！我现在不仅是一名断后督阵者，也是一名积极参与者。因为前天我亲身领略了河大学生的爱国热情与社会担当，因为我参与了河大历史上少有的由当政者设计、组织的大规模的街头行动，因为我与学生心气相通！

坐在断后的车上，我用手机（那时叫"大哥大"）向孙、王二位领导详细报告途中状况，兴奋的情绪也感染了电话机的那一端。互动过程中，我差一点用上"黄河黄河我是泰山"的呼号。我浮想联翩：十年动乱，作为红卫兵参加过无数游行，留下了复杂的难以自我参悟的感觉；我也曾作为河大基层干部受委派参与过学生游行，为学生的担心是我主要的动因；1999年的这次游行，我站在更高的高度为学生操心，但以最低的高度成为游行学生的一员。真是一代人有一代人的成长环境，有各自的担当，有各自的风采。七零前后出生的这一代年轻人用事实证明，他们不是松下来、垮掉了的一代人。借此，我向那一段的河大学子致以崇高敬礼！同学们，你们还记得那天夜里你们怎样用双脚呼啦啦疾行了十几里地吗？你们还记得那天上午你们怎样用呐喊振奋了几十万古城父老乡亲吗？

接近中午，游行队伍的最后一个方阵回归南大门以里。坐在断后车上的我向孙、王二位领导报告：游行队伍已全部安全返回学校，抗议美国轰炸我大使馆的游行胜利结束！我没有参加招待省教育厅官员的餐会，我太累了，回家！

美国为什么轰炸中国大使馆，始终是个谜。写到这里我搜寻互联网，得知：

1999年3月25日北京时间凌晨3点，北约开始对南斯拉夫联盟的空袭,南联盟7个地区的20多个军事目标被击中,科索沃战争爆发;5月8日凌晨6时,位于贝尔格莱德市中心的中国驻南联盟大使馆遭到北约飞机轰炸;5月8日,中国政府发表声明,最强烈抗议北约轰炸中国驻南使馆,外交部副部长王英凡紧急召见美国驻中国大使尚慕杰,奉命向以美国为首的北约提出最强烈抗议,中国常驻联合国代表秦华孙发表谈话,强烈谴责北约袭击中国使馆,并要求安理会主席召开紧急会议讨论这一问题;5月8日下午开始,中国各地、部分海外侨胞纷纷举行游行、集会,强烈谴责北约,首都高校数千名学生到美国驻华大使馆前举行示威游行;5月9日18时,中共中央政治局常委、国家副主席胡锦涛发表电视讲话;5月10日,美国国防部部长科恩和中央情报局局长特尼特发表联合声明,宣称这次轰炸是一个错误;5月10日,外交部长唐家璇代表中国政府再次向美国驻中国大使尚慕杰提出严正交涉,并提出四项严正要求;5月11日,美国总统克林顿、国务卿奥尔布赖特就中国驻南联盟大使馆被炸公开道歉;6月17日,美国总统特使皮克林向中国政府报告了事件调查结果,称因"目标定位方面失误、数据库存在缺陷、审查程序未能及时纠错",再加上轰炸机机组无法看清中国使馆的国旗及其他标志,导致误炸;7月28日至30日,中美两国代表团就中方人员伤亡和财产损失的赔偿问题举行第二轮谈判并取得进展;12月16日,中美两国政府就使馆事件的赔偿问题达成协议;2000年5月7日,外交部发言人孙玉玺就美国轰炸中国驻南联盟大使馆一周年发表谈话时指出,任何侵犯中国主权的行径都是中国政府和中国人民坚决不能答应的

再搜寻互联网,得到如下信息:

美国官方解释,由于军事地图的错误,误将我国大使馆当成了南斯拉夫的军事设施,美国道歉赔款后我国没有过多的追究。民间的传言是,在战争中美国的一架F117隐形战机被南斯拉夫击落,飞机残骸被保存在中国大使馆的地下室,准备送往中国研究。由于当时战机的隐形技术还是美国的绝密,所以美国为了防止泄密就炸了我国使馆。但是最后残骸还是落到了我们手里,这也是中国为什么对这么严重的事没有过多追究的原因。

又搜寻互联网,竟得到如下信息:

1999年5月13日,轰炸中国大使馆后6天,美国国会议员们强烈要求克林顿总统到国会说明真相。双方问答节录如下:

议员:在科索沃战争中我们的一再失误,造成1500多名平民伤亡和中国驻南大使馆被炸。这是否证明,我们的战争机器已不再受控制或有别的原因?

克林顿:我想在这里强调的是,所有的轰炸目标都是既定目标。同时,我想引用中国领导人的一句话:炸完军事目标、道路、桥梁,我们还能炸什么

呢?但轰炸必须继续进行下去。再重申一遍:这符合美国的战略利益。

议员:毫无疑问,轰炸中国大使馆是一次精心策划的结果,刚才阁下也承认了这一点。可是我似乎看不出有什么符合美国利益的地方。

克林顿:除了莫斯科,东扩——不仅仅指东欧,在更远一点的地方,有一个让我们更担心的国家,他同时也是一个核大国,那就是中国。他本来应该在10年以前(1989年?)就已分成7个国家,可是,至今仍似乎牢不可破。尽管在我们的各种打压下,他的发展仍然令人吃惊,而且等他自行内部肢解的可能性不大。出于一种考虑,应该让他沿着苏联的老路走,即疯狂地军备,这样足以拖他下水。不远的将来,他将同样因经济崩溃而无力对我们说"不",并且沦为国际乞丐。

议员:据说中国的核武器如果在美国本土有效爆炸,可以把美国毁灭若干次。采取这样一种危险的策略是否慎重?

克林顿:在此之前,我们做了慎重的研究,分析了各种可能性。我们得出的结论是,第一,"误炸"会刺激中国人,但不致引发中国领导人启动核按钮。况且他们还有一个愚蠢的承诺(指中国不首先使用核武器,不对无核国家和地区使用核武器的政策)。第二,中国人现在最想做的事就是需要我们的科技,他们在全球最不想得罪的就是美国。第三,有鉴于此,他们能做的一切也只有抗议而已。第四,即使做最坏的打算,他们动手,这里我又要再次引用朱镕基的话,既然世界上最先进的武器全出自美国,我们还怕什么呢?

科索沃战争已远去20多年,在大使馆遭野蛮轰炸事件中牺牲的烈士安息!河大上演的那一幕已远去20多年,记忆虽旧,前事难忘,百年河大校史上应该有这一笔。

2002年,河大校史又有了浓墨重彩的一笔——九十周年校庆。

8.5 九十周年校庆

2002年,我55岁,河南大学90岁,长我35岁的河大母亲九秩大喜。炎红的夏天与金黄的秋天交相辉映的9月,河大园迎来了九十周年华诞的喜庆日子。十年为一秩,过生日要大庆,河大九秩引起了海内外校友的热烈期盼,也引起社会的广泛关注。

生活在母亲怀抱的河大人,更是以十分的兴奋、百分的期待、千分的热情和万分的努力,来筹办母校的生日庆典。在校党委、行政的强力领导和推动下,筹备工作提前两年就已先后展开。如何组织专门力量重修校史,如何组织有关人员撰写纪念文章,如何开展覆盖国内外的宣传浪潮,如何重拾、提炼河大的历史结晶,如何全面整修河大校园,如何广泛联系海内外校友,如何精心设计、组织校庆期间活动,可以说是全校参与、齐心协力、全面开花、保证重点,要把校庆工作做到"止于至善"。

建于1936年的明伦校区南大门,一直是河南大学八十届校友公认的总进出口。入学时,要在大门口辗转留影,毕业离校前更要在大门口照相留念,然后才挥手依依。校庆期间,南大门肯定是历届校友驻足最多的地方,整修大门成了迎校庆的重点工作。除了修补破旧、描蓝涂红,重头戏是在主出入口东西两侧新开辟了两个侧门。这样,大门里外空间大大扩展,形成了两个小型广场,大门功能也更有序,东进西出,主门可在特殊时日洞开。主门外门楣依然是宋代书法家米芾的集字"河南大学",内门楣重刻"止于至善"四字,两旁分别是"明德""新民"各二字。"明德新民,止于至善"的河大校训再次被镌刻在学校的出入口。

校庆期间重拾和提炼河南大学的历史结晶,是为了彰显河大的过往辉煌、鞭策河大人的未来复兴。

校训和校风是河大人心中的历史结晶。建校以来,河大师生在潜心研究学问的同时,始终心系国运、情关民众、追求卓越,从未停止过求索光明和真理的脚步。1935年6月,刘季洪校长从《礼记·大学》中选取"大学之道,在明明德,在亲民,在止于至善"一句,形成校训"明德新民,止于至善"。1936年10月,南大门落成,校训首次被镌刻于内侧门楣之上,并永远被镌刻在河大人心头。

我理解,所谓"明德",就是明了、培养、弘扬崇高的道德;所谓"新民",就是用自己所学启发民智、开拓民生,担当社会责任;所谓"止于至善",就是全面发展、健康发展,力争达到尽善尽美的最高境界。宋代思想家、理学家朱熹在《大学章句》中阐释说:"止者,必至于是而不迁之意;至善,则事理当然之极也。言明明德、新民,皆当至于至善之地而不迁。"时隔六十余年,河大校训被后学者响亮重提,正如王立群教授所说:"'明德新民,止于至善'的大学精神随着时间的淘洗而历久弥新,成为几代人一贯的、不变的坚守。"

校庆前,经过广泛商讨,确定了河大校风为"团结、勤奋、严谨、朴实"。按照时下风气,凡学校都要明确提出自己"四词八字"的校风,而且用词都很讲究,要时新、追求个性、过目不忘。河大的校风不是这样子的,四个很普通的词语,凝结了学校的个性和风骨。河大人不搞窝里斗,爱护学校荣誉,是为"团结";河大老师认真教书育人钻研学问,学生刻苦学习努力实践,是为"勤奋";河大人一丝不苟,实事求是,是为"严谨";河大人作风朴素,求真务实,是为"朴实"。这四个词全面、真实地刻画了学校的整体状态与区别于他校的特点:平心静气,远离浮华,实实在在,内蕴内敛,是教师精心做学问、学生潜心读书的所在。今日之河大人以及后来学人,当常思、深思我河大校风,这是同样镌刻在河大人心头的矢志不渝。

校歌是河大人口中的历史结晶。现行的《河南大学校歌》诞生于抗日烽火连天的1940年,由时任文学院院长嵇文甫先生作词,教育系陈梓北先生谱曲,创作地点是河南大学流亡办学之所在,伏牛山深处的嵩县潭头镇的茅屋中。建校之初,留学欧美预备学校时期有一英文版的《母校之歌》(ALMA-MATER),当时只有朗诵词,没有谱曲(2012年百年校庆上,这首歌被谱曲演唱)。其词曰:

My school I love thee — love thy grounds and buildings; Love my books and teachers, truth and justice wielding; In all my future years I will never forget: Thy name and fame I love! Kaifeng, I love thee — love thy walls and temples; History and legend write thy name with honor; Here lived an emperor, here were deeds of daring; Thy name and fame I love! Honan, I love thee — love thy plains and mountains; Ancient heart of China, rich in lore and learning; Source of a race of men who can bless their country; Thy name and fame I love! China, I love thee — love thy ancient greatness; Native land beloved, may thy future brighten; Till thou art strong and rich and thy people happy; Thy name and fame I love!

中文翻译如下:

母校啊　我爱你的幽幽斋楼　深深庭院　书海藏珍　大师不倦　历久弥新永难忘　是你那名校风范

开封啊　我爱你那城墙叠摞　寺观庄严　历史传奇　光照人寰　帝王英武留迹处　是你那名城风范

河南啊　我爱你那茵茵沃野　巍巍青山　古国心脏　经史之源　人文初祖肇始处　是你那名乡风范

中华啊　我爱你的悠久历史　广大幅员　惟愿故土　前程灿灿　国富民强带笑看　是你那名邦风范

从歌词看,这实际上是一首由热爱母校引发的热爱开封、热爱河南、热爱中国的爱校爱城爱乡爱邦之歌。

1992年建校80周年时,由中文系张豫林老师作词、音乐系张彬老师谱曲,创作了新的《河南大学校歌》,可惜没有传唱开来。本次九十周年校庆,重唱校歌,我们慎重地选择了1940年版的《河南大学校歌》。其歌词曰:

嵩岳苍苍,河水泱泱,
中原文化悠且长。

济济多士,风雨一堂,

　　　　继往开来扬辉光。
　　　　四郊多垒,国仇难忘,
　　　　三民是式,四维允张,
　　　　猗欤吾校永无疆,
　　　　猗欤吾校永无疆。
　　此歌诞生于抗战生死时刻、河大涅槃之地,师生口口传唱在伏牛山麓、伊水河畔,遥望在苍苍嵩岳、泱泱河水的阴霾与血腥中挣扎的母校,如何不如箭穿心!正是这首歌,使得河大抗战斗志不靡,办学努力不辍,支撑着河大人高举着大学旗帜,从豫陕山地走回八朝古城。新中国成立后,由于歌词中有国民党的"三民"、蒋介石提过的"四维"①,就搁置不再,我甚至连听都没听说过。

　　本次校庆,用不用具有强烈时代感的1940版校歌,令人颇费踌躇。后来受国歌(原《义勇军进行曲》)的启示,我们坚决重拾该校歌,并将"三民"改"民主"、"四维"改"科学",从而把五四运动以来的"德、赛"二先生又请进了河大校歌。当年9月20日,为庆祝校庆,中央电视台《同一首歌》走进河大,歌唱家杨洪基领唱、老教师合唱团同唱《河南大学校歌》。自此以后,以新生军训学唱、比赛的形式代代传唱,至今不衰;2004年3月,时任教育部长周济来到河大视察,特命学校党政领导齐声高歌《河南大学校歌》,并为校歌自强不息的内涵和雄浑激昂的旋律动容。

　　校史是河大人笔下的历史结晶。关于《河南大学校史》,其修订、重印乃至发放、宣传自是九十周年校庆的重头戏。这项工作提前两年即已启动,有一支专门队伍全力投入。个中的艰辛、曲折难以尽述,几易其稿,大作终成,为河南大学的"永无疆"树立了一块历史里程碑!

　　校园是河大人眼中的历史结晶。河大老校区的近代建筑群是国之瑰宝,全国都少见。新中国成立后,基本上没有大规模维修过,"文革"期间,南大门竟然常年紧闭,只在以西百十米处开了一个十米宽窄的便门,算是全校师生及各种车辆的出入口。一些新中国成立前、成立初期的老建筑日渐破败,那么有文化内涵、历史底蕴的学校竟然没有几处打眼的景观,古老韵味的沧桑让人感到迟暮、落寞的沉重。整修标志性建筑、适当增添历史人文景观以彰显历史结晶,是九十周年校庆看在大家眼里的重点工程。

　　在全面排查校舍安全隐患、更新内部设施、粉饰建筑外观的同时,重点对标志性建筑进行了全面维修。南大门是河大最为重要的标志性建筑,而

---

① "四维"指"礼、义、廉、耻"。

且位扼主出入口,关系着对学校的第一印象,可说是河大的脸面和咽喉。大礼堂是河大的第一标志性建筑,她几乎承载了河大历史的全部,是历年、今日河大的活动中心,可说是河大的心脏。而南大门到大礼堂的那条干道,是河大的交通大道、礼仪大道、景观大道,它串联了学校的历史文脉,可说是河大的主动脉。上述"一线两点"形成了校园历史文化景观的基本构架,自然是整修的主要对象。

南大门的整修与扩展前已述及。1934年底落成的大礼堂,到2002年已经68岁高龄了。金秋,一届届的河大学子从祖国四面八方汇集到大礼堂的怀抱;炎夏,一届届的河大学子又从大礼堂放飞风流云散。四年光阴四年深情,在校生满眼满心都是大礼堂的倩影。大礼堂也是毕业校友心中对母校永久挂念的第一具象,校友回归母校进入南大门,急切切最想先看到的是大礼堂,情深深必得留影以纪的还是大礼堂。整修后的大礼堂一扫近70载的风尘,堂前广场也敞开了宽阔的胸怀!南大门到大礼堂的主干道,多年未整修,路宽已不敷数万人使用,行道树年久没有更新,路旁绿化与设施杂乱不堪。参加校庆活动的校友以及社会各界朋友,进了南大门后必得在主干道上步行去大礼堂,这条路的全面整修势在必行。原先的松柏类行道树,树龄偏老,景观不靓,经慎重调研,全部更换成植物界的"活化石"银杏树,为河大老校区又增添了一线碧翠挺拔的绿色。前些天漫步主干道上,赫然发现银杏果已挂满枝头!

校园里的一砖一石、一草一木似乎都有历史的灵性,恰如河南省的某位领导所言,"河大校园处处有故事"。可惜的是,除了外语学院旁两通"贡院碑",八百亩校园里几乎看不到刻意的展现与雕琢——如果没有人导游,会有相当多的人没有感觉。曾有朋友带孩子漫步河大园,初心是让下一代接受一次励志熏陶。后来朋友告诉我,孩子的感觉是,建筑很漂亮,校境很沧桑,其他也就一般。看来,挖掘历史,适当增添人文景观,是利用校庆可做的一篇大文章。

首先必做的是整饬了贡院碑,并整修了两座碑亭,收到了吸引人们驻足观看甚至细读的效果。然后集中力量做了两件事。第一件事是在原址复建已消失的历史建筑,唤醒沉睡的过往岁月。谁都知道,河南大学是在晚清河南贡院遗址上起飞的,旧学之终结与新学之启迪成就了河大在全国独一无二的文脉特点。我们上学时还依稀看到过形似考棚的建筑,做家属房用,后来就消失得无影无踪了。这次校庆,我们根据照片在贡院碑东边复建了一排二层小楼,交给团委、学生会使用,碑、棚联袂,历史昭然。河大立校之初,有一座大门,面南,是河南贡院遗留的老大门,形制为古建衙门式五开间。中州大学以后,改为牌坊式,中间开为大门,大门左边为接待室,右边为来宾休息室。1936年现今南大门建成后,原大门消失得无影无踪。这次复建,有中州大学大门老照片可供参考,问题是具体位置没人能说得清。有文献说"进了大门以后迎面就是六号楼",据此,我们将其放在六号楼正南约40米处,门楣上书"河南留学欧美预备学校"。

  第二件事是在特别的位置彰显与河大有密切关系的人物。搞校庆,第一个让我们想起的人物就是河大创始人、第一任校长林伯襄先生。文学院的师生和历届校友积极行动,筹钱要做林伯襄铜像,以给母校献礼。设计、制作由我们艺术学院张海军教授完成,但放在哪里又费了一番踌躇。一种意见是放在捐献者文学院门前,但很快被包括文学院同志在内的许多人反对。最后确定放在复建的预校大门西侧,让老校长和亲手创建的预校以及为之奋斗一生的河南大学永远朝夕相伴。林伯襄像,铜质,坐姿,体量约为正常人的1.2倍,他的后人一致认为形似神似。中国革命先驱、中国共产党卓越创始人李大钊先生,与河大有特殊渊源。1925年8月初,李大钊亲赴开封,在河大六号楼三楼大教室向开封各校学生代表作了《英帝国主义侵略中国史》的演讲,播撒革命的火种。六号楼1919年建成,是学校的教学活动中心。由我们艺术学院李政老师设计、制做的李大钊头像,石质,连台座高达2米多,安放在六号楼西侧。革命先辈深邃、深情的目光永远注视着这所他心系的大学。

  河大精神是河大人骨髓里的历史结晶。一个人、一个团队、一个国家、一个民族都要有"精神",一所大学当然也不例外。将近一个世纪的河大,过往事稠如嵩岳山林、黄河之鲤,渗透其间、浸润之中的精神更如其中百味,能品其美,难塑其型。做校庆,要不要提炼河大精神,又费踌躇,如果弄不好,就会"画虎不成反类犬"。最后下决心还是要搞,于是就有了"前瞻开放,面向世界;坚持真理,追求进步;百折不挠,自强不息;兼容并包,海纳百川;不事浮华,严谨朴实"这五句话,并且将其用在了时任校长关爱和在校庆庆祝大会的主报告中。归纳出的"河大精神",是关校长的原创,还是起草报告的秘书的神来,都已经不重要了。重要的是,直到现在,没有人置疑,一直沿袭至今。

  我理解,大学精神既是对学校历史的精神层面的提炼和升华,也是对未来学校发展、学人进步的激励和鞭策。"前瞻开放,面向世界"来自留学欧美预备学校的建校宗旨和河南大学的初心承续,激励和鞭策我们永远坚持开放办学、与时俱进的基本路径。"坚持真理,追求进步"来自河大心系社会、明德新民的光荣传统,激励和鞭策我们永远把祖国与民族的昌盛作为己任。"百折不挠,自强不息"来自河大面临一次次困顿而不屈服、不后退的大无畏气概,激励和鞭策我们永远不怕困难、艰苦奋斗、勇敢前行。"兼容并包,海纳百川"来自河大对学术的包容、对学人的包容，激励和鞭策我们永远以博大的胸怀包罗万象、从善如流。"不事浮华，严谨朴实"来自河大踏实朴素、务实求真的校风、学风和那份特殊的自信，激励和鞭策我们永远远离浮躁、肤浅、张扬和奢华。今日之河大人以及后来学人，当常思、深思河大办学精神，这是我母校独有的"麦田"，也是本书《守望》篇的精髓。

重拾和提炼河南大学的历史结晶，重拾和提炼河大人心中、口中、笔下、眼中、骨髓里的历史结晶，前后延续两年。河大人以深刻、厚重、务实、隽永的筹备工作，既保证了九十周年校庆的成功与精彩，也为河南大学留下一笔财富，为河大校史留下一抹亮丽。九十周年校庆，见证了我们这一代在河大煌煌明史中的无愧存在，见证了我们这一代曾为河大巍巍广厦垒上了一方坚石。

接下来是做人的工作，首先是历届亲亲校友。河大九十年，校友千千万。他们中的各类精英和芸芸学子，是河南大学的教育成果、河南大学的宝贵资源，更是在校河大人永久的牵挂。在河大的价值体系中，校友为大。校庆期间，我们尽管会竭力伺候好特邀的 VIP，但心中的牵挂在校友。他们的接待、吃住、礼品、活动安排等都要落到实处。校庆结束，他们说好，才算是真好，校友不会来半点虚妄。问题是，回校的校友数量太多，而且还有事先没挂号临场突现身的。不予接待？想都别想。漂泊在外多年的游子回家了，就因为事先没打个电话，就不让进门？别说河大这样重亲情、讲礼仪的地方，就是寻常学校也难做得出来。

于是就给校庆工作增添了许多不确定性因素，于是就难免有不如意的情事发生。9月25日当天的庆典大会，我就在大礼堂前拉回来一个因无人引导而执意要撤的校友，嘴里自然是满口牢骚。在庆典大会主席台上，台湾校友会会长那位老先生突然"发飙"，引起一阵骚乱。事后有两种说法：一是说他临时要求发言，未被允许，拍了桌子；一是说他要当面质问参会的领导，河南省为什么让国立河南大学医学院并入郑州大学？老百姓的纳税钱为什么不投给教育？一所国立大学被糟蹋成什么样子了！这话说得堵心，但也让河大人吐了一口浊气！

在校友群体里，有三个团体比较特别。一是海外校友，态度温文尔雅，说话一针见血；二是台湾校友，全是新中国成立前跑台湾的，情绪与思虑就有点异样；三是苏州老校友，是新中国成立之际被国民党裹挟南下留在苏州的，情况就比较复杂。新中国成立前夕，1948年6月7日，河大本部受国民党的指令整体南迁。先沿京广铁路向东，沿途历尽艰辛，人员、物资都有散失。到了苏州，随着解放战争战事的迅速发展，广大师生逐渐觉醒，很多人拒绝去台湾，行将垂败的国民党再也无力裹挟河大前行。除了少部分人继续行程最后到了台湾或流落海外,大部分人在苏州止步。其中部分进步师生在苏州解放前后投身革命洪流,随解放大军征战全国,部分人留在苏州静观事变。1949年,新生的河南省人民政府决定重组河南大学,省政府主席吴芝圃亲自兼任校长;6月,省政府派专人、专列将南迁苏州的河大师生接回开封。其中有少部分人在苏州就地参加革命工作,成为苏州的建设者——这些老校友就是后来苏州河大校友会的骨干人员。

如何评价河大的这次南迁或曰"南逃"?当然,这是当时河大建校三十余年的一次重大事件,是河大反历史潮流的一次逆动。有人由此而得出河南大学反动势力强盛、反动立场顽固的结论;甚至有人认为由此而导致新生政权对河大、河大人的不信任;更甚至有人认为,由此而导致1952年高校院系调整时河大被肢解。历史的真相终将被时间洗尽污垢,但有一点必须得说明:河大师生,特别是学生,是无辜的。跟着跑的大部分人是由本能趋避战火逃往南方的,政治上并没有太多的考量。一旦觉醒,他们就毫不犹豫做出了正确的选择。公正地说,正是他们这一批校友,在那个特殊的战乱年代,以自己的身家性命保护了河大整体没有消亡,以一颗赤子之心捍卫了母校的荣誉和纯洁。

但是,那些留在苏州的老校友们就此挽下心结,他们渴望得到母校的理解、谅解,他们把开封、河大作为永久的心灵港湾和"快乐老家"的意念特别强烈。于是,校庆前的分头走访校友活动,我主动要求去苏州,要把母校的问候和慰藉送给在特殊情况下走失的河大的孩子。我和袁顺友主席率队在苏州活动期间,校友们,特别是那一批老校友,对过往的感叹唏嘘、对母校的赤子之情时时在感动着我们,我们的心底也泛起一阵阵念古思今、怀古忧今的复杂情绪。校庆期间,苏州校友会来了一个庞大的代表团,他们脸上洋溢着游子归故里的满满的幸福与欣慰。

好了,说话间,九十周年校庆拉开了帷幕。

9月20日,中央电视台《同一首歌》大型文艺演出在河大大礼堂前广场炫丽展现。有人牵线,校长赴京公干时与中央电视台《同一首歌》栏目负责人接洽,河大出资,对方以河大校庆为主题奉献一台高质量的文艺演出。新旧世纪交替时期,《同一首歌》火遍大江南北,开放式舞台的包容、流行与传统风格的融合、演员与观众的互动、明星与粉丝的互动,给大型文艺演出活动开辟了一个崭新的大众平台。而且,《同一首歌》以和谐、温馨的风格一步步从中央电视台跨进了社会,走入了民间,聚人气、得民心,艺术效果、社会效果乃至商业效果都出奇地好。《同一首歌》走到哪里,那里必定万人空巷;能上《同一首歌》的演员,才被认为是好演员。但是,那时《同一首歌》似乎还没有来过河南,也很少进高校。

《同一首歌》能来河大为校庆助兴，自然是河大人求之不得的，虽花费不菲，也心甘情愿！于是全校上下为迎接《同一首歌》进校忙了个不亦乐乎。校领导也分了工，我负责与栏目组的节目协调。提前三天，舞美人员用大卡车长途送来了搭建露天大舞台的一应设备与器具，那阵势、那气派令人肃然起敬。9月19日晚，试台的灯光一起打开，作为背景的大礼堂在华灯闪烁下释放出绝世风华，整修一新、宽阔舒展的大礼堂前广场凝聚着一种神圣、神秘、神奇、神气的气场，整个河大园在夜幕下静肃以待……司空见惯的我，也不禁惊异、震撼、着迷，这是我们的母亲吗？

　　9月20日上午，特邀的省市领导、兄弟院校领导和社会各界名流应邀赴会的回执已全部最后落实，演出现场的布置已全部就绪，演员和工作人员都已全部到位，从南大门外到大礼堂的三道安全警戒线也全部进入执勤……一切都在紧张地等待晚上七点半准时"开锣"和央视的现场录制，过几天要在中央电视台向全国实况播出的。

　　但是，天是阴的。午后，下起了蒙蒙细雨，我们的心悬了起来。

　　我们发放的入场券，标明下午4:30开始接纳观众入场，以保证7:30准时开演。4点了，秋雨依然连绵；4:30，雨丝依然强劲。

　　陆续涌进河大园的社会观众，穿着雨衣或打着伞。没人愿意进入会场坐在湿板凳上挨淋，纷纷找地儿避雨。各学院的方块队也推迟入场。

　　5时，5:30时，6时，雨越下越大，大礼堂在秋雨中无奈地俯视着自己那水蒙蒙的堂前广场。不安的人声在周围淤积。

　　6:30，雨更大。万般无奈下，只有放观众包括学生入场，不然就直接影响7:30开演。

　　好家伙，在场外等得太久的观众像开闸的洪流，一下子涌进会场，那声势！一万多人呐，都急着要看《同一首歌》！

　　进了场，大家都愣了。摆放整齐的小塑料凳上贴好的纸条——上面写着座位排号，统统被雨水冲刷得一片狼藉。

　　座位排号就是剧场、会场的秩序。于是秩序大乱，学生方块队只能按原来的大致方位勉强就位，社会观众则纷纷自找落脚之地，只能是哪里有空位就坐哪里或者干脆站着。保安呢？场内工作人员呢？

　　工作人员束手无策，保安人员不见踪影。让人哭笑不得的是，我们投放了足够的安保力量给场外三道警戒线，南大门外一道，中轴干道上一道，入场处一道——可偏偏没有安排维护场内秩序的人员！

　　除了各学院的书记、辅导员勉强拢着自己的队伍，其他人都是自行其是。无秩序、没组织的人群，加上要看《同一首歌》的急迫，再加上长时间等待郁积的不快——那场面，六个字：乱纷纷，闹哄哄。

7:25,节目执行导演已经催了三次场,场面依旧。至少有20%的观众没有坐下,吵吵嚷嚷的声浪丝毫不减。

团委书记掂着话筒跳上舞台,声嘶力竭啊,不管用。一个文弱女子,镇不住。

该我上台了。坐在前排的我脑子飞快地转:主要矛盾是占70%的河大的师生观众,可利用的力量是河大的荣誉,嗓门得往喝断当阳桥的张飞那儿靠……我冲上台去,夺过话筒。

从神圣的河大荣誉切入,要求河大的老师和同学就近安排其他观众就坐,不能让一个人站着!没座位咱们自己坐地上,方阵中没空间咱坐过道上!

一万多观众的70%调动起来了,集体的凝聚力、荣誉的感召力发挥了神奇的作用。台上的我觉得也就一两分钟的时间,全场竟然全部坐下来了!

还不行啊,许多人还撑着雨伞呀,一排排雨伞组成一道道屏障,从第二排开始就无法看清舞台。我拿出了军训团长的架势,在简要说明收伞的必要性后,用坚定的腔调下命令:全体都有,从第一排开始,收伞!我在台上看得清清楚楚,这俩字一出口,像田野里收割的谷穗,五颜六色的雨伞从前往后一排排地倒下、消失……

7:30整,河大附小童声合唱团演唱的《同一首歌》缓缓拉开了演唱会的序幕……奇怪的是,下了大半天的秋雨竟不知不觉中停了,而且一晚上再也没有落一滴雨!天佑我河大啊!

《同一首歌》现场画面

著名主持人程前穿针引线,把文艺节目与河大的辉煌巧妙组合;孙浩、斯琴格日乐、韩磊、谢雨欣、零点乐队、甘萍、满江、伊扬、李丹阳、高明骏、万山红、羽·泉等先后走上舞台,倾情演唱了自己的拿手;著名歌唱家杨洪基和河大老干部合唱团共同演唱的《河南大学校歌》掀起了高潮,人人心头热辣辣的;河大艺术学院部分师生穿插其间登台献艺,留下了艺术生涯中难忘的记忆……而这一切,有我们的大礼堂公公在彩灯闪烁中做背景,演唱会显得那么美轮美奂、无以伦比、不可思议……现场观众的反映、后来央视的录播、社会各界的反响,都奇妙无比。收看了央视录播的海外校友、朋友也纷纷以各种方式祝贺成功。

操我心的人还有疑问。在现场看节目的儿子事后问我:"老爸你想过没有,遇见事该不该你管你都往上冲,别人会不会说你越位或出风头?"老伴很现实,她说:"大家要是不听你的,你咋收场?"当晚演出结束后,我拖着疲惫的双腿回到办公楼,遇见校长。他握住我的手连声说:"谢谢,谢谢!"

也有遗憾。我们邀请的部分嘉宾,用过招待餐以后,习惯性地踩着时间点慢悠悠往大礼堂晃。晃到地儿却发现,会场已经针插不进、水泼不进。万般无奈,只好悻悻地打道回府。事后少不了埋怨,我们只有解释、道歉。

9月25日,河南大学九十周年校庆庆典隆重在大礼堂举行。

上午,一日秋雨后的河大园,情浓浓、意殷殷、气爽爽、暖融融地迎来了八方宾客。从南大门外到大礼堂,花团锦簇映衬的一张张流动的笑脸,这是最让人感动的画面。大礼堂前,人们除了握手拥抱相庆,就是急切切地在人群中寻找曾经熟悉的面孔。欢乐的人群中激荡出一朵朵小小的浪花,围旋出一个个小小的漩涡。

9:30,大礼堂内。河南大学党委书记孙培新宣布庆典开幕。宣读时任人大常委会委员长、前总理李鹏的题词:"辛勤耕耘九十春秋,中原大地人才辈出";宣读副总理、主管教育的李岚清的贺信:"河南大学建校90年来,培养了大批人才,为国家经济建设和教育事业的发展作出了贡献。"全国政协副主席万国权、罗豪才、王文元也发来了贺信。教育部副部长张天保宣读教育部的贺信:"河南大学是一所具有光荣革命传统和优良校风学风的学校。建校90年来,严守'明德新民、止于至善'校训,发扬'团结、勤奋、严谨、朴实'校风,为国家培养了大批优秀人才。"河南省副省长贾连朝宣读了省委、省政府的贺信,省委书记陈奎元、省长李克强等参加了庆典。

河南大学校长关爱和致辞,首次阐发了"河大精神",并铿锵有力地宣示:"河南大学将以90年校庆为契机,在'科教兴国'和'科教兴豫'战略方针的指引下,不断造就具有创新能力的高素质人才,为实现中华民族的伟大复兴作出应有的贡献。"

不详述各嘉宾代表的发言了。古朴的大礼堂充盈着最真诚的赞美、最美好的祝福和发自内心的感动!我的感觉,多灾多难的母校从来没有今天这样辉煌,含辛茹苦的母亲从来没有今天这样美丽。

校庆期间,一系列学术活动和文艺活动先后在河大园亮相。除了《同一首歌》,文艺活动最精彩的有三台节目。一是 25 日庆典当晚的联欢晚会,全校各院系精心准备的节目闪亮登场。其水平之高、剧场情绪之热烈让看节目的河大人心花怒放,让客人们目瞪口呆、赞叹不已。二是艺术类专业校友联欢会,国内知名歌星校友与艺术学院师生在艺术学院专业音乐厅联袂登场,热烈、精彩之中的校友情谊让全场校内外嘉宾其情、其意、其乐融融。三是学生剧社自编、自导、自排、自演的大型校史剧《九歌》,从头到尾、从里到外都是学生自己搞的,演到动情处,台上台下唏嘘一片,许多人潸然泪下。

说到《九歌》,这部曾经在许多河大人心中掀起感情波澜、给予河大人精神洗礼的校史剧,至今使我不能忘怀。《九歌》是《楚辞》中的名篇,是战国楚人屈原据汉族民间祭神乐歌改作或加工而成。《九歌》代表了屈原艺术创作的最高成就,淋漓尽致地抒发了诗人晚年被放逐时忧世伤情的心情和忠君爱国的心志。河大校史剧取名《九歌》,一是点明九个十载,二是借古喻今、颂今。

《九歌》以一位老校友送孙女来河大报到为引子,以老校友的回忆为线索,穿插舞蹈、独唱、朗诵等多种艺术表现手法,将河大近百年的沧桑历史搬上了舞台。正如有媒体评价:"在近两个小时的演出中,变换多样的灯光、感人至深的音乐、别出心裁的舞美、演员们精彩的表演等给广大师生留下了深刻的印象,引起了强烈共鸣,博得了一次又一次热烈的掌声和阵阵喝彩。"

请听《序幕》的画外音:

《九歌》是一首歌,是一首唱了九十年的歌。这首歌挟着黄河的波涛,挟着中原的风雨,挟着纷飞的炮火,挟着近一个世纪的拼搏,唱响在我们每一个人的心中。我们试图诠释并演绎这首歌,可到它的跟前却发现,它是一首无字的歌,它是一首无曲的歌。我们要用心用情为它谱曲,用爱用泪给它填词,再以黄河的气息以狮吼之势将它表达,何其难亦!但我们,正是以稚嫩而单薄的嗓音将这首歌完成,凭的是与她的创作者们一样的努力与热情。多少不眠之夜,多少痛苦思索,多少摸爬滚打,多少辛勤付出,我们不仅唱出了这支歌,同时我们也用这一举动的本身来诠释了这首歌的内涵。今天,我们将这首歌呈现给您,期待着所有的河大人为之增添新的音符,期待着大家都来为母校河南大学献上这首心中的歌。

为了对新生进行校史教育,以后几年,都要在新生入学后为他们演《九歌》。后来就不演了,可能是重新复排太费事,也可能是嫌学生的东西不够成熟。我每次看《九歌》,都会被感动得稀里哗啦的,因为她狠狠地拨动了我最柔弱的那根心弦。我尤其看重的是,这完全是学生的作品,他们稚嫩的肩膀本来是难以承载这么沉重的历史负担的。但是他们勇敢地承担了,用他们青春的赤心、滚烫的热血和清冽的泪水!试问,我们还有我们的前辈倒是成熟的,我们想起过要做这件事吗?我们能做成这件事吗?那几年的小小河大人做成了,在他们的赤心热血泪水面前,所有的不成熟都是那么可爱可敬——这一板儿应该在《河南大学校史》里有一笔!

我判断,100年校庆时的大型歌舞史诗剧《猗欤吾校永无疆》之所以取得圆满成功,肯定有《九歌》的遗韵。

8.6 非典(SARS)

2003年春天,注定是个不一样、不平凡的春天。河大人还沉浸在母校九十华诞的快乐与温馨之中,喜庆的色彩还没有完全褪去,一场灾难、一场全中国人民乃至全人类的灾难,降临神州,降临中原,降临古城,降临河大园;一种疫病——非典型肺炎(简称"非典"),亦即"严重急性呼吸综合征"(英语简称"SARS"),肆虐神州、中原、开封、河大长达半年之久。

据报道,在我国该病始发于广州。其间,广州市和广东省政府一直没有发布相关讯息,并禁止媒体报道有关疫情,以免引起民众恐慌。到12月底,疫情消息开始在互联网流传,中国最大的官方论坛《人民网》的"强国论坛"有数位用户因讨论"非典型肺炎"疫情被管理员封了账号。2003年1月2日,河源市将首例病人黄杏初有关情况报告省卫生厅,同时中山市出现了几起医护人员受到感染的病例,广东省派出专家小组到中山市调查。1月23日向全省各卫生医疗单位下发了调查报告,要求有关单位引起重视,认真抓好该病的预防控制工作。国家卫生部马晓伟副部长率专家组于2月9日下午飞抵广州协助查找病因,指导防治工作。2月9日开始,有关熏白醋、喝板蓝根能预防此病的传言兴起,市面上开始抢购。截至2月10日下午3时统计,广东省共发现305病例,死亡5例。2月11日上午,广州市政府召开新闻发布会,称所有病人的病情均在控制当中,非典型肺炎并不是法定报告传染病,只是局部发生。同日下午,中国工程院院士钟南山在广东省卫生厅举行的情况通报会上表示,市民到公众场所进行正常的活动不会受到感染。2月12日,中国疾病预防控制中心负责人在接受记者采访时预测,全国近期内不会发生大范围呼吸道传染病的流行。

中国政府在2003年2月之前没有每日向世界卫生组织通报广东地区的疫情。2月10日中国政府将该病情况通知了世界卫生组织,但只列出了广东省的发病状况。一支访问北京的世界卫生组织调查队也未能进入广东进行调查。这时正值中国春节前后,由于春运的大量人口流动导致了疫情的扩散。比疫情扩散更快的是传言和恐慌，在江西等地也开始出现了抢购白醋和板蓝根的情况。

2月12日，因为认为疫情不严重，中国足球队和世界冠军巴西足球队的友谊赛正常进行，现场球迷爆满，超过5万人。广州旅游市场淡季不淡，原定2月18日在天河体育场举行的"2003罗大佑广州演唱会"照计划举行。2月21日，染病的中山大学附属第二医院退休教授刘剑伦去港出席亲属的婚礼，入住酒店后将疾病传染给另外7名旅客，3月4日刘剑伦不治去世。2月下旬，一名常驻上海的美国商人在途经香港到达越南河内后确认染病，之后河内当地医院的多名医护人员也受感染，这名美国商人于3月14日去世。常驻河内的世界卫生组织医生卡尔娄·武尔班尼首先向WHO通报了当地医疗人员的病情，并将该病命名为"SARS"。这名医生于3月29日因感染而不治去世。

3月6日，北京接报第一例输入性非典病例。3月12日，世界卫生组织发出了全球警告。3月13日，台湾地区台湾大学医学院附设医院通报了第一名SARS病例（勤姓台商）。3月15日，世界卫生组织正式将该病命名为"SARS"。3月15日，北京出现一例疑似患者，李姓，年过70岁，从香港探亲回家，先后到北大附属人民医院、北京中医药大学附属东直门医院就诊，造成大面积数十位医护人员感染，遂被称为"毒王"，于3月20日不治身亡。3月15日后，世界很多地方都出现了"SARS"的报道，疫情从东南亚传播到澳大利亚、欧洲和北美……

至此，该病魔已显示出这些年少见的危及全世界的重大疫情的端倪。其临床表现为：潜伏期1～16天，常见为3～5天；起病急，以发热为首发症状，畏寒，体温常超过38℃，热程多为1～2周；伴有头痛、肌肉酸痛、全身乏力和腹泻，起病3～7天后出现干咳、少痰，偶有血丝痰；病情于10～14天达到高峰，发热、乏力等感染中毒症状加重，并出现频繁咳嗽，气促和呼吸困难；救治不力，死路一条；救治得法，2～3周后，发热渐退，其他症状与体征减轻乃至消失。

SARS病魔开始在神州大地肆虐，四川、湖南、山西、内蒙古、宁夏、浙江、吉林、河北、天津、甘肃、陕西、江苏、重庆、辽宁、河南、江西、福建、上海、安徽、山东等省（自治区、直辖市）先后出现疫情。疫情最重的是广东和北京，前者是SARS的始发地，为源头；后者是感染率、死亡率都很高的首都，备受中外瞩目。

高校是活动人群集中的地方，而且学生吃住、学习、活动均在一起，自然是疫病的高发区。北京是高校集中的城市，北京高校是SARS肆虐的重灾区。4月上旬，中央财经大学金融系退休教授曹某先后在北大附属人民医院、北大附属第三医院求治,由于缺乏对非典病症的了解,均被误诊为普通高烧者,又造成医院部分医务人员感染,曹教授10个小时之后因抢救无效而死亡。随后,其妻子、儿子、儿媳、孙子、女儿、女婿、外孙7人先后发烧入院;在曹教授儿子工作的中财后勤集团,6位员工相继感染;曹家所住的中财西塔楼,住户中十几人纷纷感染。到4月28日为止,中财教工有19例确诊和疑似病人,其中两人死亡,一批相关家属染恙,一位小区电梯工也未能幸免。曹教授症状很像非典。经过北医三院向北京市有关部门请示,患者最终未被确诊为非典。

4月17日晚十一点半,北方交大计算机学院学生孙某,因为发高烧被送到北京市人民医院,经确诊后迅速被转往专门收治非典患者的北京市温泉胸科医院进行治疗。4月18日,与孙某同宿舍和隔壁宿舍的学生开始出现集体发热现象。到4月19日,病情开始蔓延,该楼12层一个宿舍出现发烧症状,可能是电梯交叉感染。从4月16日至19日,该校共出现发热症状31人,重点监测观察85人。4月20日,北方交大出现大量低烧患者,疑似病例激增。

4月17日,中央政治局常委会开会,充分认识到了非典型肺炎的严重程度和潜在威胁,开始全力以赴应对,采取了包括人事任免在内的各种必要的紧急措施。一场全国性、全民性的抗击非典战役全面展开。

4月19日,国务院总理温家宝正式警告地方官员,瞒报少报疫情的官员将面临严厉处分。翌日,政府再度召开记者会,宣布北京的疫情从原先有所瞒报的37例,增加至339例。记者会后几个小时,宣布撤消北京市市长孟学农和卫生部部长张文康的职务,并提名王岐山担任北京市代理市长,高强任卫生部党组书记,国务院副总理吴仪兼任卫生部部长。

4月18日,教育部决定将全国硕士研究生复试时间暂推迟到5月底进行。4月19日,教育部动员外地学生"五一"期间不离校,要求北京等地高校学生就地学习和生活,发病人数较多地区的高等学校调整教学和学习方式,避免疫情扩散。

4月20日,卫生部常务副部长高强、卫生部副部长朱庆生宣布实行"疫情一日一报制"。同时宣布,原定于5月1日开始的"五一黄金周"暂停施行,确保疫情不会进一步扩散。北京多所高校已经宣布停课。

4月22日,军委副主席胡锦涛动用军方力量在北京紧急建设中国人民解放军小汤山非典医院,4月30日小汤山医院正式启用,北京市SARS病人都进入此医院治疗。

4月22日,国家旅游局副局长孙钢在新闻发布会上要求,各地旅游部门近期不得组织到中西部地区和农村旅游,防止疫情通过旅游向农村和边远地区扩散。

4月23日,财政部公布中央财政20亿元非典防治基金的用途,北京市宣布全市中小学停课两周,确保疫情不会在校园扩散。

4月24日,铁道部通知,开车前旅客要求退票可全额退款。4月26日,铁道部要求运输防治非典药物用品必须24小时内到达目的地。4月29日,民航总局要求对学生于5月7日前购买的飞机票给予全额退票。

4月26日,温家宝总理在北京市建筑工地、超市、社区看望群众,中午看望北大学生,与北大学生共进午餐。

4月26日,民政部与卫生部联合发出紧急通知,要求死于传染性非典型肺炎患者的遗体要及时就地火化,不得举行遗体告别仪式和利用遗体进行其他形式的丧葬活动。

4月27日,香港特别行政区死于非典人数全球居首,累计死亡人数高达133人。4月28日,台湾省出现第一个因SARS感染而死亡的病例。

4月30日,卫生部发出紧急通知,要求非典型肺炎防治场所严禁使用中央空调。

5月1日,美国《科学》杂志刊登了两份SARS病毒基因组序列研究论文,这是首批经过同行评议的SARS病毒基因组序列研究结果。5月3日,《钟南山谈非典防治》科教片向全国公开发行。

5月4日,世界卫生组织在瑞士日内瓦公布全球最新非典疫情报告:截至此时,全球共有非典确诊病人和部分疑似病人6583例,其中死亡461人,痊愈2764人。有疫情的国家和地区总数30个,美国和欧洲国家至今还没有死亡病例。当日,在台有120宗SARS病例,10人死亡。

5月6日,公安部出台"五不准",确保非典时期运输畅通。中央首批支援香港的8万件防护服,将于7日下午经过皇岗口岸运抵香港。北京市副市长刘志华首次详尽披露小汤山医院情况。

5月7日,政府决定推迟十项全国专业技术人员资格考试,要求各地近期不要举办大型人才招聘会。明确规定不得歧视因"非典"被隔离治疗、留验和医学观察的人员,其工资、福利待遇由所属单位按出勤照发。

5月9日,温家宝总理签署国务院第376号令,公布施行《突发公共卫生事件应急条例》。同日,北京宣布,医务人员的非典感染比例已呈明显下降趋势,非典病例大幅下降。

5月17日,北京大学人民医院解除隔离。5月19日,北京非典新增病例数降至个位。5月21日,北京最后一名非典病例张某从北京地坛医院出院。截至5月23日,北京市747名密切接触者全部解除隔离,北京地区非典患者的救治工作已经结束,非典传播链被完全切断。6月1日,卫生部宣布北京市防治非典型肺炎指挥部撤消。6月10日,北京连续三天保持确诊病例、疑似病例、既往疑似转确诊病例、既往确诊病例转为疑似病例数均为零的"四零"纪录。

6月14日,WHO解除对河北、内蒙古、山西、天津的旅游警告。6月15日,中国内地实现确诊病例、疑似病例、既往疑似转确诊病例数均为零的"三零"纪录。

6月20日,小汤山医院最后18名患者出院。在不到两个月的时间里,这座全国最大的非典定点收治医院共救治了672名非典患者,治愈率超过98.8%。

6月23日,WHO将中国香港从疫区中除名;6月24日,WHO将中国大陆从疫区中除名;7月5日,WHO将中国台湾从疫区中除名。

我之所以不厌其详地复述那个半年的大事记,是因为,抗击非典这样的事,新中国没有经历过,我有限的生命里没有经历过,河南大学百年沧桑历经的多灾多难中也是前所未有。而且,回顾17年前的"以往",可能对2020年初春抗击"新型冠状病毒肺炎"疫情有所启发和借鉴。

在那个半年,河大、河大人一直是沉静的,沉静地照常运转,沉静地观望事态,沉静地组织防治,沉静地封闭门庭,沉静地迎来抗击非典的全面胜利。身处其间的我,一开始不明白,在全国、全省、全市恐惧、恐慌、严阵以待、严防死守的大背景下,河大何以如此"沉静"。后来我明白了。

在那个半年,平心而论,河大、河大人的沉静中绝对有无法沉静的根由。

疫情刚起,社会上议论大炙,猜疑、质疑之声声声入耳;校园里波澜微起,不解、困惑之情情情入心。我们组成几个检查组,彻底清查了全校各单位以及家属区、公用房的卫生状况,重点堵塞可能引起疾病蔓延的漏洞,严格要求把防范非典作为当前的主要工作。由于基础工作、先期工作比较到位,整个抗非典期间,河大是安全的。

在最紧张的关头,为了确保河大不被SARS侵袭,遵循教育部的指示精神,河大也不得不封门闭户——在校内的同学和老师不再外出,坚持正常的学习生活;在校外的同学和老师不再返校,可就近投靠或回乡。这些举措要求各单位无一遗漏地传达至每一位师生,并注意不要乱了阵脚、惊了军心。我在有些内部场合讲:历史上,日本鬼子把河大师生赶出校外,成就了我们流亡办学的一段史诗,最后完蛋的还是小日本,河大师生凯旋返校;现而今,非典SARS把河大师生关在校内,河大定会谱写抗击疫病的一段佳话,最后被扑灭的一定是SARS,河大门庭一定再会向阳朝天!

这么说并不意味着河大没有情况。我们早早地就在三个校区建立了"发热检查、门诊"机制,一发现蛛丝马迹立即赴现场查检,第一时间收治有发热症状的"疑似"非典病人——有症状但不能确诊的病人。而且把疑似病人集中到相对独立的学生宿舍楼,实行隔离治疗,后来甚至把与疑似病人有过亲密接触者也送进了隔离楼。当然得本人自愿。进楼的疑似病号不得外出不能串屋,医护人员轮班入值,严格清洁、消毒,所需物资统一配送,废弃垃圾统一处置。建隔离楼成了当时全国一大"时尚",而且在新闻报道中常常见到用吊篮往楼里送食品饮品药品的情景,真是蔚为壮观。河大隔离楼没有用吊篮的,从留出的唯一楼门口送进去也就结了。顺带说一句,"疑似"一词至今流行,凡有情况但不确定的事物都可以疑似。例如,飞机失联了但还不能确定失事,是为"疑似失事"。

抗非典期间,河大教职工的教学科研管理工作如常进行,学生的学习生活活动如常进行,当然除了野外实习和外出考察、开会。漫步河大园,你会看到夹着教案、背着书包匆匆赶往教学楼的身影,办公楼里夜晚加班的灯光,花园里整枝打叉的园丁,课外活动时间篮球场上的龙腾虎跃;你能听到清早东操场晨练的跑步声,课间校广播站大喇叭的播音与音乐,教室里老师在从容不迫地讲课,夜晚路灯下学生在诵读英语……好一派既热烈生动又祥和静谧的象牙塔景象!河大人,我为你自豪。

一日,校报与校广播站的5位学生小记者如约到我的办公室,进行例行采访。突然间,接校办通知,河南省某主流媒体记者提出要采访我。电话还未放下,几个人扛着机器就闯进了我没关门的办公室。他们简单介绍了来意,说是受上级委派专门到河大采访(当然还有检查、监督)学校是如何组织师生抗击非典的,临时决定采访你王校长,请你配合。一看他们严峻的面孔,我知道,有事了。于是我提议,到外面说吧,外面阳光灿烂,也正好让我们的小记者见识一下省主流媒体是如何进行新闻采访活动的。

于是,在灿烂的阳光下,摄像机镜头对准了我,5位小记者站在他们身后。主持人开门见山直指要害:在郑州采访了几所学校,一派紧张景象,防治非典剑拔弩张。河大怎么回事?为什么感觉不到紧张氛围?竟然有学生还在上体育课还在花园里搞什么活动!学校不重视非典要承担政治责任的!哦呀,原来如此,这恰恰也是这些天我在不断考虑的问题!

于是,在灿烂的阳光下,面对摄像机镜头,我先简要介绍了学校采取的措施、现在的状况,然后说:你们的观察很客观。河大表面上确实感觉不到紧张氛围,师生的活动一切照旧,但河大抗击非典的力度一点不比别人差。河大近百年沧桑,经历了中国近现代史上的风风雨雨、起起落落。历史的跌宕铸就了河大乃至河大人坚定的信念、不懈的追求、不变的执着,铸就了百毒不侵的伟岸身躯,"泱泱大校"不是浪得虚名!小小SARS能奈我何?能颠覆河大的深厚根基?笑话!

话刚落音,对面响起一片掌声,摄像机后面是5个欢呼跳跃的小记者。他们说:今天是非典以来最开心的一天;没学到如何采访,倒学到如何接受采访。几位主流媒体记者放下了话筒,关闭了摄像机,如释重负,阴转大晴,灿烂的阳光爬到了脸上:"我们就等着王校长说这番话呢!"

其间,有一件事有一个人,不得不提。河南大学淮河医院是河南省收治SARS患者的定点医院之一。院长张世清大夫恪尽职守,淮河医院口碑良好。忽一日,一位发热病人到淮河医院就诊,经检查排除了感染SARS的可能。几天后,该患者又到别的医院就诊,被定性为"疑似"。这下可不得了啦,开封市政府召开有关方面紧急会议,一位副市长严厉批评了淮河医院,并点名让院长张世清起立"示众"。紧接着给河大捎来了信儿,建议(实际上是要求)河大党委对张进行组织处理。河大为难了。尽管我们相信张世清绝非草率之人,但在北京市长、卫生部长都被撤职的大环境下,谁心里也没有底。我反感这种不管青红皂白就处理人的"草菅人命",力主河大独立调查、处理。最后,考虑到开封市的用心是拿开封医院的龙头老大淮河医院开刀,以警示其他,也就没有较真,给了张世清一个最低档的处分——党内警告。后话:最终那个病人被确诊属一般的感冒发烧;当年河大上报申报河南省优秀专家名单,有张世清主任医师。

2003年6月8日,离我国彻底战胜非典的6月24日还有16天。河南大学2003届毕业典礼暨优秀本科毕业生学位授予仪式在大礼堂的堂前广场举行。广场上空碧蓝如洗,阳光映着金色,微风裹着暗香。

我主持会议:"各位来宾,老师们,光荣的2003届毕业生同学们!今天,6月8日,是个好日子。今天,6月的阳光给了我们一份特殊的温暖,令人心醉的河大园比往日更美;今天,河南省的SARS病人已全部康复出院,全国疫情已在低水平平台上徘徊多日,SARS恶魔正在远离我们而去;今天,我们的2003届毕业生同学们就要告别母校,放飞人生征程!"

大会进行第一项,升国旗、唱国歌。国旗班入场、就位、升旗,学生军乐团奏国歌,全体肃立,面向国旗行注目礼,合唱国歌。第二项,党委副书记葛运法教授宣读优秀毕业生表彰决定和获奖名单,副校长周铁项教授宣读学位授予决定。第三项,校长关爱和教授向获得河南省优秀本科毕业生称号的同学授学士学位证书,将毕业生学士帽流苏从右前侧移到左前侧,合影。第四项,毕业生代表文学院河南省优秀毕业生胡艳彬同学发言。第五项,在校生代表建筑工程学院2001级吴越同学发言。第六项,教师代表河大首届十佳教工、河南省"五一"劳动奖章获得者孟彩云教授发言。第七项,河南省教育厅学生处石品处长致辞。第八项,河南大学党委书记张秉义教授讲话。第九项,传递院旗。各学院的院旗从各自队伍的末尾逐人传递到队伍排头,广场上欢声雷动,旌旗飞舞。第十项,共唱《河南大学校歌》,全体肃立,"嵩岳苍苍,河水泱泱……"的动人、醉人、震人的旋律再次响彻河大园。最后一项,放飞。礼花爆响纷飞,一千余只气球腾空而起,一群和平鸽从鸟笼直射天中。广场上再次欢声雷动,旌旗飞舞,冲出青春胸膛的吼声似乎要把大礼堂公公抬起来,向上抛……

那一刻,唯一拥有非典毕业季的本届毕业生,完成了从在校生到校友的嬗变!高峻的天空又接纳了一批敢上九天揽月的英雄,广阔的海洋又接纳了一批敢下五洋捉鳖的豪杰……

在这之前的5月上旬,应学生处创刊的《河南大学学生工作》的要求,我在首期上题词:

在巨大的灾难面前,人类可能会很脆弱,也可能会很坚强。其间的区别就在于,我们能否做到"十分重视,百倍警惕,千分努力,万众一心"。我无缘战争生涯,却有幸参加了抗击"非典"这场"无硝烟的战争"。我相信,河大园是一座SARS攻不破的坚强堡垒;我期盼,洁净的空气将很快重新沐浴神州大地!

8.7 出访

秉持"前瞻开放,面向世界"的精神,河大历来重视与国外、境外的交流与合作。1980年代初期,地理系黄以柱教授参加了在日本举行的全球地理学大会。作为"文革"后第一例出国交流回来的学者,黄老师的日本之行受到了学校异乎寻常的关注,甚至在大礼堂为他举办了一场面向全校的报告会。到1980年代后期,学者出国进修、交流、读学位等已经渐成常态,但仍然被认为是十分了得的事。我赴美做访问学者归来,还应邀在地理系等几个单位做了专题报告。

做副校长的这十年,我国单位领导人出国、出境进行公务访问似乎成了一时之尚,成了权力的标志;更有甚者,成了某些人携家带口出去旅游、购物的便捷之径;更更有甚者,极个别人利用公务出国、出境大行苟且,甚至外逃、不归。河大与国外、境外的学术、公务交流,出行有计划,活动有安排,回来有交代,尽量杜绝不良情事发生。现职领导干部出去更是小心谨慎,我印象中,出问题的仅外语学院原院长赴美做访问学者不归一例。

在学校领导层面,两位一把手和管外事的副校长机会较多,差不多每年都有出访任务。副书记、副校长也有机会,十年中多者四五次,少者也有一两次。一个有意思的状况是,书记出去变身为常务副校长,副书记出去为副校长,这也是那个时期的一点时代烙印吧。由于我在美国较长时间地待过,对出国的兴趣就不那么热烈；由于我管教学与学生，日常事务多，脱不开身也成为不出去的托词。

我有两次出国访问经历，一是俄罗斯和白俄罗斯，一是中欧；还有两次出境学术交流经历，一是香港，一是台湾。

1998年2月，我率团出访俄罗斯、白俄罗斯两国，去了莫斯科、圣彼得堡（列宁格勒）、明斯克（白俄罗斯首都）三个城市。主要任务是与俄罗斯的化工学院以及白俄罗斯的体育学院、艺术学院签署合作条约，成员有体育学院王院长、化工学院张院长、研究生处张处长、外办马主任，还有一位翻译梅老师。

我们去的时候，俄罗斯正处在一个特别的历史时期。苏联1991年12月25日解体后，政局不稳，民心无着，经济艰难，外部环境复杂，各项事业破败、凋敝。但是，我们看到、感到的俄罗斯，虽然处于不正常的灰暗状态，处于国家存在与发展的最低谷，但却丝毫不掩隐其伟大民族伟大国家的气度与风采。俄罗斯位于欧亚大陆北部，地跨欧亚两大洲，拥有1709.82万平方千米国土，是世界上面积最大的国家。俄罗斯曾经是苏联最大的加盟共和国，继承了苏联的绝大部分实力与资源，当前是可以与美国抗衡的少数几个国家之一。但在当时，俄罗斯的颓落让我们吃惊。

我们乘北京至莫斯科的民航进军俄罗斯。天空中，我满脑子俄罗斯的辉煌与奇妙。怀着朝拜世界上第一个社会主义国家的虔诚，抱着近距离感受伟大民族伟大国家的期盼，青少年时代的一幕幕重返脑海。新中国接受苏联模式的影响是决定性的，共和国新一代公民接受苏联文化的熏陶是终生的。我在开封上小学上初中，虽没有像大城市中小学生与苏联中小学生通信交朋友，但对苏联的文化产品的喜爱简直到了痴迷的地步。比如手不释卷地读过小说《彼得大帝》《静静的顿河》《战争与和平》《死魂灵》《安娜·卡列尼娜》等，比如一遍遍地看过电影《战舰波将金号》《海军上将乌沙科夫》《静静的顿河》《彼得大帝》《夏伯阳》等，比如唱到农村唱到美国的《三套车》《莫斯科郊外的晚上》《喀秋莎》《伏尔加船夫曲》《小路》《红梅花儿开》等。现在，电影不见了，小说得费力气找，唯有俄罗斯歌曲，和年轻人飚，他们还真不是对手。

经过长时间旅途，夜晚到莫斯科机场的我们，满脑子的热烈被冷风吹得一激灵。偌大的俄罗斯首都机场，尽管是下半夜，也不该那么冷清。我们在空旷的候机大厅一旁的屋子里等候接机，悄悄议论中，进来两位50岁上下的汉子，每人手里提溜着一个玻璃瓶。旁若无人地在旁边的桌子旁坐下，咬开瓶盖，打怀里每人摸出一只塑料杯；斟满，一口气不喘地徐徐倒进长满胡须的大嘴；片刻，俩人几乎同时出溜到了桌子底下，过来俩警察将他俩架了出去。整个过程他们一言不发,警察也一言不发,就像司空见惯的事高度默契。这一幕,让我们看呆了,这难道就是曾经伟大苏联的子民?

除了签约大学,我们还参观了几所世界著名的大学。那极富历史与文化厚重感的校园建筑,那早已跻身世界先进甚至领先行列的学科专业,那时常能走个对脸的科学巨匠或艺术大师,那曾经输送给社会的大量优秀人才,那曾经取得的造福于全人类的科技成果,还有那夹着书包在校园里匆匆而过的青年学子,无不让人震撼、钦佩、尊敬。在一所体育学院的荣誉室里,我们看到了众多获得奥运冠军、洲冠军的毕业生照片。我目视我们的体育学院院长,他一脸的艳羡。但是,不可思议的是,他们的实验室设备陈旧,落后世界水平总有十年二十年,落后中国至少也有十年八年;学校急于开展对外合作,急于从外部获得资金支持,和我们协谈的校长脸上写满了谦和、真诚与急迫;大学教师差不多都有小汽车,他们普遍在下班后拉客人以贴补家用。这难道就是我们曾经的楷模,令我们神往的苏联大学和大学老师?

我们下榻的酒店旁边有一个露天集市或曰自由市场,卖啥的都有,但主要是俄罗斯的民间艺术品,其中不知名画家的油画作品特别吸引我们注意。这些画肯定不是大师的东西,但据我这看过美国世界著名画展的外行看来,其水准绝对在中上。尤其是那大约 25 厘米×15 厘米的小油画,画的是俄罗斯风景,其精美其风韵令我们爱不释手。更为可叹的是这些艺术品的价格,简直便宜得离谱,而且很容易砍价。由于我会说英语,就自动充当了交易的"中间人"。我是这样砍的:伙计(卖画者,基本是画家本人),你和我是朋友对不对?对方回答是的;我和他(买画者)也是朋友,对吧?本方点头;所以,你们俩也是朋友,对不对?双方点头;那么,这幅画便宜点儿卖给咱共同的朋友!交易成功。像那种小画,要也就要十元、十几美元,这么一砍,五元美金拿走。我们虽为低价购得高档艺术品而庆幸,但也为俄罗斯艺术家贱卖作品感到悲哀。这难道就是享有世界级美誉的俄罗斯艺术和艺术家?

我们曾在下榻酒店的一层大厅邂逅了一场婚庆。傍晚时分,两个年轻人结婚,亲朋好友来了一大屋子,喝酒,跳舞,唱歌,一个很棒的管弦乐队充当伴奏。我们晚饭后无事自然不愿意错过这难得的俄式娶媳妇,坐在大厅里愉快地观摩发生的一切。婚庆本身乏善可陈,倒是那乐队高超的演奏引人入胜,尤其中间还夹杂了几曲我们熟悉的俄罗斯民歌,更让我们听得入神。在音乐的带动下,客人们歌唱得热烈,舞跳得奔放,酒喝得畅快。于是就有伙伴撺掇着我也唱一支,受气氛的感染我也真想吼几嗓子。唱什么?就唱《莫斯科郊外的晚上》!连说英语带比画带哼唱"深夜花园……",主持人这才明白我们要唱歌,唱《莫斯科郊外的晚上》。他一通报,大厅里立刻想起热烈掌声,乐队指挥的小棒棒挑动了一屋子的美妙……音响棒极,我的感觉棒极,现场宾客的热情棒极,他们随着歌唱展现的舞姿也棒极。我是用英语唱的,由于现编硬唱,就有点不多顺畅,好在旋律准确宾客又是非英语的老外,也就丝毫不影响效果。一曲歌罢,有些宾客就端着酒杯来到了够朋友的中国朋友面前,要干杯了。我不会喝酒,只有让翻译梅老师跟着我专找中老年宾客聊天。言谈话语中,他们对现实的不满以及对苏联解体的麻木都让我吃惊,这难道就是曾经跟着列宁燃起十月革命之火创建世界上第一个社会主义国家的布尔什维克的后代?

我们曾经有两次坐火车的经历,从莫斯科到圣彼得堡,从莫斯科到明斯克。车站还是老式的车站,与《安娜·卡列尼娜》描写的一样,与安娜卧轨自杀的那一幅插图惊人地相似。这一种突然袭来的怀旧的温暖,冲淡了对车站竟如此破旧的惊异。坐在奔驰的列车上,窗外真格是白雪皑皑。在浩大的冰雪世界里,自始至终单纯的银白色让人窒息,让人感觉不到列车在飞驰,让人物我两忘。远处偶尔闪过一两幢农家小屋,其简洁与神秘让人觉得恍如身在童话世界……这一路,是简约美和纯洁美的享受!新鲜劲过了,一个疑问冒出来:看起来俄罗斯广袤大地的开发程度不高啊,这难道就是曾经号称世界超级大国的苏联留给今日俄罗斯的遗产吗?

还有一些"难道就是"的疑问,就不再啰唆了。当时各种映像、各种信息、各种感受扑面而来,来不及梳理、感悟,只在脑海里记下了。现在要以文字记载,免不了要从新的视角在深的层次做一番交代。是的,那时以俄罗斯为代表的苏联加盟共和国成员,状况糟得不能再糟了。作为曾经的盟友曾经的死敌的中国的公民,我没有一丝快意更没有幸灾乐祸,有的只是悲哀。但是,身处窘境的这个国家和她的人民,在艰辛中挣扎,在沉默中蓄势,在嘲笑中修炼,国家的尊严和人民的尊严始终没有萎缩,其表现出来的泱泱大国的威严与民族性的高贵,让人肃然起敬。仅仅就摆在我们外国人眼前的诸多让人流连忘返的名胜而言,俄罗斯的威严与高贵就表现得淋漓尽致。

莫斯科红场与克里姆林宫。这个广场这座宫殿,曾是多少中国热血青年向往的圣殿啊!在微微飞舞的雪花中,我们踏在红场的花岗岩地面上,环顾周边看似熟悉又很陌生的俄式宫廷与宗教建筑。抬头似乎望见德国法西斯的飞机尖叫着掠过克里姆林宫的尖顶,耳边仿佛响起国家领袖与苏军统帅的生死铿锵,眼里仿佛看见参加完红场阅兵式的苏联士兵唱着"再见了亲爱的妈妈……"列队踏上死亡之路!第二次世界大战发生在苏联的抗德与发生在中国的抗日,成就了一场人类的伟大胜利,中俄没有理由不成为永久的战略性伙伴。

圣彼得堡。圣彼得堡是俄罗斯第二大城市,始建于1703年,至今已有300多年的历史。自1712年彼得大帝迁都到这里一直到1918年,200多年的时间里圣彼得堡都是俄罗斯文化、政治、经济的中心。所以,俄罗斯古都文化的代表不是莫斯科而是圣彼得堡。1924~1991年曾名列宁格勒,见证了苏联近70年的跌宕起伏。圣彼得堡市是一座大型综合性工业城市,是俄罗斯通往欧洲的窗口,也是一座科学技术、文化艺术高度发展的国际化都市,其遍地可见的古迹群是联合国教科文组织命名的世界遗产。该城兴于俄国历史上最重要的一位君主彼得大帝,他迁都圣彼得堡时,正值东方老大帝国清王朝康熙大帝五十一年。二位君主不约而同地掀起中兴的历史篇章,为各自的威严和高贵奠定了基础。

冬宫与"阿芙乐尔"号巡洋舰。冬宫坐落在圣彼得堡宫殿广场上,原为俄国沙皇的皇宫,是18世纪中叶俄国巴罗克式建筑艺术的标志。冬宫蔚蓝色与白色相间,呈封闭式长方形,占地9万平方米,建筑面积4.6万平方米。"阿芙乐尔"号巡洋舰建造于1900年,舰长124米,宽16.8米。1916年,它因作战受损被送到涅瓦河上的造船厂去修理,与冬宫近在咫尺。1917年11月7日,"阿芙乐尔"号按照信号,向冬宫发射了第一炮,揭开了十月社会主义革命的序幕。后来巡洋舰作为军舰博物馆,永远地固定在了涅瓦河上,供游人参观。冬宫也被辟为圣彼得堡国立艾尔米塔奇博物馆的一部分,并对外开放。我们看阿芙乐尔,一艘破旧的不大的铁舰,身下是似乎凝滞不动的黑色涅瓦河水。但它那高昂的炮身上至今闪耀着的英雄主义光辉令人,令我这个"中国布尔什维克"的后来者,肃然起敬,我给了它一个长长的注目礼。我们看冬宫,富丽堂皇的皇家建筑与中国宫廷迥异,琳琅满目的展品包括绘画、雕塑、版画、出土文物、实用艺术品、钱币和纪念章等,让人目不暇接。据说30千米长的展览线有世界最长艺术长廊之称,我们只看了很少一部分。但我们心里清楚,这个世界大国能承载和消受冬宫囊括的原始文化、古希腊罗马文化、西方文化、东方文化尤其是俄罗斯文化!

二战纪念馆。在第二次世界大战期间,悲壮的列宁格勒保卫战发生在圣彼得堡。从1941年9月8日到1944年1月27日,德国法西斯军队将这座城市整整围困了872天。城市付出了惨痛的代价,两万多人死于德军的空袭与炮击,64万多人死于饥饿与严寒,3200幢建筑被摧毁,街道变成了瓦砾堆。街市在战火中可以被摧毁,人身在恶劣中可以消弭,但不屈的是城市的灵魂,不灭的是英雄的气概。二战时期,一些特别激烈的城市保卫战都是在少数时日即已见分晓,唯独列宁格勒的围困与反围困战旷日持久,成就了一场人类历史上最为辉煌的人民战争!这个城市的二战纪念馆,毫无疑问会是世界上最摄人心魄的一座纪念馆。我们行走在镶嵌着苦难岁月、英雄足迹的地面上,眼前满是烈士对祖国的忠诚忠烈,市民对家园的赤心痴情!这样的人民、这样的城市、这样的国度,怎会跌一跤就永堕地狱?

芬兰湾与夏宫。芬兰湾是波罗的海东部的大海湾，位于芬兰、爱沙尼亚和俄罗斯之间。这是一个高纬度的海湾，每年有3～5个月的结冰期。我们去的时候恰值最寒冷的季节，看到的只有茫茫的海上冰雪，感到的只是彻骨的极端寒冷。但不知为什么，这个酷寒的冰雪世界对我有莫名的吸引力，几乎让我忘掉了来这里的主要目标——身后的沙皇夏宫。夏宫位于芬兰湾俄罗斯一岸（南岸）的森林中，距圣彼得堡市区约30千米，占地近千公顷，是历代俄国沙皇的郊外离宫，许多大型宫廷活动都在这里举行，被誉为"俄罗斯的凡尔赛"。夏宫分为上花园和下花园，大宫殿在上花园。大宫殿前是被称作大瀑布的喷泉群，据说这里有37座金色雕像、29座潜浮雕、150个小雕像、64个喷泉及两座梯形瀑布。二战期间，为了不使夏宫落入法西斯之手，斯大林曾下令炸毁这座宫殿。二战后修复，被联合国教科文组织列入《世界遗产名录》。夏宫是俄罗斯宁为玉碎不为瓦全的一个典范，当然具有普世价值。

村、街和雕像。在圣彼得堡，村有普希金村，位于圣彼得堡南郊24千米处。最早名为皇村，由叶卡捷林娜宫和亚历山大宫两座皇宫组成，是一个结构完整、丰富多彩的园林建筑综合体，是世界园林艺术的典范。1937年，普希金逝世100周年之际，皇村改称普希金村，又称普希金城。今天重读普希金，伟大诗人的浪漫情怀与金典诗句仍让我等凡夫俗子不能自已。正像拥有屈原、李白的中国，拥有普希金的俄罗斯自是精神伟岸。街有始建于1710年的涅瓦大街，长4.5千米。街道两边集中了18～20世纪最杰出的建筑，有许多歌剧院、图书馆、博物馆、音乐厅、电影院和名人故居等。徜徉在这条大街上，承载着深厚文化的精美建筑以及东正教的喀山大教堂、新教的圣彼得和保罗教堂、天主教的圣凯瑟琳教堂、荷兰教堂、亚美尼亚教堂等，使我感受到什么叫作博大。正像拥有长安街的北京，拥有涅瓦大街的圣彼得堡自是气象万千。雕像有矗立在十二月党人广场上的青铜骑士雕像。一块巨石上，骏马前腿腾空，彼得大帝骑在马上，威风凛凛。该马象征着俄罗斯，而马匹践踏着的蛇，代表着当时阻止彼得大帝改革维新的保守力量。这一塑像曾受到普希金的高度颂扬，并写下了他最出名的叙事诗《青铜骑士》。我与它合影时，真想摄入其坚强的魂魄。正像中华民族拥有天安门广场上的革命烈士纪念碑，拥有十二月党人广场上的青铜骑士雕像的俄罗斯民族自是英雄豪迈！

俄罗斯丰盈的国土资源、强大的重工业体系、深厚的教育基础、领先的科技水平和辉煌的文化积淀，使这个国家不会轻易言败。他们需要时间和机会，他们也需要一个坚强的领袖。果不其然，自普京执掌国印后，俄罗斯一天天好起来，中俄关系也从一味地对抗发展成为合作伙伴。再访俄罗斯的念头日益强烈，我相信，如果成行，我会发现一个完全不同的俄罗斯。祝福你，伟大的国家和伟大的人民！

1998年8月，当年招生工作正在紧张进行。我和李润田教授等四人赴香港参加"21世纪的中国和世界国际地理学术讨论会"。该学术活动由中国地理学会主办，我提交了论文《论城市化深层次发展的两种途径》并发言。会议本身无须多说，有一件事给我留下深刻印象。会议闭幕式那天，几百名会议代表欢聚一堂。在时任中国地理学会副理事长、国际地理学联合会（IGU）副会长吴传钧院士主持下，各项议程顺利进行。香港学术界有点学术民主的国际范儿，最后一项搞了个自由发言。云南地理所所长郭来喜研究员第一个要求发言，他一上来就毫不客气地对大会的组织、代表的权益等一通炮轰，尤其提到对内地代表的不重视。会场有点儿乱套，吴院士也是尴尬，郭还是他的学生呢。大家纷纷发言，我也慷慨激昂了一番。2016年见到郭来喜先生，又回忆起18年前的那一幕，他很为当年的气血方刚感慨。郭先生夸我说话讲究策略。

由于是第一次去香港，而且是回归的第二年，我自然就留意观察。走到的几个去处，太平山顶俯瞰下的香港全风景，海洋公园老少皆宜的海豚表演，维多利亚港湾海风裹挟的历史积淀，刚建成不久后获得美国评选的"20世纪十大建筑成就奖"的青马大桥的雄姿，以及铜锣湾所折射的商务中心、购物天堂的繁华，在弹丸之地发散着"东方明珠"特殊的迷人风采。从香港回来，我直奔登封招生基地，投入正酣的招生工作；完成任务回校后，就遭遇了滑天下之大稽的"嫖娼门"。

2002年8月，我随河南省教育厅教育代表团出访奥地利、希腊和意大利，目的是考察欧洲的音乐艺术教育。教育厅李副厅长带队，成员有教育厅高教处张处长、河大艺术学院的一位特聘教授M和我，翻译请的是洛阳师院的张老师（女，河大校友）。整个行程比较轻松，看大学，听音乐会，访名胜，没有啥实质性的任务要完成。过程中我才知道，这趟欧洲之行实在是可行可不行。李副厅长言说：欧洲我几乎跑遍了，就差这几个国家了。

途中，偶然提起了河南的豫剧，非豫籍的李副厅长竟莫名其妙地大加鞭笞，而且言之凿凿地断言，河南落后，就是豫剧思维的结果。一开始大家含笑聆听厅长大人的妙论，只当戏言。谁知来劲了，竟认真而逻辑性极强地论证一番！这就不能沉默了，于是一路上展开了一场温柔的唇枪舌剑，攻方干将自然是我。其他人，M老师是来自北京的艺术史专家，竟超然淡漠不发一语；张处长身为属下，自然不便多言，不置可否也就算不错；翻译小张忿忿不平，却碍于受聘教育厅的身份而欲言又止。这样，旅途中，豫剧思维话题就成了李、王二人的单打独斗。战斗精神都很强的二位一来一往煞是好听好看,结果是料得到的谁也不服输,只不过一方不再接招而已。当然,这个人肯定不是我。事后我反思,就不能给厅长留点面子少说两句?没办法,分人呢。李副厅长到河大视察,明令不住河大招待所而住开封宾馆,理由是,开封宾馆的茅台喝着爽口——此事可忍,莫名攻击养活了他大半辈子的这块土地,是可忍孰不可忍。至于李副厅长后来因贪腐而落马,不提也罢。

2004年9月9～19日,中国成人教育学会在大陆组团参加在台湾举行的"东亚社区教育学术研讨会",我与河大成人教育学院焦院长、历史文化学院程副院长参加。会议在台北的一家酒店举行,以大学的名义主办,台湾教育行政部门支持,其副负责人还到会祝贺。焦、程二位有发言任务,我充当了一次发言点评。会议上,主持人竟然是一位学继续教育的在学硕士女生,她在会议上称呼人的方式很特别,"王副校长发曾先生",明明白白也不失亲切。发言者大多矜持稳健,讨论问题不温不火。整个会议期间双方似乎有默契,绝口不提两岸问题。当台岛教育行政部门副负责人登台时,主持人称她为"×教育次长××女士",我才有了一种异样的感觉。

其实这次来台湾,我更感兴趣的是台湾岛和台湾同胞,这不仅仅因为我是河大台湾同胞联谊会会长,也不仅仅因为我家三舅生活在台湾。潜意识里,血脉一统却骨肉分离的疼痛和首次登陆祖国宝岛的好奇,始终在推动我竖起耳朵睁大眼睛寻找"他们"与"我们"的相同与不同。

飞机是大陆的,飞机降落的机场却是台湾桃园中正机场。下了飞机,机场的那格局、那服务人员的音笑,和大陆机场如出一辙。但似乎机场服务的年轻女士和匆匆而过的女性旅客更知道怎样把自己捯饬得更耐看一些。大街上,鳞次栉比的商铺一样百货齐全,招摇多彩的广告一样乱人耳目,繁忙奔波的计程车一样呼啸而过,漫步巡游的警察一样满脸严肃。扑面而来的繁体字一开始还真有点不适应,但一张口说话,他们的"国语"和我们的普通话完全相通,只不过音调稍有不同,他们的有点嗲,不过也好听。店铺里的货品很丰盛,不少来自大陆,老板一样精明,脸上也时不时地会掠过一丝奸诈的笑意。只不过,我感觉,他们"榨取"顾客钱包的手段更讲究、更温柔,不像我们的一些店铺老板,顾客一进门,眼睛就放出绿光。饭店里的饭食与我们没什么两样,菜名、菜式甚至色香味都差不多。烹制、服务、店堂似乎更精致一些,尤其卫生,哪个层次的饭店都很好,而我们就差得多。

以上的浮光掠影使我感到,台湾就是我国南方的一个省份嘛,折腾"台独"的家伙恐连自己都不相信能够砍断海峡两岸的一统血脉!尤其是两岸的文化,无论学校文化、社会文化、传统文化、当代文化、经典文化,还是通俗文化,那种一体性连瞎子聋子也能看得到听得到,岂是某个政治势力通过"去中国化"就能轻易割裂的!我在台期间接触了各色人等,尽管大家避讳这个敏感话题，但我仍能感受得到，知识界人士除个别极端分子外，一般都有个基本的清醒认识；年长者包括所谓的国民党老兵，大多对大陆充满眷恋，他们的思乡念国之情令人感动；玩台独者主要是一些怀有特殊念想的政客，但他们占据政要，手中有话语权和执行权；普通民众，尤其是年轻人，对祖国统一的认同感不高，觉得就这样过好自己的小日子挺好。

说到台湾同胞对大陆的认同感，我个人感觉，是随着两岸政治状况和经济实力的对比而变化的。大陆改革开放之前不说了，意识形态的巨大差异和政治、军事的严重对立使祖国统一大业无从谈起。二十世纪八九十年代，台湾的人均经济实力超过大陆，军事实力各有千秋，台湾是不会太在乎大陆的。进入新世纪，大陆的经济实力逐渐拉平甚至远超台湾，军事实力更是不可同日而语。尤其是"一国两制"理念已深入华人世界，台海两岸实行三通，台湾同胞对大陆的民意评估发生了根本性变化。尽管台独势力十分嚣张，如果大陆经济发达、政治清明、社会进步、军事雄厚、民主法治，也就是说在台湾人心中大陆比台湾"更好"，台湾各界对大陆的认同感必定会进一步提高，和平统一大业在台湾就有了社会基础。

这个问题太大，我等不便"妄议"，只是有一点想法而已。

能够充分领略、值得深度回忆的，还是宝岛风光。都市的繁华和湖光山色给我留下深刻印象，尤其为台北市的内蕴和日月潭的迤逦所倾倒。

主办方给了会议代表台北自由行的空间。我婉拒了焦、程二位的陪同，携一张台北市区图，开始了"寻亲之旅"。乡亲们是亲的，一样的面容一样的服饰一样的语言；市井风情是亲的，一样的街面百态一样的熙熙攘攘一样的摩肩擦踵。还有神圣的"国父纪念馆（中山纪念馆）"也不陌生。民国革命先贤的群像让人感慨万端；"革命尚未成功，同志仍需努力"的警言仿佛又在耳边响起；纪念堂里中山雕像的庄严宝相令人仰止；礼仪卫兵的换岗表演吸引众多眼球……这样一块神圣的地方能被生生去除吗？我不信台湾民众会麻痹如植物人！

还有那与北京故宫有异曲同工之妙的台北故宫博物院更不陌生。她的建筑没有北京故宫那样原汁原味的宫廷范儿，但中式古建筑的样式与风采一样令人赏心悦目；她没有北京故宫馆藏文物的厚重，但肉形石、翡翠白菜与青铜大鼎一样震撼人心……台北故宫和北京故宫就是孪生兄弟，你能将其做任何"去中国化"的改造与包装，但你能将那近70万件文物的标签篡改为其他的什么国吗？我不信无耻之尤的指鹿为马能蒙骗全世界的游客。

有处不同的景观是那号称亚洲第一的101大楼和那随处可见的青天白日旗。101大楼，结构高度508米，是位居世界前十的塔型高楼。远处看，大厦拔地而起，俯瞰着台北市的天际高空，很入画也入镜，来台北观光的中外游客无不纷纷留影；近处看，大厦的现代风采与技术威力震人心魄，设计的巧妙和完备的功能让人流连忘返。此塔并非传统的中式高塔，但她最辉煌的一刻，即每年公历 12 月 31 日夜与次年 1 月 1 日晨跨年的那一刻，满塔的火树银花还是中国传统的烟花。那时大陆还很少见此等超高度的大厦，我也就心悦诚服地为台湾同胞的智慧和手笔感到骄傲。有一说法不知确否：台湾人说 101 大楼，不说"幺零幺"，认为"幺"音同"妖"，不吉利。台湾是中国的一部分。

有个不同的地点是那"总统府"和那纪念中华民国前总统蒋介石的"中正纪念堂"。对于前者，我只是定神远远地盯了一眼，就毫不犹豫地转身离去。至于后者，倒引我驻足流连。中正纪念堂占地 15600 平方米，1980 年落成并对外开放参观。该纪念堂以中国庭园造景为主要设计形制，古典而幽雅，整体建筑以蓝、白二色搭配相和，有浓烈的文艺气息，可观可感性极强。蒋介石其人，在大陆曾赢得"人民公敌"恶称，其一生事迹春秋一支笔而已。退居台湾一隅，尽管他至死念念不忘"光复大陆"，但他至死也坚决反对甚至镇压台独。因此，在台湾，中正纪念堂是一个鲜明的中国符号，并因此成为所谓"独统之争"的一个争斗焦点。

后话：2007 年民进党执政时，陈水扁当局宣布将"中正纪念堂"更名为"民主纪念馆"；2008 年 5 月 20 日马英九上任后，"行政院"在同年 8 月 21 日院会中，通过废止《国立台湾民主纪念馆组织规程》，同日恢复"国立"中正纪念堂管理处的组织编制，之后于 2009 年 7 月 20 日正式将中正纪念堂匾额重新挂回。但在中山南路正门口匾额题字则维持"自由广场"，并未直接改回原"大中至正"，马英九表示说在征询民众意见之前不会做任何决定。

出访的所见所闻枚不胜举，观感心得也丰富多彩。篇幅所限，只能说到这里了。是以为记。

8.8 新校区建设与财务

河南大学新校区建设，揪住了全校师生、校友尤其是领导班子成员的心，由此而产生的各种纠结层出不穷。

大规模扩招，办学资源也应该同步扩增，不然，将直接导致生均办学资源的下降，最终导致学校培养质量的下降。这是个极简单的推理，略有智商者都会明白。但那几年，却有一些行政主管部门不太明白这个道理。一方面不遗余力地敦促学校扩招再扩招，一方面堂而皇之地强调不能影响培养质量。可对于高校增加教师编制、增加拨款的急迫要求却反应迟钝，甚至明确提出，别一开会就要人、要钱，抓好教育质量要紧！这是什么逻辑？

扩招带来了高等教育快速发展的黄金时期，却不料也进入了一个空前艰难时期。教室、宿舍大大超员，食堂、操场人满为患，实习实验场地、仪器设备不敷使用，公用事业经费捉襟见肘……为了维持局面，河大绞尽了脑汁。教室不够用，合班上大课，夜晚、周末、节假日排课，这叫"用规模、时间换空间"；宿舍不够用，增加单位面积住宿人数，改造空闲老旧房子，这叫"挖掘潜力"；食堂不够用，延长开饭时间，不再阻止学生到周边小食堂、小摊贩就餐，这叫"灵活应变"；操场、球场不够用，各院系轮流使用，控制器材，缩短人均使用时间，一次两次不锻炼也无碍大局，这叫"具体情况变通解决"；实验室、仪器不够用，加大实验课的安排密度和学生人数，有总比没有强，这叫"提高使用效率"；经费紧张，以保人员经费为第一，紧缩公用开支，要购的东西缓购或不购，要办的事缓办或不办，这叫"勒紧裤带过苦日子"……就这样，河大在规模成倍增加、投入部分增加的不均衡状态下，竟然维持了局面，熬过来了！这真是个奇迹，现在回忆起来，还觉得不可思议。但是，办学质量怎样，真的不好说。

资源投入的最大难题是专任教师数量严重不足。一是上面对教师编制有严格控制，高校都那样了，管编制的部门还抠抠唆唆不愿放，教师编制明显没有行政事业单位编制宽松。二是社会上没有足够的师资力量储备，有编制也不一定能招来合格的教师，教师职业可不是趋之若鹜的香饽饽。三是招来的社会专业技术人员和高校应届毕业的博士、硕士，不可能立即上讲台，得先当助教、先讲部分章节，没有个两三年的历练上不好课的。于是，就苦了中年、老年教师了。增加老师教的课程门数，增加周学时量，鼓励老师非上班时间上课，再有就是加强"忠诚党的教育事业"和"无私奉献"的教育，至于老师的健康与知识更新还有教学效果什么的，就真的顾不上了。作为当年主管河大教学的我，对老师们的付出道一声"辛苦"已经远远不能表达我的愧疚心情，只能说一声：对不起了，可亲可敬的老师们！

资源投入的最急迫难题是拓展办学的实地空间，即给必须新建的教室、实验室、运动场、宿舍、食堂等校舍提供空间载体。于是乎，大学新校区建设、城市大学城（区）建设在全国如火如荼，形成那些年我国城市建设一道奇异的景观。由于扩招和三校合并，河大建设新校区已是势在必行。2000年9月经河南省委、省政府批准立项，河大征地2000亩筹建新校区，计划总投资11亿元。2001年10月，河南大学新校区奠基，2003年初步具备招生条件，2005年基本建成。河大新校区又称"金明校区"，老校区则称"明伦校区"。

新校区从选址、规划设计、奠基开工、边建设边使用，一直到基本建成，前后历时四五年，直到2006年我们这一届领导班子到站，有些尾工仍在进行之中。在上级的关怀与督促之下,全校教职工高度关注、全力支持,领导班子可说是殚精竭虑。尤其是我们"新校区建设指挥部"的同志们,在郭副校长以及后来加入的姬副书记的带领下,一千多个日日夜夜,日夜奋战在工区第一线,克服了难以想象的各种困难,以卓有成效的劳动换来了河大金明校区的拔地而起,有效缓解了大幅扩招带来的巨大压力,在河南大学建校史上写下辉煌篇章。还有承标的各建筑单位,他们用技术人员的智慧与担当、工人兄弟的双手和臂膀,在河大新校区这片土地上展示了当代鲁班的风采!今天,我,一个老河大人,向当年所有的建设者们致以崇高的敬礼!

若干年后,谈起这一段难忘时日,大家感慨良多。其实我想,这一辈子能做成这一件利在当下、功在百年的大事,足矣!至于其间的各种纠结还真是"层出不穷"。例如,新校区的选址困惑,规划设计方案的凝练,工程招投标过程的繁杂,与施工队伍在工期与质量上的较劲,与当地政府的反复协调,与周边失地农民的艰难交涉,与当地利益集团和"地头蛇"的尖锐博弈,每学年开学应付汹涌而来的新生潮的拼命与忙乱,还有资金支撑的摇摇欲坠与施工单位催款的窘迫无奈……事后,这些事都可以"俱往矣……",唯有新校区选址和资金支撑这两件事令我难以忘怀。

新校区的选址,理当慎之又慎,一旦选定并开工建设就会落地生根,开弓没有回头箭。选址的原则依次应该是,一切有利于办学,方便与老校区的联系,地块本身的自然条件、施工条件以及外部环境条件适合校区建设,地块面积足够大且土地价格合理、征地手续好办。经过多方比对和现场踏勘,河大领导班子及基建后勤部门一致赞同选在紧邻老校区东部的仁和屯村,这里离老校区是骑自行车的距离,地块规整、地势平坦,水电交通等施工条件齐备,当地村委会配合。但我们知道,开封市极力主张河大新校区建在市区西部的新开发区。我们揣测,开封新区的开发建设状况不佳,入驻项目不多,河大新校区建在这里可以"撑起门面"并带动各业。从开封市的立场出发,有道理;从河大办学的角度看,不便利,有悖于选址的原则。

恰当此时,省里分管教育的一位副省长率省委省政府有关部门的负责人,来河大召开现场办公会,中心议题是河大新校区的选址与建设。河大领导班子全体和对应部门参加,开封市主要领导和对应部门参加。先要河大汇报。河大自然是孙培新书记汇报,他侃侃而言,直陈河大选址的理由……未及说完,被省领导叫停:"不要说了,河大新校区就选在开封新区!"理由是一二三四。

关于新校区的建设,还有点后话。河大新校区放在开封新区,市里定的征地款为每亩10万元。我们不能接受。郑州大学在郑州西区建新校区,征地款才每亩7万多元,开封市凭啥?相持不下之间,据说是时任河南省省长的李克强同志放了一句话:"不行把河大搬到郑州!"———一语击中要害——那就7万多元吧。这算什么事!为了给学校的快速发展留足后备空间,我们又在新校区西门外征地近一千来亩,为新校区建设的二期工程筹备了用地。后来,我们的民生学院在这里建了独立的校园。

2001年10月15日,河南大学新校区建设奠基仪式隆重举行,时任中共河南省委书记陈奎元、省长李克强,省委副书记、常务副省长李成玉等领导同志参加了奠基仪式,亲自为基石挥锹培土。查询百度,对河大新校区是这样描述的:"总体规划由同济大学建筑设计院中标担当,详细设计则由河南省城乡规划设计院完成。设计方案突破了传统校园那种注重终极完整规划的定式,将河大新校区规划为一个不断生长的动态发展过程。设计特点鲜明,空间序列建筑以人为本,功能分区合理,交通布局新颖、便捷。建成后的新校区,其开放型、流动型、人文型的校园环境和多样化的建筑风格,集中体现了设计者将之建成'教学互动、资源共享、高效运作、持续发展'的高校园区的规划设计理想。"这个评价基本靠谱,实录之。

建设新校区的资金支持,那可是一大纠结。后来一段我分管河大财务,有切身体会,所以至今放不下。那个难呦……这么说吧,十年副校长,在我分管的领域内没有什么事能难住我老王的,唯有钱,真难住我了,真是知道了什么是"不当家不知柴米贵""一分钱难倒英雄汉""要钱没有,要血有一盆""除了真金白银,啥都是虚的"……甚至"有钱能使鬼推磨"!哦,俺滴歌神神哩……

2003年底,原主管财务工作的周副校长调任新乡医学院党委书记。2004年1月,班子重新分工,把财务给了我并分管"行政常务工作"。一接手,立即感到了"家大业大事由大开支大"的沉重分量,手立马就烫了——河大财务的基本状况实实地堪忧。可以说,我管的这一段时间,2004~2006年,国家财政紧缩,所谓的"银校合作"进入最困难时期,河大财政是改革开放以后最吃紧的三年,比"要钱没有,要血有一盆"挂在嘴边的李副校长管财务时还紧张。省里财政拨款,仅够发工资(即人头费)和日常过日子(即水电费、电话费等每日不可少的开支),实收的学生学费(生均4000元/年左右)只能解决一些不办就过不去的事。至于主动的学科专业建设、实验设备建设、师资队伍建设以及必要的改善教职工工作与生活条件,基本上没有资金支持。那时,仅每月水电费的账单就令我心惊肉跳!

尤其锥心的是,农业大省河南是穷省,那几年的财政已无潜力可挖,所谓"教育经费的投入不低于GDP的4%",在河南基本没有兑现过。我知道,靠国家拨经费靠省政府,基本没戏。更要命的是,正在紧张施工的新校区建设进入了支付工程款的高峰期,大额支出接二连三地发生。不能按时支付工程款,未履行合同还在其次,如果民工自发或有组织、有预设地讨要拖欠工款,就可能酿成社会事件,影响了稳定大局谁都吃不消。

想都不用想的解决办法只能是"开源节流"。这四个字好说,上级领导、班子其他同志、教职工都会说,"开源节流嘛",轻飘飘的。唯有我,可是重似千斤——得靠我兑现啊,真金白银啊!

节流还好办一些,无非是反复给大家讲明学校财务形势,请求甚至哀求大家勒紧裤带、咬紧牙关过苦日子,节约"每一个铜板",查、堵经费开支漏洞,握紧手中一支笔,花钱的事缓办或暂时不办,拖欠的款项能晚一天还就晚一天还,为捂紧钱袋子要和各单位软磨硬泡,甚至不惜撕破脸皮和同志们干仗……

回忆这些年,我自信没有什么事对不起学校、对不起广大教职工生,自信没有一个河大人拿我当外人、路人、坏人。可管财务这一段确实因为钱得罪了一些人,个别同志甚至不愿再理我。后悔吗? 有一点。事前事中事后都有同志劝我:何苦把那么紧,财务出问题是学校的事,得罪人可是你自己的事;你殚精竭虑寝食难安,有多少人真正理解你,学校也不会记你一功吧? 可是,想起亲亲河大的大局,想起亲亲教职工的切身利益,我始终没敢把钱袋子松一松。

什么是河大的大局、什么是教职工的切身利益? 排在第一位的是工资,第二位是新校区建设,其他的都得给这两项让路。工资不用说,事关河大数千教职工的饭碗,拼死也得保住。每月发工资前两天,我就等财务处长一个电话"王校长放心吧,这个月的工资凑齐了!"一年12个月,两三年间我曾有二三十次胆战心惊地等待这个电话!

排在第二位的新校区建设更虐心。我当然清楚,没有强有力的资金支持,工程进度、质量什么的都无从谈起。而面对年年不断的大幅度扩招,没有新校区的工程进度和质量做保证,还办什么学! 而且,是原材料涨价还是当初预算不准或者别的啥情况,工程款全部突破预算,说是"成倍"也不过分,雪上加霜啊。我的原则是,在不触及发工资底线的前提下,尽量给付。实在做不到的,只有使用"拖"字诀。拖到何时? 拖到工人堵门讨要发生之前。这实在有点儿"流氓"风范、"老赖"做派,没办法,我不是为自己。我不挨骂谁挨骂,我不下地狱谁下地狱? 在这里,我真诚地向当年因河大拖欠工程款而影响了生活的工人弟兄,道歉!

单纯节流是消极办法,靠"从牙缝里抠"解决不了河大的问题,得开源! 能想到的办法都想到了,并立即付诸行动:找省里、部里哭穷,请求额外支援——全省、全国高校都这样,河大凭啥特殊;发动社会力量尤其是河大好友、校友捐助——有心且有力的主儿实在是屈指可数;凭自身的科技实力开办实业,从市场"淘金"——河大的学科专业基础并不给力……

那就只有一条路了——借钱过日子,向银行借贷!公办高校向银行贷款,虽说是正常的市场行为,但似乎不应该是个常态发生、大规模发生的事。可在2010年代初、中期,银行向高校贫困生发放助学贷款,向高校新校区建设发放建设贷款,成了金融、高校两界共有的一种奇特现象。最初,国家无法解决学校问题,就只能放松银根,支持银行与高校"银校联姻";银行靠放贷赢取利率差,是银行生存并发展的生命线,而且在银行眼中,大学与大学生的信用度高,按时收回贷款应该不成问题;高校新校区建设、事业发展以及贫困生要完成学业急需大笔资金,却苦于无门筹措……几种状况搁一起,高校借贷办学、贫困生借贷上学就蓬蓬勃勃开展起来了。

在2004年前周副校长掌管学校财务时,河大凭着极好的社会信誉,可以很方便地获得银行支持,而且各家银行暗中较劲,都想在河大信贷这块"大蛋糕"上占先机。正如周副校长笑谈,银行为了给河大贷款,恨不得请我们吃饭。于是,何乐而不为,河大在几家银行贷了巨额款项,新校区建设一时无忧。

那时我思想上就有顾虑。借贷是要还贷的啊,还本付息是有时间、额度要求的啊,就凭学校收取的那几个学费,要应付还贷连门都没有!靠有朝一日政府替高校还贷或干脆"一风吹"?恐怕是一厢情愿。但又想,这么大个河大,是国家办的共产党的学校、人民的学校,总不会因还不起债关门吧?再则,我不主管财务,也是白操心——也就释然,随他去。

直到接手财务一段时间后,我才真正体会到"银校合作"已经到了多么严峻的地步!我了解到,为了给付借贷第一天就已经发生的巨额利息,为了应付几笔短期贷款即将到期的更加可怕的还本,学校财务已经进入一个恶性循环:竭力借新贷还旧贷,抑或在旧贷基础上再续新贷。费了好大劲办成几笔贷款,往往是部分钱还没出银行门就已经不见了。

让人哭笑不得的是,高校信贷的形势发生了微妙变化。最初,针对高校的顾虑,主管教育的副省长召开各高校负责人会议,拍着胸脯担保:尽管贷,我比你们还年轻,我都不怕丢官帽子你们怕什么?!后来,随着高校还本付息的黏滞,国家银根收紧,教育厅负责人传达省里领导的斩钉截铁的意见:谁贷款谁负责!政府态度的变化以及高校的实际状况让银行有所醒悟,于是借银根紧缩的大势,不动声色地捂紧了钱袋子。我找一切机会做银行负责人的工作,除了一两家特别"讲义气"的银行,大多都摆出了一副"爱莫能助"的面孔,请他们吃饭也不行。虽说政府从同样紧张的省财政蜻蜓点水似的给各高校解决了少部分的贷款利息,感激之余也自知,杯水车薪尔!

这可咋办?舍出老脸和银行缠,忍住心肠和教职工磨,心思甚至动到了教职工的钱袋子。银行的朋友给我出主意,可以由银行代理教职工向学校放贷。简单地说,就是动员教职工自愿出资(多少不限)存入开户银行的专用账户,利息稍高于社会,银行转贷给学校。动员、签合同、还本付息等均通过银行渠道由学校和教职工自行办理。直觉告诉我,这法子行,凭着教职工对学校的感情,只要把目的、意义如实讲清,大家会在"危难时刻"助学校一臂之力的。果不其然,班子集体决策,由我出面召开中层干部会议,坦呈财务形势,讲清办法措施,当然还得拍胸脯保证还款。于是,在预定时间里顺利完成筹款任务,全校同志镇定地接受了这个现实,自觉自愿地解开了钱袋子,而且领导班子带头。当然会有熟识的老师叮嘱我:"我们拿出的都是多年积攒的血汗钱,发曾我们相信你,可不能让大家失望啊!"这就叫"同舟共济、同甘共苦"啊!这笔钱解了燃眉之急,每年给付利息时,小小的但高于市面的收入让老师们心情舒畅,若干年后本息双清,我悬着的心终于归位。

应付巨大的开支始终是我的一个心病。尤其到年底,老师要报账,工资发双的,津贴要兑现,欠款要结清,工地要工款,各种开支如洪水猛兽般涌来,财务处还有我可用"焦头烂额"四字形容。老辈人说"过年如过关",我算有了切身体验。管财务几年,我最大的收获是学会了"挖东墙补西墙",过一天算一天。有一次实在是揭不开锅了,我找独立核算的河大出版社挪钱,好话说尽,顾大局的社长像割肉一般挪给我几百万元,并再三恳求要按时还钱。

最怕的是学校"资金链"断裂,即大财务账本上没钱了,丧失了给付开支的能力。这可是悬在头上的达摩克里斯剑,一旦出现这种情况,学校办学必遭创伤,办学声誉难免丧失。洛阳的某大学就遭遇了资金链断裂,社会震动很大,弄得其他高校如临大敌。我更是紧张,这是河大呀,弄不好就会有国际影响!眼看着必办的事因没钱而办不成,书记、校长有时也会疑惑:发曾,学校财务真的到了这种地步?

看来为了使主要领导及时、彻底了解财务的严峻形势,以免再规划什么大额支出的项目,以免灾难来临时思想上毫无准备,我必须定期不定期向书记、校长密报财务账目。一般是一个月一报,最紧张时十天一报,有情况随时报,财务处长制单,只给书记、校长看,还有我看,对其他任何人保密。内容是,当前经费余额,未来一个月、十天可能到账的资金额,发工资需多少钱,支付贷款利息需多少钱,日常开支多少钱,必办的事需多少钱,收支差额是多少,为了不使资金链断裂须削减哪些开支,等等。这一招真管用,二位一把手目光中多了理解和支持,对新上的需花大钱的项目慎之又慎,遇机会就告诫大家过苦日子。其实我还有个个人收获,让一把手了解真实情况,等于把我"独享"的焦灼和忧虑分出去了一部分。

好了,多年存留的心里话倒出来了,轻松了许多。总之,我管的那几年,河大财务终于没有"崩盘",工资没有拖欠一天,新校区建设的资金支撑没有间断,各项事业在艰难中蹒跚。感谢财务处在共渡难关的困难岁月里发挥了中流砥柱作用,感谢广大教职工生的宽容、理解和支持,感谢学校各部门的密切配合,感谢校党政领导班子尤其是书记、校长的坚强领导与鼎力支持;还要感谢各家银行的出手相助,感谢新校区建设指挥部与各家施工单位的艰苦奋斗,感谢新校区附近农民弟兄的慷慨付出,感谢校友及社会各界对河大新校区的密切关注;还要感谢省委、省政府的决策与领导,感谢省发展改革委、教育厅、财政厅等省直部门的支持与协助,感谢开封市委、市政府及各有关部门的大局姿态和协调疏通!感谢的话说了这么多,但我念念不忘的是河大财务处的同志们,尤其是王处长和几位副处长,真是"沧海横流方显出英雄本色"啊!

有同志认为,王副校长抠得太紧。是的,我认。我天性乐观、豁达,比较善于自我调整,自认为没有难倒我的事,所有的劳累、困扰和烦恼都可以在灿烂一笑中烟消云散。现在不行了,维持财务局面真难啊,为可能发不出工资而晚上睡不着的情况时有发生。大家反映说,我变抠了,难说话,有时还说话不算话。静心想想,真是这样。抠吧,是为学校,难说话也是实情,没钱再好说话也是骗人家的。不能容忍的是说话不算话,说好的春节过后给人家解决点钱,到时又推到了清明节后;说好的给人家五个钱,到跟前了只给仨——诚信何在?!

那几年我还兼管监察审计处工作,在物资、工程招标建章立制以及控制招投标程序等方面做了一些尝试性的工作,其中相当纠结的是所谓"政府采购"。至于"分管学校常务工作",是学校自己内部的分工,无非是协助校长守守摊儿,校长外出时当当家儿。好在对各方面都熟悉,不管啥事,一说我就清楚,没有过不去的坎儿。当然,除了要钱。有同志、朋友称我为"常务副校长",是误解,我不认。

8.9 历练

那些年,我还有一些特别的经历,例如,上了一期河南省委党校地厅级干部培训班,履行了一届开封市人大代表的责任和义务,参加了两次党内教育。这些经历让我学习、感悟、思考了许多东西,开阔了眼界,升华了理念,是我重要的人生历练,也是我不懈"守望"的鞭策。

1998年9~11月,经省委组织部安排,我参加了河南省委党校第十八期地厅级干部培训班学习。党校是中国共产党的一个非常特殊的干部培训基地,有一个庞大的系统,分中央、省委、市委、县委四级设置。有无上党校的经历,似乎是干部提拔的必要条件。河南省委党校常年有三种培训班,即地厅班、处长班、青干班。前两种有点儿轮训的意思,当然对干部的仕途也有影响;青干班可不是随便上的,能上这个班就意味着升迁有望了。安排谁去上党校,没有不欣然从命的。我也想上党校,截至1998年,我干副处以上已经13年了,什么班也没蹲过,能去党校充充电歇歇,当然情愿。

河南省委党校位于郑州市文化路,不大的院子。地厅级干部住的是小单间,有洗手间、电视、沙发;吃的是大食堂,凭饭票排队就餐,伙食还不错,本单位有些许伙食补助。分班上课,分组活动,全校大礼堂听报告。来之前听人说,来党校学习,就是"认识几个人儿,学点新名词儿,养养精气神儿"。我的体会是,这叫"交朋友、学知识、养生息",没错的,干部也是人呐。但这只是最低水准,真想借机学习新知识、研究新问题、开拓新的认识境界、理清新的发展思路,党校还真是个好平台。再者,给我们上课的老师,在礼堂给我们做报告的领导和专家,都是相当有水平的。

不可否认,那些年党校这种学习生态也确有不堪之处。比如,一些学员心思不在学习上,有空没空爱往有关领导部门跑;课余时间互相请客,公款吃喝很普遍也很稠密;下级表忠心、有关人有求于人而来访的情事很普遍,据说培训部结业时屋里堆的"纪念品"要用车拉,精美食品有的发了霉。那些年,形成风气,积重难返,干部形象大打折扣。搁现在,谁敢?!

我们地厅班虽然持重些,远不如青干班活跃,但也是想办法搞一些课外活动。10月份正值开封菊花花会,我和同期同学、开封市委李艳萍副书记(后任开封市人大主任)便当仁不让成了东道主。我负责参观河南大学并座谈,李副书记负责请大家吃一顿饭,我俩共同负责组织到龙亭看菊花。

在宾馆候餐的间歇,我和当时的洛阳市的王副市长(后做过河南省委常委、郑州市委书记)有一番小小的"争斗",很有趣的。下午要参观菊展,话题自然扯到了河南的市花。郑州的月季似乎没引起大家的关注,洛阳的牡丹可是国色天香。再加上一脸憨厚、诚恳的王副市长的绘声绘色的推介,学员们无不对洛阳牡丹点头称赞。洛阳牡丹确实好,副市长说的也都是实情,但在菊花的王国大谈牡丹,"是可忍孰不可忍"!我就说:洛阳牡丹好就好在高贵二字,开封菊花次就次在低贱二字。牡丹高贵,只有姚黄魏紫几种花色,不屑于多彩多色的,菊花就贱,啥颜色都有,连墨菊都有了;牡丹高贵,花型单一,不屑于多姿多样的,菊花就贱,啥花型都有,连线菊、塔菊、悬崖菊都有了;牡丹高贵,没有花香,不屑于到处散发风流的,说她"天香"委实降尊了,菊花就贱,各花各香,乐于把馨香和妖娆撒播人间;牡丹高贵,只在河南洛阳、山东菏泽几个地方有,不屑于普通生存环境的,菊花就贱,啥生存环境都能适应,全国各地到处乱跑;牡丹高贵,只在公园的"皇家园林"里生长,不屑于寻常地界儿的,菊花就贱,啥地方都安贫乐道,不仅大街小巷,连普通百姓家都飘着菊香……说得大家一片喝彩。有同志咂摸出味儿了:"王校长你这是虚夸牡丹实赞菊花呀!"

2004年初,我当选开封市第十三届人民代表大会代表,并名列大会主席团,隶属顺河区分团。每届人代会,河大领导班子要有一名成员入选开封市人大代表并进入大会主席团,这似乎已形成惯例。虽说经过了一道道的选举程序,但不是差额选举,这大概是另一种民主选举形式吧。

任职期间,参加了所有官方组织的活动,写了若干提案,最大的价值和收获是参与了开封市的经济社会发展大计的谋划与讨论。活动平台是每年每次会议开幕式下午开始的讨论会,主要讨论市长做的《政府工作报告》。我惊奇地发现,代表们的发言几乎千篇一律,了无新意。都是先表态同意或完全同意市长的报告,紧接着表示要好好学习、认真领会,回去带领干部群众认真贯彻执行,最后再就某些关心的问题谈谈看法。就连参加我们分团讨论的市领导也是如此行事!这里面有个立场问题,人民代表应该站在政府的对面,站在广大市民的立场上,审查市长的《政府工作报告》,评论政府过去一年的工作状况,发言主要应该是评论、建议甚至批评。怎么变成学习、贯彻上级文件了?

我作为新一届人民代表虽然不好标新立异,但作为出自河南大学的人民代表,必须从市民的角度从城市发展的角度从高等教育发展的角度道实情、说真话。我就这样做了。讨论会上一般不会有反响,但我知道同分团的代表都在凝神静听,会后的个别交谈也发现颇多知音。他们很赞赏这种发言,但他们是不会这样做的。另外,我是河大选民选出来的,表达基层选民的心声是人民代表的基本职能。我先后就河大新校区建设、河大新校区征地、在河大老校区和铁塔公园之间拆墙透绿、狠刹"三乱"歪风为学校和企事业单位创造良好发展环境等,提出了四项文字建议。事后虽有相关部门的回音,但似乎对解决这些问题影响不大。

其实我和开封市人代会早有交集。前两年,开封市人代会组织300余名代表来河大参观、考察,孙书记、王校长和我在大礼堂前广场接待他们。王校长表示欢迎后,突然把手提话筒塞到我手里,让我代表学校向代表们报告河大这几年的发展。毫无思想准备的我不可能把话筒再塞回给王校长,那就讲吧。我争取做到三点,一是如实、客观,二是滔滔不绝不能停顿,三是声音洪亮让广场上的每一位客人都听得清。做到后两点,不难,教师嘛,没这点本事还行;做到第一点难,毫无准备呀。二十几分钟过去了,当时讲的啥没印象了,从代表们的热烈掌声和俩一把手未表扬也未批评的含笑神态,我知道，完成任务了。后来我当了人大代表，参加那次参观考察的人还跟我津津乐道呢。

五年后开封市人代会换届，我已不在其位，自然不会连任，我也不留恋。顺带说一句，那几年开人代会，主要会场和代表宿地外边总会有少数群众表达诉求。我们被告知是"老上访"在闹，别理。可我觉得问题不会这么简单。

1996年，党的十四届六中全会作出决定，对县处级以上领导干部进行一次以"讲学习、讲政治、讲正气"为主要内容的党性党风教育，是为"三讲教育"。这次为期三年的教育活动，自上而下，分期分批，采取党内批评和自我批评相结合的方式。"讲学习"，就是要做理论学习的表率，在掌握中国特色社会主义理论的科学体系和精神实质上，在运用理论解决实际问题上下功夫；"讲政治"，就是要做突出政治的表率，在全面、正确、积极地贯彻执行党的基本路线和各项方针政策，在切实提高工作质量和效果上下功夫；"讲正气"，就是要做弘扬正气的表率，在提高党性、坚持原则、公正无私、刚直不阿、言行一致、扶正祛邪方面下功夫。

2004年11月7日，中共中央发布《关于在全党开展保持共产党员先进性教育活动的意见》，决定用一年半左右的时间，开展以实践"三个代表"重要思想为主要内容的保持共产党员先进性教育活动，是为"先进性教育"。活动分三批进行，涉及全党7000多万名党员、350多万个基层组织，是新中国成立以来参加人数最多、规模最大的一次党内集中教育活动。所谓"三个代表"重要思想，具体内容为"中国共产党始终代表中国先进生产力的发展要求、中国先进文化的前进方向、中国最广大人民的根本利益"，这是我们党的立党之本、执政之基、力量之源。江泽民同志2000年2月25日在广东省考察工作时，首次对"三个代表"重要思想进行了比较全面的阐述。

"三讲教育"与"先进性教育"，无疑都是党内整风，前者针对党员干部，后者针对全体党员。这对于有整顿党的作风传统的中共来说，应该是再正常不过的事。耐人寻味的是，大规模的整风运动源自对党内状况的清醒认识与沉重担忧。改革开放以来，伴随着计划经济体制向市场经济体制的转型，公有制独家经营向包容私有制的多元化经营的转型，"独立自主、自力更生"的中国模式向全球化的普世价值的转型，中国共产党这支"无产阶级的先锋队"的成员发生了深刻的变化，出现了令人不安的背离建党初心的变化。因此，这两次整风不是一般的理想信念教育，而是有针对性的，是要解决现实问题的。

我亲历了这两次教育活动的全过程。我认为，党内理想信念教育取得了成功，而有针对性地解决现实问题不够成功，或者说表面成功没有解决根本问题，一时成功没有解决长远问题。

比如我本人，两次教育活动给了我重建理想、坚定信念、纯洁党性、明确宗旨的有效推动。我在我的《保持共产党员先进性教育党性分析材料》（2005年8月15日）中表示：对照《党章》和我校《共产党员保持先进性具体要求》等的规定，通过自己查、群众提、互相帮的方式，找出了自己在政治理论学习、为人民服务的宗旨、行政管理、思想与工作作风、领导班子建设等方面存在的突出问题，并从世界观、价值观、人生观的高度认真剖析了产生这些问题的思想根源，明确了今后的努力方向，制定了整改的工作措施。

我存在的突出问题主要表现在以下几方面：理论学习意识淡薄，思想跟不上形势；宗旨观念淡薄，牺牲奉献精神不够；管理创新思维淡薄，工作实效不尽如人意；严于律己精神淡薄，作风不扎实；班子建设思想淡薄，影响了整体工作水平。

以上问题的存在，虽然有一定的客观原因，但主要是主观原因造成的。问题出在表面上，根子生在思想上。从更深层次上分析，产生问题的根本原因在于自己的世界观、价值观和人生观出了问题。

世界观方面的原因。我是有20多年党龄的老共产党员了，理想信念从未动摇，但对共产主义运动的客观规律缺乏"透过现象看本质"的探究和认识，对其长期性、艰巨性和必然性缺乏真正的了解，这在一定程度上削弱了革命事业心、进取心和责任心。我是有30多年教龄的老教师了，但对近年来我国高等教育出现的新问题、新矛盾、新机遇以及新的教育规律等缺乏及时的了解、研究和认识，这就使我无法站在时代的高度来认识河南大学的发展和建设。从任地理系副主任始，我已从事20年的行政管理工作了，但对科学管理的真谛、管理科学的共性规律、高校管理的个性特点，以及专门管理的宗旨、原则和要求等，并没有完全弄懂、弄通，因此在管理工作中出现这样那样的问题和漏洞，也就不足为奇了。

价值观方面的原因。尽管我们可能看不到共产主义的实现，但我们知道自己的努力是有价值的。我过去对这个重大的价值取向并不清楚，因此就难以保证始终以高昂、良好的精神状态全心全意地为人民服务，进而在吃苦、受累、付出却得不到理解时会产生委屈心理。我是"双肩挑"干部，但这些年来始终没有处理好行政业务与专业业务的关系。当了副校长后，留给我搞专业的时间和精力越来越少，心中的惆怅难以言表。在这种价值取向左右摇摆的精神状态下，很难保证将自己的全部精力投入到工作中，为整体利益牺牲个人意愿的奉献精神自然就会打折扣，积极参与、主动负责的动力也不会强劲。学校发展经常面临这样的选择：敢不敢摒弃陈腐和谬误，敢不敢标立新兴和先进？这实际上是能不能按正确的价值取向改造客观世界中阻碍发展的因素的问题。由于我自身价值观的问题，至少在我分管的领域里,改革力度不大,创新意识不浓,改革创新的成果不多。

人生观方面的原因。大学毕业以后,我立志做一个终身从事教学、科研并有所成就的教育科学工作者,没有想过做一个什么"领导干部",因为在我心目中行政管理只是一项工作而不是事业。在我当上副校长后,这种人生观使我没有着意提高自己的政治素养、管理素养,大多凭一个教育科学工作者的原始理念和知识分子的良知去工作。这样,在一些诸如方向之类的大问题上把握不准,工作质量不高是必然的。对自己优缺点的认识失去平衡,看自己长处多、短处少,结果产生了主观主义、经验主义、个人主义等不良倾向,思想作风不过硬,工作作风不扎实。另外,认为干不干副校长对我都无所谓,导致自我约束、控制的意识不强,常常无所顾忌地言我所欲言、行我所欲行,不大考虑效果、后果。平时也不注意有意识地调整控制情绪,工作中的急躁情绪、面对无力回天状况时的情绪化等都比较突出。

我还明确了自己今后的努力方向和整改措施:进一步坚定共产主义理想信念,增强宗旨意识;刻苦学习,努力改造自己的主观世界;树立开拓创新的精神,永葆工作中的蓬勃生机和活力;树立无私奉献和艰苦奋斗的精神,保持党员的良好形象。我还提出了近期整改工作的九条措施。

现在翻看这些东西,我还会被自己当时的真诚所感动。可惜的是,有针对性地解决大面积存在的现实问题,例如共产主义理想消弭、为人民服务宗旨淡化、传统优良作风败坏、廉洁奉公抛却等等,没有从根本上解决。有些党员尤其是部分领导干部,当时就没有触及灵魂,运动来了会有所收敛,过不多久就旧态复萌。君不见,现而今被打的老虎、被拍的苍蝇哪个不是当年在三讲、先进性教育的讲台上慷慨激昂的?!

平心而论,凝聚全党智慧,前总书记江泽民所提出的"三个代表重要思想"和前总书记胡锦涛提出的"科学发展观",是执政半个世纪的中国共产党治党理政的极其重要的指导思想,对推动党的建设、中国特色社会主义建设发挥了重要作用。党的十六大在党章中明确规定,中国共产党以马克思列宁主义、毛泽东思想、邓小平理论和"三个代表"重要思想作为自己的行动指南;党的十七大把科学发展观写入党章;党的十八大把科学发展观列入党的指导思想。宗旨与现实的反差,源自经济体制与政治体制的不统一、不配套。仰望星空,有灿烂光明,脚踏实地,有暗流涌动。

我为河南大学守望、为灿烂的河大精神守望,随着脱离副校长岗位我平缓着陆。但我在科学大道上的求索却进入了又一个如火如荼、心无旁骛的状态。新的人生春天在向我招手。

第9章 求索者

9.1 求索三阶段

屈原的名句"路漫漫其修远兮,吾将上下而求索",恰似千年长路上的一盏灯,是读书人、思想者、革命家的精神路引,其持之以恒追求真理的内蕴演绎出多少可歌可泣可警可叹的人文故事啊!

今天的科学工作者,也在努力求索,求科学发现之索、科学规律之索、科学济世之索。成功与否各有所异,精神圭臬殊途同归。我的三十年求索之路,按时间顺序有三个人生阶段,按科学内容有八个科学命题,其间留下了密密麻麻的脚印。

第一阶段,1988~1996年,始自美国归来,止于开始担任河南大学副校长。这一阶段我年届"不惑",在解惑的道路上逐渐定向、定位,向双肩挑"转型",在"双轮驱动"中砥砺出锋。

这个时期,正值我41~49岁。父母不算太老,儿子逐渐成人,妻子承担了所有家务。我身体健壮,精力充沛,学术积累已满负荷,只有开足马力前行了!

从美国回来后,我被确定为河南大学第二批学科带头人培养对象(1989~1991)。这是一个后来被河大人引以为豪的学术人才培养工程,延续至今的各学科带头人大多出于这个工程。第一批是"文革"前的学者;我们第二批属于中间过渡性质,大多是七七、七八、七九级的毕业生;第三批就是以后的学弟学妹了。学校对这些人实质性的支助不多,但大家看中的是这份信任和责任。

这个时期,我开始陆陆续续地参加、承担并完成了各类科研项目。例如,"豫西伏牛山区自然资源与经济开发研究"(河南省农业区划办项目,1989~1990,李克煌主持),"豫西黄土丘陵区农村经济综合发展规划"(河南省农业区划办项目,1989~1990,黄以柱主持),"开封市阳光街区分区规划"(开封市规划局项目,1989,王发曾主持),"中心城市系统分析的理论、方法与模型研究"(河南省教委基础研究项目,1990~1991,王发曾主持),"人类生态学前沿理论问题及其实际验证研究"(河南省教委基础研究项目,1991~1993,王发曾主持),"河南新设城市预测与规划"(国家民政部、河南省政府应用项目,1993,王发曾、袁中金主持),"长垣县县城区土地定级估价"(河南省土地局、长垣县土地局项目,1993~1994,王发曾负责),"河南人口、资源、环境协调发展研究"(河南省科委自然科学基金项目,1993~1994,李润田主持,王发曾负责"河南城市的整体发展与布局研究"),"开封市域城镇体系规划"(开封市政府项目,1994~1995,袁中金、王发曾主持),等。

必须一提的是我们成功申报了一项国家自然科学基金项目——"河南省城市体系的发展机理与调控方法研究",这既是河大地理系的第一个也是河南省地理学界的第一个国家自然科学基金项目。该项目由李润田教授主持,我执笔填写申报书(排名第二),获得3万元的国家基金委资助,这在当时可是一笔巨款。现在想起来,尽管项目执行的情况不十分理想,时间也拖得久了一些(1988~1993),但总算实现了一项突破,也为我们团队研究城镇体系打下了良好基础。1994年,我申报国家自然科学基金项目"我国城市人工物质要素的空间设计及其环境质量效应研究"(1994~1997),获资助8.5万元。这个项目的执行情况较好,成为集中研究城市规划与设计、城市生态的平台。

学术论著是指发表在全国统一刊号(CN)学术期刊上和国外公认的学术期刊上的学术论文,以及正式出版的学术专(译)著。论文是作者就某一科学问题或某一研究对象进行专门展示、深入论证的研究成果,而著作是作者就某一学术领域或某一科学命题进行系统展示、全面阐述的研究成果。相比之下,学者更重视发表论文。原因之一是学术期刊一般都有严格的稿件审查制度,期刊越知名审查就越严,期刊录用的论文必得达到相当的学术高度,发表论文是对作者学术水平的肯定。而著作则不然,只要书稿没有问题,出版社一般都会接受作者的出版要求。原因之二是期刊提供了一个可以及时展示学术成果的平台,论文可以就某一论题进行深入探究,能发表的论文是及时反映作者创新性研究成果的载体。因此,要想了解学界的最新研究动态,须搜寻论文;要想知道某学者的代表性成果,也须搜寻论文。而著作出版周期较长,篇幅巨大,有价值的学术精华容易"淹没"在海量的信息中。原因之三是论文的受众多于著作,一本好的学术期刊会有几百份固定订户,在高校和科研单位的阅览室就可以方便地找到。而著作通过书店发行,没有固定读者,要专门到书店购买或深入到单位的图书馆、资料室的书库里细细搜寻。当然,网上有了电子图书、期刊,这是另一种情况了。

所以,学者十分重视论文,乐于将自己最新、最得意的研究成果投寄给学术期刊。过一段时间没发表论文,勤奋的学者就坐不住了。而著作一般是经过一段时间的学术沉淀后总结性的成果,出版著作要从容多了。

这一时期,根据我的记录,在学术期刊上总共发表了 31 篇学术论文。现在看来,这一时期发表的论文,数量多,每年平均达到 4.875 篇,最多的 1993 年达到 9 篇;不怎么讲究选择期刊,31 篇论文散布在 17 家期刊上,这些期刊将近一半知名度不高。总之,笼统地说,这一时期发表论文的质量只能算中等。

1992 年我们在中国地理学期刊的第一家《地理学报》发表了一篇论文——《河南省城市体系功能组织研究》(王发曾,袁中金,陈太政.《地理学报》,1992,47(3):274-283)。该文是我们国家自然科学基金项目的成果,是河大地理系"文革"后在《地理学报》发表的第一篇论文,我是第一作者和执笔人。该文提出的"河南省圈层式地域空间组织模式"是那个时期河南省有代表性的研究成果,也是我们团队多年以来研究中原城市群、中原经济区的一个理论依据和线索。

这个时期,我参与了七部专(译)著的编写,分别是《人文地理 社会文化与空间》(译著)(王民等译,北京师范大学出版社,1988 年)、《开封市志》(沙旭升等,中国地方志出版社,1990 年)、《区域开发与规划》(黄以柱主编,王发曾、袁中金副主编,广东教育出版社,1991 年)、《现代人文地理学》(李润田主编,南京大学出版社,1992 年)、《河南区域经济开发研究》(李润田主编,河南大学出版社,1993 年)、《河南城市的整体发展与布局》(王发曾分册主编,河南教育出版社,1994 年)、《省域新设城市综合研究》(王发曾、袁中金著,河南大学出版社,1994 年)。

其中《人文地理 社会文化与空间》是我们华东师大人文地理助教进修班同宿舍五人的合作成果,北师大的王民同学提供的原著、联系的出版社。这本书据说是新中国成立后翻译成中文的第一本人文地理著作,在学术圈子里的知名度很高。《河南城市的整体发展与布局》是河南省科委自然科学基金项目"河南人口、资源、环境协调发展研究"的一个子成果,是我第一本独立撰写的著作。如果不是为了急着给项目交差,应该晚一些拿出来,再做一些理论上的扩展。有点可惜了。

这期间我频繁地参加各类学术交流活动,几乎是有邀请必去,而且都带有论文并争取大会发言。那时的各种科学讨论会、学术研讨会以及座谈会等,名目繁多,参加的人也多,学术争鸣的气氛很浓厚。参加几次就发现,来自沿海大城市的代表比较强势,他们一般掌握着话语的主动权。我不服啊,就尽力积极参与,不放过每一个与他们"华山论剑"的机会,结果交了许多学术界的朋友。我翻看记录,这期间共参加了 15 次学术交流活动,省内 4 次,全国 7 次,国际 4 次。

1990 年 8 月,"国际地理联合会(IGU)"在中国北京召开亚太区域大会,中外 1000 多名代表齐聚北京大学,实为中外地理学者共襄的一次规模宏大的学术交流盛会。河大地理系李克煌主任带队,我具体组织,十余人参会,带了一本论文集参与交流,在会场很是引人注目。1991 年 4 月,我陪同全石琳教授参加了中国地理学会在北京举办的"地理科学研讨会"并大会发言。时任国家科协主席的钱学森先生一直在推动"地理科学"的发展,有一套较完整的科学理念,全老师和他曾有密切交流。这次会议特邀钱先生作学术报告,我得以近距离地领略科学大师的风采,也算一种特殊的学术熏染吧。

这期间我获得 13 项各类、各级科研成果奖,其中省级奖励 5 项,其他奖励 8 项。有趣的是,省级奖励中有两项是"河南省实用社科荣誉奖",证书上还专门标明"相当于一等奖"。

1992 年 1 月,我晋升副教授;时过两年,1994 年 4 月破格晋升教授。1993 年 9 月,我获国家教委、人事部颁发的"全国优秀教师"称号;1995 年 7 月,被河南省委、省政府授予"河南省优秀专家"称号。

1990 年代中期,我学术生涯的奠基期已顺利走过,在学术界已有口碑,脚下的发展平台也越来越厚实,有些大学就抛出了橄榄枝。我毫不犹豫地婉拒,理由为:我是开封人,我喜欢开封这个城市,不愿到别的地方;河南大学还有地理系是培养我成长的母亲,我不愿意侍奉别个;我的人脉扎在开封扎在河大,我不愿到人生地不熟的地儿,从头开始打拼。有朋友批评我思想观念太陈旧,我笑一笑,依然故我。

平静而忙碌的河大人生活,令我心静如水、忘我奋进,也令我陶醉。

第二阶段,1996~2006 年,始自担任河大副校长,止于改任副校级调研员。这一阶段我年届"知天命",在认知使命和责任担当中,在大学之道上踯躅前行。

靳校长去世后,差不多一年的时间里,河大校长空缺。省委安排,河大的党、政工作均由党委书记王才安主持;校内分工,行政工作由王文金副校长牵头。1996 年 5 月 15 日,王文金教授担任河南大学校长,我成为副校长。2006 年 5 月 16 日,恰恰是标志"文革"开始的《五一六通知》(《中国共产党中央委员会通知》)发布的 40 年前的同一天,我和其他几位年近六十岁的同志一起,改任河南大学副校级调研员。也就是说,我在副校长实职岗位上干了整整十年(1996~2006 年)。

这十年，我年届50～60岁，应该是从知天命到耳顺之年，已初进花甲。按迟滞十年算，我仍自认为是"天命之年"。我理解，所谓"知天命"，是明白了角色定位，既会豪迈地扛起社会使命也会勇敢地负起责任；洞察了客观规律，既会坚持自己的既定主见也会谦恭地博采众长；端正了人生目标，既会自觉地循序前行也会不懈地努力争取；懂得了世事的艰难，既会含辛茹苦地奋斗也会明智地随遇而安；看开了个人的荣辱，既会追求长远的成功也会承受短暂的顿挫。总之一句话，这个年龄段，必须做到"安身立命"。

我这十年，是一肩挑行政、一肩挑业务的"双肩挑"十年，是人生征途上在"双轮驱动"下迅疾奔跑的十年，可以说是我的生命之火燃烧得最旺盛，人生价值最持重的十年。我多次问自己：我能在完成好行政工作的同时做好自己的教学、科研工作，不间断自己的科学求索之路吗？我能成为一名合格的双肩挑干部吗？"双轮驱动"会不会双轮皆废？

我的理想追求是，坚守教师、学者的本分，坚守教学、科研阵地，在积极主动做好行政管理这一轮、一肩的同时，一定做到另一轮实转、另一肩不空。

坚守教师本分，坚守教学阵地，就必得坚持带研究生，坚持给学生上课。我是环境与规划学院的人文地理硕士点最早的导师组成员，并一直担任牵头导师，直到退休；每一次修订专业培养方案，我都要亲自动手，设定专业方向、配置导师组与课程教师、制订课程计划、设计培养环节。我要参加并组织招生复试、专业教育、课堂讲授、论文选题、开题报告、论文指导、论文答辩等一系列培养环节。在这十年里，我们导师组每年招生15～20人，共培养近200名硕士；在这十年里，我个人每年指导3～5人，直接培养约40名硕士。我开设的研究方向是"城市-区域综合发展"，常年开设三门课程——"城市-区域系统分析""城镇体系与城市群""生态城市与城市开放空间系统"，平均周学时4～6时。

2001年6月，经专家评审、校学术委员会投票，我担任人文地理博士研究生导师并开始招生，从2005年起担任牵头导师直到退休。工作项目大致同上述硕士研究生培养。我开设的研究方向是"城市-区域综合发展"，先后开设"城市-区域系统组织""城市规划与设计""城镇体系与城市群""生态城市""专业英语"等课程。在2001～2006年，我直接培养了6名博士，平均每年一个。

坚守学者本分，坚守科研阵地，就必得手上有科研项目、有出版的著作。我坚持每年至少发表两篇学术论文，坚持每年参加一两次学术研讨会，争取获得科研奖励。这十年，我主持完成了10项科研项目，包括一项国家自然科学基金项目；主编出版了7本《高等教育研究》，完成了一部学术专著的撰稿并交出版社审稿；发表学术论文35篇，平均每年3.5篇，绝大部分为本人独撰或第一作者；获得18项科研成果奖，其中5项是省级奖励。

第三阶段，2006～2017年，始自卸下行政领导职务，止于彻底退休。这一阶段我年届"花甲"，自然耳顺、心顺，在回归教师本分后学术爆发，迎来了人生新的春天。

2006年5月16日，离我初任河大副校长整整十年，我和郭副校长、赵纪委书记、袁工会主席、史副校长同时改任副校级调研员，袁主席已满60岁，同时办理退休手续。调进梁小夏、王凌同志任党委副书记，曹奎、丁庭选同志任副校长，雷霆同志任纪委书记，河大的刘志军同志升任副校长、关学增同志升任工会主席。

2007年5月10日，我已超出60岁，省委组织部下文免去我河南大学调研员职务。作为原副校长，我已经退职了；作为教授、博士生导师，我还可以继续搞业务，延缓退休。河南对"高层次人才"的退休问题掌握得较宽松。人事厅规定，根据工作需要和本人健康状况，博导可以每年一次申请延退。学校同意，报人事厅批准——直到本人年满70岁。这是指由人事部门主管的博导。

学院和学校都有意让我延退。怎么办？经过认真考量，我愉快地选择了延退。从工作需要来讲，我在人文地理专业博士、硕士生的培养工作还没有终结；研究生专业牵头导师的职责还暂时无人替代；河南大学城市-区域发展研究团队还需进一步壮大、凝聚；我主持的国家自然科学基金项目、河南省有关项目还没有结项；我还在中国地理学会城市地理专业委员会、河南省城市规划专家委员会、河南省高校设置专家委员会、河南大学台湾同胞联谊会有学术与领导兼职；我正在参与中原崛起战略的调研、论证与制定工作。退下来，不负责任。

从我本人状况来讲，我身体康健，精力充沛，思虑成熟，反应敏捷，正处在人生的黄金时期，高质量地承担上述工作料无问题。我内心，对河南大学的热爱和眷恋使我欲罢不能，对人文地理学、城市科学的热爱与眷恋使我欲罢不能，学生求知的渴望与默契的心领神会使我欲罢不能，参与研究中原崛起、河南振兴大业的责任与使命使我欲罢不能，对未来有效生命带来的新的快乐的热望与期盼使我欲罢不能。更何况，为了迎接这一天的到来，两年前我就有意识地开始"转型"了。我清楚地知道一旦卸下副校长的担子我该干什么，我不会手足无措、失意失落。

问题是副厅以上干部属"省管干部"，由省委组织部管理，不归人事厅管，而组织部没有厅级干部因博导延退的前例。只有一个郑州大学原校长曹策问教授，不做校长后当了一届河南省政协副主席，自然就延退了。按组织部要求，学校党委打了申请王发曾延退的正式报告，经组织部部务会议研究,同意延退。2007 年 5 月 14 日,省委组织部一位副部长和科教企业处处长找我谈话,告知组织决定:延缓退休五年至 2012 年,无须每年办理申请手续,并特别指出,延退到时,根据工作需要和我的身体状况,再行考虑是否继续延退至 70 岁。

尘埃落定,心无旁骛,一转眼 2012 年到。年初,我认真书写了延退这五年的工作报告并上呈省委组织部科教企业处。没有下文,一切如昨。直到 2013 年底,我已近 67 岁,学校梁副书记告知我,要办退休手续了。原来,省委组织部的老规定,不管什么原因,厅级干部最多干到 65 岁。省委组织部干部调配处按时通知河大,让我于 2012 年 3 月退休。河大与管我们的省委组织部科教企业处商定,暂不办理。2013 年下半年,干部调配处一再催促,于是河大于当年 12 月份正式办理了我的退休手续,同时办理返聘手续,工资待遇保持不变。据说,省里从此形成惯例,高校厅级干部的博导最多可以延退五年,硕导可以延退三年。

于是,我又被河大返聘了四年——2017 年 7 月,我的关门弟子毛达博士顺利毕业,其博士论文被推荐为省级优秀博士论文。我终于 70 岁了,终于放下了所有指令性工作,我了无遗憾地结束了我的人生"第二春"!

啊,我难忘的第二春!春回大地,生命回归本源,生命的张力在特定的时间与空间爆发,走过的脚印稠密而踏实!这些年,我主持完成了 12 项科研项目,包括一项国家自然科学基金项目;出版了 7 部学术专著,其中 4 部在国家级出版社出版;发表学术论文 78 篇,平均每年约 7 篇,绝大部分为本人独撰或第一作者;获得 8 项科研成果奖,其中 4 项是省级奖励。

9.2 中原城市群

中原城市群,是以郑州为中心,以京广、陇海两大铁路动脉交叉区为骨架,大中城市密集分布的城市群地区。中原城市群是河南省实施中心带动战略的龙头板块,是中原经济区建设的增长板块,是我国中部地区崛起的支撑板块,是丝路经济带("一带一路")战略在我国中部的发展高地。

学界以及社会各界对中原城市群的持续关注,顺理成章,其研究与实务不断深化,这是我国新时期经济社会科学发展的一个具有典型意义的必然现象。到目前为止,中原城市群的科学理念的形成与科学实践的发展大致经历了四个阶段。第一,1980 年代末、1990 年代初,改革开放事业向纵深发展,河南省的部分学者提出,郑州附近的黄金十字交叉区应该是河南省综合发展的牵引核。第二,1990 年代中后期、2000 年代初期,河南省委、省政府组织专门力量研究,提出了"中原城市群"概念,并将其划定为郑州、开封、洛阳、平顶山、漯河、许昌、新乡、焦作、济源九市。第三，2000年代中后期、2010年代初中期，学界以九市为框架深入研究，出了大批学术成果，中原城市群战略开始转入实务并进入河南省五年规划。第四，2017年以来，《中原城市群发展规划》上升为国家战略，战略框架确定为"一核四轴四区"。

中原城市群的研究与实践经历了漫长的三十余年，终成正果。这个时间段几乎与我的学术生涯完全吻合，构成了我学术脉络的一条主线。特别是上述的第一、三、四阶段，我曾有深度的参与。

从华东师大人文地理助教进修班结业以后，我花费相当的时间和精力投入伏牛山南坡豫境的科学考察和综合开发研究，承担的子课题是西峡县城镇体系建设，就此开启了我早有兴趣的这个领域的研究，并在《河南大学学报》（自然科学版）上发表了第一篇有关城镇体系的论文《西峡县集镇群研究》（1987年第1期）。从美国研学归来，我开始集中进行城市体系的理论研究，成果《城镇体系分析实用方法与模型》连载发表在《城市问题》1990年第4、第5期上。在黄以柱教授主编、我副主编的《区域开发与规划》（广东教育出版社，1991年12月）中，我负责区域城市体系的撰写。

1990年，我和李润田教授等河南大学的学者承担了河南省第一项国家自然科学基金项目"河南省城市体系的发展机理与调控方法研究"（1990~1993）。我负责省域城市体系的功能组织研究，该课题小组成员还有袁中金、陈太政。我们基本的学术理念是，打破长期以来团块状均衡式的小农经济式发展模式，走非均衡式圈层状空间传递的新路子；以郑州为核心，以京广、陇海铁路为骨架，构建河南省中部大中城市集聚的"核心城市圈"。研究成果《河南省城市体系功能组织研究》发表在《地理学报》（1993年第2期）。我们笔下的"核心城市圈"就是中原城市群的早期形态。1993年12月，《河南区域经济开发研究》（李润田主编，河南大学出版社，1993年）出版，我仍然负责河南省城市体系的撰写。

1994年，我总结、提炼了八年的研究心得，独立撰写了《河南城市的整体发展与布局》（河南教育出版社，1994年），其核心仍然是河南省城市体系和核心城市圈。另外，围绕这个问题，我先后在多家刊物发表了9篇学术论文，奠定了我在城市地理学界的学术地位，也自认为可以在这个研究领域里画一个句号了。

进入21世纪后，河南省从促进"中部崛起"的战略高度出发，提出了"建设中原城市群经济隆起带，快速实现中原崛起"的宏伟目标。这是紧密结合时代主题、根据河南省发展实际和未来需要做出的战略决策，是一条充满希望的发展道路。在此期间，由河南省发改委牵头，河南省编制了《中原城市群发展战略构想》。2006年初，《河南省国民经济和社会发展第十一个五年

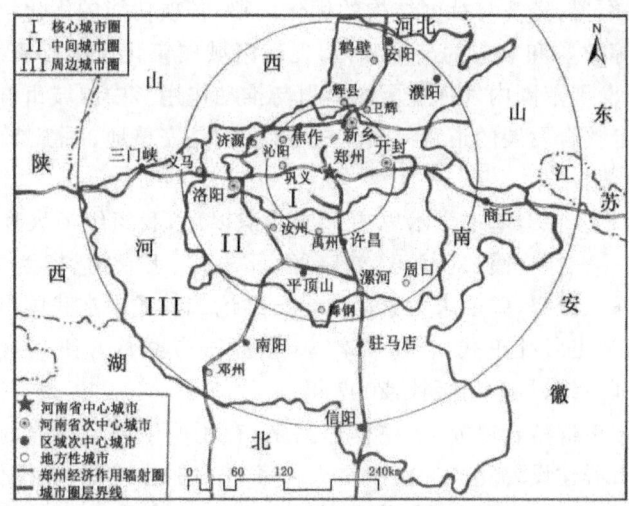

图 9-1 河南省城市圈

规划纲要》提出:"加快中原城市群发展,把中原城市群建成带动中原崛起、促进中部崛起的重要增长极。"至此,中原城市群问题已从概念提出和理论论证阶段,逐步向实施操作阶段推进。

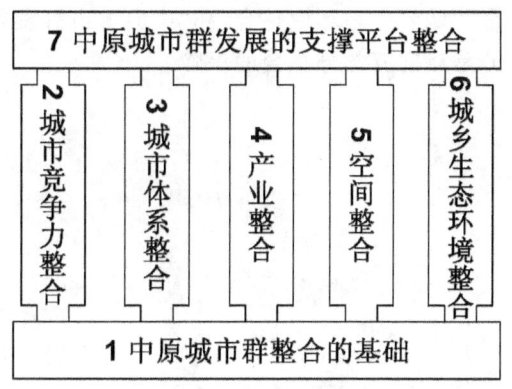

图 9-2 基本研究框架

但可惜的是,由于我国行政体制与地域格局的限制,中原城市群长期停留在概念群、规划群层面,九市基本上各自为政,城市体系的集群效应并没有如期望的那样显现。2006 年 5 月 16 日我改任调研员后,立刻以百分百的主动姿态转向学术研究,关注的第一个项目就是中原城市群。研究中发现,中原城市群发展的"门槛"在于九市没有进入"整合发展"状态。于是,学界很快就形成了一个关于"城市群整合"的学术理念:在一个城市群区域范围内,将各个城市地域单元结合为一个整体,实现这个城市群内部各种发展要素的优化配置,经济与社会结构的优化调整,各项功能的优化组织,经济、社会、环境等效益和效应的高度和谐,促使区域城镇化进程健康发展,并在更大的区域发展范围内发挥重要的牵引与推动作用。中原城市群要名符其实,就必须走整合发展的道路。而首先要做的,是完整地、系统地、科学地诠释其学术内蕴!

说干就干。在对基本学术思想形成共识以后,我组织河大环规院我们团队的成员——徐晓霞、刘静玉、刘晓丽、郭志富、王新涛、杨兰桥,分工合作,开展了深入研究,并要求大家尽快得出结论。其成果在我国出版界的顶尖出版社科学出版社正式出版,书名为《中原城市群整合研究》(王发曾主编,刘静玉副主编,科学出版社,2007年)。

《中原城市群整合研究》的整体思路是,在阐明中原城市群的发展目标后,提出城市群建设要完成的四项重大任务:(1)抓住时机,发挥优势,开放发展;(2)强化中心,轴带辐射,优化结构;(3)整合实力,全面统筹,实现隆起;(4)优化生态,保护环境,持续发展。在此基础上,构建了本研究的基本框架:第一部分"中原城市群整合的基础"分析论证了整合的理论基础、现实基础和城镇化基础,阐明了城市群整合发展的必要性,对以下各部分作了理论铺垫。第二至七部分分别研究了"城市竞争力整合""城市体系整合""产业整合""空间整合""城乡生态环境整合"和"中原城市群发展的支撑平台整合",其中第七部分是对前五部分整合的保障。

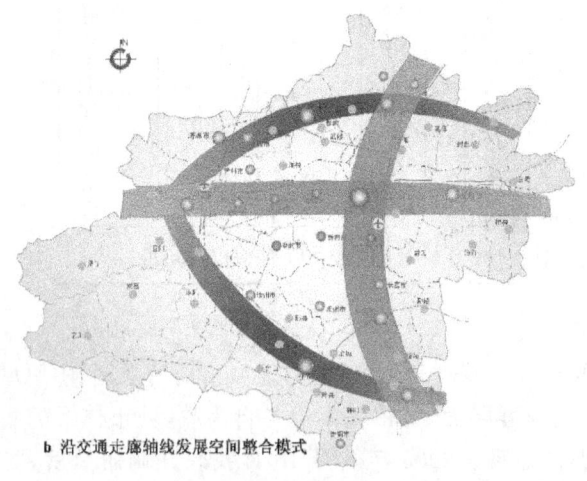

b 沿交通走廊轴线发展空间整合模式

图 9-3 空间整合

可以说,《中原城市群整合研究》是我在这个领域多年积淀的集大成,在学界产生了积极影响。同时,我们团队还发表了 20 余篇学术论文,其中由我执笔的《中原城市群城市竞争力的评价与时空演变》(王发曾、吕金嵘,《地理研究》,2011 年第 1 期),获得《地理研究》杂志社创刊 35 年(到 2017 年)以来"最具影响力的 30 篇论文奖"的第 26 名,这是从 4000 多篇论文里依一定的指标体系遴选出来的。

我们的工作为中原城市群发展上升为国家战略做出了中原学者应有的贡献。2016 年 12 月,国家发展与改革委员会制定的《中原城市群发展规划》正式颁布,战略框架确定为"一核四轴四区"。这意味着我们的中原城市群战略终于上升为国家战略,中原崛起的宏伟大业有了一个强大的增长板块。

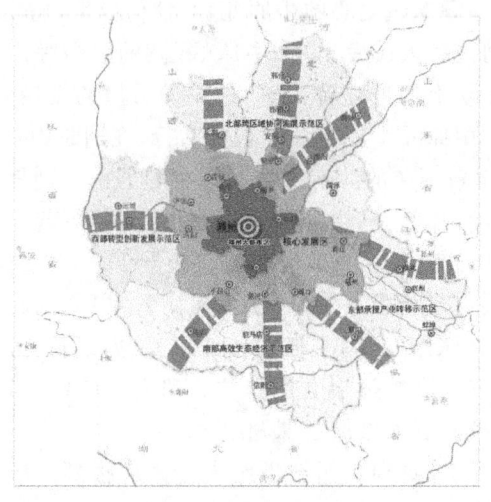

图 9-4　一核四轴四区

至此,中原城市群的理论研究应该告一段落了。但我觉得意犹未尽。2017 年初,我组织毕业不久的三位年轻博士——丁志伟、张改素和毛达,自立了一个新的研究项目"从科学理念到规划实施——中原城市群研究三十年沉浮",由丁志伟负责,最终成果要出一本书,我应允会为该书做序。在我履行河南省城市规划专家委员会委员职责时,我都会对市、县的领导人和规划编制单位的技术人员宣传国家的中原城市群战略,帮他们分析本地区在该战略的区位特点以及融入途径。

行文至此,过去一个朦胧的念头突然清晰了:中原城市群上升为国家战略并真正崛起,有赖于一个宽厚的支撑平台——中原经济区。

9.3　中原经济区

中原经济区,于 21 世纪的第二个十年横空出世,给在历史的沉重航道上摸索前行的大中原点亮了一盏灯。

在历史长河里，农耕文化、中原文明孕育了中华民族；在政治格局中，金戈铁马、中原逐鹿铸就了大中华——中原地区为民族的繁兴和国家的一统作出了无可比拟的贡献，也经受了太多的磨难。在改革开放的新时期，中原地区却像一位大喘粗气、步履艰难的老英雄：河南省常年头顶"人口大省""农业大省"的落后帽子，尽管经济总量排全国第五，人均经济实力却排在二十几位；改革开放大潮涌动神州，"中原凹陷"的担忧却挥之不去；精神文明春风吹遍中华，"妖魔化河南人"的浊流却时隐时现。

对家国怀有一颗赤诚之心的中原儿女，情何以堪，痛何以堪！

本世纪初，河南省人民发出了"中原崛起"的强烈呼声，这是国家"中部地区崛起"发展板块上的最强音，是一条充满希望的发展之路！但是，如何崛起，从何崛起？中原儿女在摸索中艰难前行，在期盼中苦苦求索。

2010年初，履新不久的河南省委书记卢展工甫一到任就听到了太多的"中原崛起"。他问：什么是"中原"？中原为什么要崛起？通过什么途径实现崛起？于是，在河南省委、省政府的直接领导下，由省委常委、常务副省长李克负责，省发展与改革委牵头，成立了河南省"中原崛起研究"课题组，省发展与改革委主任张维宁、副主任刘伟任组长、副组长，五十几位成员来自科研单位、省直部门、高校等十九家单位。河南大学、郑州大学和河南财经政法大学三所高校共五人参加了课题组。

课题组于3月23日到郑州新世纪大厦酒店报到。成员的遴选与集中颇有点不寻常。之前的某日，河大常务副书记赵国祥找我说事，告曰：省委召集有关单位领导开会，李克亲自主持；宣布了课题组成员名单，河大有王发曾、耿明斋二位；要求这些同志停下手头所有工作，于近期到郑州报到；时间大约一个月，实行封闭式运行；向各单位主要领导传达，党委、行政无条件执行、支持；注意保密。

进了有政府背景的新世纪大厦酒店，气氛也有点不寻常，服务非常周到，安保更是严密。给我们规定的纪律就两条：一是绝对保密，尤其不能向媒体透露，工作结束后如无通知仍要保持保密状态；二是不得随意离开，请假要有手续。

短暂的集中动员与学习后，我们就投入了紧张的研究工作。大家首先统一了认识，要从本源上认识问题的本质，从本质上找到解决问题的根本出路。在"中原崛起"这个大命题中，一要给崛起搭建一个地域承载体，就必须弄清什么是中原；二要给崛起设置一个认知标杆，就必须明白什么是中原崛起；三要给崛起找到一个充分理由，就必须回答为什么要中原崛起；四要给崛起找到一条可行途径，就必须回答如何才能实现中原崛起；五要给崛起树立一个努力目标,就必须回答中原能否走在"中部崛起"的前列。解决这五个问题,靠决策者的"拍脑袋瓜"或"突发奇想"不行,靠文人的"闭门造车"或"神来之笔"也不行,要靠理论与实践相结合、决策与研究相结合、学术与实务相结合。

依此,课题组分为五个小组开展专题研究。在我担任组长的第一小组里,有河南省社科院、河南省地理所和省发展和改革委的同志,研究主题是"中原崛起"的载体"中原"。首先,从历史的角度挖掘中原地区的时间内涵,为此特邀了郑州大学历史学院、河南大学历史文化学院以及河南省社科院历史研究所的同志进行预研究,并在课题组大会上分别汇报。我的感觉,郑大的同志更用心一些。然后,我们立即转入研究"中原崛起"的地域载体及其空间界定问题。

一天晚上,河大校友、时任河南省科学院副院长张占仓(后升任河南省社科院院长)找我交换意见,我们不约而同地想到了以河南省为主体、延及周边的"中原地区"实际上是一个"经济区"。以划定的中原地区为载体,以国家层面的经济区范畴为实体,纳入到一体实施的国家战略体系,是实现"中原崛起"的有效路子。后来在大组讨论时,发现五个小组也是不约而同!"中原经济区"在三十年的孕育中即将破茧,呼之欲出!

于是,向省领导汇报并得到首肯以后,课题组开足马力围绕"中原经济区"做文章。好在大家平常都有研究积累,很快在一个月多一点的时间里做出了《构建中原经济区加快中原崛起初步研究》的文字报告。李克副省长不放大家走,又连续作战拿出了《关于新型城镇化问题的初步研究》。省发展与改革委以此为基础,斟酌再斟酌、修改再修改、精简再精简,做出了给省委常委的汇报提纲。

2010年7月2日,河南省委常委扩大会议在省委大院举行。全体副省级以上领导、省直职能部门的主要负责人、部分已退的省级老领导和我们课题组的正、副组长及五个小组长与会,卢展工书记主持。李克简单前言后,省发展和改革委主任、课题组长张维宁代表课题组向会议汇报,五个小组长简短补充,然后请各位参会者逐个发言、表态。由于事先已将两个汇报提纲发给了与会者,大家的发言分外顺畅、热烈。本来我想,获得通过会是顺理成章的事,但没有想到与会者的情绪会如此高昂、态度会如此积极,可说是异口同声、众口一词,而且有同志在完全同意中原经济区战略的同时认为应该揉进中原城市群和新型城镇化的有关内容。

卢展工书记做总结发言。他结合课题组的研究成果,全面阐述了建设中原经济区的的必要性与可行性,代表省委、省政府正式提出了建设中原经济区、加快中原崛起和河南振兴的战略构想。当下就部署:省发展和改革委负责起草给国务院的报告,省委宣传部负责宣传与推介;解除保密状态,动员全省力量及国内外、海内外全力以赴地宣传、推进;争取尽早获得国务院支持,争取尽快把我们的中原经济区推向国家战略层面!当然,他少不了给课题组道了辛苦。

于是,在2010年7月2日这个具有里程碑意义的日子以后一段时日,河南省的宣传机器全方位开动,一股强大的宣传潮强力冲击着省内外、海内外学界、舆论界和社会各界。喝彩、支持、鼓励是这股浪潮的主流,但也有震惊之余的不解与疑虑。

当年11月份,在我国城市科学与城市规划最顶级的一次大型学术年会(第十二届中国科协年会,福州)上,我在我们那个分会场做报告,说中原经济区。代表们除鼓掌外,没有异常。又有一位来自河南平顶山学院的年轻代表发言,也说中原经济区。在互动环节,一位来自上海的代表也是我学术界的朋友站起来发难,话说得很难听:你们河南种好粮食就得了,搞什么跨越省界的中原经济区?难道你们还想把我们上海变成你们驻马店的一个乡吗?!此言一出,无知者笑然有知者默然。我无法沉默,站起来反诘:这位代表,请明确回答我,谁说我们要把上海变成驻马店的一个乡?他哑然,然后赶忙解释是开个玩笑。我说(颇有点大义凛然的样子):这是什么场合?底下听着的是什么人?你的玩笑会很快传开,倒不一定对河南造成伤害,很有可能对您的学术清誉造成伤害呢!他只有道歉的份儿。

省发展与改革委开足马力往前趟。7月初开始编制《中原经济区建设纲要(试行)》,河南省委八届十一次会议不失时机地审议通过了《中原经济区建设纲要(试行)》,并立即上报国务院。2011年1月,中原经济区被纳入全国主体功能区规划;2011年3月,中原经济区被纳入国家"十二五"规划纲要。这意味着,中原经济区已被中央接受,正式的认可是早晚的事。

2011年初国家两会结束后,李克副省长回来讲,卢展工书记在看望河南两会代表时发了一通感慨:我在福建搞海西经济区,用了整整六年的时间才上升到国家战略层面。我们中原经济区走到今天,才用了多长时间呀!河南人了不起!后来,在一次卢书记与我们课题组对话的会议上,我曾问他:听说您在福建有"卢海西"的美称?得到他认可后,我说:如果我们称呼您为"卢中原",您不会介意吧?他笑而不答。说心里话,通过参加中原经济区研究我才逐渐明白,一位地方长官的意念,对于这个地方的国计民生大计起着如何决定性的作用!

2011年10月7日,我到安徽芜湖参加一个全国性的学术研讨会。我是下午到的。吃过晚饭返回房间后,我习惯性地把电视节目频道调到中央电视台一套。熟悉的新闻联播前奏曲结束后,头条新闻一下子把我吸住了:

图 9-5　颁奖现场

国务院《关于支持河南省加快建设中原经济区的指导意见》(简称《指导意见》,国发〔2011〕32号,9月28日签发)正式颁发! 后来得知,河南省委宣传部的同志注意了一下时间,那晚的这个头条整整播了七分半钟! 第二天,会议开幕,我去会议大厅,熟识的会议代表纷纷和我握手祝贺。大厅里融融春意让我感到分外温馨。

"中原崛起研究"课题的完成,是一次理论与实践相结合、决策与研究相结合、学术与实务相结合的成功典范。其特点是,策动与研究高度集中,宣传与推进高度开放。这次成功是践行科学发展观的胜利,为以后重大决策的科学支撑提供了范例。国务院《指导意见》的正式颁发,标志着中原崛起、河南振兴终于进入了国家战略,中原地区在新时期的伟大复兴迈开了关键一步,中原儿女实现了为中华民族强国之梦再作贡献的宏伟愿景!

2012年3月19日,课题组荣获"第二届(2011)河南省经济年度特别贡献奖"。正副组长和五位小组长代表课题组在河南电视台演播大厅从龙永图先生手里接过了奖杯和证书。

正如预料的那样,国务院《指导意见》颁发以后,中原经济区国之方略的集聚效应越来越明显,国家部委支持中原经济区建设的战略合作协议不断出台,政策、资金、项目、人才等不断向河南汇聚,周边省份一些城市积极要求纳入中原经济区战略规划……2012年11月17日,国务院以国函〔2012〕194号正式批复了《中原经济区规划》,中原经济区战略从此进入实务阶段。

一个重要而且敏感的问题不得不说,即中原经济区的地域范围。在课题组的集中研究时期,这个问题最费脑筋,纠结也最重。研究的结果最终没有正式面世,甚至在国务院《指导意见》中,对中原经济区地域范围的界定也

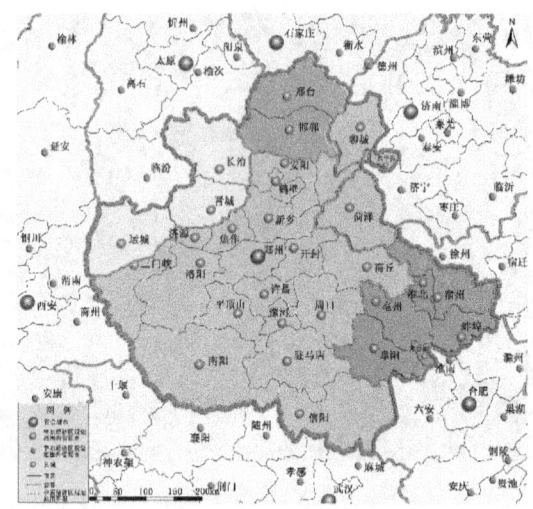

图 9-6 中原经济区的规划区域范围

只是个笼统的说法,即"以河南省为主体,延及周边"。至于后来一些研究所做的探索,见仁见智而已。但是,《中原经济区规划》不能回避这个问题,必须交代清楚该区在哪里、牵涉哪些省市县。

2012 年 8 月初,在国家发展和改革委主持下,河南、河北、山西、山东、安徽五省的领导齐聚郑州,商讨《中原经济区规划》,并基本确定了中原经济区的地域范围,即中原经济区规划区域以河南省为主体,包括与河南毗邻的晋东南、鲁西南、冀南、皖北的部分地区。具体范围包括河南全省 18 个省辖市,山西省的晋城市、长治市和运城市;河北省的邯郸市和邢台市;山东的聊城市、菏泽市和泰安市东平县;安徽省的淮北市、亳州市、宿州市、阜阳市、蚌埠市和淮南市凤台县,共涵盖 30 个地级市、两个县,区域面积 28.9 万平方千米,涉及人口约 1.7 亿人。

这只是中原经济区的"规划区域","中原"的政治经济文化历史区域比这个要大得多;而且,缺了湖北和陕西两省。以邻为壑的地缘格局、以我为主的发展思维决定了中原经济区从诞生的那一天起就是一个"残疾儿"。若论实务,我们不得不正视这种状况;若论学术,还得求实求真。我们河南大学城市-区域综合发展研究团队有"自己的"中原经济区,它的地域范围是个"研究区域"(见图 9-7 丁志伟博士绘制)。我要求团队,无论是做论文还是写书,无论是给学生讲课还是外出交流,都要用这张图。

围绕中原经济区这个主题,我先后发表了 13 篇学术论文(独著、第一作者和通讯作者);开了数篇博士、硕士学位论文的题;数次参加重大学术研讨会探讨、交流;数次外出对不同对象宣讲;参加市、县总体规划评审总要帮人家分析在中原经济区的区位优势……可以说,尽了中原学者的一份力。

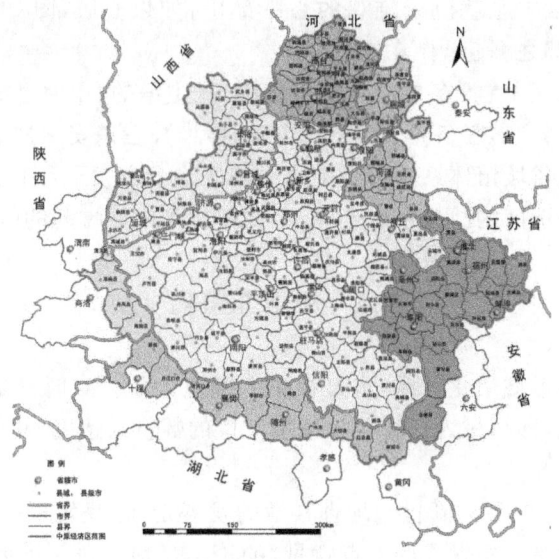

图 9-7　中原经济区的研究区域范围

图 9-8　中国大陆的心脏

后来,卢展工书记调离河南,任国家政协副主席。中原崛起、河南振兴的焦点转移到了"郑州航空港经济综合试验区"。渐渐地,"中原经济区"不怎么提了,连当初课题组的一些战友也风吹云散。怎么了,为什么会是这样?

中原经济区的战略框架有其缺陷,后面的文字我会专论。可是,这个战略导向没有问题呀。偶然间我在互联网上发现一幅图,作者佚名,且无图名、图例、比例尺、方向标,尤其未显示我国南海诸岛。本想就手搁置,但这幅图的意境吸引了我：在中国大雄鸡的版图上，如果说首都北京位于雄鸡的咽喉部位，那么中原就位于雄鸡的心脏部位；如果心脏部位的中原长期塌陷，何以论中部之崛起、中华之复兴？！

2014年1月，在严冬的一片萧杀之中，我主编的《中原经济区主体区现代城镇体系研究》出版(科学出版社，2014年)，吾心稍安。这部书把我之多年关注的河南省城镇体系放在了中原经济区这个宏大平台上。

在中原经济区的战略平台上，新型城镇化是中原崛起的引擎。

9.4 新型城镇化

我最早接触城镇化问题，也是在华东师范大学。当时只是注意到了人口数量的变化，即乡村人口转化为城镇人口的数量与速度，其他的并没有引起我充分关注。

1990年代初，展望新世纪地理科学的发展走向，我发表一篇题为《关于我国地理科学跨世纪发展的五点意见》的论文(《地球科学进展》，1991年第6期)，并在上海的一次全国性学术研讨会上作了发言。就是在这篇文章里，我提出了"城市-区域系统及其综合发展"的理念，引起学界关注。这个研究方向的聚焦，使我不得不重新审视城市与区域的关系、城市的区域化与区域的城市化现象等原以为已经解决了的科学命题，并强烈感觉到城镇化问题不简单！

沉寂、沉淀了八九年，临近世纪更迭，发自对河南省过去与未来城镇化的长期思考，我先后撰写了《21世纪初期河南城市区域化发展的重点问题研究》(《地域研究与开发》，1999年第2期)和《试论城市化深层次发展的两种途径》(《迈向21世纪的中国：城乡与区域发展》，香港中文大学出版，1999年)。这个时期我在慎重反思传统城镇化单纯追求规模扩张的基础上，试图探索新时期我国城镇化的新途径，即我所称的"城市化的深层次发展"。

又沉寂、沉淀了两三年，这一思想逐渐成熟，未来就是"城市化的深层次发展"了，而且应该推广至所有的发展中国家。《21世纪发展中国家城市的深层次发展》(《经济地理》，2003年6期)应时而生。

又沉寂、沉淀了五六年，我发现，我国的城镇化进程在前些年持续不断的突飞猛进中，政府起了决定性的推手作用，并由此产生了一系列问题。我认为，政府的根本任务应该是《构建我国城镇化进程的承载平台》(《甘肃社会科学》，2008年6期)，而不是主导一切。为了把这个道理讲透，从理论上，我剖析了《我国城镇化进程的宏观推进机制》(全国学术研讨会报告，2009年)；从实际上，我和我的学生一道做了《河南城镇化进程中政府干预度的实证分析》(李琳、王发曾、李磊,《地域研究与开发》,2009 年 5 期)。

2010 年,"中原经济区"横空出世,与我"城市化的深层次发展"异曲同工的"新型城镇化"理念逐渐清晰。我再也无法沉寂、沉淀了,因为"新型城镇化、新型工业化、新型农业现代化'三化'协调发展"是中原经济区的最高境界,而且新型城镇化是"三化"协调发展的引擎。《中原经济区的新型城镇化之路》(《经济地理》,2010 年 12 期)和《新型城镇化,'三化'协调发展的引擎》(《中州建设》,2011 年 23 期)集中反映了我的学术认知。围绕这个问题,我前后做了十几篇论文,学术思想逐渐成熟。

我关注城镇化,断断续续二十多年了,关注新型城镇化也已将近十年。现在归置一下思路,研究足迹的主线相当清晰:从重视城镇化的规模变动到重视质量提升,从依循传统城镇化到提出城市化的深层次发展,最后到推动新型城镇化。

众所周知,城镇化是一个国家或地区现代化的重要标志,是实现现代化的必然选择——无论东方还是西方概莫能外。在我国,城镇化水平的现状、乡村巨量剩余劳动资源的最终出路,以及城镇化与经济、社会发展的互动关系等,都要求我们必须积极推进城镇化进程。

但是,前些年,我国走的是依靠行政力量、重在扩充规模的传统城镇化道路。在我国现行的经济、社会发展体制下,城镇化进程能得到行政力量的助推,原本是好事。但是如果发展观念产生错位,即在非科学的发展观的驱使下使用非科学的行政手段去催生城镇化,往往会误入歧途。

从这些年的实践看,"行政推进"机制中确实蕴含着隐蔽的非科学性与潜在的危险性。随着传统城镇化进程的不断深入,新设置的城镇不断增加,城镇规模不断扩大,各种发展要素持续不断地向城镇集中,城镇承受着人口、资源、环境等重重压力,其可持续发展面临着严重挑战。而"行政推进"中的急功近利、短期行为、政绩导向等可能造成的盲目性,将使这种挑战更为严峻。例如,通过行政区划调整,整建制地将乡、村划为城镇区域,以完成城镇人口的"统计指标";把城镇化率作为衡量发展水平的指标来相互攀比,硬性下达城镇人口增长计划;到处提倡做大城市"蛋糕",把扩大城市建设规模作为考核当地官员政绩的主要依据之一……

盲目的"行政推进"机制主导下的传统城镇化必然产生一系列的发展矛盾:城镇数量的扩增欲望与城镇体系的发展规律间的矛盾,急剧膨胀的城镇人口数量与人口素质、市民就业间的矛盾,强劲的城镇经济发展态势与有限的城镇资源承载力以及脆弱的城镇生态环境间的矛盾,强劲的城镇社会需求与落后的城镇基础设施、有限的供给能力间的矛盾,高投入、高消耗、高环境影响的传统增长方式与人口多、底子薄、生态脆弱的中国国情间的矛盾,传统体制、文化、技术与未来城镇社会持续发展的高效、和谐、活力要求间的矛盾……

"行政推进"机制主导下的传统城镇化还必然产生一系列的城镇发展难题:城镇人口的快速增长进一步加重了城镇负担,人均资源量相对下降;为了安置大量涌入的人口就业,可能会出现新的产业结构失衡问题;经济资源在城镇的集聚有相当的泡沫成分,这直接造成了城镇经济的不稳定性和脆弱性;环境质量的理性经营困难重重,城镇环境将进一步恶化;盲目拉大空间框架的城镇会使城乡接合部的建设陷入混乱,农用地的无序开发损害了城郊农业;生存和发展的空间竞争愈演愈烈,其中的无序或恶意竞争使城镇规划陷入尴尬境地,建设用地的开发和利用常常越轨;生存和发展的机会竞争愈演愈烈,其中的无序或恶意竞争是酿成动荡、犯罪、失业等社会问题的主要根源……

"城镇化,城镇化,全国人民都在心中描绘我们的大中华;行路难,行路难,全国各地都在纸上拨拉各自的小算盘。"我的这两句顺口溜,曾多次在各种场合讲过,应该说形象地刻画了我国传统城镇化进程的现实状况。探索中国城镇化的新路子,成了我心中一个不息的学术涌动。兹事重大,而我的认识也是沉沉浮浮,于是就有了几次"沉寂、沉淀"。但是,从最初提出"城市化的深层次发展"到融入"新型城镇化"的交响乐,我"初心"不改,从未放手。

从"城市化的深层次发展"到"新型城镇化",我的基本观点如下:城镇化没有固定、统一的发展模式,它是一个自然的发展过程,是人类选择生产方式和生活方式的自然推动过程;城镇化进程中,固然需要政府的规划、领导、指导和推动,但决不能单靠行政手段,古今中外没有哪个国家是通过行政手段达到预定城镇化目标的;城镇化水平决非仅用一个"城镇化率"指标就能完整、准确刻画的,它涉及人口、经济、社会、文化、环境甚至风俗、习惯等多方面的状态,仅仅追求"城镇人口占总人口的比率"(城镇化率),也是十分不恰当的。

由此,我从三个方面试图建立新型城镇化的基本模式。

其一,挖掘新型城镇化的内涵。我认为,新型城镇化的实质应该是"能够适应和推动社会进步的城镇生产、生活方式以及城镇性质、状态不断提升与深化的发展进程"。这句话浓缩了太多太复杂的内容,但如果将其"表象化",却比较容易理解:第一,城镇化不仅是人类社会追求的一个目标,更是人类社会发展实践的一个过程。脱离了过程的城镇化目标是无水之源、无本之木,没有现实意义,不注重过程的城镇化目标可能引导城镇化畸形发展。第二,城镇化进程包括外延扩张和内涵优化两个过程。外延扩张是指城市数目、规模、地域的扩张过程。内涵优化体现在三个层面上的优化过程:(1)狭意内涵优化,是单个特定城镇内部结构、功能、质量的优化;(2)广义内涵优化,是特定区域内多个城镇组成的城镇体系结构、功能、质量的优化;(3)泛义内涵优化,是城镇生产、生活方式和文化、景观形态等在非城镇地区的渗透、扩展和普及。

新型城镇化与传统城镇化的诸多不同在于:发展背景不同、发展目标不同、发展重点不同、发展主体不同、发展方式不同、发展动力不同。二者的根本不同在于:传统城镇化以外延扩张为主要目标,依靠扩大发展要素投入来实现规模增长,追求城镇化率的提高,造成资源大量消耗、环境质量下降、基础设施不足、社会保障欠缺;新型城镇化以内涵优化为主要目标,资源节约、环境友好、以人为本、实现质量提升,注重城镇化水平的提高,旨在优化城镇功能、提高发展质量、倡导资源节约、实现环境友好。如果说20世纪传统城镇化主要体现在城镇数目、规模、地域的外延扩张,那么21世纪的新型城镇化应主要追求城镇和城镇体系结构、功能、质量的内涵优化,以及城镇生产、生活、文化、景观在乡村地区的渗透、扩展和普及,并要求外延扩张与内涵优化保持高度的协调统一。

我给新型城镇化下了一个简单定义,是"以科学发展观为统领,以工业化和信息化为主要动力,资源节约,环境友好,经济高效,文化繁荣,城乡统筹,社会和谐,大中小城市、小城镇与新型社区协调发展,个性鲜明的健康城镇化。"我特别强调"健康"二字,城镇化健康了,存在多年的诸多"城市病"与近些年才出现的"乡村病"才能"痊愈"。

其二,建立新型城镇化的宏观推进机制。新型城镇化的"内涵发展"与城镇可持续发展的理念基本趋同。让政府的发展目光离开城镇化是不可能的,行政推进机制一定会在当前和今后发挥重大作用。但是,"在纸上拨拉小算盘"容易,做起来难哪!依我之见,政府之力要用在宏观引导而不是事无巨细,要把明明白白的城镇化发展理念提出来、传下去。

首先,坚持多元化的城镇化道路。这体现在四个方面:第一,大中小城市与小城镇协调共进,形成合理有序的城镇体系;第二,允许不同区域的城镇化模式存在差异,有条件的地区可以推行就近城镇化;第三,市场机制与调控机制相结合,促进多种发展成分共同拉动城镇化;第四,突出不同城镇的特点和优势,形成整体协调、各具特色的城镇化格局。

其次,培育城镇化的动力机制。城镇化动力机制由一主一辅两种机制构成:第一,主导机制,包括经济发展机制、社会发展机制和基础设施发展机制;第二,辅助机制,包括行政引导机制、行政促进机制和行政控制机制。

再次,为城镇化搭建多层次承载平台。这包含三个层次:第一,单个城镇承载平台,满足城镇化的个性发展,完成城镇化的狭义内涵优化;第二,城镇体系承载平台,满足城镇化的区域发展,完成城镇化的广义内涵优化;第三,本土承载平台,满足城镇化的全面发展,完成城镇化的泛义内涵优化。

最后,注重城镇化的推进策略。这包括五个方面:第一,在城镇化进程中实施集约经营;第二,在城镇化进程中营造优良环境;第三,在城镇化进程中追求功能优化;第四,在城镇化进程中促进城乡统筹;第五,在城镇化进程中构建和谐社会。

其三,探索综合测度城镇化水平的途径。城镇化作为一种普遍存在的社会现象和发展趋势,必然能够用数学形式来表现,也就是说必然能够被"测度"。传统上,学界乃至各界共同认可并广泛使用的一个指标是"城镇化率",即"某区域城镇人口数量占总人口数量的比例"。这个指标简单易得、明确形象,不仅深入人心,而且在要求精准的学术研究、社会统计、规划设计等领域也被广泛采用,甚至被当作衡量城镇化"水平"高低的唯一标准。

问题是,该指标的缺陷是致命的。首先,城镇化是一个极其复杂、宏大的社会现象,人口变动只是其中一种因素,尽管是最重要的一种。城镇化率无法全面、深刻地表达城镇化的外缘与内涵。其次,我国"城镇人口"的统计口径较乱,而且随着时间变动与地域差异,会出现莫名其妙的变异。城镇化率无法统一、规范地表达城镇化的外缘与内涵。再次,区域总人口在"分母"的位置上决定着城镇化率,同样数量的城镇人口放在人口稠密地区和稀疏地区,城镇化率就会出现与事实完全相反的表现,无法客观、精准地表达城镇化的外缘与内涵。这就回答了为什么我国人口稀少的"老少边穷"地区反而更趋城镇化。

我的主张是,城镇化率可在具有可比性的语境下使用;研究城镇化的真实状况及其时空变化、分异规律,必须得建立一个综合性的指标,当然,得首先建立一个能够全面刻画城镇化形状的多层次的综合性的指标体系;用合适的数学方法求出各个层次指标的权重,加权求和;用同样的指标体系、同样的数学模型、不同的指标观测值,求出同一地区不同年份或同一年份不同地区的综合指标,形成数列。我称这种计算出的综合指标为"城镇化水平",以区别于"城镇化率"。

我关注城镇化,也鼓动学生关注城镇化。对于我的学生,凡专门研究城镇化者,都要求他们以自己创立的综合性指标"城镇化水平"作为技术保证,于是就有了多个版本的指标体系。其中李晓莉博士的学位论文《构建河南省城镇化进程的支撑体系研究》可说是其中的代表。一些成于2010年前的论文,虽然是在"城市化深层次发展"的理论框架中展开,但已经有了后来的"新型城镇化"的强烈信息。例如,根据城镇化的内涵、动力机制、城镇化的目的、城镇化进程的空间运行情况,建立一个包含城市发展水平、城乡协调水平、城市生态环境水平、城市文明水平4个二级指标、20个三级指标的指标体系;使用层次分析法和德尔菲法求出各层次指标的权重;最终求出综合测度中原城市群九个省辖市市域城镇化水平为:郑州,0.8633;洛阳,0.6311;焦作,0.6253;新乡,0.6085;漯河,0.5848;平顶山,0.5746;济源,0.5684;许昌,0.5238;开封,0.5160。

以上三个问题构成了我研究新型城镇化的基本理论框架。2010年以后,实践的机会来了,中原经济区的时代背景要求"新型城镇化引领中原经济区的'三化'协调发展"。

9.5 "三化"协调发展

坚持新型城镇化、新型工业化、新型农业现代化"三化"协调发展之路,是中原地区决策层、学术界乃至全社会的共识,是在酝酿、策动中原经济区之初就明确提出、反复强调的。

我国中部地区崛起战略的一个突出指向,是要求中部地区各省加强粮食生产核心区建设,切实保障国家粮食安全。尤其是粮食主产区河南省,更是重中之重。河南省人多地少,以占全国1.74%的土地承载了占全国7.47%的人口,以占全国6.5%的耕地生产了占全国10.3%的粮食。根据《国家粮食战略工程河南核心区建设规划纲要》,到2020年河南省粮食年产量要达到1300亿斤。这是一个毋容置疑、不容折扣的硬任务,也是河南省产业结构调整、土地资源配置的一道红线。

粮食生产虽然重要,但经济收益较低,前些年平均每年每亩地收益大约在500~1000元。毫无疑问,农民单靠种粮只能维持低水平的生活延续。如果河南省产业结构以农业为主、农业以粮食为主,很难实现"富民强省"的殷切愿景。河南省要保证粮食生产,必须推进新型农业现代化,要富民强省,必须推进新型城镇化和新型工业化。而要二者兼顾,就必须走"三化"协调发展之路。"三化"协调不是做给外界看的一种标签,而是在理论上站得住、在实践上行得通的实实在在的可持续发展之路。

我们主动提出并经国务院认可的中原经济区的战略定位为:(1)国家重要的粮食生产和现代农业基地;(2)全国新型城镇化、新型工业化和新型农业现代化协调发展示范区;(3)全国重要的经济增长板块;(4)全国区域协调发展的战略支点和重要的现代综合交通枢纽;(5)华夏历史文明传承创新区。这就明确地报告中央、宣示民众:保障国家粮食安全是中原经济区建设的首要任务,请放心;持续探索不以牺牲农业和粮食、生态和环境为代价的"三化"协调发展之路是中原经济区建设的核心任务,请放心。于是,中央放心、民众放心、国务院支持、国内外认同。也就是说,"三化"协调发展不仅是实实在在的可持续发展之路,也是中原经济区很快上位的最重要的催生剂,更是中原儿女对中央和全国人民、对历史和未来的庄严承诺。

"三化"协调发展是中原崛起的时代呼唤。这种理念一次次撞击着我的胸膛,使命感一次次在胸中升腾,解析中原地区"三化"协调发展之路,是中原学者义不容辞的责任！2010年代初的几年,河南大学"城市-区域综合发展"研究团队的一个中心研究领域就是"三化"协调发展,代表性成果是《中原经济区的'三化'协调发展之路》(王发曾,《人文地理》,2012年3期)和《新型城镇化引领三化协调科学发展》(王发曾主编,人民出版社,2012年。刘静玉、赵威、李晓莉、徐晓霞、丁志伟、张改素、郭志富、王新涛、史雅娟、杨兰桥参编)。后者获得"河南省社会科学优秀成果"特等奖。

在我们心目中,"三化"协调发展是指:新型城镇化、新型工业化与农业现代化相互制约、相互影响、相互作用、相互促进,形成互为动力、互为支撑、良性谐振、良性循环的经济社会发展整合体,以产业关系协调、产城关系协调、城乡关系协调为主要标志,以产业集群发展、产城互动发展、城乡统筹发展为主要途径,是具有中国特色的城市-区域科学发展之路。

"三化"协调发展要遵循"整体发展、协调发展、融合发展与可持续发展"原则。其中整体发展原则是指:围绕中原经济区建设这个战略中心,"三化"协调发展的着眼点与落脚点的设计,突破口与具体抓手的探寻,大政方针与政策机制的确立,以及实施方略与工作思路的谋定等,都要通盘考虑、全面规划、统一部署,避免画地为牢、顾此失彼、扬此抑彼。协调发展原则是指:粮食增产、多种经营与土地整理协调,农业发展、农村繁荣与农民富裕协调,保障耕地、满足建设用地需求与盘活土地资源协调,提高农业产业化水平、巩固工业主导地位与发展新型服务业协调,城镇建设、新型农村社区建设与基础设施建设协调,土地利用规划、城镇规划与产业集聚区规划协调,提高城镇化水平、提高工业化水平与提高经济综合实力协调,中心城市组团式发展、中小城镇内涵式发展与农村社区集聚式发展协调,自主经营、市场调节与政府宏观调控协调,发展经济、繁荣文化与城乡社会保障协调,资源开发、经济增长与生态环境保护协调。

"三化"协调发展有三条主要途径,即产业集群发展、产城互动发展和城乡统筹发展。其中,产业集群发展涵盖第一、二、三产业并依附城镇,是"三化"协调发展的第一结合点;产城互动发展建立产业与城镇的融合链接,是"三化"协调发展的第二结合点;城乡统筹发展总揽城镇、乡村、产业发展,是"三化"协调发展的第三结合点,也是最终的落脚点。

当时,河南省提出:中原经济区的"三化"协调发展之路,以新型城镇化为引领、以新型工业化为主导、以新型农业现代化为基础。工业主导、农业基础无可争议，但把原本受工业化驱动的城镇化放在了"引领"工业化、农业现代化的"引擎"与"龙头"位置，理论上说得通吗？实践上行得通吗？此说一出，立即引起学界的热议，赞成、反对、困惑、犹疑，不一而足。中原学界反应犹为强烈，我本人足足有半年的时间，从困惑到犹疑到试着去解读，学者曲折的学术心路历程表现得淋漓尽致。

在《新型城镇化引领三化协调科学发展》这本书里，为了把这种势在必行的"引领"纳入科学发展的轨道，我们搭建了一个"一二三四"框架：为新型城镇化引领培育一种动力机制；新型城镇化引领新型工业化、新型农业现代化其他两化；新型城镇化引领产业集聚发展、产城互动发展、城乡统筹发展三条发展途径；新型城镇化引领城镇体系建设、基础设施建设、生态环境建设、社会管理建设四项基本建设。一种动力机制是引领的力量源泉与发力渠道；引领两化为"三化"协调建立了内涵联系，营建了实施平台；引领三条发展途径全面覆盖了"三化"协调科学发展的实施通道；四项基本建设，全面覆盖了"三化"协调科学发展的保障体系。

新型城镇化引领其他两化，为"三化"协调科学发展建立内涵联系，营建实施平台。(1)引领新型工业化。搭建承载人力、资源、服务、管理的多级承载平台；通过加强规划统筹、产城统筹、区域统筹、管理统筹等途径，推进城镇化和工业化的互动发展。(2)引领新型农业现代化。完善现代村镇体系，引导人口集聚分布和资源规模整合；完善现代产业体系，引导农业产业结构调整和集聚发展；延伸城镇基础设施建设体系，加快城乡经济一体化；完善农业现代服务体系，实现农业可持续发展。

新型城镇化引领三条发展途径，全面覆盖"三化"协调科学发展的实施通道。(1)引领产业集群发展。构建现代城镇体系，搭建产业集聚平台；完善城镇服务功能，提升综合承载能力；发挥市场机制作用，促进要素合理流动；加强政府规划引导，细化产业扶持政策；节约集约利用土地，保障产业用地需要；积极承接产业转移，实施链式集群招商。(2)引领产城互动发展。承接产业转移创新城镇产业结构；节约集约用地，建设城镇产业集聚区；推动信息化，构建城镇产业创新体系；改革金融体制，创建城镇产业投融资平台。(3)引领城乡统筹发展。加强现代村镇体系建设，搭建县城、建制镇、乡村三个层次的统筹发展平台；引导新型农村社区建设，分类推行不同的建设模式，注意总结经验和教训；完善支撑体系建设，构建资源共享、户籍包容、土地流转、劳动力转移新平台；重视乡村文化保护与文脉传承，加强生态工程建设，增强生态系统承载力。

新型城镇化引领四项基本建设，全面覆盖"三化"协调科学发展的保障

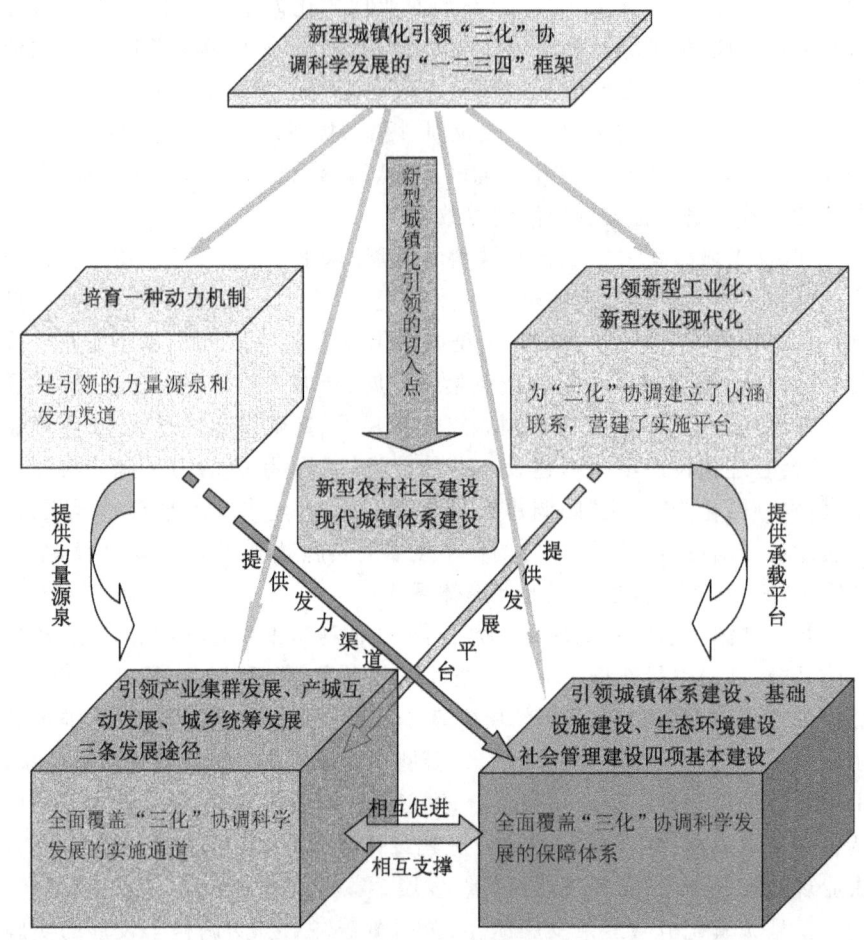

图 9-9 新型城镇化引领的统筹框架

体系。(1)引领城镇体系建设。调整城镇体系的结构,包括等级层次结构、规模序列结构、职能类型结构以及空间布局结构的调整;协调城镇体系的功能,包括核心、内聚、外联以及区域支撑的组织。(2)引领基础设施建设。构建综合交通运输体系、能源保障体系、水利设施体系、信息服务体系以及公共服务体系建设等;坚持绿色发展,注重科技创新,构建投融资机制和人才高地。(3)引领生态环境建设。加强城区生态环境建设,包括综合治理环境污染、优化开放空间系统、实施绿化工程、推动水系营造等;加强区域生态环境建设,包括城区周边、村庄农田、江河湖泊、山地丘陵等生态环境建设。(4)引领社会管理建设。健全社会管理宏观机制,完善城乡社会保障体系;改革城乡户籍管理制度;建立新型农村社区的管理体制,完善经济、社会组织的管理;强化社会和谐与治安安定等。

有一个问题不容回避,即当时省领导着力倡导、推动的"新型农村社区建设"。当年,在认识上,建设新型农村社区是新型城镇化引领"三化"、协调科学发展的第一个切入点;在理论上,省委宣传部布置社科理论界以"积极的态度"研究这个问题,寻找理论根据;在实践中,全省全面铺开,制定规划,风起云涌地付诸行动。

我以"且行且看"的态度参与了这项研究。我让家在农村的研究生利用假期回乡进行社会调查,并要求他们一定要给我反馈来自农民的最真实的情况。信息汇总以后,结论有了:(1)农民不情愿。让农民从祖祖辈辈扎根的"老土"中"连根拔",是件相当痛苦的事。农民不积极,只会事倍功半。(2)政府硬执行。政府重视,必然规划、计划先行。为了落实规划、计划,一级促一级,到了基层遇到困难就会硬干,酿成群体事件。(3)土地流向乱。村民搬迁后,土地流转机制没有正常运行,或者老宅子不拆,或者长期撂荒,或者被不良开发商低代价侵占。节约土地的目的没有完全实现。(4)服务不到位。新社区住宅楼群建好后就实施搬迁,配套设施不健全,公共服务不到位,基础设施欠着账,从而招致诸多责难;(5)时机不成熟。要么是财力不足,要么是布局不当,要么是无处就业,要么是责任田流转不畅,仓促上马,全面铺开,埋下诸多隐患。

我两次参加推进新型农村社区建设的经验交流会。一次,在舞钢市委书记介绍完以后,我站起来提问:农民搬入新型农村社区后,腾出的土地怎么处理?他不假思索地回答:卖给开发商了!全场摇头叹息。

由于省里重视,倒逼着我进行了深入的研究。这个课题蕴含了许多理论创新点与理论难点,对中原学者有着强劲的挑战性。我现在仍坚持认为,新型农村社区建设有一定的积极意义;抓住了"城乡统筹发展"这个牛鼻子,是河南这个农业大省、人口大省本土城镇化的重要途径,改变了土地利用结构与土地资源配置,改变了农民的生产方式和生活方式,搭建了一个"三化"协调发展的平台。

中原经济区走"三化"协调科学发展之路,必得使工与农、产与城、城与乡之间高度统一、灵敏互动、全面统筹。做到这一切,必得给"三化"融合找到承载的平台和运作的空间。省主要领导和有关部门试图将新型农村社区作为统筹城乡发展的结合点、推进城乡一体化的切入点、促进农村经济发展的增长点、加强农村社会管理的创新点、解放和发展农村生产力的关键点;期望的成果是乡村居民点的改造与重建,农民生活方式与农业生产方式的巨变,农村社区化、农民职业化、农业产业化,"三农"问题在新社区找到了实施全面改造与提升的平台。

平心而论,这种愿望迫切、恳切。如果遵循科学规划、分类指导、试点先行、群众自愿、就业为本、量力而行的原则,一步一个脚印地扎实推进,没准真的能给我国的新型城镇化创造一条可供借鉴的新路子。本着这个理念,我尽了一份中原学者的心力。

我提出,新型农村社区建设要解决好三个问题:(1)统筹考虑基础设施和公共服务设施建设,促进城乡保障体系的有效对接;(2)多方筹措建设资金,政府负责基础设施建设资金,政府、集体和社会力量解决服务设施建设资金,集体和个人负担住宅建设资金,必要时政府可适当补贴;(3)改革农村社会管理体制,营造良好社会秩序和文化环境。新型农村社区建设要特别注意以下三个方面:(1)有利于推行农业产业化和粮食生产高效作业,条件成熟的先行、先试,不搞大呼隆、一刀切和"遍地开花";(2)始终坚持以人为本,充分尊重农民的意愿,充分考虑农民的承受能力,不搞盲目攀比、强迫命令、包办代替、形式主义;(3)不搞政绩工程、短视工程、伤农工程,要搞德政工程、长远工程、惠农工程,要想农民之所想、急农民之所急,让农民得实惠、得幸福,政府得大局、得民心。

2013年我省新型农村社区建设缓慢刹车,留给一些地区收拾局面的尴尬与难题。

党的十八大以后,信息化问题凸显。我写了《三化协调与四化同步:中原经济区的战略选择》一文,发表在《地域研究与开发》2013年第5期。此文将中原经济区战略的主题调整为:在四化同步发展的框架下,在加快信息化进程中,以新型城镇化为引领,以新型工业化为主导,以新型农业现代化为基础,信息化强力助推,持续探索区域协调发展的新路子。

9.6 大郑州都市地区

新中国成立后的一段时间,河南省走了一条"区块组团、分而治之、均衡发力、遍地开花"的空间发展路子。全省分为豫中、豫东、豫北、豫西、豫西南、豫南、豫东南7个板块,以封闭的小农经济境界,试图在千变万化的16.7万平方千米的土地上寻求一种理想的均衡状态。

改革开放以来,河南省进入了开放的现代经济境界,逐步打破了均衡发展的桎梏,试图以由点及线再及面或干脆就以自里向外的"圈层式"扩展寻求一种"相对均衡"或干脆就是"非均衡"状态。这个飞跃,称得上是中原地区社会经济发展的第一次思想解放。

1990年代以来,在非均衡发展理念的支配下,河南省的"中心带动战略"取得共识。各级城镇包括地级市都进入了快速发展通道,尤其是身处"领头羊"地位的郑州,可说是爆炸性增长。从新中国成立初期的十几万人到改革开放前的上百万人,再到此时的几百万人,郑州在自身膨胀的同时也以愈来愈强劲的吸引力与辐射力带动全省发展。这种超速生长的状态给郑州的城市品质带来一些负效应,更要命的是,即便如此,郑州的综合实力仍然难敌周边省份的省会城市武汉、西安、太原、石家庄、济南、合肥以及江苏的徐州。郑州的继续大幅度扩张已显疲惫,对河南省乃至中原地区的中心带动作用已显力不从心。在此背景下,周边城市与郑州抱团发展,以城市集群的力量带动区域发展并与周边省份开展旗鼓相当的竞合的理念引起广泛共鸣,省域城镇体系、中原城市群、郑汴一体化等城市集群的概念及建设实务先后登场。这个飞跃,称得上是中原地区社会经济发展的第二次思想解放。

我敢将上述称为"两次思想解放",是因为我亲身经历了、活跃参与了这个进程。

但是,由于体制的因素和认识的发散,城镇集群式发展的路子并不顺畅。有一种说法,"屁股决定脑袋",是调侃地方官的臀部坐在自己那个位子上就只考虑本地界儿的一亩三分。这一是政绩观使然,二是体制不允许你越界。例如郑汴一体化发展,自始至终没有一个有效的权威将二者拢为一体。我曾分别与二市的领导交换意见,他们都表示无法参与、干预对方的事务。郑州在自己的区域范围搞了个"郑州都市区",对于"郑汴都市区"的建议置若罔闻。

至于认识问题,更是五花八门。郑州人热衷于来开封游玩、吃小吃,至于其他的合作,许多人并不感兴趣甚至反感。部分领导和部分市民认为,二者不在一个层面上,密切合作对郑州无益;开封是个"穷亲戚",密切合作只有郑州吃的亏。开封相对积极一些,曾主动和郑州对接,甚至有个别领导发出"开封愿意做郑州的后花园"的谬言。开封市民却不领情,许多人认为开封自己的小日子挺好,搞郑汴一体化,房价、物价涨了,环境恶化了,街上跑的车多了,节假日景点、饭店拥挤不堪。于是,不尊重甚至欺负郑州客、豫A车的情事时有发生。

尤其令中原学者难堪的是,学界也有莫名其妙的怪论。郑州一所高校的教授在一次专家论坛上讲到他带客人到开封吃小吃遭遇不礼貌的经历,最后直言不讳:这种状况如果不改善,俺们郑州就不和恁们开封一体化了!开封《汴梁晚报》报道一次专家访谈,透露出"郑州去做国家级中心城市好了,把河南省会交还开封"的言论。甚至,还有一位匿名状似的学人在网上媒体以不容置辩的口吻和看似不容怀疑的根据"拷问郑汴一体化",立刻招来愤怒的口水,但也不乏由衷的赞赏。行文至此,我在微信收藏中欲打开此文"重温",但已经被删除了。

我一直在苦苦思索：集中建设以郑州为中心的大中城市集群，理论上没问题、实践上推不动，为什么、怎么办？

2013年12月25日通过的《中共河南省委关于科学推进新型城镇化的指导意见》是加快实现中原崛起、河南振兴、富民强省与打造富强河南、文明河南、平安河南、美丽河南宏伟蓝图的纲领性文献。该意见要求："提升郑州区域中心服务功能，深入推进郑汴一体化，促进郑州与毗邻城市融合发展，加快大郑州都市地区建设，增强在全省经济社会发展中的核心带动能力。"建设"大郑州都市地区"，已成为中原崛起具有挑战性的战略要务。

在这个问题上，中央持积极的肯定态度。中共十八届五中全会形成的《中共中央关于制定国民经济和社会发展和第十三个五年规划的建议》指出："发挥城市群辐射带动作用，优化发展京津冀、长三角、珠三角三大城市群，形成东北地区、中原地区、长江中游、成渝地区、关中平原等城市群。"继全国三大城市群之后，"中原地区的城市群"已进入省域（际）城市群的前列。

中原经济区建设上升为国家战略前后，各界关于建设大郑州都市地区的呼声就不绝于耳。例如，涵盖郑州市域一市七县（市、区）的"郑州都市区"，由郑州市区、开封市区以及二者之间的中牟县组成的"郑汴都市区"，郑州、开封、新乡、焦作、许昌"五星联动"的"大郑州都市区"，包括郑州市域、开封市区、新乡市平原新区、焦作市焦作新区在内的"大郑州都市区"，等等。

我极力主张首先强力推进郑汴都市区建设、实现郑汴实质性的一体化发展，在此基础上持续扩大城市集群的规模边界、充分发挥集群发展效应。中共河南省委《关于科学推进新型城镇化的指导意见》首次在官方重要文献中提出了建设"大郑州都市地区"的命题，这无形中引导我重新、深入、审慎地研究这个问题，并给出"自己的"实行方案。

"都市地区（metropolitan region）"是个外来词，是一个"家族"式的系列概念。如果为了显示其规模巨大、地位重要，加个形容词"大（great）"即可。大郑州都市地区有着深刻的中原崛起战略背景。其一，中原经济区战略是中原崛起的总体蓝图，要求大郑州都市地区以城市集群的形式提供具有全国乃至国际意义的强大发展板块的支撑。其二，新型城镇化战略是中原崛起的执行主线，赋予大郑州都市地区城市集群在中原城镇化进程中的主体板块重任。其三，核心带动战略是中原崛起的必然选择，将大郑州都市地区城市集群推向了中原可持续发展牵引板块的位置。其四，郑州航空港战略是中原崛起的点睛之作，把大郑州都市地区城市集群带领中原腾飞的态势升华到了一个崭新境界。

大郑州都市地区，是中原地区谋求科学发展的浓墨重彩，是中原地区现代化进程的强大引擎，是中原地区三化协调发展的示范标杆。国家提出"一带一路"倡议以后,为了打造郑州内陆开放型经济高地,进而使其成为全国重要的经济增长板块,就必须继续扩大"核心带动"效应,加强郑汴与周边毗邻城市的高效联系,发挥"多星联动"效应,以城市集群的整合力量积极参与"一带一路"的国际竞争与合作。建设大郑州都市地区已不再是中原地区、河南省一家的事。

在中原这个特定的地域综合体里,以郑州为中心整合城市集群的带动能量,形成我国中部地区的核心增长板块,逐渐在各界取得高度共识。但是,这个核心增长板块的"身份"界定、空间范围、成员组成、功能整合等关键问题,相当长时期处于见仁见智、各抒己见的观念磨合状态。

我认为,在"都市地区"系列中,"都市区(metropolitan area)""都市圈(metropolitan coordinating region)""都市带(megalopolis)"与"都市连绵区(metropolitan interlocking region)"是空间尺度、人口规模、经济实力、中心强度由小到大的四种类型,是城镇化不同发展阶段的产物,是城市集群的地域空间组织从简单到复杂、从低级到高级演变的结果。

	时间区间(年)	阶段	建设基础	具体名称及范围	建设目标
大郑州都市地区的发展节奏	2014~2020	大郑州都市区	郑汴一体化发展,郑、汴新区建设,郑州航空港经济综合试验区建设,郑州都市区建设	"郑汴都市区",包括郑州与开封全域。	中原经济区的"核心增长极"
	2020~2030	大郑州都市圈	沿黄经济带开发建设,城市新区与产业集聚区建设,四城联动效应	"郑汴新焦许都市圈",包括郑州、开封、新乡、焦作、许昌。	中原经济区与我国中西部地区的"核心增长板块"
	2020~2030	大郑州都市带	陇海沿线开发建设,中原副核心城市洛阳与沿线工业城镇之力,郑汴洛工业走廊的产业优势	"郑汴洛都市带",包括郑州、开封、洛阳,并沿陇海线向西向东延伸。	中原经济区与我国中西部地区的"核心增长轴"
	2030~2040	大郑州都市连绵区	中原城市群建设与整合,国家发展空间格局中的优越区位,陇海-京广黄金大十字交叉,承东启西、联南通北效应	"中原都市连绵区",包括中原城市群9市。	中原经济区与全国的"核心增长区域"

图 9-10 大郑州都市地区的发展节奏

根据这个基本认识,大郑州都市地区的建设应该是一个既有连续性又有阶段性、既要总体谋划又要分步设计、既慢不得也快不得的可持续发展过程。放眼未来 30 年左右,大郑州都市地区的主体架构可以这样谋划:

（1）2020年前后的大郑州都市区。在多年郑汴一体化发展与郑、汴新区建设的基础上，凭郑州航空港经济综合实验区与郑州都市区之强势，坚定不移地建设包括郑州与开封全域的"郑汴都市区"，打造中原经济区的"核心增长极"。

（2）2030年前后的大郑州都市圈与都市带：在多年沿黄经济带开发建设的基础上，以城市新区与产业集聚区建设为契机，发挥郑州、开封、新乡、焦作、许昌五城联动的效应，建设"郑汴新焦许都市圈"，打造中原经济区的"核心增长板块"；在多年陇海沿线开发建设的基础上，借中原副核心城市洛阳与沿线工业城镇之力，发挥洛阳-郑州-开封工业走廊的产业优势，建设"郑汴洛都市带"，并沿陇海线向西向东延伸，打造中原经济区的"核心增长轴"。

（3）2040年前后的大郑州都市连绵区。在多年中原城市群9市建设的基础上，充分利用在国家发展空间格局中的优越区位与已有的整合基础，发挥陇海-京广黄金大十字交叉的承东启西、联南通北效应，建设"中原都市连绵区"，打造中原经济区的"核心增长区域"。

根据上述谋划，我写了一篇文章《科学谋划大郑州都市地区》，刊登在《河南日报》2014年2月12日的理论版上。2014年12月20日，在中国地理学会、中国城市百人论坛和中国科学院地理科学与资源研究所联合举办的"2014中国城市群发展高端论坛"上，我做了题为"城市群整合的归宿：大都市地区"的报告。

图9-11　参加郑州大都市区高层论坛

在不同的相关场合，我都会尽量客观地指出："都市地区"这样的城市-区域综合体的跨区域、跨行业发展，由于尺度巨大、组织松散、协调艰难、历时弥久,其顶层设计不仅要看到本世纪第二个十年,也要看到第三、第四个十年乃至整个前半世纪。我也会充满信心地憧憬未来:高瞻远瞩,科学谋划,升华发展意境,深化创新机制,大郑州都市地区必将在发展势能的内聚中矗立中原,在发展动能的外联中俯仰中华!

2016年12月,国务院审批的《中原城市群发展规划(2016—2025)》出台。其中第三章"空间布局"的第一节"构建'一核四轴四区'网络化空间格局"提出,"郑州大都市区"是中原城市群发展的"一核"。规划明确要求:"推动郑州与开封、新乡、焦作、许昌四市深度融合,建设现代化大都市区,进一步深化与洛阳、平顶山、漯河、济源等城市联动发展。"这个框架与我上述"郑州大都市圈"完全是一个概念。不同的是我将之称为"大郑州都市区",这个规划将之称为"郑州大都市区";我以2030年前后为发展期限,这个规划到2025年。

根据该规划,中国城市规划设计研究院启动了《郑州大都市区空间规划(2017—2035)》。2017年9月25日,我参加了在开封举行的该规划框架内四个专项规划的评审;12月9日,我参加了在郑州举行的该规划最后成果的评审,并任评审委员会副主任,主任是复旦大学的陈秉钊教授。这个规划确定的都市区的空间范围如图9-12。

我在评审会上讲了我要讲的话,并着意批讲了"大郑州都市区(Great Zhengzhou Metropolitan Area)"和"郑州大都市区(Zhengzhou Great Metropolitan Area)"的异同:二者都以郑州市区为核心。后者意涵郑州市域以内,前者意涵郑州市域以外;后者是封闭的,前者是开放的。但是,我尊重"郑州大都市区"的提法。

该规划获得了评委会的一致认同。我们出的《评审纪要》给出了一个普普通通的"原则通过"的最终定案,更给出了绝不普通的有相当高度的技术评价。我尤为看重的是,该规划为打造"丝路经济带"中部发展高地奠定了规划基础。

9.7 丝绸之路经济带

2013年9月7日,习近平主席在哈萨克斯坦扎尔巴耶夫大学发表演讲时首次提出共建"丝绸之路经济带";同年10月3日,他在印度尼西亚国会发表演讲时首次提出共建"21世纪海上丝绸之路"。由此,一项贯穿我国改革、开放、发展的超级国家战略、一项惠及"一带一路"沿线国家和全球的国际性倡议,横空出世,以巨大的号召力和裹挟力逐渐在国际上得到广泛关注和认同,在国内各地区、各部门、各阶层全面响应和积极行动。

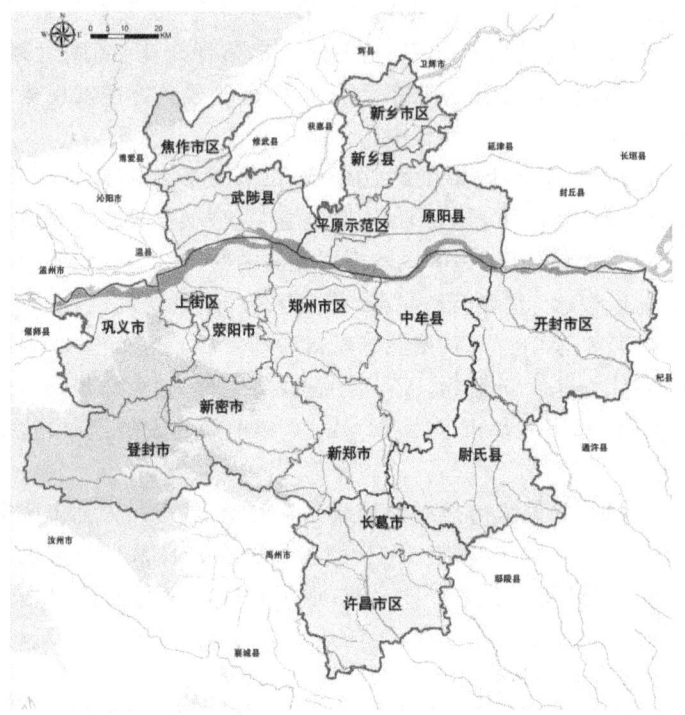

图 9-12 大郑州都市区规划范围

但是,当时并没有引起我的关注。一则,我正忙于中原经济区、中原城市群、大郑州都市区,无暇顾及;二则,我认为这无非是国家主要领导出访时在宣示中国古代文明、传递国际主义精神、送达中国人民友好的一种外交行动;三则,"一带一路"的叫法有随意性,与严肃的国家战略、科学的学术研究不符。

一年半以后,2015 年 3 月 28 日,经国务院授权,国家发改委、外交部、商务部联合发布了《推动共建丝绸之路经济带和 21 世纪海上丝绸之路的愿景与行动》(简称《愿景与行动》)。我看了文本,突然感觉这个问题不简单。

反复学习以后,我的认识有所转变。"一带一路"实质上是一项"丝路经济带倡议",旨在与沿线国家共建"21 世纪陆上和海上丝绸之路经济带",是我国现代化建设与世界和平发展的一项世纪伟业。该倡议一反自下而上、反复研究、全方位反馈的传统做法,一开始就由党和国家主要领导人推出,看似偶然,实则必然。可以说,该倡议是我国决策层大智慧的结晶,是党和国家主要领导人对我国情的透彻了解和长期基层工作经验的有效积累,是在国际格局中谋划国家利益的雄才大略。

该倡议有雄厚的基础和客观必然性。新世纪我国在国际政治经济格局中地位的提升赋予该倡议巨大的凝聚力,崛起的中国大踏步跨进国际事务平台,宣示我国的全球战略诉求时不我待。该倡议巨大的气场融会贯通了"四气":一曰底气,强盛起来的中国构建全球化谋略,底气充盈;二曰神气,不再韬光养晦的中国纵横世界民族之林先进行列,神气飞扬;三曰大气,开放包容的中国海纳百川,大气氤氲;四曰人气,广交朋友的中国拥有强劲的国际号召力,人气葳蕤!

从字面看,尽管《愿景与行动》好像只是一种展望、一种意愿,尽管后来为了避免中枪"中国威胁"而回避了"战略"、使用了"倡议""建设"等柔性字眼,但"一带一路"仍具备了"战略"的全局性、系统性、导向性、长期性的所有秉性。尤其是这一代中央领导,看准了的、提出来的,就一定要付诸实施、坚持前行,就一定会克服困难、力争实效。从概念提出到《愿景与行动》出台,时隔一年半,相信党和国家领导人已经把各种问题都想了个透。

国家在持续行动。

"十二五"末,多方信息昭示,"十三五"将要推出一批重大项目、重大工程、重大政策。这"三重"将围绕"一带一路""京津冀协同发展"与"长江经济带"等国家重大战略展开。

2016年3月17日公布的《中华人民共和国国民经济和社会发展第十三个五年规划纲要》,总共20篇80章。第十一篇为"构建全方位开放新格局",其中第五十一章为"推进'一带一路'建设"。这标志着,丝路经济带倡议已经从理念、设想进入经济社会发展的实务。

2017年5月14日至15日,第一届"一带一路"国际合作高峰论坛在北京举行。29位外国元首、政府首脑以及联合国秘书长、红十字国际委员会主席等重要国际组织负责人出席高峰论坛,来自130多个国家的约1500名各界贵宾作为正式代表出席论坛,来自全球的4000多名记者注册报道此次论坛。论坛成果涵盖政策沟通、设施联通、贸易畅通、资金融通、民心相通五大类,共76大项、270多具体项。习近平主席在主持最后的圆桌峰会时宣布,中国将于2019年举办第二届"一带一路"国际合作高峰论坛。

2017年10月,中共十九大召开。在总书记的《决胜全面建成小康社会夺取新时代中国特色社会主义伟大胜利》报告中,第五个大问题"贯彻新发展理念,建设现代化经济体系"中的第(六)个问题"推动形成全面开放新格局"提出:要以"一带一路"建设为重点,坚持引进来和走出去并重,遵循共商共建共享原则,加强创新能力开放合作,形成陆海内外联动、东西双向互济的开放格局。新修订的《中国共产党章程》规定:"遵循共商共建共享原则,推进'一带一路'建设。"

丝路经济带("一带一路")是中国首倡、高层推进的国际倡议、超级国家战略,是契合沿线国家的共同需求、开展国际合作的新平台,是我国现代化建设的世纪伟业,对我国屹立于世界民族之林先进行列具有深远的战略意义。

中国政府倡议:沿线各国秉持和平合作、开放包容、互学互鉴、互利共赢的丝路精神,共建"一带一路",全方位推进务实合作,打造政治互信、经济融合、文化包容的利益共同体、命运共同体和责任共同体。资源禀赋各异,经济互补性较强,彼此合作潜力和空间很大。丝路经济带建设以政策沟通、设施联通、贸易畅通、资金融通、民心相通为主要内容,核心词是"互联互通"。

《愿景与行动》在国内引起巨大反响,各界都意识到了这一难得的超级国家战略中的发展机遇。"一带一路"的地域范围如何、国内各地区与该战略的关系如何、各地区如何融入该战略,成了各界热切关注的议题。

河南省尤其敏感。

例如,就洛阳与西安关于丝绸之路起点的数十年的争论,时任河南省委书记表示,虽然中国古代丝绸之路的起点位于西安和洛阳,但新丝绸之路经济带的起点,放在郑州最为合适。个别学者跟进发声:丝绸之路经济带能产生重要作用的东部起点城市依次为连云港、郑州、乌鲁木齐、西安、徐州、兰州和西宁。该说剔除了洛阳、排斥了重庆、错后了西安,凸显了郑州。提起这事,我"哑然失笑"。

再如,一篇流传于网络论坛及微信朋友圈的文章称:"河南被尊为中国人'老家',但事实上,在经济大战略及相关资源的全国配置中,河南长期归属洼地之列。当下,'一带一路'堪称'最热词',但是在国家级的官方陈述中,这个超级国家战略似乎跟河南没有直接联系。"为了以正视听,2015年4月17日,河南省发展与改革委的有关负责人明确对媒体表示,网上流传的文章不仅内容严重失实,也误导了众多阅读和转发的网友,并表达了河南融入丝路经济带战略的强烈愿望。听到这事,我"忍俊不禁"。

我为什么发笑?上述例一,个别学者跟进发声,煞费苦心,难免"唯上"之嫌;例二,有关人士急赤白咧,太当回事,却显"自信"不足。

可能有人没注意到,《愿景与行动》本着开放合作的原则,特别指出:"'一带一路'相关的国家基于但不限于古代丝绸之路的范围,各国和国际、地区组织均可参与,让共建成果惠及更广泛的区域。"这就再明白不过地表明,我国各地域均可在国家框架内参与,讨论甚至争论某特定区域是否位列其中或者起点在哪个城市,即便有一定的学术意义也不会有什么实务价值。

话说回来,河南省响应"一带一路"倡议的表现确实引人瞩目。

在《愿景与行动》发布前3个月的2014年12月25日,中共河南省委九届八次全会通过的《河南省全面建成小康社会加快现代化建设战略纲要》就提出,要全面融入国家"一带一路"建设。

一年以后,2015年12月1日,经省委、省政府授权,河南省发改委正式发布了《河南省参与建设丝绸之路经济带和21世纪海上丝绸之路实施方案》。我国省级正式颁布的类似方案当时还很少,河南省的这个实施方案就有了全国意义。

2015年12月27日闭幕的中共河南省委九届十一次全会强调,"十三五"期间,河南省要全面融入国家"一带一路"建设,东联西进、贯通全球、构建枢纽。这标志着,"一带一路"建设的河南行动已经落实到五年规划的实务层面。

近些年,河南省发展观念深度更新,战略举措层级提升,综合经济实力显著增强,开放型经济的发展态势高度契合丝路经济带建设。2014年5月10日,习近平总书记在河南考察时特别要求,河南要建成连通境内外、辐射东中西的物流通道枢纽,为丝路经济带建设作出更大贡献。发挥自身优势,建设丝路经济带上内陆开放高地,是河南省紧抓国家战略机遇、提升在全国发展大局中的地位并融入全球合作分工体系的极其重要的战略途径。

河南省构筑对外开放的全方位新格局、大格局,形成我国内陆腹地支撑丝路经济带建设的"中原板块",已是毋庸置疑的战略课题。但是,这条路怎么走?

首先,要构建一个良好的空间推进格局;其次要开辟积极融入的途径。前者牵涉面较大,是我关注的重点。

改革开放以后,我国推行了一项梯度开发战略,即"优先发展东部沿海地区,西部大开发,东北老工业基地振兴,中部地区崛起",从而形成了"东中西三带加一东北区"的国家空间发展格局。

近年来,在强烈的增长与发展欲望支配下,各省(自治区、直辖市)内聚外联式的区域竞合普遍奉行"以我为中心"的发展思路。特别值得注意的是,2000年以来,各地区都会热切希望本地域的发展战略得到中央的认可而上升为"国家战略"。于是名目繁多的经济区、城市群、实验区等地域综合体大量涌现,很快就覆盖了中国全域。这些地域综合体无一例外走的都是以己为中心、向周边扩张的发展路子,空间相互作用的多核心化造就了一批独立的"山头",诸侯林立的局面给我国现代化建设的整体布局带来许多意想不到的困境。我积极参与的中原经济区发展战略,就有这种浓重的地域色彩,发展的眼界困在"以河南为主体、延及周边"的框框里。

我认为,丝路经济带战略的确立会对此格局产生重大而深远的影响。"三带一区"格局一直固守的国土内的空间梯度推进框架将被突破,单向扩展、双向组织的空间整合模式将被突破,城市-区域竞合的空间相互作用架构将被突破。陆上和海上丝路经济带的空间联系,以东西双向为主、南北双向为辅,而局部地段的空间组织将呈现明显的多向性。显然,这种"双向联系、多向组织"的空间整合必然是多边多赢、全线开花。

展望未来:丝路经济带的东西走向与"三带一区"的南北走向叠加、交织而成的网络将引导国家内聚;该网络覆盖中国全域,并在东西南北方向与陆上海上有重点、有选择地进行国际外联;中国未来又一个三十年或更长时期的发展,将在"网络式内聚外联格局"中波澜壮阔地展开。

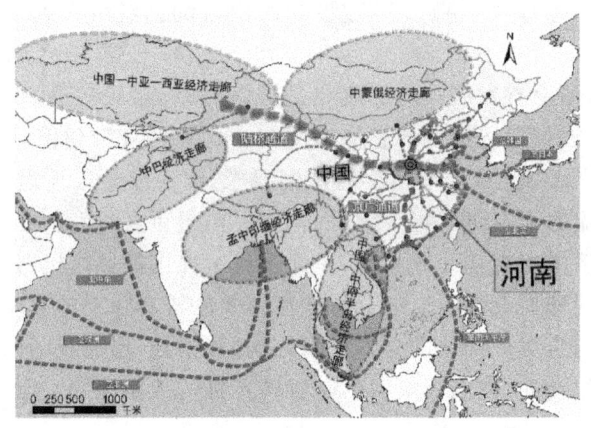

图 9-13　东联西进　北上南下

在这个大格局中,河南省以郑州、洛阳两个主副核心城市为主要节点,其他 16 个省辖市为重要节点,形成共同参与丝路经济带建设的新的空间格局。我认为,该格局的要点应该是:

第一,串联并联,组成现代城市体系。省域 18 个省辖市依托国家铁路和公路,东西串联郑州、洛阳、开封、商丘、三门峡,南北串联郑州、新乡、鹤壁、安阳、许昌、漯河、驻马店、信阳;以上述大十字为骨架,并联济源、焦作、濮阳、平顶山、周口、南阳;以网格、圈层、放射相结合的现代城市体系参与"一带一路"建设。

第二,东联西进,打开陆路通道。以陆桥通道为主轴,以京广通道为副轴,向西密切与西北、西南等省份合作,参与中蒙俄、中国-中亚-西亚、中国-中南半岛、中巴、孟中印缅经济走廊建设,与陆上丝绸之路经济带融合。向东重点连接大连、天津、烟台、威海、青岛、日照、连云港、上海、宁波、福州、泉州等沿海城市,与海上丝绸之路链接。

第三,北上南下,打开海上通道。建设内陆无水港口,构建多种交通运输方式与海运的联运。在加强与太平洋彼岸的美洲国家合作的同时,通过我国北方海港,向北积极强化与东北亚的互联互通;通过南方海港,向南再向西,过南海到南太平洋、印度洋,联通东南亚、南亚、非洲和欧洲。

第四,贯通全球,构建空中通道。以郑州新郑国际机场为龙头,建设国际航空货运枢纽和国内航空综合枢纽,完善通航点布局和航线网络,建设连接全球重要枢纽机场和主要经济体的"空中丝绸之路"。加密国内干线,加密欧美与其他沿线国家航线,吸引大型航空公司和物流集成商,形成国际与国内互转的货运航线网络。

第五,突出核心,构建战略枢纽。以郑州为核心,强化地区性中心城市支撑作用,加快中原城市群一体化进程,组建大郑州都市地区。建设"铁公机海"四港联动综合枢纽,打造陆空高效衔接的国际物流中心,形成丝路经济带上强大的内陆开放枢纽的平台与高地。

第六,巩固基础,构筑发展格局。发挥郑州国家级中心城市辐射带动作用,构建以郑州为中心,涵盖中原城市群其他8个省辖市的"半小时"核心圈,涵盖其余9个省辖市的"一小时"紧密圈,涵盖中原经济区其他中心城市的"一个半小时"合作圈。依托"米"字形综合交通运输通道,带动人口和产业集聚,壮大和提升节点城市,形成辐射八方的城镇产业发展轴带。"一极三圈八轴带"涵盖中原经济区全域,逐渐形成带有基础性的宏观地域格局,为丝路经济带战略的中原行动提供空间框架。

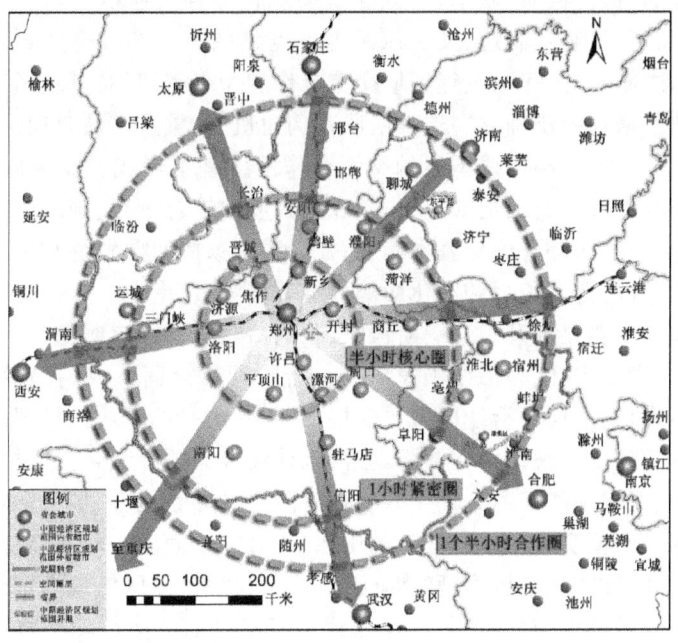

图 9-14 一极三圈八轴带

要实现丝路经济带战略的中原承担,必须找准融入的路径并坚持不懈地开拓、创新,路径的建设应该成为今后许多年的常态。在新型城镇化与深化改革开放的大背景下,河南融入丝路经济带战略的路径有:(1)在丝路经济带框架下,实施粮食生产核心区、中原经济区、郑州航空港经济综合实验区等国家战略;(2)以更开阔的视野,完善和提升科学发展载体,构建现代产业体系、现代城乡体系、现代创新体系与现代市场体系;(3)建设中原城市群核心增长板块,强化其开放合作的综合实力;(4)组建大郑州都市地区,营造内陆开放型经济高地;(5)积极推进国际陆港建设,组织与沿海城市的铁海、路海、空海联运;(6)以郑欧班列为主干,打通东西方向通道;(7)提升主要节点城市的辐射带动能力,组建沿线城市的行业联盟;(8)利用信息网络的区位优势,开展跨境电子商务服务。

简单地回顾历史,就不难发现:我国经济社会发展的大周期大约是30年。新中国成立到改革开放为第1个30年,改革开放时期为第2个30年,现在已进入深化改革开放的第3个30年。展望未来,河南参与丝路经济带建设的时间节奏是:

到2020年,取得阶段性进展,与沿线国家交流合作机制逐步健全。东联西进的陆上通道和贯通全球的空中通道建设取得显著进展,建成以航空港为龙头的"铁公机海"联动、多式联运的现代综合交通枢纽,在农业、现代物流、食品加工、装备制造、文化旅游等重点领域的合作取得突破,在教育、科技、文化、旅游、医疗卫生等领域交流合作进一步密切,对沿线国家全方位对外开放新格局初步确立。这一阶段是构建机制、重点突破时期。

到2030年代,与沿线国家的交流合作网络基本形成。联通内外、便捷高效的东联西进大通道更加完善,建成国内航空综合枢纽、国际航空货运枢纽,陆水空联运的综合优势基本确立;在沿线国家的双向贸易和投资形成较大规模,综合经济竞争力和文化影响力显著增强,河南在"一带一路"建设中的作用和地位明显提升。这一阶段是深化合作、全面推进时期。

到21世纪中叶,与沿线国家的交流合作网络全面形成,各领域交流合作进一步密切,实现对沿线国家更深层次、更高水平的开放。把郑州建设成为"一带一路"上的现代国际商都,把河南建设成为国际综合交通枢纽、商贸物流中心、区域互联互通互动平台。这一阶段是综合提升、扩大影响时期。

中原儿女要实现"中原崛起"的中原梦,必须全面融入丝路经济带建设。河南省有独特的"承东启西、联南通北"的区位优势,在网络式内聚外联格局中处于重要的节点与枢纽部位,丝路经济带建设的河南行动必将获得丰硕的成果。

以上研究结果,我分别写入《一带一路战略重构地域发展格局》《河南日报》,2015年5月29日理论版)、《"一带一路"战略的河南行动》(《地域研究与开发》,2016年第5期)。在学术研讨会、报告会上我多次阐述我的观点,形成河南省研究"一带一路"的一家之言。

在我的学术生涯规划中,《"一带一路"战略的河南行动》应该是我七十岁最后一篇学术论文了。以后我不会再主动写论文、主动投稿了。

9.8 城市生态与开放空间

我在河大地理系读本科时,对自然地理学诸科都很感兴趣,成绩也不错。毕业后专一于人文地理学,就有点可惜。在华东师范大学人文地理助教进修班学习,修了一门"生态学概论",是当时一门很热的课程。我的意外收获是,发现了人文地理学与自然地理学交叉、融合的新空间。

自然地理学研究近地空间的大气、水、土、植被与动物等诸自然要素,尤其讲究这些要素在近地空间有机融合形成的"自然环境",即地理学研究对象"人地关系"中的"地"。自然环境的要素构成、结构形态以及在"人地系统"中的功能,还有环境质量的监测与保护等,是自然地理学不衰的研究领域。与此对应,人文地理学研究"人地关系"中的"人",研究人的各种活动的地域性以及人类活动对自然环境的复杂、多变的各种影响。传统上,自然地理学仅把人类活动当成自然环境的一种"要素"而已,人文地理学把自然要素仅当成人类活动的逐个"条件"而已,两者各干各的,在一个屋檐下分属两个精神世界。

生态学的兴起,给自然地理学与人文地理学的真正融合带来了勃勃生机。生态学,用最简朴的语言说,是研究地球上生命系统的生存环境的状态与优化的学科。其二级学科使用"生命"形式或"环境"形式命名,例如"植物生态学""动物生态学""微生物生态学"。当然还有人文地理学家关注的"人类生态学";再例如"农田生态学""森林生态学""流域生态学""高山生态学""乡村生态学",我研究城市,会更关注"城市生态学"。

从1980年代中后期接触生态学并开始出研究成果起,我的理论研究大致经历了三个时期:探究地理学的生态研究方向,解析城市生态系统,优化城市开放空间。

第一个时期,1980年代中后期。华东师范大学的国内研修与波士顿大学的国外研修给了我关注人类生态学的动力和契机。我在《现代生态学的发展趋势》[《河南大学学报(自然科学版)》,1989年3期]、《现代地理学的生态研究方向——人类生态学辨析》[《河南大学学报(自然科学版)》,1990年4期]、《人类生态学辨析》(《地球科学进展》,1991年3期)等文中,阐发了对于我来说有"启蒙"意义的基本学术理念。

我将生态学定义为:"生态学是研究生命系统各组织级别有机体的生存方式、规律、机理及其与环境相互关系的科学。"生态学是科学界最活跃的一门学科,每当其研究触角与其他学科交叉,就会发生强烈的相互渗透,就有可能出现新的学科生长点,就有可能形成新的边缘科学。现代地理学与生态学有着深刻的历史渊源,生态研究是公认的地理学的一个研究传统。在当今科学思想与科学体系发生激烈动荡的环境下,地理学与生态学之间的交叉渗透愈加广泛和深刻,二者已成为关系密切的姊妹学科。问题是,二者的交集发生在哪个领域?有志于此的学者该从哪个领域着手?

我在研究中发现,当代生态学有鲜明的时代态势:研究思想向协同进化论发展,研究对象的尺度向宏观群体发展,研究对象的主体向人类发展,研究目标向实际应用发展,研究方法向实验、定量发展,研究队伍向多学科发展。中国生态学专家马世骏很早就多次声言:"协调人与自然的关系以改善人类的生存环境,成为1990年代生态研究的重要动向。"这启发我,人类生态问题研究是当今生态学最重要的研究领域!我断言:人类生态学集中代表了现代地理学的生态研究方向,地理学家的研究视野转向人类-环境生态系统是一个合乎逻辑的重大变化!为了准确把握这个方向,我花了相当多的精力从历史、哲学、功能角度对人类生态学进行了科学辨析。我还在不同场合建议:(1)地理学工作者要积极培养自己的人类生态意识;(2)高校地理系科应普遍开设"人类生态学原理"课程;(3)有条件的地理科研机构可率先建立人类生态研究室;(4)国家自然科学基金委组织几个与我国现代化建设有密切关系、影响较大的人类生态研究项目;(5)在适当时机召开"人类生态学科学讨论会"。

第二个时期,1990年代。我在短暂关注生态农业之后,顺理成章地将学术目光从人类生态学聚焦到城市生态学进而聚焦到城市生态系统研究[《城市生态系统的综合评价与调控》,(《城市环境与城市生态》,1991年2期)、《城市生态系统基本理论问题辨析》《城市规划汇刊》,1997年1期)]。说"顺理成章"是因为,我从来没有把学科基本理论框架的系统研究作为己任,一定会在适当的时机转向我最关注的城市研究;我绝不会孜孜不倦地在城市生态学的研究体系里打转转,我会在弄清大道理的基础上飞快转向我认为至关重要且我感兴趣的课题,也就是"城市生态系统"。

在我逐渐转向关注城市生态学的过程中,人类社会的可持续发展理念起了重要的推动作用。当时,"可持续发展"风行于世,但却很少发现对"城市可持续发展"有见地的议论。不平之下,早就萦绕我脑海的城市生态学就有了研究的原始动力,而且促使我毫不犹豫地聚焦于"城市生态系统"。在我的意识中,城市生态系统是"以城市人群为主体,以城市次生自然要素、自然资源和人工物质要素、精神要素为环境,并与一定范围的区域保持密切联系的复杂人类生态系统"。依照"生物及其生态环境构成生态系统"这一生态系统学最基本的命题,同时考虑城市经济、社会要素的生态内涵,我建立了一个城市生态系统最基本的理论框架。

城市生态系统由生命系统要素和环境系统要素组成,前者包括城市人群和其他生物,后者包括次生自然环境、人工环境和广域环境;系统有四种结构形态,即食物链结构、资源利用链结构、生命-环境相互作用结构和要素空间组合结构;系统发挥生产、消费和还原三大功能。

与其他任何生态系统一样,城市生态系统也是要素、结构与功能共生互控的辨证统一体:要素是系统结构组建和功能发挥的基础与载体;结构是系统的机理,结构为功能发挥提供必要的机制和有效的途径,并制约着功能发挥的效率;功能是系统的目的,功能对结构组建提出宏观的目标和具体的要求,并制约着组建的水平;合理的结构组建和高效的功能发挥促使要素的质量不断提高,要素的空间组合不断完善。

如果将城市生态系统看作一个"灰箱",则系统与其广域环境之间功能流的输入、输出关系为:横向,系统与其广域环境之间为硬输入、输出关系,是物质、能量、人口、资金等的流动渠道;纵向,为软输入、输出关系,是文化、科技、管理、信息等的流动渠道;纵横流向将各种功能流结为一张功能网,推动和调节系统内各种功能的发挥,从而将各自然、人工要素结为一个统一的功能综合体。

城市生态系统的研究应该有两个落脚点。一是客观评价系统的水平。建立一个包含3类二级指标、36个三级指标的综合评价指标体系,设计静态和动态评价模型,求算一个或多个城市在同一时间断面和相同时间序列的系统水平综合指数。二是综合调控城市生态系统的状态。要点是:(1)明确城市的职能与性质,建立合理的产业结构,使各子系统的协同发展获得内涵动力。(2)以城市地域形态的定向扩展和内部地域分异的综合化,优化系统要素的功能组织。(3)根据客观需要和环境容量,科学确定合理的城市人口发展规模。(4)开拓城市的立体空间,更新住宅、厂房设计观念,努力克服"城市病"。(5)切实搞好工业区的科学绿化,在净化环境的同时改善生产与生活条件。(6)建立市区与郊区复合生态系统,弥补城市生态系统的不足。

第三个时期,1990年代末至今。我专注的目光从理论研究转向实证研究,从"城市生态系统"转向"城市开放空间系统"。这也是一个顺理成章的转向;理论总是要指导实践,实践总是要充实理论,我没有兴趣搞所谓的"纯理论";城市开放空间系统是城市生态系统"环境系统"的主要组成部分,不去研究，就只能在虚无的层面"胡思乱想"。这个转向一直持续到我的学术生涯终结，理论的结晶主要体现在《论我国城市开放空间系统的优化》（《人文地理》，2005年2期）一文。其间，不断有学生加入这个队伍，他们的研究成果极大地丰富了河南大学这个领域的研究"库存"。

这个阶段，我的城市研究思想有一个重大的飞跃。在传统城镇化依然强劲、新型城镇化还孕育母腹的状况下，各种发展要素被城镇化浪潮无休止地裹挟进城市，城市承受着人口、资源、环境等重重压力，其可持续发展面临着严峻挑战。各路城市学者都在苦苦思索对策，学术思想的激荡空前激烈。我经历了又一次"顺理成章"：城市可持续发展呼唤生态城市建设，生态城市建设呼唤城市开放空间系统优化。开放空间是城市生态系统中"生态环境"部分的主要组成成分，面积占市区的50%以上，且分布广泛，无所不在，与城市生态系统的主体——城市人群保持着最密切的接触，可说是城市生态系统的一个大"容器"。根据可持续发展的客观规律和生态城市建设的客观要求来科学优化城市开放空间系统，是促进我国城镇化进程健康发展的必要途径。

我依然从科学概念入手。城市开放空间是指"在一定城市地域内，具有一定结构和多重功能、存在于城市建筑实体之外的开敞空间体"，而具有一定要素构成、结构形态和功能组合的各类开放空间的集合体，即可视为"城市开放空间系统"。城市开放空间系统是城市地域内人与环境协调共处的空间前提，是改善城市结构和功能的空间调节器，也是城市建设体现生态思想、促使城市发展进入可持续状态的重要空间载体。长期以来，在城市规划、建设、管理的运作中，人们的眼光主要盯在建设用地的布局和各类建筑、设施等非开放空间的营造上，主要盯在道路、广场、绿地、水体的实用功能上，较少关注组织开放空间系统并发挥其生态效应，较少关注开放空间系统的优化在生态城市建设和城市可持续发展中的重要作用。其结果是，面对问题丛生的城市现状和快速城镇化的压力，生态城市建设效果不显著，城市的可持续发展遭遇诸多困扰。

城市开放空间系统由绿色、蓝色、灰色与棕色开放空间组成。绿色是指绿地和园林空间，蓝色是指河流、湖泊和沟渠空间，灰色是指交通、广场空间，棕色是指闲置空间。开放空间系统有一个独特的三圈层空间形态结构：外围圈层，城市近郊环境中的开放空间的分布形态；主体圈层，城市建成区中的开放空间的布局形态；内里圈层，城市局部地段内的开放空间的组织形态。开放空间系统在城市的运行中具有实用功能、生态功能、文化功能、景观功能和调控功能五大不可或缺的功能。

城市开放空间系统优化必须遵循以人为本原则、系统一体原则、突出特色原则、效益同步原则和弹性空间原则。我提出的系统优化的基本对策是，铸造特色、职能更新、用地置换、集约化经营、构建一体化和营造大空间。这些对策必须在城市空间布局结构优化的平台上实施，也必须对不同的开放空间种类和不同的圈层空间有针对、有区别地实施。

得有实证研究来实证理论。

上述第二个时期末期，我介入了城市生态的实证研究，以研究生培养为平台，和我的学生一道先后做了开封市、洛阳市、连云港市和新乡市，先后发表了约30篇学术论文。

开封市的研究，参与的是苏伟忠、张文信、王阳等几位硕士生。在充分理解开封的城市特色和发展新思路后，明确了开放空间系统优化的理论基础，确定了应该遵循的原则。整体优化从两方面入手：第一，调整市区的空间布局结构，建立新的城市空间布局框架；第二，强化开放空间系统的圈层一体化，给生态城市建设提供强大的空间支持。要素优化包含两个内容：一是优化绿色开放空间，努力做到林、园、水浑然天成，点、线、面密切结合；二是优化灰色开放空间，努力做到对内交通、对外交通、广场车场协调发展，横道、竖道、环道有机结合。

洛阳市的研究，主力是博士生王胜男，其学位论文是《城镇化进程中洛阳市区开放空间系统的分析与优化》。研究使用不同时期的遥感影像、土地利用资料、社会经济统计数据，依托 ERDAS8.6、ArcGIS9.3、Fragstats3.3 等软件平台，借助 Huff 模型、空间句法等定量技术手段，从用地变化特征、人口增长和用地扩展的关系入手，对洛阳市区开放空间系统不同类型要素系统进行组成结构分析、功能效应评价，剖析城镇化与开放空间变化之间的因果关系，总结开放空间的变化规律，探寻现存问题的症结所在，设计出科学合理、易于操作的优化方案。洛阳市的研究将蓝色开放空间从绿色开放空间中剥离出来，建立了绿、蓝、灰三色的基本要素体系。

主要结论与收获为：(1)开放空间系统的内部结构在景观水平上的分布呈现突出的方向性和带状特征；(2)绿色、灰色、蓝色等不同类型的开放空间要素系统因其自身属性的差异，对城镇化表现出截然不同的响应过程；(3)1988~2008年，建成区的用地扩展速度过快，开放空间被挤压、侵占，要素之间的协调性遭到严重破坏，本已十分脆弱的生态环境质量进一步恶化；(4)选择绿心组团模型作为开放空间系统的优化模型，建立"绿心＋环形＋放射"结构，理顺市区各功能地域分区的空间关系，设计未来城市的拓展方向和扩展形式；(5)设计比较精细的圈层一体化，完善开放空间系统内部复杂的纵横连接网络关系；(6)从最底层的开放空间组成单元的调控入手，针对绿地、广场、道路、河流、滨水地带等主要类型的开放空间要素实施优化设计。

对连云港市的研究,主力是硕士生邱磊,其学位论文是《连云港市区绿色开放空间系统功能优化研究》。绿色开放空间系统对城市生态系统的影响至关重要,是优化的主要对象。研究尝试从空间体现的角度对绿色开放空间系统的功能进行重新概括,突出了生态调控功能、绿地实用功能和文化景观功能,并通过对连云港市区的实证研究检验其反映程度以及对城市未来发展的影响。以定量手段分析城市对绿色开放空间的需求,是连云港市研究的一条主线。我们的研究成果《城市绿色开放空间系统功能认知研究——以连云港市区为例》发表在《地理科学》2015年第5期(王发曾、邱磊)上。

主要工作为:(1)运用主成分分析法构建连云港市区绿色开放空间功能综合评价指标体系,以官方统计、实地调查等数据和AUTOCAD、Photoshop、Excel等软件为依托,通过全排列多边形综合指标法的计算,对城市绿色开放空间的功能在连云港市区建设过程中所起的实际作用进行评估;(2)运用问卷调查、ArcGIS等手段,在专家意见和实证检验的支持下建立了城市居民对绿色开放空间系统功能满意度评价指标体系,对各项功能的实现情况进行测度,体现城市对绿色开放空间的功能需求情况;(3)使用SPSS软件分析、提取关键指标,对绿色开放空间系统功能的供需过程进行测算,发现连云港市区存在的城市扩张与绿地建设不平衡、绿地分布不均匀、文化内涵发掘不深等问题;(4)运用统计分析和SPSS曲线拟合等方法,创建城市绿色开放空间系统功能综合指数及各项功能指数;(5)从空间布局、内部结构、局部景观三个层面对连云港市区的绿色开放空间进行了优化和调整,设计了"一轴、两翼、三核"的空间发展模式,形成了"四点、四带、五组团"的空间结构形态。

对新乡市的研究,主力是博士生毛达,其学位论文是《基于多重网络功能分析的平原城市开放空间系统研究》。新乡市在平原城市中具有典型性,新中国成立后,其城区面积扩大了30多倍,由四条环路围合的主城区基本成型,与城市快速发展伴生的生态城市建设尤其是开放空间系统建设面临很多挑战。研究在梳理开放空间的国内外研究最新进展的基础上,结合新乡市主城区的发展历史,将主城区成型后的2008～2016年作为观察期,从多重功能网络的视角,以基础1km网格为分析单元,研究了新乡市主城区开放空间系统的交通、生态、社会等功能网络特征,解读了开放空间系统的演化机理,提出了基于现状多重功能网络的优化方法与建议。新乡市的研究将棕色开放空间从隐性变为显性,进一步建立了绿、蓝、灰、棕四色的基本要素体系。

主要结论与收获为：(1)通过历史地图及规划图，再现了新乡市主城区的空间格局及演变过程，并在此基础上形成了对平原类型城市空间发展格局的新认识；(2)无论是新城扩建还是旧城改造都要事先规划开放空间资源的分布与利用；(3)通过交通功能网络的分析研究，评价了新乡市主城区开放空间系统的路网密度、道路拓扑度、承载度、交通成本与人群拥挤度，并提出了相应的优化方案；(4)通过生态功能网络的分析研究，基于基础格网分析了新乡市主城区开放空间的绿化覆盖效果、景观生态格局和影响要素，为"城市双修"提供了依据；(5)通过按格网发放调查问卷进行的社会功能网络分析研究，发现新乡市主城区内对开放空间的满意度存在明显的空间分异，社会交往的需求也不尽相同，老城区及城市边缘区的居民有着较为强烈的交往愿望和改善环境的愿望；(6)根据不同分项的分析结果分别对交通、生态、社会三种功能网络建立指标体系，进行基于格网的量化评价，并根据结果进行分类，使用多重功能网络的叠加分析方法提出了优先级别阵列，设计总体优化的方案，并据此对主城区今后的空间发展策略和不同区域的开放空间建设提出了建议。

我从生态学角度研究城市，觉醒、起步很早。但由于主观上欠缺强有力的驱使，凭的仅仅是个人兴趣，客观上行政工作对专业时间的限制、对学术状态的干扰，致使进展过程很缓慢。如果说我们在城市开放空间系统研究上已占据了学界制高点，而在城市生态学这个层面，并没有达到"集大成"的状态。

9.9　城市犯罪空间

与生态学相比，我的另一个交叉研究领域，觉醒、起步也很早，而且持之以恒，在学科层面的积累达到了一定高度。那就是，犯罪地理学、城市犯罪地理学、城市犯罪空间研究。

1985年，大约在冬季。在一次学术研讨会上认识的祝晓光联系我，欲合作研究犯罪地理学，让我负责城市犯罪这一块。祝晓光其人，时为河北省政府干部，毕业于河北师范大学地理系，对犯罪地理学情有独钟。在他极具诱惑力的鼓动下，我欣然从命，并立即下手干。1986年初我完成了约4万字的研究报告，并立即毫无保留地寄给了他。不料，他却告诉我，由于种种原因，原定合作出书计划搁浅。尽管我对这种结果不以为然，但我理解他，也感谢他。作为学科，他的《犯罪地理学初探》(《高等学校文科学报文摘》1986年第5期)是我国改革开放以来犯罪地理学的第一篇，应该是做了开拓性工作的；作为个人，他是启动我走上城市犯罪地理学研究之路的第一人,这个情分永远不能忘。

于是,我也就终止了对本来就不太经意的城市犯罪问题的关注。

1987年我到美国波士顿大学做访问学者,巍峨如文山、浩瀚若书海的校图书馆是我逗留时间最多的地方。在这个名符其实的知识宝库中,我偶然发现一本美国著名人文地理学者赫伯特(Herbert)1982年的一本书——《城市犯罪地理学》(朗曼出版社)。一读进去,即令我欲罢不能,稍微扩展浏览一下竟发现诸多同类文献。原来我们地理学真的可以为解决城市犯罪问题做出独特的贡献,原来国外的城市犯罪地理学已经做到这步田地!

兴趣被点燃,就要爆发。我的有关犯罪研究的第一篇论文《国外城市犯罪的地理研究》,在国内《人文地理》(原名为《国外人文地理》)1988年第2期上发表,那时我还在美国没回来。此文是那些年国内最早全面介绍西方城市犯罪地理学的文章,在回顾了国外犯罪地理学起源与发展之后,着力介绍并评价了关于城市犯罪的生态因素与行为特征研究、城市犯罪区研究、城市犯罪目标区研究以及可防范空间研究等。最后文章落脚在:地理学独特的空间观念和丰富的研究方法,使它在向犯罪学的渗透中具有广阔的发展空间。

可以说,波士顿大学是我城市犯罪研究的启航地,赫伯特是领我真正走进城市犯罪地理学的导师,那篇文章使我在这条路上一发不可收拾。

那以后,我就再也没有放下。从1989年到2002年这十几年的工夫,是我行政工作压身、学术研究最受挤压的时期,其间,我总共发表了8篇有关城市犯罪的论文。从文章内容和发表时间看,这个过程始终在延续,成果逐渐在积累,学术渐次在深入。2003年1月,我的专著《城市犯罪分析与空间防控》(群众出版社,2003年)问世,可以说,这本书是我从美国回来后13年漫长积累过程的结晶。

再以后,论文发表的时间密度越来越大;2007年我获批一项国家自然科学基金资助项目;2012年我同时在两家出版社出版了两本专著;我的论文开始进入国家、国际学术研讨会交流,我的讲座开始登上研究生的学术论坛;我有了一个力量不俗的学术团队,境外的学术平台向我抛出了交流、合作的橄榄枝……在我国城市犯罪地理学日益隆盛的今天,我作为早期、近期的一个垦荒者,似乎成了定论。至于加到我头上的其他标签,名不副实。

从1988年至今已有30年,城市地理学几乎贯穿我整个学术生涯。此时此刻,梳理一下我的学术思路不无益处。

城市狭小的地域空间里集聚了众多的人口和巨量的物质、能量、财富与信息,是"人地关系"矛盾冲突最为激烈的地域,也是呼唤"人地和谐"最为强烈的地域。这样,一方面,城市以其强大的经济、社会实力、高效的组织管理机能以及优越的成长发育潜势而成为推动人类社会前进的生长核;另一方面,城市又因其固有的缺陷、人为的破坏和演化进程中难以回避的矛盾而成为人类社会所遭受的各种困扰充分表现之地。

高度的繁荣伴随着一连串的"城市问题",人口发展失控、经济结构失调、社会关系失衡、土地负担过重、资源供应紧张、环境质量下降以及就业难、住房难、入学难、就医难、乘车难等等,已成为现代城市虽程度不同却普遍存在的共同"病症"。犯罪,就是植根于这样的社会"病灶"中的一颗"毒瘤",在城镇化进程中,犯罪问题就像幽灵一样困扰着城市的生存和发展。

犯罪是仅次于自然灾害、战争的严重威胁人类生命财产与社会秩序的第三大危害。而且与自然灾害和战争相比,犯罪现象的遍在性与不间断性使其对人类社会具有更大的杀伤力。城市犯罪是深深植根于城市空间地域环境并与各种城市问题相伴而孳生的社会毒瘤,直接侵害的对象是当代人类社会的心脏、大脑和神经中枢——城市。但是,长期以来,我国"创造一个安全的、可防控犯罪的城市空间环境"的工作,却是城市犯罪综合防控体系中最薄弱的环节,科学研究的触角触及这个很有理论、实践和现实意义的领域时,多为偶尔之作、兴趣之作,缺乏系统性、理论性和实践性。

犯罪人、受害者和犯罪场所分别是犯罪行为的主体、受体和载体,从而构成犯罪事件的三个基本要素。城市犯罪的载体——城市犯罪空间,对真正认知犯罪并开展空间防控有着特殊的意义。犯罪行为有显著的动感色彩,而动感的"空间"却是一种很容易被忽视的城市犯罪的本质禀赋。犯罪最直观的表象是犯罪人的主体行为与受害者的受体行为,行为本身当然伴有空间位移,而犯罪场所的载体"行为",即场所的空间形态,往往是主体行为与受体行为相遇、相撞的必要条件。空间既是分析城市犯罪特征的一个视角、影响城市犯罪的一个因素,也是构成犯罪事件的一个要素、实施犯罪防控的一条途径。

在传统犯罪研究中,城市犯罪的空间性往往被遗忘或淡化。对犯罪的载体——犯罪场所的空间环境条件、犯罪行为的空间特征以及从空间角度防控犯罪等研究,没有得到足够的重视。尤其是城市犯罪的空间防控这一实践性极强的应用研究,长期以来处于相当薄弱的状态。这种状况与其说是科学内容的缺失,不如说是科学理念的缺憾。为国民提供一个安全、稳定的生存与发展环境,使国民免受违法犯罪问题的侵扰,已成为建设小康社会、构建和谐社会必须解决的一个重大社会问题。研究城市的犯罪空间并探索城市犯罪空间防控的有效途径,是城市科学与犯罪科学联手拓展的一个重要科学命题。

我研究城市犯罪,实际上是在关注一些与"城市犯罪空间"有密切关联的问题中实施的。

　　我关注的第一个问题:产生城市犯罪问题的根源是什么?这是一个既古老又新鲜的问题,也是犯罪学及其相关学科第一个追根求源的大命题。这个问题说不清,遑论其他?客观地讲,即便当前,犯罪学对城市犯罪根源研究的法理支撑还很软弱。我认为,影响城市犯罪问题的因素是多方面的,多种因素在城市地域上的空间组合,构成了《城市犯罪问题的综合成因》(王发曾:《河南大学学报(自然科学版)》1997年第1期)——此即城市犯罪根源的综合观。该观念强调三个思想内涵。其一,城市犯罪是城市这种特殊的地域实体的一统产物,因此须关注城市犯罪问题作为一个"整体事件"所透析出的综合成因,而不过多关注个别案例的个性成因。其二,当使用综合观这个理论武器去研究犯罪根源时,必须分别从各个影响因素入手,并分析各因素之间的谐振关系。其三,影响城市犯罪问题的诸多因素可归为三大块,即城市发展因素、城市问题因素和城市空间环境因素,它们之间有着千丝万缕的联系,并共同滋生了城市犯罪问题的土壤。其中,"城市空间环境"对犯罪的影响具有特殊的空间意义,应该浓墨重彩地予以专门研究。

　　我关注的第二个问题:城市犯罪问题与城镇化有何关联?20世纪后期至今,随着全球城镇化的快速推进,城市经济、社会、文化和空间结构出现了多元化,城市犯罪问题越来越严重,犯罪率的增长大大高于乡村。深入分析快速城镇化的负面效应,有助于认清所引发的各种"城市病"怎样滋生了犯罪的社会土壤,为客观认识城镇化背景下的城市犯罪问题提供了研究思路。研究可从三方面入手:其一,根据可靠的统计数据,运用适当的定量方法,进行相关分析,科学、准确地认识二者的本质关联;其二,研究犯罪孳生的社会条件与环境,即犯罪"土壤",挖掘快速城镇化进程中的各种矛盾、冲突、失衡与冲击等不和谐因素对犯罪的支撑;其三,研究城镇化进程中犯罪的集聚性、经济性、社会性、时代性、地域性等特征,为解析城市犯罪空间并开展空间防控提供依据。

　　我关注的第三个问题:如何认识城市犯罪空间?城市空间,或曰空间环境,是指围绕着城市人群的近域空间(包括市区和近郊区)及其中可以影响人群生存和发展的各种要素的总和。城市空间必然显现三个基本属性,即空间环境的分异格局、布局形态和相互作用。正是这些基本属性,使得城市犯罪有了比乡村犯罪浓重得多的空间色彩。犯罪案件的发生多是社会、心理、时间、空间4种盲区单独或耦合作用的结果。在城市,4种盲区相互依存、重合叠加、激发诱导,其综合效应加剧了犯罪问题的产生和升级。城市犯罪的空间盲区是客观存在于空间环境中有可能成为犯罪载体的空间隐患,分为公共、非公共、边际、移动和虚拟空间5类。认知空间盲区的致盲因素是解析城市犯罪空间的主要任务,综合治理各类空间盲区是城市犯罪空间防控的落脚点(王发曾:《城市犯罪中的公共空间盲区及其综合治理》,人文地理,2003年第3期)。

我关注的第四个问题:如何认识城市犯罪的空间防控?犯罪防控是犯罪预防与犯罪控制的统一体。所谓城市犯罪的空间防控,是在城市犯罪根源综合观的导引下,客观认识犯罪基本要素的空间行为特征,理清空间环境因素对犯罪的影响,构建空间防控的理论模型;在此基础上,推进新型城镇化,建立犯罪综合防控体系,并通过科学营造良好的空间环境,强化地域单元的科学管理,理顺专门力量的空间配置等,最大限度地消除犯罪基础、防范犯罪发生、抑制犯罪发展和减轻犯罪危害。我们构建的城市犯罪空间防控理论体系,包括4个认识理论要点:其一,城市犯罪空间暗含的犯罪机会是发生犯罪的直接动因;其二,在城市犯罪空间中,各种动因时常处于稳定或非稳定的"紊动"状态;其三,城市犯罪案件的发生由主、客观两方面的因素组成,主观方面是潜在犯罪人的意愿,客观方面即犯罪空间的犯罪机会,包括对潜在犯罪人实施犯罪产生重要影响的目标机会(人)、场景机会(物)和氛围机会(控);其四,犯罪机会控制是一个完整的工作体系,在约束潜在犯罪人的同时,消弭目标机会,消除场景机会,消抵氛围机会,达到城市犯罪空间防控的目的(马少青、刘刚、王发曾:《城中村在城市犯罪中的空间盲区特质分析与犯罪防控》,《云南警官学院学报》2009年第6期)。

我关注的第五个问题:如何实践城市犯罪的空间防控?城市犯罪空间防控理论体系除了回答"是什么""为什么"的问题,更应回答"如何做"。我们构建的城市犯罪空间防控理论体系有5个应用理论要点,可以作为开拓空间防控的具体实施途径:其一,推进新型城镇化,为空间防控打下社会基础;其二,构建城市犯罪综合防控体系,为空间防控框定任务;其三,通过城市规划与设计,提高犯罪空间的"可防控性";其四,通过城市空间地域的防控管理,把空间防控落实到特定地域;其五,通过城市警务配置的空间重构,提高专门力量的空间防控水平。这5条途径构成了城市犯罪空间防控的"实践论",其中最具有实践意义的是犯罪空间盲区的综合治理。

我关注的第六个问题:如何认识城市犯罪的空间盲区?犯罪问题中的空间盲区是指那些不易被公共防控系统或个体防控行为所察觉的、"有利于"犯罪发生而可能成为犯罪场所的空间。可以说,整个城市犯罪问题、局部的犯罪高发区(点)以及犯罪的个案等都与各种类型的空间盲区有着十分深刻的直接或间接关系。公共空间是城市最为显性的空间形态,其盲区可分为交通性、服务性和休憩性公共空间盲区。非公共空间是以各类封闭性建筑及其紧邻周边为依托的空间,其盲区可分为纯粹性、间接性和过渡性非公共空间盲区。边际空间是存在于不同功能分区、不同社区、不同街坊、不同企事业单位、城区与郊区、城市与农村之间的交接地带的空间形态，其盲区分为线型、面型和带型边际空间盲区。移动空间是指城市公共交通载体的内部空间，其盲区可分为轨道、道路和离陆移动空间盲区。虚拟空间是承载各种信息及信息运动的空间形态，其盲区可分为计算机、电子音像与纸介质文图、邮电通信和凭证虚拟空间盲区。不同类型的空间盲区，其表现形式有很大差异，形成与转化为犯罪载体的内在机理也完全不同。

我关注的第七个问题，也是最后一个问题：如何综合治理城市犯罪的空间盲区？把对城市犯罪空间防控的关注聚焦到犯罪载体，就必然最终聚焦到犯罪的空间盲区。空间盲区的综合治理是城市犯罪空间防控的焦点，是城市犯罪空间研究的重要内容。综合治理的目标是消除内、外环境中的空间隐患，树立环境中人的自我防控与公共防控意识，从根本上祛除滋生犯罪载体的基础与条件。研究空间盲区综合治理的技术路线为：在充分认知各种空间盲区的基础上，厘清综合治理的基本理念，探索综合治理的主要途径，进而提出综合治理的关键措施。由于各种空间盲区的类型、内在禀赋、存在状态以及对犯罪的影响千差万别，综合治理的理念、途径与措施不能一概而论。因此，综合治理空间盲区必须要有清醒的认识、统一的部署和务实的举措；否则，不仅发挥不了犯罪空间防控的预期效应，还会干扰城市的正常运转。

以上七个问题，实际上是解读"城市犯罪空间"这个中心论题的研究思路与技术路线，是一个完整的逻辑链条。在这个链条中，第一、二两个问题关注城市犯罪的根源、城市犯罪问题与城镇化的关系，属立论环节，是逻辑链条的"出发点"；第三、四、六三个问题关注城市犯罪空间、犯罪空间防控、犯罪空间盲区，属认识论环节，是逻辑链条的"路径"；第五、七两个问题关注实施犯罪空间防控、综合治理犯罪空间盲区，属实践论环节，是逻辑链条的"落脚点"。

30多年来，我在这个领域里的耕耘，有了比较丰硕的收获。

总共发表了二十来篇学术论文。其中，《我国城市犯罪空间防控研究二十年》（《人文地理》2010年第4期）是一篇全面透视我国世纪之交二十年来城市犯罪空间防控研究进展的论文。内容为：(1)溯源——学习与批判。国外的犯罪原因传统理论、犯罪新理论和城市犯罪空间理论等，为我国城市犯罪空间防控研究提供了理论素养和反面教训。(2)历程——理念与实践。城市犯罪空间防控研究从介绍国外研究成果并蕴育科学理念，到结合中国国情尝试应用实践，再到初步提出理论体系，经历了一个短暂而并不缓慢的发展历程。(3)凝练——概念与框架。理清了空间防控的概念内涵、理论要点,阐明了空间防控的不可替代性。(4)展望——拓展与深化。我国城镇化的客观需求必将为空间防控研究提供强大的推动力,地理学必将在空间防控研究领域里取得重大而独特的成就。

我承担并完成了一项省教育厅研究项目、一项国家自然科学基金项目。后者是我的第三项国家自然科学基金项目,课题名为"我国城镇化进程中的城市犯罪空间盲区分析及其综合治理"(D0107,40771065,2008~2010)。我主持,课题组成员有徐晓霞、闫卫阳、刘静玉、赵威、陈蜀园、赵呐、王胜男、马少春、程金龙、郭志富、李猛,资助金额30万元。研究内容为:通过文献述评、代表性城市调研和典型案例分析,运用地理信息技术、空间句法技术和城市空间设计技术,重点研究了城市犯罪空间盲区的不同类型、形成机理、表现特征和影响机制,设计了综合治理空间盲区的途径、理念、重点和措施。研究工作取得了如下进展:理清了我国快速城镇化背景下的城市犯罪问题的状况;构建了我国城市犯罪空间防控的理论框架,开辟了实践途径;构建了城市犯罪空间盲区分析与综合治理的法理基础与科学平台;理清了城市犯罪空间盲区的分析思路,开辟了盲区综合治理的实施路径;完善了城市犯罪地理学的理论体系,提升了学科的实践价值。为了支撑研究工作,收集、整理了1300余份纸质和电子参考文献,收集了400余份实际犯罪案例并从中精选100份经典案例,建立了项目工作室,研制了"项目管理信息库"。本项目为城市规划、建设、管理和建筑设计开展犯罪的空间防控,为清除各类犯罪空间盲区隐患,为安全文明社区建设,提供了理论依据、工作途径和具体措施。项目组成员正式发表13篇学术论文,撰写了《项目研究报告》(上、下册),这些成果为完善和丰富犯罪地理学的理论、方法论体系,为创建城市的可防控空间、进而解决城市犯罪问题,做出了应有贡献。按时报送《结题报告》以及相关成果后,2011年4月22日,国家基金委地学部书面通知我:已审核完毕,准予结题。为了给参加的青年教师和博士生做出示范,我设计了一整套工作方案和流程,并建立了相关信息系统。该项目的最终成果于2012年在商务出版社正式出版。

撰写、出版了3部著作。《城市犯罪分析与空间防控》(王发曾著,北京:群众出版社,2003年1月)。全书29万字,印数6000册,定价23.8元。该书包含4章:(1)城市犯罪特征分析;(2)城市犯罪成因分析;(3)城市犯罪要素分析;(4)城市犯罪的空间防控。群众出版社是我国公安、政法类书籍影响最大的专业出版社,本书获得全国出版系统"优秀出版物"荣誉。

《城市犯罪的空间盲区及其综合治理》(王发曾等著,北京:商务印书馆,2012年9月),是国家自然科学基金项目的最终成果,全书约70万字,印数4000册,定价98元。该书共分9章:(1)我国城镇化背景下的城市犯罪问题;(2)城市犯罪空间盲区分析与综合治理的法理基础;(3)城市犯罪空间防控分析与综合治理的科学平台;(4)城市犯罪空间盲区分析与综合治理的关键技术;(5)城市犯罪的公共空间盲区分析与综合治理;(6)城市犯罪的非公共空间盲区分析与综合治理;(7)城市犯罪的边际空间盲区分析与综合治理;(8)城市犯罪的移动空间盲区分析与综合治理;(9)城市犯罪的虚拟空间盲区分析与综合治理。商务印书馆是我国历史悠久、影响巨大的综合类出版社,本书在商务的立项很顺利。

《城市犯罪空间》(王发曾著,南京:东南大学出版社,2012年6月),全书43万字,印数4000册,定价49元。该书共分为7章:(1)城市犯罪的根源;(2)城市犯罪问题与城镇化;(3)城市犯罪的空间解析;(4)城市犯罪空间防控的认识论;(5)城市犯罪空间防控的实践论;(6)城市犯罪的空间盲区解析;(7)城市犯罪空间盲区的综合治理;(8)城市犯罪案例解析。此书是应清华大学顾朝林教授之邀,作为他主编的《城市与区域空间研究前沿丛书》之一,在东南大学出版社出版。

城市犯罪的研究成果先后获得6项各类科研奖励,其中《城市犯罪分析与空间防控》一书获得河南省社会科学优秀成果一等奖。2017年10月,我的学生在网上见到一份"中国哲学社会科学最有影响力学者榜单",分学科前50名学者上榜。我在"公安"学科,排第20名。

9.10 足迹

30年求索,我在上述8个命题上留下密密麻麻的脚印。

发表论文

1.王发曾.城市系统合理规模预测——以开封市为例.河南大学学报(自然科学版),1986(1).独著.

2.王发曾.开封市的衰落与振兴.城市问题,1986(3).独著.

3.王发曾.西峡县集镇群研究.河南大学学报(自然科学版),1987(1).独著.

4.王发曾.西峡县自然资源综合开发利用的科学论证.河南大学学报(自然科学版),1987(1).集体.

5.王发曾.西峡县自然资源加工利用的生产布局结构.河南大学学报(自然科学版),1987(3).独著.

6.王发曾.国土规划中的城镇群规划.地域研究与开发,1987(4).独著.

7.王发曾.发展中国家城市住宅市场考察.城市问题,1988(4).独著.

8.王发曾.城镇体系研究中的若干问题.河南大学学报(自然科学版),

1988(3).独著.

9.王发曾.国外城市犯罪的地理研究.人文地理,1988(2).独著.

10.王发曾.西方区域发展差异理论评介与质疑.地域研究与开发,1989(3).独著.

11.王发曾.现代生态学的发展趋势.河南大学学报(自然科学版),1989(3).独著.

12.王发曾.国外城市居住功能的空间研究.城市规划汇刊,1989(5).独著.

13.王发曾.城市人口估测——多光谱遥感影象分析.城市环境与城市生态,1990(3).独著.

14.王发曾.城镇体系分析实用方法与模型(一,二).城市问题,1990(4,5).独著.

15.王发曾.现代地理学的生态研究方向——人类生态学辨析.河南大学学报(自然科学版),1990(4).独著.

16.王发曾.城市生态系统综合评价与调控.城市环境与城市生态,1991(2).独著.

17.王发曾.河南省国土开发的空间地域结构.地理学与国土研究,1991(2).独著.

18.王发曾.人类生态学辨析.地球科学进展,1991(3).独著.

19.王发曾.郑州市道路交通系统总体评价与目标优化.城市问题,1991(3).独著.

20.王发曾.河南省经济发展的空间组织.中州学刊,1991(4).独著.

21.王发曾.论聚落演化规律与成长机制.学术论坛,1991(5).独著.

22.王发曾.论城镇体系的发展与调控.社会科学,1991(6).独著.

23.王发曾.关于我国地理科学跨世纪发展的五点意见.地球科学进展,1991(6).独著.

24.王发曾.城市犯罪的地理特征.河南大学学报(自然科学版),1992(1).独著.

25.王发曾.河南省城市体系功能组织研究.地理学报,1992(3).第一作者.

26.王发曾.城市犯罪发展趋势预测.城市问题,1992(6).独著.

27.王发曾.城市土地有偿使用的理论基础——浅论城市土地价值及其表现形式.城市规划汇刊,1993(1).独著.

28.王发曾.专家笔谈:市场经济与区域开发.地域研究与开发,1993(1).独著.

29.王发曾.建立城市体系等级层次的理论和方法——以河南省城市体

系为例.地域研究与开发,1993(2).独著.

30.王发曾.新设城市的综合决策研究.城市规划汇刊,1993(3).第二作者.

31.王发曾.市场经济与经济地理学理论更新.经济地理,1993(3).独著.

32.王发曾.青岛三资企业的发展及其用地问题.城市问题,1993(5).第一作者.

33.王发曾.河南城市发展与布局的历史启示.城市问题,1994(1).独著.

34.王发曾.生态农业经营效益的综合评价.农业系统科学与综合研究,1994(1).独著.

35.王发曾.乡村地区生态建设宏观优化——农业防灾、减灾的根本措施.河南省农业防灾减灾学术研讨会论文集(中国科技出版社,1993年6月).独著.

36.The Function of Henan Urban System. Urban Development in China and South East Asia(德国不来梅出版社,1993年8月).独著.

37.王发曾.城市公安机构布局调整的必要性与方法.城市问题,1995(1).独著.

38.王发曾.专家笔谈:科教兴国与区域发展.地域研究与开发,1996(3).独著.

39.王发曾.城市生态系统基本理论问题辨析.城市规划汇刊,1997(1).独著.

40.王发曾.城市犯罪成因的综合观.河南大学学报(自然科学版),1997(1).独著.

41.王发曾.中原城市群可持续发展的战略研究.区域可持续发展理论、方法与应用研究(河南大学出版社,1997年9月).第二作者。

42.王发曾.开封市生态系统优化的关键措施.城市环境与城市生态,1999(2).独著。

43.王发曾.21世纪初期河南城市区域化发展的重点问题研究.地域研究与开发,1999(2).独著.

44.王发曾.试论城市化深层次发展的两种途径.迈向21世纪的中国:城乡与区域发展(香港中文大学出版社,1999年7月).独著.

45.王发曾.实验教学在素质教育中的地位、作用及其载体建设.实验室研究与探索,2000(4).独著.

46.王发曾.城市空间环境对城市犯罪的影响.人文地理,2001(2).独著.

47.王发曾.创建安全文明地域:防控城市犯罪的有效途径.城市问题,2002(3).独著.

48.王发曾.城市犯罪中的非公共盲区及其综合治理.人文地理,2002(4).独著.

49.王发曾.实验教学在素质教育中的地位、作用及其载体建设.当代教育,2002(17).独著.

50.王发曾.城市发展与城市犯罪问题.社会科学研究,2003(2).独著.

51.王发曾.城市犯罪中的公共空间盲区及其综合治理.人文地理,2003(3).独著.

52.王发曾.城市犯罪的虚拟空间盲区及其综合治理.犯罪与改造研究,2003(3).独著.

53.王发曾.中原城市群的功能联系与结构的有序升级.河南大学学报(自然科学版),2003(6).第二作者.

53.王发曾.论城市犯罪的空间防控.地理科学,2003(6).独著.

54.王发曾.21世纪发展中国家城市的深层次发展.经济地理,2003(10).独著.

55.王发曾.城市化进程中的社会与文化问题对城市犯罪的影响.社会科学研究,2004(3).独著.

56.王发曾.城市犯罪中的边际空间盲区及其综合治理.人文地理,2004(3).独著.

57.王发曾.开封市生态城市建设中的开放空间系统优化.地理研究,2004(5).独著.

58.王发曾.城市开放空间的空间结构与功能分析.地域研究与开发,2004(10).第二作者.

59.王发曾.城市群形成发展的动力机制研究.开发研究,2004(6).独著.

60.王发曾.人本、文化、生态、超前、务实——小城镇新区规划设计的原则.小城镇建设,2004(12).第二作者.

61.王发曾.开封市开放空间系统的设计与营建.地域研究与开发,2005(1).独著.

62.王发曾.基于生态学思考的小城镇新区规划设计新理念.生态经济,2005(5).第二作者.

63.王发曾.论我国城市开放空间系统的优化.人文地理,2005(2).独著.

64.王发曾.我国城市群经济整合的理论与实践.城市发展研究,2005(4).第二作者.

65.王发曾.我国城市群经济整合的理论分析.地理与地理信息科学,2005(5).第二作者.

66.王发曾.基于空间信息技术的城市开放空间信息系统设计.地域研究

与开发,2005(5).第二作者。

67.王发曾.我国城市可持续发展中的开放空间营建.2005(增),第一作者.

68.王发曾.河南省中心城市竞争力研究.信阳师范学院学报,2006(1).第二作者.

69.王发曾.全球化下的我国城市开放空间系统的优化.全球化下的中国城市发展与规划教育(中国建筑工业出版社,2006年3月).独著.

70.王发曾.我国生态城市建设的时代意义、科学理念与准则.地理科学进展,2006(2).独著.

71.王发曾.经济转型期中原城市群地区城镇规模结构演变分析.人文地理,2006(3).第二作者.

72.王发曾.城市建筑空间设计的犯罪防控效应.地理研究,2006(4).独著.

73.王发曾.我国城市开放空间的生态设计.生态经济,2006(9).第二作者.

74.王发曾.洛阳城市生态系统分析与生态城市建设的关键问题.地域研究与开发,2007(1).第一作者.

75.王发曾.河南省城乡关联发展综合评价.西北大学学报,2007(1).通讯作者.

76.王发曾.河南省城市综合实力评价与空间影响力分析.河南大学学报(自然科学版),2007(2).第二作者.

77.王发曾.中部六省城市体系规模序列研究.地域研究与开发,2007(2).通讯作者.

78.王发曾.基于城市群整合发展的中原地区城市体系结构优化.地理研究,2007(4).第一作者.

79.王发曾.城市犯罪中的特殊空间盲区的综合治理.华东政法大学学报,2007(5).独著.

80.王发曾.中原城市群城镇体系空间结构分形特征及优化启示.河南科学,2007(5).第二作者.

81.王发曾.中原城市群整合研究报告.中原崛起的战略思考(中国统计出版社,2007年6月).第一作者.

82.王发曾.中原城市群整合发展研究.河南发展研究报告(河南人民出版社,2007年8月).第一作者.

83.王发曾.城市犯罪的移动空间盲区及其综合治理.河北法学,2007(11).独著.

84. Luoyang Dual Spatial Criterion Ecological City Constraction. Chinese Journal of Population, Resources and Environment,2007(3).第一作者.

85.王发曾.我国城市群整合发展的基础与实践道路.地理科学进展,2007(5).第一作者.

86.王发曾.推进我国城镇化进程健康发展的必经之路.中国人口.资源与环境,2007年(5).独著.

87.王发曾.城市发展进程中的犯罪问题究因.中洲学刊,2008(1).独著.

88.王发曾.历史文化名城开封与洛阳的当代发展轨迹及启示.地域研究与开发,2008(2).第二作者.

89.王发曾.近20年来中原城市群城市规模结构的演变特征分析.河南科学,2008(6).第二作者.

90.王发曾.洛阳市双重空间尺度的生态城市建设.人文地理,2008(3).独著.

91.王发曾.城镇化进程中的政治与经济问题对城市犯罪的影响.河北法学,2008(10).独著.

92.王发曾.中原城市群轨道交通干线选择研究——基于图论最小生成树 Kriskal 算法.地域研究与开发,2008(5).第二作者.

93.王发曾.中原城市群整合发展的关键问题研究.经济地理,2008(5).第一作者.

94.王发曾.中原城市群土地资源综合利用的整合.资源导刊,2008(10).第一作者.

95.王发曾.构建我国城镇化进程的承载平台.甘肃社会科学,2008(6).独著.

96.王发曾.开封城市绿地空间布局的优化.安徽农业科学,2008(36).通讯作者.

97.王发曾.开封市景观生态优化.河南科学,2009(4).第二作者.

98.王发曾.构建现代城镇体系,实施中心带动战略.郑州航空工业管理学院学报,2009(3).独著.

99.王发曾.城市规划与设计的犯罪防控效应.河北法学,2009(11).独著.

100.王发曾.河南城镇化进程中政府干预度的实证分析.地域研究与开发,2009(5).第二作者.

101.王发曾.山东省城市规模结构及其分形特征.河南科学,2009(10).第二作者.

102.王发曾.基于中部地区崛起的城市群整合发展.人文地理,2009(5).

第一作者.

103.王发曾.旅游形象的影响因素与塑造策略.经济地理,2009(10).第二作者.

104.王发曾.城市空间相互作用理论模型的演进与机理.地理科学进展,2009(4).第二作者.

105.王发曾.城中村在城市犯罪中的空间盲区特质分析与犯罪防控.云南警官学院学报,2009(6).通讯作者.

106.王发曾.郑州城市边缘区的空间演变、扩展与优化.地域研究与开发,2009(6).第一作者.

107.王发曾.城市犯罪空间盲区的综合治理研究.地理研究,2010(1).独著.

108.王发曾.我国城市群发展中的物流、信息流整合.地域研究与开发,2010(3).第一作者.

109.王发曾.山东半岛、中原、关中城市群地区的城镇化状态与动力机制.经济地理,2010(6).第一作者.

110.王发曾.我国城市犯罪空间防控研究二十年.人文地理,2010(4).独著.

111.王发曾.中原经济区的新型城镇化之路.经济地理,2010(12).独著.

112.王发曾.中原城市群城市竞争力的评价与时空演变.地理研究,2011(1).第一作者.

113.王发曾.省域城市群深度整合的理论与实践研究——以中原城市群为例.地理科学,2011(3).第一作者.

114.王发曾.中原经济区的"三化"协调发展之路.河南日报,2011年10月9日08版(理论版).独著。

115.王发曾.中原城市群的深度整合:内聚、外联与提升.中州学刊,2011(6).独著.

116.王发曾.城乡结合部的犯罪机会控制与空间综合治理.人文地理,2011(2).第二作者.

117.王发曾.新型城镇化,"三化"协调发展的引擎.中州建设,2011(23).独著.

118.王发曾.中原经济区"三化"协调发展之宏观方略.河南经济发展报告(社科文献出版社,2011年12月).独著.

119.王发曾.中原经济区等.解读中原经济区(河南人民出版社,2011年3月).独著.

120.王发曾.城市-区域系统内涵与机理研究——从城市、城市体系、城市群到城市-区域系统.人文地理,2012(2).通讯作者.

121.王发曾.中原经济区"三化"协调发展之路.人文地理,2012(3).独著.

122.王发曾.洛阳市区绿色开放空间系统的动态演变与功能优化.地理研究,2012(7).第一作者.

123.王发曾.交通性公共空间盲区及其综合治理.城市问题,2012(6).第二作者.

124.王发曾.新型城镇化:中原经济区三化协调发展的引擎.中州建设,2012(13).独著.

125.王发曾.中原经济区建设需全面融入信息化元素.河南日报,2013年5月8日11版(理论版).独著.

126.王发曾.中原城市群多中心网络式空间发展模式研究.地理科学,2012(12).通讯作者.

127.王发曾.我国中部地区经济密度的时空分异研究.经济地理,2013(5).通讯作者.

128.王发曾.中原经济区现代城镇体系的规模与等级结构研究.中国人口.资源与环境,2013(5).通讯作者.

129.王发曾.郑州都市区镇域经济差异的空间分析.经济地理,2013(7).通讯作者.

130.王发曾.中原经济区"三化"协调的内在机理与定量分析.地理科学,2013(4).通讯作者.

131.王发曾.开封市开放空间视觉感知立面评价.城市问题,2013(8).通讯作者.

132.王发曾.三化协调与四化同步:中原经济区的战略选择.地域研究与开发,2013(5).独著.

133.王发曾.我国城市-区域系统研究30年.中国城市研究.2013(6).第一作者.

134.王发曾.河南省城乡统筹发展的时空特征与定位推进.人文地理,2013(4).第二作者.

135.王发曾.中原经济区城市体系空间组织.地理科学进展,2014(2).第一作者.

136.王发曾.科学谋划大郑州都市地区.河南日报,2014年2月12日04版(理论版).独著.

137.王发曾.河南省城镇体系等级层次结构研究——基于河南省新型城镇化战略分析.地域研究与开发,2014(1).通讯作者.

138.王发曾.信阳城市宜居性与经济协调发展定量分析.中国人口.资源

与环境,2014(5).第二作者.

139.王发曾.从规划到实施的新型城镇化.河南科学,2014,(6).独著.

140.王发曾.科学确定农业转移人口的落户限制.河南日报,2014年5月23日13版(理论版).独著.

141.王发曾."跨越"是开封新市区发展的必由之路.河南日报,2014年10月15日10版(理论版).独著.

142.王发曾.中原经济区城市空间联系及其网络格局分析.经济地理,2014(7).通讯作者.

143.王发曾.中原经济区县域经济密度的空间分异及影响因素.经济地理,2014(9).通讯作者.

144.王发曾.中原经济区粮食生产格局变化研究.河南大学学报(自然科学版),2014(2).通讯作者.

145.王发曾.城镇网络化:我国西部地区城镇化的新途径.河南大学学报(自然科学版),2014(1).第二作者.

146.王发曾.山西省县域粮食生产时空格局及影响因子分析.广东农业科学,2014(13).通讯作者.

147.王发曾.河南省县域城镇化的时空差异及影响因素.河南科学,2014(4).通讯作者.

148.王发曾.河南省城镇化质量空间格局演变.地理科学进展,2015(2).通讯作者.

149.王发曾.基于突变级数理论的太原经济圈城镇化水平研究.资源开发与市场,201(11).通讯作者.

150.王发曾.王发曾.一带一路战略重构地域发展格局.河南日报,2015年5月29日06版(理论版).独著。

151.王发曾.丝路经济带战略的河南行动.地域研究与开发,2017(2).第一作者.

出版著作

1.王发曾.人文地理——社会.文化与空间(译作).北京师范大学出版社,1988年11月.第二作者.

2.王发曾.区域开发与规划.广东教育出版社,1991年12月.副主编.

3.王发曾.现代人文地理学.河南大学出版社,1992年5月.第二作者.

4.王发曾.河南区域经济开发研究.河南大学出版社,1993年12月.第二作者.

5.王发曾.河南城市的整体发展与布局.河南教育出版社,1994年10月.

独著.

6.王发曾.省域新设城市综合研究.河南大学出版社,1994年5月.第一作者.

7.王发曾.高等教育研究(第一辑～第七辑).河南大学出版社,2001～2005年.主编.

8.王发曾.城市犯罪分析与空间防控.群众出版社,2003年1月.独著.

9.王发曾.中原城市群整合研究.科学出版社,2007年9月.第一作者.

10.王发曾.城市犯罪空间.东南大学出版社,2012年6月.独著.

11.王发曾.新型城镇化引领三化协调科学发展.人民出版社,2012年.主编.

12.王发曾.我国城镇化背景下的城市犯罪的空间盲区及其综合治理.商务印书馆,2012年9月.主编.

13.王发曾.中原经济区主体区现代城镇体系研究.科学出版社,2014年1月.主编.

14.王发曾.中原经济区建设热点问题解读,2016年1月,编委.

15.王发曾.城市-区域系统综合发展的理论与实践.中国经济出版社,2017年12,合著,第二作者。

科研项目

1.王发曾.南方山区自然资源综合考察(工业与城镇).中科院国家科委综考会项目,1985年.

2.王发曾.河南省城市体系的发展机理与调控方法研究.国家自然科学基金项目.1988～1993年.

3.王发曾.开封市阳光街区分区规划.开封市规划局项目,1989年.

4.王发曾.豫西伏牛山区自然资源与经济开发研究.河南省农业区划办项目,1989～1990年.

5.王发曾.豫西黄土丘陵区农村经济综合发展规划.河南省农业区划办项目,1989～1990年.

6.王发曾.中心城市系统分析的理论、方法与模型研究.河南省教委基础研究项目,1990～1991年.

7.王发曾.人类生态学前沿理论问题及其实际验证研究.河南省教委基础研究项目,1991～1993年.

8.王发曾.河南新设城市预测与规划.国家民政部、河南省政府应用项目,1993年.

9.王发曾.长垣县县城区土地定级估价.河南省土地局、长垣县土地局项目,1994年.

10.王发曾.河南人口.资源.环境协调发展研究.河南省科委自然科学基金项目,1994年.

11.王发曾.我国城市人工物质要素的空间设计及其环境质量效应研究.国家自然科学基金项目,1994～1997年.

12.王发曾.开封市域城镇体系规划.开封市政府项目,1995年.

13.王发曾.河南省城市职能更新与城市可持续发展研究.河南省科委自然科学基金项目,1997～1999年.

14.王发曾.河南省城市体系规划.河南省建设厅项目,1998年.

15.王发曾.现代城市开放空间系统的规划与设计.河南省科委自然科学基金项目,2000～2002年.

16.王发曾.河南省高等教育理工科培养模式改革.河南省教育厅面向21世纪教学改革项目,1999～2001年.

17.王发曾.城市生态系统的分析、评价与生态城市建设研究.河南省科技厅自然科学基金项目,2003～2005年.

18.王发曾.河南省行政区划调整规划研究.国家民政部项目,河南省政府负责立项,2003～2004年.

19.王发曾.黄河与开封城市演变及流域生态城市发展研究.河南省重点学科研究项目子课题,2003～2005年.

20.王发曾.中原城市群整合研究.河南省第一次全国经济普查专题研究课题.2005～2006年.

21.王发曾.城市犯罪盲区分析及其综合治理研究.河南大学校内基金专项重点资助课题,2005～2007年.

22.王发曾.面向"中原崛起"的河南省高等教育发展研究.河南省高等教育教学改革重点项目,2006～2008年.

23.王发曾.中原崛起的指标体系构建.河南省发改委专题研究项目,2006～2007年.

24.王发曾.我国城镇化进程中的城市犯罪空间盲区分析及其综合治理.国家自然科学基金项目,2008～2010年.

25.王发曾.中原城市群产业融合问题研究.河南省政府决策研究招标课题,2008年.

26.王发曾.河南省现代城镇体系建设研究.河南省软科学投招标项目,2009～2011年.

27.王发曾.安阳市文峰区十二五规划研究.安阳市文峰区发改委项目,2011年.

28.王发曾.中原经济区研究.河南省委、省政府专项研究,2010年.

29.王发曾.鹤淇一体化发展研究.鹤壁市住建局项目,2011年.

30.王发曾.河南省现代城镇体系协同发展研究.河南省委、省政府"中原经济区重大系列问题研究"项目,2012年.

31.王发曾.新型城镇化引领三化协调科学发展.河南省社科规划办重大招标项目,2012~2014年.

科研奖励

1.王发曾.西峡县自然资源综合开发利用的科学论证.河南省自然科学优秀论文三等奖,1989年11月.

2.王发曾.工业布局的市场因素分析.河南省青年地理工作者优秀论文奖,1987年9月.

3.王发曾.国外城市居住功能的空间研究.河南省教委科学论文二等奖,1990年7月.

4.王发曾.豫西伏牛山区自然资源与经济开发研究.河南省农业区划委员会重大科技成果二等奖,1991年3月.

5.王发曾.豫西黄土丘陵区农村经济综合发展规划.河南省农业区划委员会重大科技成果二等奖,1991年3月.

6.王发曾.西方区域发展差异理论的评介与质疑.河南大学优秀科研成果二等奖,1991年9月.

7.王发曾.城市生态系统的综合评价与调控.河南省教委优秀论文二等奖,1992年4月.

8.王发曾.人文地理学课程教学改革.河南大学优秀教学成果二等奖,1993年月.

9.王发曾.河南省城市体系功能组织研究.河南大学优秀科研论文奖,1993年9月.

10.王发曾.河南省城市体系功能组织研究.中国地理学会城市地理专业委员会、全国高校人文地理教学研究会优秀论文一等奖,1993年5月.

11.王发曾.河南区域经济开发研究.河南省实用社会科学荣誉奖,1994年12月.

12.王发曾.河南省设市预测与规划.河南省实用社会科学荣誉奖,1995年12月.

13.王发曾.河南城市的整体发展与布局.河南省社科联优秀成果荣誉奖,1997年1月.

14.王发曾.培养一专多能的复合型人才.河南省优秀教学成果特等奖,

1997年9月.

15.王发曾.城市犯罪成因的综合观.中国城镇科技信息丛书编委会科技成果二等奖,1998年3月.

16.王发曾.河南人口.资源.环境丛书.河南省科技进步二等奖,1998年12月.

17.王发曾.市场经济与经济地理学理论更新.中国地理学会、湖南经济地理研究所优秀论文三等奖,2000年11月.

18.王发曾.城市空间环境对城市犯罪的影响.河南省社科联优秀成果一等奖,2002年7月.

19.王发曾.城市空间环境对城市犯罪的影响.河南省社会科学优秀成果二等奖,2002年8月.

20.王发曾.开封市生态系统优化的关键措施.河南省第八届自然科学优秀学术论文二等奖,2003年7月.

21.王发曾.实验教学在素质教育中的地位、作用及其载体建设.河南省教育科学研究成果一等奖,2003年8月.

22.王发曾.创建安全文明地域:防控城市犯罪的有效途径.河南省教育厅人文社会科学研究秀成果一等奖,2003年9月.

23.王发曾.城市犯罪分析与空间防控.河南省社会科学优秀成果一等奖,2004年9月.

24.王发曾.城市发展与城市犯罪问题.河南省教育厅人文社会科学研究成果奖一等奖,2004年7月.

25.王发曾.地方综合性院校新世纪创新人才培养的研究与实践.河南省优秀教学成果特等奖,2005年5月.

26.王发曾.地方综合性院校新世纪创新人才培养的研究与实践.高等教育国家级优秀教学成果二等奖,2005年7月.

27.王发曾.论我国城市开放空间系统的优化.河南省社会科学优秀成果三等奖,2006年6月.

28.王发曾.开封市生态城市建设中的开放空间系统系统优化.河南省第九届自然科学优学术论文一等奖,2006年7月.

29.王发曾.开封市生态城市建设中的开放空间系统系统优化.河南省教育系统科研奖励优秀科技论文奖二等奖,2006年8月.

30.王发曾.开封市开放空间系统的设计与营建.河南省教育厅人文社会科学研究优秀成果二等奖.2006年9月.

31.王发曾.中原城市群整合研究.河南省全国第一次经济普查专题研究成果三等奖,2006年10月8日,"

32.王发曾.中原城市群整合研究.河南省发展研究奖三等奖,2007年8月.

33.王发曾.中原城市群整合发展研究.开封市第十届社会科学优秀成果一等奖,2008年7月.

34.王发曾.中原城市群整合研究.河南省教育厅2011年度科技成果奖一等奖,2011年6月。

35.王发曾.高等教育在中原崛起中的地位、作用研究.河南大学优秀教学成果特等奖,2011年10月.

36.王发曾.中原经济区研究.第二届河南省经济年度特别贡献奖,2012年3月.

37.王发曾.2010年河南省优秀博士论文(王胜男).优秀学位论文指导教师奖,2012年9月.

38.王发曾.新型城镇化引领三化协调科学发展.河南省社会科学优秀成果特等奖,2013年9月.

第 10 章　河大人

10.1　耳顺心顺

子曰:"六十而耳顺。"2006～2017 年,我 59～70 岁。这 11 年,我整体进入耳顺。据解释,人过六十,就可以听得进不同意见,能够清楚理解听到的别人的话,并能从中明辨是非,是为"耳顺"。或曰,六十岁后个人的修行成熟,不仅没有不顺耳之言,而且听得进逆耳之言,连詈骂之声也无所谓,是所谓"心顺"。由此,"耳顺"成了六十岁的代称,六十岁也可称为"花甲之年""杖乡之年"(还乡之年)等。耳顺的最高境界是"心顺",即一切都看开了、想开了,为"从心所欲"甚至"随心所欲"做好了心理准备。

听这意思,过了六十,人生的事业走到了尽头,弓藏梁上、马放南山,一切都无所谓了。我国当代的人事制度把六十岁当作退休的年龄,有一定道理。可我心有不甘,我在盼望人生的第二春,渴望再延长十年有效生命。这不仅仅是十年滞后引起的心理效应,也是我的人生观、世界观和价值观使然。

这个世界在变,每个人都在变,我也在变。

2006 年 5 月 16 日,离我初任河大副校长整整十年,我改任副校级调研员。2006 年 3 月,换届之前,在省委组织部主持下,我们经历了最后一次在中层干部面前的"述职报告",要求讲述 2001 年 9 月以来的情况。看来大家都有一肚子话要说,讲者话多、情绪激动,听者耐心、情绪热烈。

轮到我讲,我先以此开场:截至今天,我做了 30 年的河大人、26 年的河大教师、10 年的河大副校长,先后分管过 15 个部门,还当过 3 个委员会的主任,对这个学校的解读、对自己工作历程的体验有许多感悟。围绕"我是河大人"这个主旨,我报告了 3 个问题:(1)高歌猛进的河大是我最大的荣耀;(2)广泛参与河大的建设是我最大的幸福;(3)河大的可持续发展是我最大的心愿。

在"高歌猛进的河大是我最大的荣耀"部分,我简单回顾了30年来河大发展经历的3次重大挑战,指出近5年的这一届党政班子、这一时期的河大人,心理上承受着巨大的压力、肩膀上担负着沉重的担子。我自豪地说,我们努力了,我们取得了理应取得的成绩。短短几年里,河大在规模扩张、内涵优化、高层次突破和教育教学改革等方面的发展令人欣喜振奋,河大人艰苦的奋斗历程令人荡气回肠,我们没有辜负"河大人"这个浸透了荣誉和辛酸的称号!

在"广泛参与河大的建设是我最大的幸福"部分,我充满感情地说,河南大学悠长、厚重、精彩、包容的大环境使生活、工作于斯的我,始终有一种挥之不去的幸福感。我为我是河大的孩子而幸福,我为我能全方位地参与促进母亲更伟大、更美丽的建设工程而幸福。在广泛参与河大发展的进程中,我获得了求之不易的磨炼、锤炼和历练。在这个进程中,有作为也有未作为,有成绩也有失误,有经验也有教训。在重点总结了这几年财务工作的得失以后,我检讨自己:我是个自信的有时又是盲目的河大至上主义者,理想主义的色彩比较浓厚,由此而产生了思想作风、工作作风的诸多毛病。例如,缺乏系统的理论学习,解放思想不到位,创新思维不清晰,调查研究不深入,处理难题不冷静,批评人不讲分寸,行政工作与自己的教学科研业务之间的关系处理得不好,等等。我感谢方方面面对我的理解、帮助、关心、爱护、宽容和支持,对由于我的失误造成的工作上的损失和由于我的言行造成的一些同志的难堪与伤害表示真诚的歉意。

在"河大的可持续发展是我最大的心愿"部分,我直陈,河大的可持续发展有三大优势与三大劣势。三大优势为:(1)有一份不错的家业;(2)有一笔宝贵的精神财富;(3)有一支自强不息的队伍。三大劣势为:(1)思想观念的局限;(2)地缘发展的限制;(3)办学的诸多困难。在多年的规模扩张与内涵优化的冲撞、磨合、浸润的过程中,我校正在进入可持续发展的良性状态,但同时一些深层次的矛盾和问题也陆续凸现,并可能成为可持续发展的制约瓶颈。这些深层次的矛盾与问题包括:(1)规模扩张与结构完善、质量提升、效益增加;(2)增长的消耗与收益;(3)办学的公益性与建设的自主性;(4)资源的硬配置与软配置;(5)整体优化与局部利益;(6)人才的个性化与事业的公共化;(7)氛围的和谐与责任的缺失;(8)改革的锐利与柔和。以上将是对下一届领导班子和下一时期河大人的严峻挑战。我没有能力也没有机会开出解决这些矛盾和问题的良方,这些思虑仅作为一个负责任的老河大人的善意提醒吧。

在"结束语"部分,我深情地说,我爱河大的一草一木、一人一事,河大的独特魅力让我心醉,让我赴汤蹈火而不悔。爱河大是河大人为之奋斗的原动力,单凭理智可以做成、做好一件事,但离了由感情迸发出的极大热情,你不可能做精彩一件事。我相信,长江后浪推前浪,河大代有人才出;如牛负重的河大人有信心、有力量闯过一道道发展"门槛";把河南大学建成全国一流高校的梦想一定能变为现实!

该画句号了。

我有时间也有精力重新认知我的河大人身份了。

10.2 赤子情怀

退出领导岗位的这些年,我不在其位,倒有充足的时间和饱满的热情,以参与者和过来人的双重境界,用一颗赤子之心体验、感悟我脚下的这块河大园、身边的这群河大人。

2006年,一份河大学生自办的刊物《声音》问世。我应邀为她写《卷首语》:

《声音》,飞出喇叭的声音,跃然纸上的声音,回荡在河大园的角角落落。

声音推动了河南大学波澜壮阔的历史进程,凝聚了一代又一代渴望进步的不屈的河大人的心。今天,声音又承担了一个光荣的历史任务:构建和谐的河大校园。

构建和谐校园是一种先进的办学与教育理念。其实质是,调动学校系统一切组成要素和子系统的积极性与能动性,以校园为载体,塑造政通人和、内聚外联、同舟共济、稳定有序的办学局面和氛围,实现教学、科研、管理的全面、协调、自由、互动、可持续发展,从而达到学校整体优化的目的。

以人为本是和谐发展观的核心与精髓。高校师生是一个特殊的人群,构建大学和谐校园就更要尊重人的个性和追求,信任人的潜能和智慧,支持人的发展和进步,最广泛地调动人的积极因素,最充分地激发人的创造活力,最大限度地消弭人与人之间显见的或潜在的不和谐因素。高校师生是学校发展的主体,是高校资源和竞争力分量最重的源泉,这是高校改革与发展的核心思想,也是高校工作的出发点和归宿。人的和谐决定了校园的和谐,校园的和谐决定了事业的和谐。

构建和谐校园是学校工作的基础,是学校各个层面上的共同任务。而学校的宣传媒体,例如我校的《河南大学报》《声音》等,义不容辞地起着先锋的作用。

《声音》,飞出喇叭的声音,跃然纸上的声音,愿你在和谐河大园的角角落落里发挥振奋剂、凝结霜、润滑油、调节阀的作用。

2007年,河南大学建校九十五周年,我也整整六十岁了,偶得小诗,贺我母校,明我心志:

河南大学建校九十五周年感怀

鹿衔灵芝　凤鸣梧桐
贺我河大　九五仙翁
百年芳华　剔透玲珑
造物神妙　聚华凝精

我本愚钝　空度匆冗
天庭开眼　方识杰英
不作痴想　莫编春梦
惟有情丝　伴我青灯

2007年,我们河大七七级的学子蓦然发现,我们作为改革开放后第一代河大人已经30年了。校外的学友回校省亲的心情非常急迫,校内的学友也觉得有义务在母校为上下铺的弟兄们当一次东道主。金秋十月,我们在老校区主干道旁栽下一片"七七林";在大礼堂举办了一场热烈欢快的庆祝盛典;在学生食堂招待校友用午餐,有酒;各系组织自己的学友旧地重游。在大礼堂,我代表地理系七七级校友讲话。

老师们,学友们:

大家都说,七七级是了不起的一届大学生。不错,七七级中不乏成功人士。但是我们更多看到的是沉重与责任。

七七级是我国特殊的历史背景下造就的特殊的一届大学生。我们中的许多人经历了极为少见的"十年蹉跎",这看似人生的极大损失却成了我们人生的极大财富。"文革"的痛苦磨炼使我们政治上成熟起来,再也不会轻信、不会跟风;知青生涯使我们真正了解了中国社会的最底层,接触了可敬、可爱的中国农民,许多人报效祖国的远大理想就是那时确立的;回城后的工作实践让我们彻底认识了自己的浅薄与青涩,逐渐懂得了求生与发展的基本准则。这些,都是我们之前与之后的青春期人群所不具备的。

当堵塞了十年之久的闸门一旦打开,汹涌澎湃的热情与潜能一下子释放出来,干什么?学习学习再学习!我们没有时间再去蹉跎了呀!历史给了我们一次难得的机遇:国家十年的断层要我们稚嫩的肩膀扛起来。现实要求我们培育一种品质:那就是"坚韧"。在庄严的历史责任和使命面前,再大的困难我们也可以克服,再大的压力我们也可以挺住,再大的诱惑我们也可以抗拒!

大家还说,七七年恢复高考,是国家拨乱反正的转折点,是这一代年轻人人生的转折点。对于国家,这勿庸置疑。对于个人,这并不意味着我们上了大学会挣多少钱、会做多大官,而是意味着我们终于补上了人生重要的一课,终于在大学校园里接受了现代文明的滋润和熏陶!

  为此,我们会永远以一颗虔诚的感恩之心来面对母校和老师。

  感谢河南大学。这所厚重、悠长、包容的世纪名校,这位善良、慈祥、温暖的百岁老妈妈,这棵历经风雨、遮天蔽日的大树,她是七七级学子心头永远的骄傲和灵魂的港湾!

  感谢我们的老师。你们用慈爱呵护我们成长,你们用正直塑造我们的品格,你们用智慧填充我们的大脑,老师们是七七级学子心头永远的楷模和灵魂的守望者!

  地理系七七级学友聚会想的最多、议论的最多的是如何以实际行动回报母校、回报老师。我们中间没有地位显赫的达官贵人,也没有腰缠万贯的富豪,要让我们对学校作出多么了不起的实质性贡献,实在力不从心。我们知道,自20世纪90年代以来,随着高校收费制度的改革、区域经济发展的不平衡,以及城乡居民贫困阶层的出现,高校贫困生甚至特困生问题逐渐凸显,成为构建和谐社会中一个难以抚平的痛点。这些孩子有理想、有志气,必将成为未来社会的中坚力量,暂时的困难不应该把他们压跨啊!校友聚会总要给母校、母系留点纪念,与其花钱买什么不切实用的礼品,倒不如把不多的钱花在贫困生身上。我们初步计议,从我们这一届开始,把买礼品的钱攒下来,成立"环境与规划学院校友贫困生奖励基金",以后历届校友聚会都可以不断注入资金。

  2012年,适逢河南大学百年校庆。这百年一遇的嘉年华把千万个校友的心从天南海北拉回到古城开封。学校筹划,在9月25日校庆大典的当天晚上,在金明校区礼仪广场上演一台大型音乐舞蹈史诗剧《猗欤吾校永无疆》,以飨海内外校友、各界人士和在教在读的河大人。此前一天,9月24日,晚上。我知道,金明校区礼仪广场正在进行《猗欤吾校永无疆》的彩排。刚吃过晚饭,我接到电话,校党委副书记、该剧的负责人王凌同志命我即刻赶往彩排现场,观摩节目彩排。去了我才知道,原定的节目一个场景的表演者"七七级校友"因故不能参加明天的演出。于是关爱和书记荐了我。我有点儿蒙。明天就登台了,今天我还什么都不知道,怎么演?! 好像一场头脑风暴,电光火石之间,河大人的荣誉和义务驱使我无条件服从! 匆匆了解了一下前情后景和表演要求,就一步跨上了彩排大舞台:

  诸位晚上好! 我叫王发曾,是河南大学1977级的学生。我们入学的那个年代呀,国家刚刚经历了"十年动乱",百废待兴;河南大学迎来了复苏的第一春,七七、七八级的学友压抑了十年之久的求知欲望猛烈喷发。那真是

河南大学百年校庆的表演

沸腾的年代,沸腾的校园,沸腾的青春!

我耳边仿佛又响起十号楼琅琅的读书声,又响起大礼堂里铿锵的唱歌声;眼前又仿佛浮现出东操场的龙腾虎跃,又浮现出铁塔湖畔的青春飞扬……还有那路灯下的一个个不倦的身影!

Oh, my classmates, my roommates! 我的遍布海内外的学友啊,母亲过100岁生日了,你们还记得回国的路吧,还记得回河南回开封的路吧,还记得回河大的路吧——你们应该还记得,回家的路吧?!

一次过关。第二天晚上华丽登场,自我感觉良好。有两个细节:当晚有小雨,蒙蒙秋雨中老少演员克服困难,迸发出能够烤干潮湿的巨大能量,演出效果得到现场观众、电视台和没能到现场校友的一致喝彩;给我准备的台词我没用,我在台上说的也是在头天彩排头脑风暴的电光火石之间从心底迸发出来的,不一定十分合适,但绝对是赤子之心、赤子之情。

这让我想起了2002年的河大九十周年校庆。

2014年,是河南大学恢复老校名30周年。《河南大学校报》对我进行了专题采访,并希望我撰文以纪。我欣然从命。

亲亲母校,万福
——写在河南大学恢复老校名30周年

1982年,我们七七、七八级毕业。时过两年,即30年前的1984年,河南大学发生了一件堪入校史的大事,对河大、河大人的未来前行,对河南省的高校布局,乃至对中国大学之道的凝练,都至关重要。是年5月,河南大学恢复老校名,学校迈开了由师范院校回归综合性大学的重要一步。促成这件事的因素,既有外部社会各界人士和海内外校友的高度共识与倾力推助,更有河大人对学校定位的切肤之痛带来的深刻反思,以及由此而勾起的学校复兴的发展欲望,当然还有有关上级的豁达明智与从善如流。

我当时是一名留校两年的并不年轻的"青年教师",既身处伟大时代,又远离学校中心,对这件事的感受就有些特别。

我并不十分清楚这件事的细节与始末,浑然未觉当时发生在800亩河大园的酝酿、策划、呐喊与抗争。后来才得知:1984年2月21日,以韩靖琦为书记、李润田为校长的河南师范大学校党委、行政,正式向中共河南省委报送了"关于将河南师范大学改名为河南大学的请示";4月6日省委常委会议研究决定,同意河南师范大学恢复河南大学校名;4月18日河南省教育厅将有关决定报国家教育部备案;5月15日,国家教育部以"教计字(84)094号文件"通知省教育厅,对恢复河南大学校名准予备案。当我等青年教师知道这件事时,不啻一声春雷震颤了久已平静的心,欢欣鼓舞的同时也为母校的坎坷不平与艰难复苏潸然泪下。

不过,也有一点不解,怎么是"河南师范大学改名为河南大学"? 应该是"河南大学恢复老校名"啊! 正像若干年后的三校合并,本来是老河大张开臂膀盛情接纳了两个"好兄弟",怎么成了组建"新的河南大学"?

1985年,时任中共中央总书记胡耀邦同志亲笔题写了"河南大学"校名。从此,河南大学的历史掀开了新的一页,包括我在内的所有河大人得以在河南大学这棵老树下"萌荫"。我经常凝望老校区南大门门楣上的这四个大字,并以泣血之心祈求:曾经八易其名的亲亲母校啊,咱以后不改名了,好吗? 儿孙们真的不想再因改名换姓而不知自己是谁了!

已届耳顺的我,今天应该以更理性的心态看待30年前的事。在我看来,改革开放以后,即1978年至今的36年间,河南大学的沿革历经了三个阶段。其一,1978~1984年,为身份回归阶段。1979年开封师范学院改名为河南师范大学,1984年恢复河南大学老校名,河大找回了属于自己的真正身份。其二,1984~2000年,为宗旨回归阶段。河大实现了从纯粹的师范院校到师与非师并存、再到非师为主师为辅、再到地道综合性大学的华丽转身,办学宗旨回归到元点。其三,2000年至今,为价值回归阶段。在三校合并、规模扩张的基础上,河大灵魂回归本体、精神发扬光大,重塑了自己"止于至善"的价值标杆。

6年的身份回归阶段,找回了丢失30年的河南大学的老校名,为此后30年的宗旨回归、价值回归提供了可能和契机。因此,我们应该对那个阶段曾经为之奋斗的老领导和老师们致以特殊的敬礼!

时值河南大学恢复老校名30周年,我对自己的身份也有一个重新认定。许多校友会自豪地、简单地、笼统地宣称,我的母校是河南大学。这没错。但我们七七、七八级不能这样简而单之、笼而统之。我们入学时(1978

年),考上的是"开封师范学院";毕业时(1982年),毕业证上盖的公章是"河南师范大学";毕业两年后(1984年),留校的学友惊喜地发现,我们供职的学校叫"河南大学"。也就是说,我们七七、七八级的母校有三个名字。所以,有人问起,我会说,我考上了开封师院,毕业于河南师大,工作在河南大学。尽管"开封师院"和"河南师大"已被尘封,但我要说,这两块牌子,一个用了23年,一个用了5年,都是河南大学历史的标签,是客观存在;我在乎的是曾经的校名折射了怎样的办学背景,而不在乎校名涵盖了多大的地域或名气有多大。尤其是占了河南大学102年校史22.5%的开封师院,她曾经承载了河大从辉煌滑落到颓退的无奈与辛酸,也承载了河大从颓退一步一步艰难爬坡的激奋与艰辛,岂可弃之如旧履,良心不允许啊!

河南大学,是一块弥足珍贵的老字号的招牌,抚之沧桑、闻之馨香;是一方内涵深厚、质地坚实的发展平台,足以支撑历史的千回百转、当今的开拓进取;是一面迎风猎猎、声威赫赫的旗帜,带领着一代又一代的河大人自强不息、筚路蓝缕;是一位伟大的、博爱的、有着宽阔胸襟的慈母,她的孩子们永远都可以在这里找到心灵的港湾!

哦,我的、我们的亲亲母校,送您万福!

还是在2014年,我们河南大学大礼堂建成80周年了。应校宣传部之邀,我在《河南大学校报》撰文以纪。

敬礼,大礼堂公公
——写在河南大学大礼堂建成80周年

在儿童以及儿童教育者的口中,常常把普照万物的太阳称为"太阳公公"。近日,宣传部的召鹏兄告诉我,我们河大的大礼堂落成80年了。一声"真的吗"之后,是一阵由历史的沧桑激起的微电流所勾动的心的战栗。作为河大的孩子,我要把大礼堂称为"公公",因为,在河大人的心目中,80岁的大礼堂就是普照华美河大园的"太阳"。

时光往前推80年,那该是1934年,年轻的河南大学才22岁。是什么催生了大礼堂,设计、施工的过程中发生过什么,建成后曾经给了当年的师生什么样的欢乐,等等,今天的河大人已不可能亲身感知。我们能亲身感知的,是公公那外在雄浑、内里隽永的神韵,是公公那不怒自威、无语自重的气场,是公公那古朴典雅、青春飞扬的风采,是公公那海纳百川、壁立千仞的豪迈。他那钢钢的建筑功能与绵绵的文化品味奇妙结合,产生的那份精致和那份动人心魄,是河南大学"止于至善"的第一标志。

我曾经多次站在大礼堂前遐思。先闭上眼睛想:河大位于黄河之滨,这里是中华民族最重要的发祥地;河大位于中原腹地,这里为中国的大一统做出过特殊贡献;河大明伦校区位于开封旧城区的东北一隅,文化厚重、文脉强盛的八朝古都哺育了这颗璀璨明珠；河大金明校区位于开封西区，中原经济区核心增长极的东部一翼给河大源源不断地输送着现代气息。再睁开眼睛看：望北，千年铁塔，擎天一柱，锐利昂扬；望东，明清古城墙，环城一带，迤逦绵长；望南，南大门，明德新民，止于至善；望西南，贡院碑，追根溯源，百年沧桑。四个方位尽显河大园的四至风华，而四至的中心是我们的公公——大礼堂。

80岁的大礼堂公公的已有生命，从1934年到2014年，虽不是河南大学的全部，但却是河南大学从早年的青涩走向如今的成熟的关键时段。其间，这八百亩校园里三尺课桌旁曾经演绎了怎样的苦乐年华，我们的公公肯定看在眼里记在心中。但是，他不说，只是默默地张开温暖的臂膀把一届又一届新生揽入怀抱，在开学典礼上开启他们河大岁月的第一华彩乐章；默默地挥舞坚强的臂膀把一批又一批毕业生推向社会，在毕业典礼上放飞他们到事业之旅的第一拼搏疆场。我经常在欢迎金明校区新生的场合说：咱们的老校区是河大的灵魂与根脉之所在，你们一定要在安顿好后尽早去老校区看看，接受大学之道与大学精神的庄严洗礼；到了河大老校区，第一个落脚点一定要是大礼堂，站在堂前广场上用心聆听大礼堂给你说些什么。过去我这样讲，只是一种对老校区对大礼堂的不解情愫所致；现在，我突然彻悟，河大的一缕魂魄就附在大礼堂公公的身上啊，河大的一条根就埋在公公的基底里呀！

行文至此，我必得对大礼堂公公顶礼膜拜。我曾经多年负责河大新生的军训工作，感染了人民子弟兵的军人风范，学会了行一个标准的军礼。每逢动心时动心处，我会不自觉地将右手举到额前，向让我动心的人或物敬礼。那就给大礼堂公公敬礼吧，用我对您有限的感知——

敬礼，大礼堂公公！为了我们曾经在您这里排练、演出中国大学生第一届文艺汇演的节目。我们的一台话剧、一个舞蹈双双获得一等奖，我因了为母校挣得改革开放后的第一份国家级荣誉而自豪。

敬礼，大礼堂公公！为了我们曾经在这里举行过多年教师节庆祝大会。那一年，祝贺节日的省领导因故迟到，河大人用一台临时拼凑的但却是高水准的文艺演出度过了难忘的一个钟头，留下了只有在河大才会有的一段佳话。

敬礼，大礼堂公公！为了我们曾经在这里召开过多次事关学校发展大计的师生大会。舞台上的宏伟谋划与舞台下的意气风发相通相融，在设计巧妙的声环境系统中回响。

敬礼，大礼堂公公！为了我们曾经在这里举办过多场吸引广大师生的各类大型报告会。科学巨匠、文化名人、艺术大师的风采熠熠生辉，河大学子的求知欲望在上下楼层间如春潮般翻滚涌动。

敬礼,大礼堂公公!为了我们曾经在您的堂前广场举办过无数次的"周末文化广场"。全校各院系定时、轮流在这里以各种形式宣扬科学理念、展示自我风华,终成全省高校闻名的、独一无二的校园文化建设名牌。

敬礼,大礼堂公公!为了我们曾经在这里举行过十年一秩的建校周年庆典。2012年九十周年校庆,学生自编自导自演的校史剧《九秩》扯动了多少师生回溯历史的心弦,堂前广场上第一次走进河南的《同一首歌》掀起了多少在场不在场的新老河大人狂欢的心潮。2012年百年校庆,大型音乐舞蹈剧《猗欤吾校永无疆》的恢宏舞台搬到了金明校区的礼仪广场,但当在声光电的盛宴中闪现出大礼堂的美轮美奂时,观者的掌声如飓风般刮过全场。

敬礼,大礼堂公公!为了我们曾经在这里举办过一年一度的迎新年晚会。每年的12月31日夜10点钟,大礼堂华彩盛装,几十个学院闪亮登场,大团圆的氛围中新年钟声氤氲绕无梁。河大的元旦嘉年华通过互联网通道吸引了全省高校与古城父老乡亲的关注、顶赞与艳羡——马上就是2015年元旦了,我盼着再次扑进公公的怀中享受那让人意乱情迷的天伦之乐……

哦,我的、我们的大礼堂公公,向您敬礼!

2017年,重读开封诗人孙富山、孔令更、齐遂林吟诵汴京八景的诗词集《汴京八景》(北京:燕山出版社,2003年12月),想起初读此书时写的一首应和之作《汴京第九景》。

汴京第九景

泱泱古城

东北一隅

风涌云攀

造物凝练了一处古今相济的组合景观

千年铁塔

五世古墙

百年名校

古城文脉在这里千回百转地打了个旋

擎天一柱

环城一带

华美一园

尽染当今"汴京第九景"的桂冠

历史画卷中的"汴京八景"

曾引来多少文人骚客

泼墨礼赞
岁月轮回
时代流转
铁塔行云
缠绵流连了近千个春秋
阅尽了人间沧桑
家国巨变
古城墙的厚砖
抗过了数百年风霜
依然是一块紧挨一块
诉说着历史的机玄
就在这里
铁塔与古城墙交响的琴台上
一座世纪大学堂
把文明的时空走廊构建

政治、历史与宗教在这里碰撞
科学、艺术与教育在这里合欢
侠风道骨与人文精神在这里激荡
天籁大音与时代奋歌在这里和弦
擎天一柱的耿直锐利
环城一带的绵长厚重
华美一园的止于至善
引人幽幽寻味
发人层层深思
催人豪气冲冠

多好的一个教育儿孙的课堂
多好的一个愉悦身心的乐园
多好的一个铸造精神的熔炉
多好的一个传承文明的营盘

我的父老乡亲啊
珍惜它
呵护它

弘扬它吧
珍惜、呵护、弘扬我们的"第九景"吧
重绘我城的皇宋大观
那么,第十景
十一景
十二景……
就在眼望的天际
就在咫尺的画面
就在一瞬的明天

让我们人人伸出一双手
脚踏这块热土
头顶这片蓝天
不负新时代
共同托起
古城开封明天的太阳
共同描绘
古城开封明天的灿烂

10.3 余韵

  我不在其位,但与学校的发展和大局还难脱干系;工作积累和学术凝练已形成了某种程度的社会影响,力所能及的社会工作接踵而来;时间相对宽松,精力相对分散,过去无暇顾及的活动也有了新的空间。这些与我事业的主流关系不大,可说是人生的"余韵",而且是有滋有味的余韵。

  我曾经担任一些学术团体的职务,一般都是闲差。其中比较重要的学术团体是"中国地理学会城市地理专业委员会"和"中国城市科学研究会生态城市专业委员会"。

  前者是我国城市地理学者云集之处,每年都在不同的地点举办年会,而且规模比较大、活动内容很丰富,应该是中国地理学会麾下实力较强的专业委员会。在许学强、周一星、顾朝林、宁越敏教授任专业委员会主任时期,我是副主任。后者是中国城市科学研究会前几年新成立的一个专业委员会,国家住建部原副部长仇保兴为主任,我是专业委员会委员。这个专业委员会十分活跃,花样频出,队伍扩充很快,活动很能扣紧当前国家城市发展与建设的前沿问题。介入重要学术团体,接受学术精神的熏陶,交往诸多行内大家,是我平生一大乐事。

当老师的有一个免不了的业余活动,即时不时地应邀面向社会做讲座、报告。这个事一直没有停止过,几成常态,我也就没有做详细记录。从保留的多媒体课件看,我讲过的题目有"中原崛起的突破口""城市开放空间系统的优化""面向未来的我国合格干部素质解析""构建我国新型城镇化的承载平台""我国新型城镇化进程中的宏观推进机制""新型城镇化的中原实践""丝路经济带的中原行动"等。听众有河南省地厅级干部、河南省省直机关处级干部、河南省高校处级干部、河南省住建部门干部、河南省高校教师继续教育、高校离退休干部、高校在校大学生、公务员、农户、中小学幼儿教师等,还有随机邀请的单位或社会团体。这是另一种形式的讲坛,而且听众大多是成年的干部或科技人员。有交流的基础,有传播的价值,有自身的体验,至于现场发挥,更不在话下。

持续时间最久也最稳定的讲座是"面向未来的我国合格干部素质解析",前后延续十几年,大约做了近百场报告,听众达数千人。1997年9月,河南大学干部培训中心成立,性质是隶属河南省委组织部、河南省委高校工委、省教育厅的干部教育培训基地,主要承担全省部分县处级以上党政领导干部、全省高校中层干部以及全省高校基层党支部书记的培训任务。启动之初,有关负责人要我开设关于干部领导素质的课程,理由是我有多年担任河大副校长的干部经历,应该有鲜活、生动的切身体会。我原本持排斥态度,后想到我多年的积累若"陈封"在肚里确实可惜,也就欣然接受。我组织教学有三个原则:绝不重复常规渠道有关干部素质的陈词滥调;一定讲真心话,以真诚的态度与听者交流;我制作的多媒体课件与听者共享,绝不搞信息封闭。

实践效果还不错。不多久,就有其他单位(高校、人事组织部门、厅局系统甚至公安部门等)上门邀约。这个讲座在表现形式上有两个小亮点。其一是开讲前先展示两份名单让大家辨识,一份清王朝10位状元,一份清王朝10位有重大贡献、重大影响的人士。结果,大家全知道后者而基本不知道前者。推论:有成就不在于你书读得多不多、好不好,而在于你在读书的基础上形成的"综合素质"。其二是我设计了一组"插播"的小画面,背景是艺术化的月亮照。我为月亮题名并粘贴上一两幅有针对性、有国学味道的"座右贴",例如"心静自然凉闲庭信步听松涛看花笑,体勤莫畏苦会当绝顶观沧海揽山奔"等。学员们很喜欢,若干年后还津津乐道。

我还做了三次河南省委宣传部的省委宣讲团讲师,到市、县一级宣讲中共重大政治命题。这绝对是指令性的,必须参加,集体备课;各地提供最好的宣讲条件,各级领导干部正襟危坐、认真聆听;讲师要和干部群众互动,消息还要上报纸、上电视。这是又一种讲坛体验吧。我专业方面的讲座、报告有两个最主要的主题,一个是中原崛起,一个是丝路经济带。前者曾经在清华大学城市规划培训班、中牟县农户培训班讲过几次,有点儿特殊的感觉;后者据我所知目前是河南省的唯一,大家关注也属平常。

我在任的后期,河南大学台湾同胞联谊会和海外侨胞联谊会换届改选,在党委安排下,我当选前者的会长,另一副校长黄亚斌当选后者的会长。中间换了一次届,这一头衔依然挂着;2019年6月,又一次换届,我终于卸下了会长一职。河大是老校,教职工中的台属比较多,台联的工作应该有得做。进入角色才知,工作怎样做全看校党委统战部(下属有个台办)的意思,不是想搞什么就搞什么的。但是,责任意识使我开始关注台湾问题。央视的《海峡两岸》、东南卫视的有《海峡新干线》成了我几乎每天必看的节目,对于祖国统一和台海问题也有了更深刻的认识。我还做了一段开封市台联的名誉会长,当然更是有其名无其实。

2005年,我被河南省住建厅聘请为省城市规划专家委员会委员,担任副主任;2017年9月8日,我被河南省人民政府继续聘请为这个委员会委员,陈润儿省长颁发的聘书。十多年来,以此身份参加了一百多个市、县的城市规划成果评审,几乎跑遍了河南省所有的省辖市和县、县级市。一般我担任专家评委会主任,若有外地著名专家参与,我做副主任。这种评审是必须进行的法定程序,评委会出具的《评审纪要》是城市规划报批的必备件。以此为媒介,我深入把握了河南省城市发展、建设、管理的脉搏,充分接了地气,也亲身感受了在新型城镇化背景下各地干部、群众求发展的欲望和谋发展的智慧。

也是从2005年开始,我被河南省人民政府聘为省高校设置专家委员会委员,后来还做过副主任。十多年来,以此身份参加了省内多所高校设置的考察与审查工作,见证了这一时期我省高等教育发展的历程。河南省是高等教育比较落后的省份,个中缘由既有客观更有主观。因此,在跨世纪以及新世纪初期,逐年扩大招生规模、积极设置新学校和提升高校规格就成了得到社会广泛认同的战略性大事,由此极大地调动起政府、教育行政管理部门(教育厅、局)和学校三重的积极性。我带队参加了高校设置的考察评议工作,参加了审议和投票工作。看到学校由中专、中技升格为高校,民办高校转制为公办,专科院校升格为本科,学院更名为大学,我由衷地高兴,也有成就感。后来,该升的差不多都升了,一些问题也逐渐暴露,我的热情逐渐消退,再后来也就不再参加了。

卸下副校长职务以后,就有不少民办学校请我加盟助力,待遇自然优厚。这事我不是没有动过心,毕竟给的报酬超过我的工资,提供的条件十分

省长颁发聘书

优越。但我不能去。客观上,我还没有退休,到别的学校再干一份拿一份,那不就成为搞"第二职业"了吗?我不愿舍这个脸。主观上,我一辈子为亲亲河大效力,老了老了再到私人学校为老板赚钱打工、卖力,情感上很难接受。客观与主观上,我还有够分量的教学、科研与社会工作,我没时间也没精力再揽一头事。我知道的去民办学校打工的河大人不少,但并不是个个都干得舒心。比如某同志到某学院任职,没多久就因各种原因愤然辞去;某同志在效力的学校处处受制,难以适应,只能打道回府;某同志未退休就去给人家打工,招来一片非议,而组织上也没给予必要的提醒……

其实,河大提供有限的付出即可留住这些还能积极发挥余热的老同志。他们做教学、科研、管理,大多都是老手、高手!

2009年3月底、4月初,时任中共中央政治局常委、中央书记处书记、国家副主席习近平同志来河南省调研。4月1日,习近平来河大,在老校区与学生开了一个座谈会,在新校区参观了环境与规划学院的实验室。由于习副主席身份特殊,上上下下都极其重视。3月31日上午,我突然接到通知,要我立刻到环规院参加接待首长的筹备工作。这让我很不解,我已经从副校长位子上退下来两年多了,照常理我不应该参与的。赶到环规院才知:首长要在环规院一楼球幕电子演示厅观看《豫境黄河》动漫,并听讲解。据有关人告诉我,原定担任讲解的同志讲了几次,不满意,学校主要领导发话:赶紧叫王校长接替。这是临阵救场啊!

新中国成立后有三位党和国家最高领导人造访过河大,胡耀邦、胡锦涛、江泽民,前两位是在未担任最高职务时来的,后一位是卸任以后来的。不出意料的话,习近平应该是第四位。这可是有关河南、河大声誉的大事,只有往上冲了!讲解词是现成的,要从黄河入豫境的三门峡说起,一直说到黄河离豫境的濮阳。问题是这么多内容要求必须在12分钟讲完,我试了一下,根本不行。只得大幅度调整内容,并处理好材料的详略关系。时任开封市委书记刘长春不失时机地找我"攻关":讲到开封,得多美言几句,你可是开封市民啊!这倒提醒我,我还是河大职工呢,讲到开封西区途经新河大,能不"美言"几句?

好吧,只有连夜加班了,到时还得随机应变。这时,我想起了当年接待江泽民,如何把时间在不知不觉中拖长了。新校区这头事是娄校长督阵。他告诉我,上面规定,学校出头接待的校领导只能是一位,那就只能是关书记了——娄校长想在环规院这边进入接待现场。行啊,来吧!我心说,如果遇阻,就说他是我的讲解助手。就有点儿得意。

4月1日,日近黄昏。这边一切就绪,开封市委刘书记也来了,还直给我使眼色。六点半左右,客人的车队抵达环规院门前,比预定晚了些,可能是因为在老校区的座谈会开得兴浓。一行人简单听取了环规院秦耀辰院长的介绍,就进了演示厅。首长等要人(包括陪行始终的关书记)就坐,其他人就站在后面。我就按部就班讲来,同时等待发挥的时机。

首长听得很专注,看得出来他是进入了中原黄河雄浑壮观、奔腾不息的意境中。说到开封,突然之间,他开口发问:开封新区规划一个马家河水库(即现在的汴西湖),对城市的环境有什么影响?时机来了!我就势发挥一通,把要讲的话统统塞进了这个话题,听得首长直点头。在管事人凌厉眼风的催促下,我圆满收官,看了一下表,18分钟。

在夜幕朦胧中,首长的车队缓缓离去。上车之前,娄校长眼明手快让一个新华社记者抓拍了一张有他、有我的照片。送走客人,娄校长返回环规院,直夸活儿做得漂亮,激动之中许了一个愿:得空请环规院的弟兄们吃饭,王校长你一定参加!后话:新华社记者把照片发过来了,光线不好,效果一般,但很珍贵,首长的身躯尤显高大。校长的请吃饭没有兑现,秦院长玩笑之间说:说话不算话,不提。

长年工作、生活在开封,就自然关心开封的事儿。除那几年市人大代表的身份要求必得就本市发展建设大计发表意见外,还时常接受不同类型的邀约。例如市委市政府的各种专家论证会,市有关部门的论证、评议会,新闻媒体的专题采访,到电台、电视台做特邀嘉宾,等等。我应约为《汴梁晚报》写过几次整版的专论,也主动投过散文、随笔、诗词一类的稿子。2015年、2016年,我两次被《汴梁晚报》评为"开封市十大文化新闻人物"。平心而论,我对家乡的贡献不多,基本是在被动的状态下略表心意而已。回首过往,心下就难免歉疚。

2015年，河南大学老科技工作者协会改选。按校党委的安排，我接替原副校长田继善教授做会长。河大老科协原名为"河南大学老教授协会"，基本没开展什么活动。新的老科协下设区域经济、文化艺术、医疗保健三个工作委员会，搞过两次书画展，组织了几次科学讲座。我讲了"丝路经济带战略的中原行动"，反映还可以。2016年下半年我当选中国老科协常务理事，每年要到中国老科协（北京）开两次会。中国老科协，隶属于中国科学技术协会，现任会长是原国务委员、政协原副主席陈至立。全国有五十几位常务理事，河南省两个——我和河南省老科协秘书长。

开高老三届校友活动

2008年，正值大规模知识青年上山下乡四十周年纪，各地的纪念活动如火如荼。就是在那一年，"开封市知青联谊会"正式成立。开封知青宣示、传扬知青精神的主要平台是大型文艺演出。为此开封市知青联谊会可说是呕心沥血、殚精竭虑。经他们组织的四十周年庆典汇演、毛主席诞辰文艺汇演、庆祝抗战胜利汇演、与黑龙江知青联欢会等，规模宏大、节目出彩、社会影响广泛，成为这些年开封文化艺术生活的一道亮丽风景线！到开封大众剧院参加活动的人都会感受到现场的动人氛围，那人满为患的场面、那台上台下的互动、那如醉如痴的真情，直令我这老知青倾倒并为之欢呼。知青联谊会不是孤军作战，有关人员有效地利用了文化局、群艺馆、广电媒体的力量，尤其是动员了开封市不同单位、不同年代的老知青积极参与。开封市群艺馆原馆长李中华做了总导演，文化局原副局长张若愚做了总统筹，就连我,也被网罗其中,做了"总顾问",而实际上做大事、具体事的是知青联谊会的耿小兵会长。

我知道,而今的老知青身上的这股正义之气必得抒扬,胸中的这股难平之气必得宣泄。于是我就积极地应承了我的"顾问"身份,尽管用不着我们多费心;我还和当年的战友们三次登上大众剧院的舞台,纵情地抒发胸中的意绪。我曾经在舞台上现场采访了"知青妈妈"、河南大学外语学院的吴雪莉教授。我们也曾集体朗诵《战火中的河南大学》,作者是河大青年教师谷小龙,朗诵者是六位河大校友,当然全都是知青。

开高老三届校友活动是我退休生活的一项重要内容。其中规模较大、学友印象较深的活动有三次。一次是2016年暑期在老河大举办的第一次校友大聚会,在张群主的主持下由我和妻子操办。这是五十年来的第一次,到河大也算是旧地重游,一下子来了七十多位。大家在铁塔湖游泳,在小礼堂联欢,在学生食堂聚餐,真格是"五十年后重聚首,感慨半纪诉风流"!第二次是前述在大众剧院我们表演《晨曲》,节目演完,大家情犹未尽,有的同学甚至老泪纵横。第三次是2017年暑期的南太行游,朱广渠等同学打前站,张群主领队,四十来人在太行小山村度过了难忘的八天,并殷切相约来年。其间的英雄壮举、同窗情深、逸闻趣事成了同学们津津乐道的不息话题。

我的微信昵称取做"老竹",与儿子有关。注册微信时,我填的是"中原棍王",个性签名是"中原崛起是中原儿女的中原梦"。儿子说,中原棍王太刚硬,好像动不动就要和人打架,何必呢,大家都不容易。有理!于是就换做了"老竹",听着跟个老农民似的,但蕴含了"未曾出土便有节,纵使凌云仍虚心"的理念。以后,许多群友不称我"发曾",张嘴就是"老竹"。

其他还有许多的群,不及一一详述。其中有几个专业性很强的群,例如"中国老科协常务理事群""河南省城市规划专家群""河大环规院人文地理学友群"等,话题面比较狭窄,不很活跃,但必须得关注。另外有开封市的两个群,值得一书。

2016年末一天,几个朋友餐聚。开封日报社的卢欣科兄邀我加入"兰亭诗社群",由冰雪友操作。李中华兄看我不排斥,一个电话邀来了刘剑敏友,又把我"办"进了"书香开封群"。也就是说,一会儿的工夫,我一步跨入了古城开封两大十分显赫的网络社团。尽管我是开封人,但结交的多是所谓"场面上人物",私交不多,也就十来位,包括中华、欣科。二位至交引路,我自是欣然前往。

由此,我进入了另一个世界,一个小小的又是大大的信息空间,一个虚实难辨又让人欲罢不能的社会空间,一个芸芸众生但又知己难寻的交友空间,一个眼花缭乱而又蕴含珠玑的文化空间。

兰亭有一系列的群,诗社群、书画群、话桑麻群、咏唱群、舞蹈群等,我分别被网罗其中。但我主要是隔一时进一遭看一下,感兴趣的话题聊几句,还参加过几次集体活动。兰亭有鲜明的特点和优势,在开封市有很高的知名度。成员来自各行各业,个个道行不浅,我知道的骨干有南柯子、冰雪、刘冬梅、小玉儿等。他们组织的文化活动影响很大,参与的各种竞赛成绩不俗。

兰亭诗社群的群友是来自全国各地的二百余位业余甚至专业的诗人,每天都有大量佳作抛在群里。我入群的第二天就发现,我"老竹"赫然出现在兰亭诗社"社长"的位置上。电话欣科,他老兄顾左右而言他,让我不得要领。这虽然使我有些许不快,但想到朋友的一片真诚,群也是个好群,还有另一位社长南柯子(即欣科)在那里总管一切,我也就认了。只是啥事不问,"甩手掌柜"一个。

还有"书香开封"。这是个二百来位读书人云集的地方,个中群风与情调很合我的口味。群里有时热闹如炎夏,有时温馨如暖春,有时虽有几丝冷风,但也能让人清爽、清醒。进群没多久我就发现,这个群里有几位群友,青衣剑敏、玉玉恩珍、东大张丽、昱村玉石、观荷听雨、兰玉兰宝等,整天在忙里忙外。

我还发现,书香群里有一档栏目,叫《晨读》,每天一期,兀自在那里闪闪发光,好有内涵、好有情趣。见了好东西,难免要掺和掺和,我就发言、就点评,一天不落。因此我也就知道了《晨读》的主持人是玉玉恩珍,后来还增加了河大的书蝶与兰考的清净。从 2017 年初开始,我一天生物钟的第一个点让位于书香开封的《晨读》,而且很不幸,我也成为"起床第一件事就摸手机"的"一族"。

但是我不后悔,更不会耻于提及。因为《晨读》激活了我又一次勤奋读书的"灵机"。一直以来我只认可自己的三种身份,读书人、教师、学者,落到地上,就是"河大人",都和"学习"有关。可后来,其他的身份扭曲了我的原本身份,书读得少了,精读少泛读多了,读书也就"理所当然"地成了浅尝辄止。现在有《晨读》导读,我每天准点进入书香,专心致志、如饥似渴,并随手点出第一感觉……久违了的静心读书的幸福感回归。

10.4 时代和梦想

不知不觉间,中国社会进入了"新时代"。

近两年时间,中共十九大显然是最重要的大事,是中国社会进入"新时代"的标志。十九大的主题是"不忘初心,牢记使命,高举中国特色社会主义伟大旗帜,决胜全面建成小康社会,夺取新时代中国特色社会主义伟大胜利,为实现中华民族伟大复兴的中国梦不懈奋斗"。习近平《决胜全面建成小康社会　夺取新时代中国特色社会主义伟大胜利》的报告提出:"从2020年到本世纪中叶可以分两个阶段来安排。第一个阶段,从2020年到2035年,在全面建成小康社会的基础上,再奋斗15年,基本实现社会主义现代化……第二个阶段,从2035年到本世纪中叶,在基本实现现代化的基础上,再奋斗15年,把我国建成富强民主文明和谐美丽的社会主义现代化强国。"大会重申统筹推进"五位一体"总体布局,协调推进"四个全面"战略布局。大会通过了关于《中国共产党章程(修正案)》的决议,把习近平新时代中国特色社会主义思想确立为党的指导思想。2017年10月25日,中共十九届一中全会在京举行,习近平、李克强、栗战书、汪洋、王沪宁、赵乐际、韩正当选政治局常务委员会委员,习近平任总书记。

　　在新时代,实现中华民族伟大复兴的"中国梦"将是中国社会的主旋律。这使我想起美国黑人民权活动家马丁·路德·金的《我有一个梦想》。尽管有人不以为然,但我能理解领导人渴望中华复兴的澎湃心绪、坚强意志,还有浪漫情怀。中国梦不能靠一个人做,每一个国民对实现中国梦都有一份不可推卸的责任。我的中国梦是"中原梦"和"河大梦"。

　　中原梦不言而喻,我的微信个性签名就是"中原崛起是中原儿女的中原梦"。我会在有生之年为中原崛起贡献可能的微薄之力,我也坚信在我有生之年会亲眼见证中原崛起、切身体验实现中原梦的快乐和幸福,这是时代对我们这一代人的恩赐。

　　河大梦呢?很难简单地一言以蔽之。

　　从2014年起,每年我都会应邀在环境与规划学院的本科生、研究生开学典礼上致辞。我会首先和学弟学妹们共同感悟我们的母校,建立一个包含空间轴、时间轴和人文轴的三维坐标系,对河大进行三维透视。

　　第一,空间轴。从河大的区位看河大——有人认为河大要在郑州就好了,我不敢苟同。我会请新生同学们抽空到老校区一游,那里是母校根与灵魂之所在。站在大礼堂前,幽思难忘,河大扎根于此,意味深长。

　　闭上眼睛想:河大位于黄河之滨,这里是中华民族最重要的发祥地;河大位于中原腹地,这里为中国的大一统作出过特殊贡献;老河大位于八朝古都旧城区的东北一隅,文化厚重、文脉强盛的汴梁城哺育了这颗古城明珠;新河大位于开封西区,中原经济区核心增长极的东部一翼给河大源源不断地输送着现代气息。

　　睁开眼睛看:望北,千年铁塔,擎天一柱,锐利昂扬;望东,明清古城墙,环城一带,厚重绵长;望西南,贡院碑,追根溯源,百年沧桑;望南,南大门,明德亲民,止于至善;望眼前,大礼堂,国家文保,华美一园!

这个学校,有一条天赐的、无与伦比的地域文脉。

第二,时间轴。从河大的历史看河大——看一所学校的历史,是看曾经有的辉煌还是磨难?我倾向于后者。河大曾经有过三次罹难、三次困顿。

经受三次罹难,河大依旧傲然挺立。(1)抗日战争时期,河大在豫陕边界山区流亡办学,长达六年。当时中华大地正遭受日寇的铁蹄践踏,开封沦陷后,河大辗转搬迁,经鸡公山、南阳镇平,最后停留在伏牛山深处的嵩县潭头镇办学。也就是在这期间,省立河南大学升格为国立河南大学。小日本鬼子被打回老家了,河南大学胜利回归。(2)新中国成立前夕,国民党反动派裹胁一千多名河大师生东迁,河大校本部空了。到苏州以后,苏州解放,部分师生随大军南下或就地参加革命工作,大部分人被母校派去的使者接回了开封。国民党反动派蜗居孤岛了,而河南大学在新中国获得新生。(3)2003年"非典"横行,为了避免疫情侵袭,河大被封门。后来非典销声匿迹了,疫情过后,自豪的2003届学生的毕业典礼成了他们一生最值得回忆的盛典!三次罹难,生死折腾,伤筋动骨,但河大从来也没有倒下!

走出三次困顿,河大继续艰难前行。(1)河大历史上曾八易其名,每一次更名都是一次蝉蜕、一次重生。其间,有前进也有后退,峰回路转,历经磨难。直到1984年恢复河南大学老校名,学校才最终回归本源。(2)新中国成立后,1950年代的院系调整,河大折枝成林,为新中国中原与华南地区高等教育的发展作出了肢解性的奉献,老树仅余师范学院一枝儿。时隔四十余年,在世纪之交,河大通过艰苦努力又恢复了综合性大学的本来面貌,其间的艰难爬坡令人唏嘘。(3)跨世纪前后的地方政策导向,使河大在新世纪的发展步履蹒跚,国家"211工程"成了河大人心头永久的痛。但是,河大在全省高校体系中始终保持了"2+N"的格局,全国大学排名始终在百名以内,并进入了省部共建的行列。三次困顿,负重前行,筚路蓝缕,但河大一直在奋进!

这个学校,有一条厚重的、跌宕逶丽的历史文脉。

第三,人文轴。从河大精神看河大——百年河大演变的是躯壳,不朽的是精神。

千年铁塔屹立在河大后院、力挺河大前行,是目睹河大百年路程的历史见证者。我每每走进千年铁塔,都被一种扑面而来的老祖宗的温暖气息所陶醉。由此,铁塔成了河大的标签,河大人被称为"铁塔牌"。郑州的朋友曾不失善意地问我:铁塔牌,地方气息是不是太浓了?我却从中听出了讥讽,当即反击:有个牌子总比没有强,你们的学校什么牌?双塔牌?二七纪念塔和你什么关系?如今,我不会那样咄咄逼人,我会面带微笑地告诉他:是的,铁塔没有在北上广,也没有在而今炙手可热的郑州。但她是中华脊梁的象征,虽历经洪水、地震、战火,但千年青春常在。我为我是铁塔牌而骄傲,我更为铁塔风骨折射出的河大精神而自豪!

2002年九十周年校庆,我们重新提炼了河大精神,面向世界、前瞻开放的精神,坚持真理、追求进步的精神,百折不挠、自强不息的精神,兼容并包、海纳百川的精神;不事浮华、严谨朴实的精神。十多年后重温这五个精神,我不禁要说:河大精神万岁!请听我们的校歌:嵩岳苍苍,河水泱泱,中原文化悠且长。济济多士,风雨一堂,继往开来扬辉光。四郊多垒,国仇难忘。民主是式,科学允张。嗟欤吾校永无疆,嗟欤吾校永无疆!

这个学校,有一条绵长的、自强不息的精神文脉。

对母校的这些感悟,根本不用太多思索,从心底自由喷涌即可。时至今日我仍然会自豪地大声呐喊:河南大学是一所拥有天赐的无以伦比的地域文脉、厚重的跌宕遒丽的历史文脉、绵长的自强不息的精神文脉的大学!我的"河大梦"用什么文字去表述都难以概其完全、刻其精深。我只有虔诚祝愿:在这充满希望的新时代,祝愿河大园止于至善,祝愿河大人明德新民,祝愿学弟学妹们继承中国传统文化人最高的安身立命境界,"为天地立公心,为人民谋幸福,为先贤传真学,为后世维太平"!

一步迈过七十岁的坎儿,身上的事、心里的事都少了许多。晚上睡得踏实,梦也就多了起来:又下乡到农村务农去了,又一次走进高考的考场,又在美国波士顿大学图书馆里浸泡时光……这些梦的共同点是距今甚远。对以往的梦牵魂绕,肯定从一个侧面反映了对过往岁月的眷恋和对现今时代的珍爱,似乎也在喻示我,该对这一生有个基本认识了。

现正在进行"不忘初心、牢记使命"的主题教育,河大离退休工作处也组织离退休党员干部重温自己的"初心"。我想起了党的十九大开幕当天我写的一首诗:

我的"初心"

"不忘初心,牢记使命"
是新时代的主题。
不忘初心,
才得始终。
我的"初心"是什么?
我在哪里"终"?

(小快板)
小儿郎,

"大"学生，
早早入了少先队，
两道杠子红彤彤。
饥荒年，
上初中，
天灾人祸百事衰，
吃饱肚子就算行。
重红专，
上高中，
申请加入共青团，
出身不好不允应。
再教育，
当知青，
贫下中农不嫌弃，
还有战友在当中①。
男子汉，
回了城。
珍惜不易求进步，
申请入党不消停！

考验了整整十年，
我疲劳了，
也减退了最初的热情。
大学毕业后的一天，
突然通知我填表，
进步的路上有了一线光明。
可是，入还是不入？
却有点犹豫、迷蒙。
那时的我觉得，
咱凭本事吃饭，
入不入都照样干革命！
到底入还是不入？

---

① 老伴是我的入团介绍人。

仍然有点犹豫、迷蒙。
经历过诸多的不解，
遭遇过诸多的不平，
党员还是不是模范和先锋？
罢罢罢，
不入也罢，
无关宏旨、大局、今日和未来，
不误夏荷、冬梅、秋雨和春风！

思来想去，
最终还是要入。
我心潮澎湃地攥紧拳头，
在党旗下把誓言心铭。
为什么？
图什么？
我才不在乎做什么接班人呢，
咱不具备那个先天条件，
更不会去做黄粱美梦。
——给这个以"人民"为根基的执政团体，
添一点正能量，
用自己的实际行动！
——证明给历史、现实和未来看，
反动"血统论"是何等的荒唐，
用自己的实际行动！
——让周围的人们睁开眼看，
共产党员并不只是虚无的标签和廉价的荣誉，
用自己的实际行动！
怀着这点初心，
我心甘情愿平心静气地，
给自己抹上了终身永不消退的那道红。
是不是很幼稚，
动机也不够纯正？
有点狂妄自大，
甚至还有点儿意气冲动。

入党多年,
可能说过许多错话,
办过不少错事情。
经常会有谬误的理念,
学风不够踏实,
作风也不够稳重。
但是我不会忘记,
自己曾对着党旗发过血誓,
不能胡作非为,
做人要凭良心和党性!
如果违背誓言,
毁面诛心,
天地难容!
入党多年,
我从来没有刻意显摆过自己的党员身份,
我害怕那来自群众眼里的,
说不清道不明。
在美国做访问学者那两年,
当有外国人问起,
我总是含糊其辞不置可否,
连自己都说不清道不明。

这几年,
我和九千万大军一起,
经受了从严治党浴火一般的神圣。
在中央带领下,
和十三亿华夏儿女一道,
身不由己而又义无反顾地,
奔着小康一路前行。
今天听十九大政治报告,
入耳入心,
我却难以用言语表达感动。
只觉得一团团积压了太久的块垒,
在胸间瞬时消融,
一阵阵久违了的共产党员的自豪,

在心间猛烈升腾!
我们有理由,
重新拾起共产党人的尊严和光荣。
让老百姓比着大拇指真心称赞:
共产党好,
共产党员真行!

入党这么多年了,
当年的誓约还会在心中轰响,
会一直响到我最后的"终"!
我对时政不够敏感,
不在其位也不谋其政。
我已经没有报国济民的责任,
也不会无聊地假大空。
作为一个老共产党员,
我满怀欣喜,
满怀憧憬。
对事业的寄托如山一般深沉,
对未来的信心似海一般充盈。
共产党人,
重温初心,
使命在胸。
肩负着民族的嘱托与希望,
要实现中华民族伟大复兴的中国梦。
举起新时代的伟大旗帜,
在既定的道路上奋勇前行。
队伍中有你有他也有我,
共产党人冲在前,
身后有亿万炎黄子孙人民大众!
(写于2017年10月18日,中共十九大开幕当日)

10.5 岁月与人生

岁月是一场轮回。
一天一天地,你走来了,

一天一天地，你隐去了。
走来了，裹挟一缕暗香，
隐去了，空留一丝熏风。
暗香，催笑了风花雪月，
熏风，拨动了春夏秋冬。
风花雪月——无音，
春夏秋冬——无影。
大音无声，
大影无形。
无声中听惊雷，
无形中看隽永。
——老竹

子曰："七十而从心所欲，不逾矩。"当人生岁月的一个轮回接近尾声的时候，岁月主角"人"的境界理应进入"从心所欲"甚至"随心所欲"的状态，而且还要"不逾矩"。人的生命历程犹如一条在相对稳定的河道里奔腾不息的河流。

生命三问

我是谁
我从哪里来
我到哪里去
是哲学之问的三大终极
可我觉得
这首先是生命之问的三大终极

我试着回答
我是一滴水
我从天上来
我到大海去

我是一滴水
渺小得可以忽略不计
但我和万亿滴水汇聚
成就了无处不在的水立方
地球存在的水环境
生命葳蕤的水动力

世上万物
一刻也不得离

我从天上来
大气温度的变化
使我聚变为水珠
不再是无形的水汽
有了重量
就有了自由落体
落在原野
落在高山
落在江河湖海
找到了同时落下的兄弟
融汇，拥抱
欢腾，团聚

我到大海去
管他什么路子
总会是从小到大
无非是有缓有急
总能汇聚到一条奔流的大河
总会在地心引力的牵动下
朝着太阳升起的地方
奔向海拔的最低
或涓涓细流
或奔腾汹涌
或波澜不惊
以不可阻挡的气势
东进东进
裹挟万千随波逐流的气象
摧毁一切胆敢逆流而动的物事
和万亿粒水珠殊途同归
义无反顾
涛涌浪激

我从来到去
赤条条无牵挂
笑哗哗乐无极
我可能在高处顺势而下
欢快地雕塑山川
我可能在原野平淌直续
滋润着万千生灵
我可能在管道畅游八方
启动了地球角角落落的无限生机
沿途激活生命
植物、动物、人类……
沿途传播文明
黄河文明、长江文明、恒河文明、两河文明……
沿途也会
随手制造大大小小的恶作剧

最后
持淡定和从容
携大度和威仪
以不可抗拒的惯性和舒展的最后一跃
欢快地流入大海
完成那一滴水的涅槃
不见凤凰
也没有火
只有深邃和蓝绿

后来呢
等待蒸发升空
等待聚变成珠
开始一滴水的
下一个平凡而又不凡的
生命周期
往生了
峻极
——老竹

我是一滴水,我的岁月是一条河,我的归宿是大海。我是平凡而渺小的一滴水,与其他的水滴汇集成河;向着既定的目标,东进,东进,裹挟一切,奔腾咆哮;在入海口处,完成淡定从容、从心所欲的最后一跃,融入浩瀚的大海……

这就是岁月的宿命,当然也是我岁月的宿命。由此我知道,我的岁月还欠缺这最后一跃,从心所欲不逾矩而又华丽快乐的舒展一跃!

我的星座为双鱼座(出生日期在2月19日至3月20日之间的人)。我本不信这,只为了好玩。经查:此星座的人活泼开朗,性格温和,天生仁慈,大方,怜悯,有耐心,性格保守,爱好艺术生活,给人的印象很好,使人极愿和他们亲近。他们多愁善感,对于他人的一言一行都相当敏感且太过保护自己。最大的缺点是往往不能够面对现实,对一切太过于理想化,反而常使内心充满了矛盾,有点冲动,很容易犯精神上的毛病。

朋友,对照你们所知道的我,此评语的可信度有多高?至少有一点还没有迹象,我至今还没有犯过精神上的毛病。我的一首小诗《五个月亮》可能无意识间让人读出我是怎样的"这一个":

五个月亮

天上一个月亮

水中一个月亮

画里一个月亮

味里一个月亮

我心中,还有一个月亮

天上的月亮

静静地挂在中秋夜空

散发出皎洁、清丽,引人遐思

只有广寒宫才有的淡幽的月旸

水中的月亮

悠悠地荡在铁塔湖面

摇曳出婀娜、妩媚,令人心颤

只有嫦娥女才有的凄美的月殇

画里的月亮

隐隐地贴在山水之间

透射出朦胧、晕染,牵人意象

只有生花笔才有的通灵的月光

味里的月亮
缕缕地绕在古城街巷
飘荡出五仁、枣泥,勾人口腹
只有老月饼才有的浓郁的月香

心中的月亮
是美丽的承载
像吴刚手上的玉盘
托起我美丽的梦想
玉盘中
盛满了对故土汴梁诉不尽的眷恋
盛满了八朝古都曾经的几多辉煌
盛满了母校河南大学的恢弘愿景
盛满了孙女苒苒娇柔、聪慧、惹人怜爱
只有古城小儿女才有的
可人的模样

　　我自己解读自己:浪漫至感怀"月旸、月殇、月光、月香",现实至挂牵"中华、中原、古都、河大",心胸阔达装得下煌煌明月,心绪绵软放不下姣姣小囡。

　　这可能就是我的"矛盾人生"?

　　2017年从开高老三届南太行学友夏令营归来,我写了《南太行六题》。今天重读第三题《壮心不已》,似乎找到了我这种矛盾人生的根源。

题三　壮心不已

　　对于校友集体前往南太行消夏避暑的议案,我是口头说好,心里不以为然,认为不会有几个人参加。

　　完全出乎我的意料,学友反应相当热烈,最后竟有43人加入队伍之中,有11对夫妻,有兄弟、妯娌、姐妹,还有爷爷奶奶小孙女。腰腿脚飘点儿的学友参加了,害过大病但已基本康复的学友参加了。三十几位开封同学整车前往,晕车的学友一路上晕得昏天黑地,也没精神哼鸣了;郑州部分同学自驾车前往,首次太行行自然分外谨慎;有的学友在夏令营开营后一天还带着老伴匆匆赶来。

　　七天的活动,丰富而饱满。除了三次登顶下沟的壮举外,原先设计的休闲活动全部成功实施。还组织了女生学习勾线编织,在住宿楼厅公开教学、展示,惹得其他女游客艳羡不已。说起攀登老爷顶和王莽岭,大部分同学都慨然应战,身体欠佳的同学也坚持下来了。有位学友身材壮硕,腿脚不便,硬是靠着一根拐杖和同学的帮扶完成了登顶。他最后一个从王莽岭下来,几乎是把他抬上车的。就连原打算躲在宿舍在电视上闲遛、在手机上猎奇、在画纸上徜徉的我,也在学友的带动下,完成了一次对大山的挑战。

壮心不已啊!

返汴后,我沉定静思:一群本应心如止水的古稀老人,壮心萌动于何处、壮志来自何方?一把用了七十年的老骨头,何以成功地接受了壮心的召唤、抗住了严峻的考验?

我们是一群特殊的高中生。开封一高在河南省威名赫赫,在北大、清华享有盛誉。一声霹雳,生机勃勃的正常校园活动全部停摆,66、67、68三届十八班八百来个风华正茂的学子在惊愕之中陷入旋涡。66届的大学之路戛然而止,67、68两届的紧张学业戛然而止。史无前例啊。

我们是一群特殊的战士。我们都曾经当过"兵"——红卫兵。无论是"红的"老牌正宗的红卫兵还是"黑的"但"可教"的红卫兵,还有外围红卫兵甚至冒牌红卫兵,都曾经是战士。先是破坏所谓"四旧"连带打击文化人的"红卫兵运动",后是捍卫自己心目中的神圣思想、正确路线的"老造与老保"的残酷争斗。为此,开高校园曾上演一幕幕激烈碰撞的闹剧、惨剧,原本的好伙伴冷面相对、口水相喷、拳脚相加,甚至刀枪相博。史无前例啊。

我们是一群特殊的工农。大学不让考了,除了少部分同学有幸当了工人挣一份微薄的工资,大多数同学一窝端上山下乡做了农民。做农民的大多数辛辛苦苦修理地球挣工分,别别扭扭接受贫下中农再教育,三年五年甚至八年,熬到回城已届而立。茫然四顾,何处以立?个人委屈事小,以高等教育为标志的国家教育文脉中断、徘徊十年,后果不堪设想。史无前例啊。

我们是一群特殊的公民。回城了,史无前例的年月应该结束了,我们感觉自己越来越像是"共和国公民"而且是和共和国同年岁的公民!可我们这些公民真够不堪的,以前的三年饥荒、十年蹉跎,以后的只生一个、下岗待业,都摊上了。就连恢复高考,100分的额外高门槛挡住了多少有志老三届。我们不怕奋斗且都在奋斗,但连续不断的蹉跎严重扭曲了奋斗的起跑线和跑道——还是史无前例啊!

我们真是特殊的、史无前例的"这一辈":是特殊的高中生,同学还没做够就反目阋墙;是特殊的战士,承载了不该承载的历史责难;是特殊的工农,有苦难言却还高唱"人生无悔";是特殊的公民,遭受的冷遇比温暖还多。换言之,我们是保有相似人生经历、尝遍诸多人生苦辣、留有诸多人生遗憾的特殊的史无前例的一辈人!我们有共同语言共同情绪共同追求,不在一起,各是各;在一起就是一群吞咽了苦辣和怀揣着遗憾但仍壮心不已的高中生,似乎是集体年轻了五十岁!我们的人生,特殊就特殊在矛盾远远多于和谐。但一旦有和谐的机会与环境,我们就会爆发出惊人的能量!

于是,苦辣在共同的容器里充分发酵,透骨的清香扑面而来;遗憾在漫长的沉积中终于涅槃,铭心的过往逐渐返璞归真!我们之间,多的是温馨和洒笑,少的是难堪和回避,怨恨和恶毒早就没有了。没有事,总会温情款款;有事,却会壮怀激烈。我们下意识中总想证明自己不是窝囊的一代,不是无助的一代,不是总想祈求别人理解和同情的一代!

于是,七十岁的人了,于心,我们壮心不已,于志,我们壮志凌云。遇到了挑战自我的机会,我们会豪气冲天地爬到高山之巅大呼小叫:我们开高老三届心是红的、血是烫的、骨头是硬的,有什么呀,让暴风雨来得更猛烈些吧!

壮心不已

壮志凌云

海阔任鱼跃

天高任鸟飞

我爱花,爱菊花

我爱家,爱大家

我爱太行,爱中华

……

以上是自己看自己的人生。在别人眼里,我是一个什么样的人?2012年校庆时,河大出版社的一本《河南大学学人传》这样说我(节录):

河南大学学人传:王发曾

中等个子,一双睿智的眼睛在眼镜片后面烁烁发光,这就是王发曾。他现任河南大学副校长,河南大学环境与规划学院教授,人文地理专业博士、硕士研究生导师,河南省重点学科"人文地理学"的学科带头人。

少时,王发曾家境贫寒,但生性顽劣却聪颖机敏的他却颇知自强不息。他曾自嘲为一株"石头缝里长大的野草",从未尝过"温室"之恬美,却也在自得其乐中"苗壮成长"。他把这一切归功于他的长辈。其父一直在商业战线上工作,一辈子勤勤恳恳、中规中矩、老实做人、老实做事。他从祖父那里承继过来的诸如"随遇而安""不以物喜,不以己悲""莫要笑人贫、忌人有""宁为良医不为良相"等观念,对少年王发曾颇有影响。其母一生在家做饭、洗衣、理家务,说不上"相夫教子",但却给全家营造了一个温暖的、充满亲情的"窝"。她的善良、正直、宽容、乐观与勤谨使王发曾感念至深——在其86岁终老之时,儿子亲拟一联痛挽之:"平凡人生一滴水透视世纪长河,伟大母爱三春晖折射百年情怀"。

1963年7月王发曾从开封市第十三中学毕业后,家里动员他考中专以早早"得济",但他却执拗不从,在报考志愿表上一口气填了五个"开封一高"——朦胧的成才梦使在艰辛环境中成长起来的少年昂起了头。

1966年5月他从开封一高即将毕业时,动乱年代蓦然降临。1968年10月至1971年8月他下乡至河南省新蔡县佛阁寺公社"接受贫下中农再教育"。"十年动乱"是国家、民族不堪回首的一段,也是一代青年不堪回首的一段。在漫长的蹉跎岁月中,随着黄金年华的流逝,多少人沉于深渊,多少人流于平庸,而青年王发曾却在痛定思痛中获得意想不到而又极其难得的人生历练:两年的"文革"风雨使其政治上渐趋成熟,并增强了明辨是非、坚持正义、抵御谬误的能力;三年的下乡知青生活使其得以真正深入并了解了中国社会的最底层,磨炼了吃苦耐劳、坚毅刚正、乐观豁达的品格,也树立了虽为燕雀却愿效鸿鹄的报国之志。

1971年9月回城后,他到开封市第十中学任教。五年多的中学教师生涯使其懂得了如何做一个合格的"人类灵魂工程师",培养了敬业爱生、勤于探索、甘于清贫的精神,也找到了自认为最适合自己的报国之门……他热爱教育事业,坚信自己"天生就是当教师的料",这份热爱和自信是他成为一个出色的教师的根基,也驱使着他毫不计较地为学生付出一切。这期间,他常常想起:"文革"中,戴着"红卫兵"袖章满世界瞎胡闹,但面对着被剃了阴阳头的老师、"黑×类"分子被抄得一片狼藉的家和狂热而又惨烈的"文攻武卫",心却在滴血。下乡时,长年窝窝头加白萝卜条,新麦起场的那一天却能一口气吃5个大白面馍馍;烈日下挥汗如雨、举目茫然,但却一遍又一遍地高歌"穿林海跨雪原",低吟"莫斯科郊外的晚上";贫下中农对知青视如子弟、亲如一家,但其生存状况之恶劣和文明程度之落后使人夜不能寐。在中学教书,努力不误人子弟,但却遭批判"教育回潮"的迎头痛击;学生娃子不学习还"欺负"老师,但自恃练过武功且又血气方刚,使最捣蛋的男孩也有怕的时候。十年中,许多东西丢弃了,唯有信念、品格、精神外加一套高中三年的各科课本没有丢。1977年,恢复高考,尘封了十年的高中课本重见天日。他怀着既兴奋又恬淡的心情和强烈的求知欲望,与许多"老三届"的同龄人一起跨进了十年前就应跨进的考场。经过曲折的过程,最终王发曾以开封考区文科第一名的成绩被河南大学(当时叫开封师院)录取,从此在无涯的学海里开始了既艰辛又顺畅的新的奋斗。

王发曾1982年1月从河南大学地理系毕业后,留校任教。改革开放将中华学人推向更广阔的学术空间,尤其是青年学子遇到了进修、提高的大好机遇。1983年9月至1984年7月,王发曾在郑州大学"河南省高校教师出国留学英语培训班"接受英语专训;1984年9月至1985年7月在华东师范大学人文地理学助教进修班专修人文地理学、城市地理学;1986年先后通过国家EPT、WST英语考试,取得了出国深造的资格;1987年9月至1988年11月以国家公派访问学者的身份在美国波士顿大学(Boston University)研修城市规划与设计、城市-区域综合发展。

在美国一年多的研修给王发曾的人生经历和学术生涯提供了又一次锤炼机会。波士顿是美国东海岸一座古老、美丽的城市,拥有哈佛大学、麻省理工学院这样的世界一流名校。波士顿大学是著名的贵族学校,学费昂贵,地理学科相当有名气。初来乍到美国,东西方意识形态、社会制度、文化理念以及风土习俗间的巨大差异和碰撞曾使王发曾困惑不已。但面对着扑面而来的大量学术信息,再想想国内学术界的状况和自己此行的目标,他稳下心来,排除干扰,决心实实在在地学点真本领,尽可能多地"捞一把",以无愧于祖国的重托。在美一年多时间里,王发曾超负荷运转,每天早上7点钟进入工作状态,夜里11点左右才回"家",凌晨1点上床睡觉。所幸他身体素来顽健,绝无神经衰弱之类的困扰,夜里头一挨枕头即鼾声大作,早上醒来像充了电似的,精力又完全恢复。对于一个访问学者来说,必须处理好进修与研究间的关系。他采取多管齐下的办法,一面大量选修课程,一面力争参加对方的研究项目;一面给研究生讲课,一面撰写论文。一年多的时间里,他选修了"高级城市地理学"等7门博士生课程,给对方研究生作了一次学术报告和4次学术讲座,与对方合作搞了"城市土地价值与居住模式"等3项研究,撰写出《城市人口估测——多光谱遥感影像分析》等6篇论文,参加校内和美国国内8次学术研讨会,并收集了1980年代以来200余种成套的最新学术资料。1988年5月,波士顿大学地理系主任正式提出希望他再延长一段时间,中国留学人员中的一些朋友也以自己的经历说服其延长,或者干脆留在美国不走。"毋庸讳言,美国各方面的条件要比国内好许多,这些建议也确曾使我认真考虑过延期或永久居留的可能。但结论很快就出来了:我们国家还很穷,供我出国的外汇是老百姓的血汗钱,我不能做出了国门就忘祖宗的事,否则,良心将一辈子受到谴责;我的亲人和师友在祖国,我的事业在祖国,离开了祖国和亲人,我就像一片浮萍,只能到处漂泊,永远也不可能扎下根;国家正处于改革开放的关键时刻,正是用人之际,我一个小小的教师虽干不了大事,但总能发一点流萤之光,出一点蝼蚁之力。"(摘自王发曾在"河南省高校留学归国人员工作经验交流与表彰会"上的发言)1988年11月,王发曾义无反顾地踏上了归程。1989年5月,他荣获"河南省高校优秀留学归国人员"称号。

他于1985年获讲师任职资格,1985年10月任河南大学地理系(现环境与规划学院)副主任,1992年晋升副教授,1993年2月任地理系主任,1993年6月任校长助理兼地理系主任,1994年破格晋升教授,1994年4月任校长助理兼教务处长,1996年5月开始担任河南大学副校长。

在人文地理、城市地理、城市规划与设计、城市-区域综合发展和城市生态学等研究领域里,王发曾善于借鉴国内外最新成果,善于理论联系实际,富有创新意识,注重科学方法,治学严谨,刻苦努力,所取得的科研成果为学术理论建设和服务于经济社会发展尤其是城市建设发展作出了重要贡献,是我国知名的人文地理学专家和城市科学专家。1991年获"河南省高校先进科技工作者"称号,1995年被确定为"河南省优秀专家"。

自1980年代中期至今(2012年),王发曾主持或参加完成了16项国家级、省级和国际合作科研项目,独自或合作撰写并出版15部学术专(译)著,在省级以上学术刊物发表59篇学术论文,获得18项各类、各级科研成果奖励。

王发曾自留校任教以来,一直辛勤工作在教学工作第一线。经过多年的实践与钻研,王发曾形成了自己独特的教学风格。他上课的特点是,生动有趣,系统性强,注重理论思辨,善于与学生双向交流——用学生的话说,王老师"课如其人,厚重而精彩"。1994年他荣获国家教委、人事部联合颁发的"全国优秀教师"称号。

在担任河南大学副校长期间,王发曾先后分管过教学、学生、成人教育、设备与实验室、图书馆、郑州分校、监察与审计、体育运动委员会、自学考试工作委员会、语言文字工作委员会以及河大附中、附小、幼儿园工作等。在校党委和校长的领导下,王发曾和有关部门一起,全力推进教育、教学改革,全面推进大学生的综合素质教育,实施了"河南大学跨世纪教学改革工程",重新构建了本校的专业结构和课程体系,启动了全面实施完全学分制的工作方案,强力推进现代教育技术建设,狠抓了教风、学风、考风建设。加强了分管工作领域的业务管理,先后制订、修订了100多种有关教学、学生、实验室、监察审计等的规章制度,基本实现了微机化、网络化管理,实施了教学工作会议制、教学督导制和全员评教制,建立了各类管理工作系统和数据库,完善了工作模式和管理机制。几年中,河大的在校生规模、学科与专业建设、仪器设备增值、重点实验室、大学生竞技体育以及校园网、图书馆自动化管理系统、现代教育技术等事业发展有了长足进步,在连年扩大招生规模、生均教育资源下降的状况下有效地维护了学校的教学秩序、教学管理和教学质量,为学校赢得15个国家级或省级集体荣誉称号。

他崇尚民主化、科学化、规范化、人本化的管理理念,善于以使命意识鼓舞士气,以忧患意识消弭失误,以创新意识启迪思维,在驾驭目标与过程、基础与重点、规模与结构、质量与效益等矛盾运动的过程中,将河南大学的教学等管理工作带进了良性循环状态。

王发曾同志曾先后担任中国地理学会城市地理专业委员会委员、中国商业地理研究会理事、中国区域科学研究会理事、国际地理联合会(IGU)数学模型委员会委员、河南省地理学会副秘书长、河南省城市科学研究会常务理事、河南省行政区划研究会常务理事、中国大学生篮球协会(CUBA)副主席、河南省高校教材工作研究会理事长、河南省陶行知研究会副理事长、河南省自然辩证法研究会副理事长、河南省高校实验室研究会副理事长、河南省计算机教育研究会副理事长、河南省高招评卷工作委员会副主任、河南省语言文字工作委员会委员等学术职务和社会兼职。

在将近三十年的教育生涯中,王发曾有一半多的时间必须同时面对教学、科研和行政管理三条工作战线。工作头绪之多、任务之繁重,所面临的困难之多、矛盾之尖锐,可想而知。但是,他天性乐观、豁达,善于自我调整,所有的劳累、困扰和烦恼都可以在灿烂一笑中烟消云散。他属于那种精力旺盛的人,属于那种善于利用时间的人。对于他,困难是挑战,矛盾是考验,早年的生活磨炼使他敢于迎接挑战和考验。1993年以来,为挤时间搞科研,他宁肯早起晚睡,周末不休息,节假日不休息。不懈的奋斗使他能够成为时间的主宰。

他兴趣广泛,好奇好问好知,但由于时间太少,许多美丽的设想和计划还未成形就已成泡影;他爱好广泛,喜动喜玩喜乐,但自觉天分不高且懒散随意,许多活动都是热情高、坚持难。喜欢体育,常常忍不住对中国体育(例如足球)之现状大发议论。篮球打过高中班级队后卫;排球打过大学系队二传;田径练过跨栏、撑杆跳,得过高中110米高栏第一、200米低栏第三;游泳有耐力,龙亭湖来回趟没问题,得过本校政工干部游泳比赛中老年组50米第一名。喜欢艺术,常常情不自禁地陶醉于古今中外之艺术精华。干过朗诵、报幕、合唱指挥,演过话剧,大学时代参演的一台话剧(演个大学校长)得了全国大学生文艺汇演河南赛区一等奖;喜唱革命歌曲、外国民歌和现代京剧,能保证不走调、不掉板;交谊舞舞姿潇洒,很有绅士风度;练过柳公权,能几笔画个自我丑化的自画像。喜欢花鸟,书橱里常有几本养花弄草、养鱼喂鸟的闲书。养过不少花草,但始终弄不明白如何浇水、施肥、取光、透气的大道理,该开花时不开花,很少有几盆能经年存活的;先后买过三四个大小鱼缸,兴致一来,天天换水喂虫吸氧,兴致一去,鱼缸空搁阳台上;喂过鹦鹉、白玉、百灵、画眉和红嘴相思,但鸟儿们吃完上顿没有下顿,且没空遛弯、调教,弄得鸟儿们饿不死也没气力鸣唱。

谈起退休后的生活,王发曾校长畅想:"改收敛思维为发散思维,悠然自

参与歌唱表演

得地将思维活动转化为地学辨文与文学随笔;读读《矛盾论》《实践论》《易经》《道德经》《忏悔录》,尝试从新的角度去参详和透视天理、人文、世态、情缘;带一个小板凳和一瓶矿泉水,定期或不定期地到花市、鸟市、狗市泡一泡;只要人家不嫌弃,积极参加学校老干部们的合唱团、盘鼓队、模特队、门球队;酒照旧一滴不沾,烟是一定戒断;当然,如果经济条件许可,也不排除外出旅游。"

他憧憬着,笑眼里透出令人心动的平和。只有内心坚强、自信、真实的人,才有可能打造出这份平和。平和的力量足以令人敬畏。愿他的平和能"春风化雨""滴水穿石"。

《河南大学学人传》的出版是官方行为,登在上面的东西,总是正面的、经过文字修饰的,甚至稍作夸张的。那就找直接来自学生、来自网络的,有正有负的。

有一位学生这样说:"说实话,我挺害怕您的,觉得您很严厉,在您面前我们似乎是那么无知,唯恐说错话了,即使知道您不会怪罪。而且您似乎很有魔力,我们第一次进行大组讨论的时候,刚开始很紧张,看您走进教室更紧张,不过后来您讲了几句话后,那种紧张感立马烟消云散了。王老师,您为什么总是那么厉害呢,真的很佩服您,崇拜您!上您的课总是收获很多,这种收获不仅仅表现在学习上,而是为人处世上也是让我们受益匪浅。现在最喜欢上您的课了,紧张感与成就感同在,嘿嘿。我所说的都是我所想的,大家也都是这么认为的。"

还有一位学生这样说:"城市-区域综合发展这门课,如同大家所预料到的那样,真的是很精彩,是我们所上过的课里面最令人难忘,也是最具有教育意义的。您不可多遇的个人魅力征服了我们每一个人,使我们能有幸一睹您作为一名专家学者的风采。从我对课后同学们反映情况的了解,能使17位研究生都伸出大拇指表示心服口服的老师,您还是第一位。我们专业同学聚在一起的时候谈论最多的是您。一方面,您独特的思维方式和统揽全局的气度使我们开了眼界;另一方面,您看似平常的几句话,事后回忆起来往往能悟出很多道理。不管是在哪一种场合下,您讲的每一句话都会顾及在场的每一个人,很令人佩服。通过上您的课,我收获颇丰,与其它课比较起来,我们这门课的风气是最好的。而且您跟我们在一起很随和,以至于我在您面前毫不顾忌,有些话在我父母面前都不敢随便乱讲,在您面前往往不经意就会脱口而出。这半年来,不管您忙完了一天的工作有多累,也不管下雪天路多滑、天多冷,您都坚持从老区赶到新区给我们上课。最让我们感激的是您几次推掉其它的事儿要给我们上课,有时候都顾不上吃饭,还在晚上抽时间给我们补课,等等。这一切我们大家都看在眼里,记在心里。您通过自己的一言一行教育了我们,更加深了您在同学们心中的美好印象。您的言传身教将使我在今后的求学和工作过程中更加严格要求自己。"

还有一位学生这样说(网上):"最开始听说王发曾副校长,是因为他是博导,学术上很有造诣,后来才知道学校的'周末文化广场'也是他的创意。特别是他那灵活的思维、卓越的口才,让我佩服得五体投地。第一次领略他的风采是在老校区迎新大会上,王校长在台上用他特有的充满磁力的男中音深深震撼了每一个新生。当时坐在后面的我父亲也听了他的讲话,说讲话的这个副校长不简单。王校长现在退下来了,当了一个副校级调研员,但他在学生心中的影响力却丝毫不减。他年龄大了,但还保持一颗年轻有活力的心。"

还有一位学生这样说(网上):"都说你好,我也说过你好,可想来想去不知道你哪好,学术你也不是河大最棒的,这么多年也没体会到因你的成绩而给我们学生带来的实实在在的好处!"

有一位网友这样说(网上):"无非平时表现的跟学生挺近乎,只是喜欢社交爱出风头,个人爱好而已,他有什么好的,我不知道。身为开封人,又是常务副校长,官至市政协副主席(注:我没做过"市政协副主席"),行政职权仅次于关大校长,这么多年也没见啥政绩!看新区建那个鳖样!周边环境那么差!就你最有资本和当地政府理论!郭庄为什么迁不走,你公关怎么做的!河大的罪人!"

呵呵……

不管我是如何之"矛盾",也不管我自己怎样看、别人怎样看,我特殊的七十年人生总是难以忘怀,我今后的日子肯定也消停不了。

2018年12月1日下午,隆冬季节的开封古城,大众剧院。场外寒风料峭,场内温暖如春,开封市知青文化研究会举办的"开封知青纪念上山下乡五十周年大型文艺演出"正在热烈进行。第十七个节目情景歌舞《忘不了》是我们老三届学友的节目,获得了满场知青观众的热烈掌声,胸腔里的共鸣与眼眶中的泪水汇成了心灵沟通的一股暖流。

　　我们在舞台上倾情抒发了我们人生的主题:"忘不了山的呼唤、水的拥抱,忘不了风的憧憬、雨的烦恼。忘不了父老乡亲,忘不了那魂牵梦绕。忘不了生活的磨炼,忘不了理想的美好!"结束的那一刻成了同学们人生呐喊的最有力的一幕:忘不了、忘不了、忘不了,忘不了!忘,不,了,忘——不——了……森林一般的手臂在舞台上高高举起。

　　"忘不了"将成为我对自己人生的永远铭隽。

　　有一部电影——《老炮儿》,曾经引起热议。儿子请老爹老妈看《老炮儿》。影片一开始,瞎晃悠的六爷张学军就把我领到了一个个似曾相识的场景。《老炮儿》结尾处,在向中纪委举报后,老六单人独骑,一把长刀,一身黄呢军大衣,站在野湖中央,怒视对岸宵小,我旋即想到了四个字——顶天立地!当他裹挟万千雷霆冲过去的时候,当众位炮兄炮弟义无反顾冲过去的时候,死神却毫不容情地阻止了他的脚步……放映厅灯亮,不由人叹一声苍天,洒一把清泪。

　　走出影院,儿子不无戏虐地说:老爸,您是不是特欣赏六爷这个角色?老伴说:这事搁你爸,也是个老炮儿!

　　我给《老炮儿》的评价是一个好加三个好,一部好看的电影,有好的主题、好的情节、好的人物。票房一路领先,台湾金马奖折桂,就说明这部电影不仅市场价值不俗,艺术品位也高。一句话,我喜欢!

　　有人说,这部影片有个致命的问题,那就是老炮儿那代人的规矩已经远远不合时宜了。不错,老六等遭遇的戏剧性冲突很强的故事不可能复制,不可能重演,但社会要有正义,做人要能担当,做事要讲规矩,爷们儿要有血性,却是人生常态、社会常态、时事常态、永久常态。社会可以不要正义吗?做人可以不用担当吗?做事可以不讲规矩吗?爷们儿可以没有血性吗?不可以,无论如何都不可以!

　　有人说,老六是末代老炮儿,他一死,老炮儿精神亦亡。不错,以老六为代表的"那一代"老炮儿的"范儿",会随着时代的演进而逐渐式微。但只要上述"四个要"一直延续,尽管表现不同,那就每一代都会有那一代的老炮儿,每一群也都有那一群的老炮儿。谁能说屠呦呦老先生不是当今中医学界能炸得响的老炮儿?

　　有人说,老六的最后一炮没炸响,是"壮志未酬身先死"。但从人物塑造的角度看,他在野湖的壮烈恰是这个人物精神的伟大升华！因为,他是将贪官犯罪证据举报中纪委后,抱着虽死也不孬种的信念,单人独挑邪恶,而后倒下的。他的史诗般的孤胆英雄壮举有着巨大的人格魅力,并将全剧推向让观众欲罢不能的高潮。也就是说,这是他一生炸得最响的一炮。

有人说,老六充其量也就是一名老北京的胡同串子、混混、地痞,甚至是流氓。但影片中的几个重要情节,例如给落难大学生钱、劝导小偷、解救被非法拘禁的儿子、与一帮官二代富二代的冲突、处理贪官犯罪证据、野湖最后一冲等,却处处透着大仁大义、大智大勇,反倒使许多成功人士自叹弗如。

我四五十年前的一位老同学说,他从心里喜爱老炮儿,敬佩老炮儿,实际上是喜爱和敬佩与北京有着极其相似的胡同文化的开封的爷们儿！另一位老同学认为,开封、西安、南京、北京、洛阳等同属传统久远、底蕴深厚、民风质朴、讲究规矩、各具特色的老城市,老炮儿精神就是在这样的城市里滋润出来的。我要说,咱出身平民,一辈子见不得不平事,一辈子努力行得端为得正,当个开封老炮儿、河大老炮儿,不丢人！

10.6 第三春的日子

我跌宕起伏的人生节律可用"三个岁月、三个春"高度概括。在我特殊的"人生年历"中,1966年以前为"青葱岁月",延续了近20年；1966~1977年为"蹉跎岁月",延续了10多年；1977年以后直到现在,为"黄金岁月",也是我"河大人"的光彩岁月。在黄金岁月里,我有40年有效工作的时光。前30年,我依次是河南大学的学生、教师、副校长,在各种重担下步履蹒跚、踯躅前行,是为"第一春"；后10年,我是河大的教授、博导,在轻松的心境中胜任愉快、一路前行,是为"第二春"；再往后,基本不工作了,只剩下一个字"玩"和一个追求"快乐",生命有限、欢乐无穷,就是"第三春"了！

《书香开封》有个创作欲望极强的高产诗人兼摄影家,微信号蝈蝈,也是我的书友。他给我写了一首诗：

致老竹

你的根须在脚下

六座城池中延伸

才有了现在

你的高大挺拔

翠叶入云

你的每一个节杆

都盛满了
春夏秋冬的课文
漫漫地像潇潇细雨
哺育着幼苗年年成林

你的每一个中空
都蕴含着好听的故事
遍及了中外古今
《我有一个梦想》
让多少人深思
开封城墙上有你
和历史对话的声音

你的那些中空
不仅仅是一种谦逊
你特有的天然的筒声
吸引了多少美妙的口唇
笛子的激越
葫芦丝的悠扬
洞箫的深沉
还有你京腔京韵的
朗诵念白
是那么地悦耳入心

你自称老竹
我的眼前却是
劲枝翠叶飒飒青春
你喜欢
竹子的高风亮节
我喜欢你
每天早上的
枝戏晓风轻扫红尘

注:1.《我有一个梦》,美国黑人马丁·路德·金的演讲,老竹以此为题做专题讲座。2.与开封城墙对话,老竹就开封城墙的历史做的讲座。3.京白朗诵,老竹自创的一种朗诵形式。

开封有个女诗人，是我大妹的朋友。相交不多，却心气相通。她也曾为我写过一首诗：

致王发曾先生

在央视节目中，看到了散文家余秋雨，使我想起了王发曾先生。虽然他身居河南最高学府，然不摆架子，在民间诗会上常看到他的身影。受人尊重的是，他的文气盖住了官气。文友们提起先生敬重有加。特献诗一首，以抒感慨。

$$\begin{aligned}&胸藏万壑笔走风，\\&夷山湖石补苍穹。\\&关公略输三分傲，\\&秋翁忙避一寸锋。\\&独品诗韵民间去，\\&常访布衣惜瓦工。\\&心血浇出五色果，\\&桃李天下步从容。\end{aligned}$$

他俩都拿我当读书人，算是看透了。在今后的日子里，我会自觉地过一个不消停的纯粹读书人的生活。但可惜，我已岁入迟暮，还能怎么个"不消停"法？写到这里，突然想起我的一个学生对我的鞭策：

一直很推崇您的一句话，师生之间应做到"沟通无障碍"，那就恕我直言。前几天看到2015年的博士招生计划，知您不打算继续带学生，自己心里替环规院感觉有点遗憾，一种巨星陨落的感觉油然而生。您身体还这么硬朗，再带几届硕士、博士又何妨？您肯定会长命百岁，等您90、100大寿的时候我一定会来给您祝寿！其实您依旧年轻，依旧富有朝气与激情。您提到2017年是您送走最后一届毕业生的时候，也是您可以休息的时候。可是，那时候的您真的会闲下来完全放松吗？

在《书香开封·晨读》栏目里，我读到作家贾平凹对待"老"的态度，他说的有一定道理。只是他老得有点儿早了，五十啷当岁，正是在知天命的良机下大展拳脚的时候，不可老，不能老！我认为人只有过七十才有资格论"老"，并由此生发了"三论"。

一论：人的一生，总是分成几个阶段。每个阶段都会有特殊内容、特殊价值、特殊风景和特殊体验。每一个阶段都是人生的一个春天，编上序号就是"第一春、第二春……第 N 春"。每一春都自有其美好与快乐。

二论：平安度过第 M 春与第 $M+1$ 春的转折、承续，是人生的关键时刻，也是人生魅力之所在，其过程和内容都会丰富多彩。但要害在于"有准备"三个字。

三论：从出生到人生的某一个临界点，生活的内容会不断增加，要做好加法;从这个临界点到驾鹤西去,生活的内容会不断减少,要做好减法。这样,到走的那一天,一切归零,了无遗憾。

按此三论,七十岁后的我已有资格论"老",已经进入人生"第三春";日子应该丰富多彩,并努力追求第三春的美好与快乐;关键是得有准备,也就是有计划;到了八十岁以后某个临界点,就该做"人生减法"了。这番"人生哲学"很粗浅,但隔一段时间就"哲学"一番,却有必要,这叫"思考人生"或"规划人生"。我一辈子学、研"规划",现在该为自己规划一番了。

"第三春"也是春。我怎样看这一个"春"字?

我和春

春
一位人见人爱的姑姑
每年来一次
时间掐得挺准
虽是一样的俏丽
但却每来每新
我
一杆迎风孑立的老竹
百年来一回
虽不会有再一个百年
可我的根留在了
那片难舍的竹林

春有一年四季
春夏秋冬年年轮回
我有终生四君
梅兰竹菊时时相跟
我追求四季常绿
哪管
春的撩拨
夏的炎势
秋的暧昧
冬的严峻
但我还是最喜欢春
因为她孕育了我的生机
成就了那鲜活的

竹笋

苏子说
不可居无竹
哪能呢
竹们更偏爱南方的云
老竹说
但愿都是春
祈福吧
春风和畅
普惠每一处竹林

春虽永恒但年年都是一岁
而我已感受了七十个春
我这杆老竹
早已
没有了青翠
不见了飘逸
远离了挺拔
消弭了神韵
只是那曾经的纷乱和荒芜
还没有塞满
那原本虚空的竹心

我这杆老竹
还有一点点暂时不会消退的青春的稚纯
仍然喜欢
在春风里戏耍
在春雨中狂奔
还有一丝丝永远不敢消退的翠竹的精神
依然热衷于
在春绪的驱使下聊发一次少年狂
在春意的诱引下当一回鲜嫩的笋

今天立春

> 春消息已经叩响柴门
> 我要去买一只鸟一盆花
> 一只啼血的杜鹃
> 一盆笑风的迎春
> ——老竹

旅行、花鸟、厨艺、诗词、书画、音乐、游泳是我未来日子的七色堇,花蕊是"玩并快乐着"。好啊,那就花开七色吧。

旅行。我计划每年跨国游一次、国内游两次、省内游两三次、暑期消夏游一次、古城开封旧地重游一个月一次。宗旨是活动身躯,愉悦感官,享受风物,延续友情。

花鸟。照应好新区住宅窗外的柿子树、石榴树、山楂树、无花果树和拐枣树,只求每年收获时由王沁苒小朋友来开园;养花选耐水耐旱、寡肥少修、极易成活的品种,只求室内有绿色,若有花香则更好;养一只色彩斑斓的鸟如鹦鹉与一对会唱歌的鸟如百灵或白玉,只求家里有声有色,也慰我以往养不住小鸟的愧疚;继续养好已经跟我们二十年的一对老乌龟,只求它们二老长寿,福佑我全家大小。

厨艺。计划近三年接替老伴百分之三十的烹饪工作,百分之六十的刷碗工作;五年接替百分之五十的烹饪和百分之九十的刷碗;每半个月陪老伴逛菜市场一次;主动提升烹饪技艺,每两月开发一支家庭菜品。

以下四色花不是一两句话就能说清的。

先说诗词艺术。读者诸君可能已经发现,在这一章,我常常会引用当时写下的诗文来剖析自己。我知道,诗词的最高境界是"歌咏言,诗言志",但我喜欢诗词的根由是这种体裁音乐感极强,能用最少的文字表达最宽、最深的意涵,因而是最美、效率最高的语言文学样式。我最早动手写诗词,基本不知道其文学规范、不懂得张扬其艺术魅力,自由诗或曰现代诗就成了我聊发诗瘾的最爱。

三八节有感

> 一个天多大?
> 半边天几何?
> 一个天无边无际,
> 半边天无涯无壑。
>
> 就是这半边天啊,
> 孕育着支配万物的因果。
> 驱动了高山大河,

染绿了原野荒漠,
激活了芸芸众生,
补缀了恢恢天罗。

不要说大男人小女子,
不要说男儿担山女儿是条河。
没有这半边天,
那一个天也就不在了,
天塌地陷只在顷刻。

所以,
我不会说这半边那半边,
也不说男儿刚强女儿柔弱。
男女本来就是一团泥,
加点水用点心,使劲儿地和。
和出一个:
乾坤疏朗,
日月腾挪,
阴阳交泰,
天地和合!

——老竹

后来就尝试写五言、七言四行和八行的"古风":
读文金师《愧书庐吟草》有感

2014年12月,河南大学出版社出版了原校长王文金教授的诗集《愧书庐吟草》,刘增杰、关爱和教授为序。诗集收录了作者自参加工作后整50年的诗作300首,既真实地抒发了自己的心路历程,又真实而深刻地刻画了河大的办学历程。我作为一个曾直接接受文金老师领导12年的河大人,细读了诗集,感佩多多,获益多多,今学做三首读后感,以抒情怀。

之一
峥嵘岁月伴风霜,
愧对书庐自为常。
五十春秋倥偬过,
三百珠玉慢沁摘。
男儿不弹风月曲,
只抒真情琢玉璜。

草吟一语本自谦，
吐气如兰氲华堂。

之二
草长莺飞春盎然，
本欲振翅翔高天。
谁知机缘非由己，
怎奈新途换座骖。
人生路上无直径，
随遇境况心也安。
文韬武略胸中在，
将帅风度不须练。

之三
经年佐师沐春风，
点滴入心金石铭。
众手擎起百年校，
临风玉树唤鹿鸣。
含珠抱玉半纪久，
挥笔如刀雕玲珑。
意象生成肺腑音，
气融丹田接长虹。

文金老师看到后，自是对我鼓励有加，并亲手为诗稿润色。他还郑重告诉我：学诗、写诗、读诗，一定不要刻意回避诗词的格律，即便是现代诗人也要懂得、会写格律诗词。他还给我推荐了几本经典读物。

我一向就对格律诗词敬而远之。中学阶段尤其是"文革"期间，大量读、唱、演"毛主席诗词"，更加重了我对"格律"二字的敬畏。但我越来越感到，对于爱诗的我，格律二字是无论如何也绕不过去的。学吧！我从学习中华诗词学会搞的《中华新韵》入手，尝试着写了几首新声韵绝、律诗。最初先随性写了七言四句，与七绝的平仄一对照，完全不着调！于是，就对着七绝的某种平仄格式，用填字换字的笨法，全然不顾诗的意趣，腻腻歪歪磨磨叽叽黏黏糊糊地弄。献丑如下：

读《中华新韵》

吟坛旧律谐新韵，
今上蓬莱初面君。
为制七言寻秘钥，
花前柳下约阳春。

——新声韵

端午抒怀

端阳天问震琅琊，
墨客离骚泣镜花。
泪水九歌吹细浪，
雄黄招魂上无涯。

——新声韵

后来还写词：

点绛唇·长征路上的旗

大纛直驱，
剑锋怒指逐宵小。
雾迷风燥，
足底罡钉铆。

半纪年轮，
花甲天经老。
长亭道，
马嘶人笑，
旗正红缥缈。

因诗缘，我与一位三十年交情的文友再续友谊。他就是古城诗坛大名鼎鼎的诗词作家、开封市诗歌艺术联盟的群主、"新宋词"的创立者齐遂林。这里有他送我的一首新宋词《卅年去》：

卅年去：赠王发曾先生（新宋词）

便服难遮儒雅，七旬来去如风。老三届沧桑浸眉宇，八千里驾车探落英。弹指万言智慧，一卷尽见性情。

初逢君，卅年去，台上惊。静似腊梅傲骨，动如大漠苍鹰。磁音吐纳棍王气，笑扫八方雄。

受他的感染，我也写了一首新宋词：

天安门的旗（新宋词）

华灯初展，暮袭长安，城楼璀璨。东国博，西会堂，一碑巍然正南。问华表，我旗鲜红依然？

岁月轮回，五年一番，旗下群英会，编制世纪美篇。树里程碑，一本蓝图，两个百年。旌旗猎，国脉传，十亿华夏心尖一点红，染透千万里江山。天安，国安，人安。

晨曦微现，云逸长安，城楼恬淡。国博威，会堂美，一碑英雄泪沾。依华

左三为齐遂林

表,我旗飘扬云端。

兴之所至,我也起了"标新立异"的念头。例如,看到老三届女同学的猫步"旗袍秀",就写了一首《新曲·下楼梯·旗袍秀》:

中秋爽

国庆忙

煌煌老开高

欣欣聚明堂

忽如一时春风起

悠然四季百花香

旗袍轻摆舞动昆仑峰

淑媛曼步搅翻澜沧浪

一朝缓解两代心结霓裳梦

半纪穿越三届情缘桃李芳

蹉跎岁月哪堪回首冬夏蓝黑调

幸福时光欣然瞩目春秋彩虹飏

最奇葩的是,我还写了一首汴味十足的快板书《八一登铁塔》:

闲言碎语咱不要讲,也不说,打虎的英雄武二郎。今儿个就是建军节,九十周年路漫长。咱表一表,汴梁老汉抖擞精神一鼓作气登上铁塔,气昂昂!

八月一,天晴爽,古城开封滚热浪。老汉抬脚出了门,一铲正北急慌忙。东北一隅风水地,开宝铁塔镇汴梁。进门放眼往东看,亭台楼榭遮视廊。那真是,曲径通幽隐隐约约花红柳绿郁郁葱葱,十里香。

迈步过了接引殿,眼前铁塔如山梁。两边荷花不及看,拧身就把宝塔上。塔身层级一十三,从脚到顶十八丈。老汉不比当年勇,腰酸腿软不硬朗。就只有,气喘吁吁呼呼哧哧哆里哆嗦爬爬歇歇,往上闯。

登了顶,喘口气,喝口水,心不慌。手搭凉棚四下看,周边一派好气象。

朝北一看是黄河,大河奔流,广阔无边掀波浪。朝西一看是龙亭,八朝古都帝王相。朝东一看是塔湖,全国闻名古城墙。朝南一看是河大,百年老校响当当。好家伙,千亩园林一塔矗立拔地顶天威风凛凛,真敢当!

闭上眼,细思量,思绪悠悠念国殇。大宋开宝第一塔,祖宗遗留承世襄。风铃哗啷真好听,琉璃砖瓦明晃晃。亭亭玉立细腰身,摇曳风姿凤鸣凰。经过多少雷电雨,护城佑民第一桩。当年倭寇大炮轰,遍体弹痕头高昂。千年风云铸峥骨,万民景仰心头藏。国家文保第一批,定城神针锁四方。恰似那,人民军队万里长城子弟儿郎舍生忘死,保家邦!

从红军到解放军,从无到有大到强。浴血奋战九十载,根根梢梢有名堂。南昌起义扯大旗,星星之火点点亮。井冈山头红旗舞,黄洋界上炮声响。五反围剿血溅地,遵义会议拨航向。大渡桥横铁索寒,四度赤水如神襄。雪山草地埋英灵,延水河边是中央。八年抗战八年恨,杀得鬼子哭爹娘。解放战争三决战,百万雄师过大江。抗美援朝出奇兵,三八线上斗虎狼。为了保卫新中国,五星红旗血染缸。国家有难我冲锋,抗灾救灾不彷徨。泱泱大国中华梦,建军强军铸栋梁。南海东海台海宁,改革开放有保障。那真是,征途漫漫忠心耿耿丰功伟绩国之倚重,长城长!

说到这里歇口气,有点心事想晾晾。老汉我,一辈子没有当过兵,羡慕嫉妒遗憾长。高中当过红卫兵,腰里别枪照过相。五十多岁知天命,新生军训当团长。梦里几回曾笑醒,真的穿上绿军装。

现而今,七老八十不中用,还想战场去打仗。只要国家一声唤,不让黄忠半分强。开着汽车送军需,开着坦克往前闯。开着飞机撂炸弹,开着航母打豺狼!

心中常怀家国梦,八一军旗心头扬。我为长城垒块砖,唱支军歌心里爽。俺要唱:兵哥哥、兵丫头、地道战、地雷战、送红军、送战友、沂蒙颂、珊瑚颂、绣红旗、小白杨。弹起心爱土琵琶,挥起大刀杀豺狼!

再要唱,军人本色、英雄赞歌、当兵光荣、精忠报国、血染风采、打靶归来、军港之夜、黄河怒吼、战友再见、太行山上。红军不怕远征难,我们走在大路上!

还要唱,我是一个兵、好男来当兵、一二三四歌、东西南北兵、大刀进行曲、骑兵进行曲、官兵友爱歌、从军报国歌、歌唱二郎山、山歌唱给党。十五月亮心头照,白发苍苍是亲娘!

唱得心里多高兴,唱得浑身有力量。唱得嘴里甜如蜜,唱得劲足精神爽。这真是,战旗飘飘战鼓咚咚战马嘶鸣战号呜咽战刀挥舞战歌嘹亮,向前向前向前,我们的队伍向太阳!

再读《八一登铁塔》,忍不住要开怀大笑!目前的状态是,兴之所至就写,但一般情况下轻易不动诗兴。

再说书画艺术。开封是有名的书画城,我自幼就喜欢写写画画,但时间的匮乏与生活的艰辛无情地摧残了这小小的爱好。今日得宽裕,重拾笔墨,就有了明确的目的性。一不是为了附庸风雅,二不是为了沽名钓誉,三不是为了借作品敲门。也不想修成某种境界,进入某种状态,达到某种水平。写字画画儿有三个好处:一是修身养性。写自己认为最美的文字,画现实生活最美的画图,文化修养浸润其间,人格品性润物无声。二是自得其乐。一桌一笔一墨一纸,举手即可笔走龙蛇。喜欢,钉在墙上,自己臭美几日;不喜欢,字纸篓去者,这个过程的快乐非吃一顿红烧肉所能比肩。最实际的是三,惠济后辈。我等百年,留给儿孙什么?留几间房,他们不一定住;留几个钱,禁不住花;留一屋破烂,看着就烦;留几架书,没人稀罕。我还可以留一堆自己写的书、文,这可是我一辈子的心血,但儿孙不搞我的专业,八成是墙角或床下去者。唯有书画稿,他们若喜欢,就拿去装裱或收藏;不喜欢,也会找个地儿搁置,反正也不占太大空间。若干年后,打扫房间时,他们一定会像发现新大陆似的——呀,这是你爷爷老爷爷太爷爷的手迹啦,看看老头儿写的啥画的啥……我想,这肯定会给在未来那个世界踽踽前行的他们一丝温暖、一把助力,因为他们知道,他们的爷爷老爷爷太爷爷在天上看着他们哩。

挂在客厅的老竹山水

写毛笔字,随手就来。画画儿,得凑机缘。2017年鸡年,开高老三届同学群庆春节,群主号召大家出节目。我抹了几只张牙舞爪的大公鸡,竟莫名其妙获得称赞,学友老董还戏曰"黄胄的驴齐白石的虾,老竹的鸡徐悲鸿的马"。2018年狗年,同学们起哄画狗,我就勉为其难画了几只狗头,也算交差。2019年猪年,学友又起哄画猪。我不愿一年又一年地随着他人的"指挥"画十二生肖,就画了几张石兰梅竹应景。后就有学生建议:老师画大幅山水吧,我们要,装裱了挂在家里客厅。行啊,反正总也放不下对学生的牵挂,就让我的字画如影随形吧。于是我就三尺四尺六尺整张地抹,他们就喜滋滋地拿去裱,拉回去就只管往墙上挂。于是就有同学说:"我们看重的不是老师的字画有多高艺术价值,也不是挂在身后寻所谓的'靠山'。累了烦了,扭回头看看老师一笔一笔用生命和心血凝出的作品,我们会获得无形的巨大力量。"这话听着顺气儿!

原来我从不计较毛笔、纸张、色彩的优劣,也没有沐浴更衣焚香烹茗甚至喝二两才能动笔的"雅好"。随意动笔,肆无忌惮,从心所欲,不囿于章法;不计较结体,不讲究用锋,不考虑别人喜不喜欢,只要自己看着顺眼就乐。对于方家师友"多临摹"的建议,也是一笑了之,犹如风过耳云过眼,点头归点头,做不做是另一回事儿。我不怎么临帖,却喜好读帖。一本好的字帖、画集,龙飞凤舞、赏心悦目,我的喜爱超过了读一本有趣的小说,也就反复地揣摩。我曾用"新声韵"写过一首《我写书画》:

我写书画

大美书城有隐家,
丹青绺韵染无瑕。
毛锥在手涂春秋,
淡墨粗宣自沐华。
——新声韵

再说表演艺术。唱歌、跳舞、戏曲、朗诵、玩乐器、时装秀、演节目,是我辈老同志的共同爱好。尤其在开封这个文化积淀丰厚的古城,老年人的文艺活动那可是在全省甚至全国都有名。那次,经学友老焦搭桥的与济南军区独立105团复退老兵的联欢,酣畅淋漓,曲终人散。回家的路上,夜幕笼罩下的古城正在挣脱日间的躁动与喧闹,车窗外的朦胧街景透出几分梦幻,突然我有了一种返回如歌年华的感觉。回到家,儿子来电话。老伴抑制不住兴奋的讲述换来的却是一句"至于吗,不就一群老头老太在另一群老头老太面前唱了俩歌嘛"。

小子呃,你不懂。我们这些人,从人生主战场退出,已淡漠了人生的激烈。忘不掉的是五十年前在开封一高的如歌年华,以及那个特殊年代铭刻在我们灵魂深处的时代印记。当年,我们也唱歌甚至唱了很多歌,可那时唱歌内心却是五味杂陈,有时唱着唱着会莫名其妙地泪流满面。而今唱歌,唱的是心中的快乐和幸福;登台表演,演的是眼下的生活和路程。当晚的这个插曲,使我立刻用文字倾泻心中的感慨:

三月初才成立的开封高中老三届合唱团,从练发声起始,活动不过十次左右。怎么就敢在汴西湖聚众演艺又怎么就敢与当年的部队文艺宣传队同台演艺?怎样的如歌年华的青春热血在涌动啊!

河大老干部合唱团

《夕阳红》《我们这一辈》是唱给老年人的歌也是老年人唱的歌。咱们怎么就唱得那么温润细腻深情款款又怎么就唱得那么豪迈明亮声壮气壮？怎样的如歌年华的青春情怀在涌动啊！

歌友们克服重重困难，以老迈之躯倾力投入。咱们怎么就那么心甘情愿虚心学习又怎么就那么勉力坚持痴心不泯？怎样的如歌年华的青春责任在涌动啊！

俺们这支合唱队伍，进入不设门槛，是开高老三届的同学就成，原有唱歌基础可想而知。咱们怎么就那么胆大心细勇跨障碍又怎么就那么亦步亦趋进步神速？怎样的如歌年华的青春担当在涌动啊！

说到底，是如歌年华的"青春"二字在作怪，往日难忘的青春，今日难得的青春，明日难寻的青春。我们离人生的起点越来越远，离终点越来越近。突然间有了一个老朋友共同唱歌、演节目的平台，我们参与了，我们遭遇了跨越五十年时空再聚首高歌、再挥洒青春的惊喜，当然就会有返回如歌年华的感觉。

我终于明白了，我不拒绝表演艺术，真心是为了"青春"。现在，我是"河大老干部合唱团"和"开高老三届合唱团"的成员，是"河大教职工管乐团"的顾问有时也客串一把演奏指挥，是"开高京剧戏友群"的成员。我得实话实说：做合唱队员勉强及格，做指挥也就是打个拍子，想学吹单簧管吹不响，喜欢唱京剧但还没下真功夫。对了，我还是"开封市朗诵协会"的顾问，有时登台表演朗诵是滥竽充数。合适的时机，我会给河大现任领导建个议：成立河大话剧团。届时我争取演个群众甲、群众乙什么的，体验一下重登河大大礼堂舞台的美妙感觉。

最后再说游泳运动。我喜欢游泳，自小到现在。小学快毕业时，我已经能在龙亭湖里游个七八百米，从杨家湖西岸下水，向东游到湖心亭，折向北

管乐团打拍子的

游到北岸,再折向西南游回西岸。高中快毕业闹"文革",毛主席号召"在大风大浪里锻炼成长"。开封一高的学生啥事都掐尖,就组织了一个一百多人的队伍,还做了一面大红旗。逢着水上游行,龙亭湖面人声鼎沸,湖里游泳的人好似下饺子。开高的队伍整齐划一,游在最前面的大红旗迎风招展,那场面,今生恐怕不复再见喽。后来,在河大上学,只要下午没课,就到铁塔湖或骑着车到龙亭湖游泳。那时节,一门心思为振兴中华而读书,心底纯净得很,游起水来也特别畅快。大三那年,我曾想坚持下来玩冬泳,可到了11月中旬,因事中断了几天,就再也下不了水了。看来,游泳贵在坚持啊!再后来,这借口那借口,很少下水了。直到七年前,我弟绍曾不打招呼给我买了一张宋都宾馆游泳馆的月晨卡,只好重返水中,并一直坚持到现在。

　　在室内游泳馆游,自然轻松愉快洁净安全。但光在室内游,憋屈。夏天,我一定要去野坑里游几次,再领略一下海阔天空的奇妙感觉。不敢到野坑里游泳,算啥游家?只是,在家人的监督下,腰里要拴一只"跟屁虫"(游泳圈),虽然看起来滑稽,有损咱水上老英雄的威风,但为安全计,也只好屈从。还有一言,不吐不快。而今开封城里大大小小的野坑都不"野"了,这好啊,可不该无一例外地戳上一块牌子"严禁游泳"。老竹以为,开封城是有名水城,游泳爱好者也多,不让下坑、湖游,有点不体察民意。其实,啥事都是疏比堵强,越是禁锢越禁不住。夏天你到这几个大湖看看,哪一个不是熙熙攘攘?倒不如择一定地点放开了让大家游,派专人管起来,加强安保、防污措施,也增加就业岗位不是。再多叮嘱一句:千万别打收费的主意!

但说到底，为安全、卫生计，还是在室内游泳馆游得多。目前我主要去明伦校区河大游泳馆和开封新区碧水蓝城游泳馆，都是正规的五十米标准池子，水好，管理也严格。原来在市里的小游泳馆玩，虽说憋屈，但也充分领略了市井的"池里百态"。

来小池子的泳客，动机各异。大部分人当然是为了锻炼身体，他们心无旁骛、旁若无人，一个劲儿地游，换着姿势游，不停歇，不泡池子。小部分人显然是为了打发时光，慢打斯油、慢条斯理，见人就打招呼、见热闹就往跟前凑，水里悠然悠哉，岸边高谈阔论。也有个别人，来池子是为了搓灰、洗澡，甚至有时还掂一兜衣裳来洗。游泳馆老板见了这号客最烦，费水。

据说还有极个别人，全市各小池子串着场游，只为饱一饱在旱地里见不到的眼福，专往异性堆儿里栖，炫耀一下泳姿，主动给人家指点一二什么的。遇见迷心窍的主儿，保不准能成就一段情。我见过在水里眼不够使的主，不知是不是这一号。至于大大方方在水里边游边谈的，有点儿什么越界的动作，大家倒是见怪不怪。

泳客的泳姿各式各样，最常见的是蛙泳以及初级蛙泳打噗通狗刨，高一点的手会自由泳，再高一点的手会仰泳，再再高一点的手会蝶泳，四泳都来的手是顶级高手。所谓"会"，就是大致样子是那个式儿，规范不规范不大讲究。但有些人很自信，自以为泳姿最潇洒，已经修炼到家了。还有的泳客随心所欲，玩个编外的潜泳、侧泳什么的，自得、自美。我会在卖力游的同时，勤向泳友请教，力图全盘纠正过去无师自通的蹩脚泳姿。终于有一天，一位资深泳友对我说，蛙仰蝶爬（自由泳）四种泳姿都会的人不多，你算一个！有一人老A，啥姿势也不是，侧着身，偏着头，两条胳膊一边扒拉，速度奇慢。还紧贴着岸边游，几乎就从男男女女鼻子底下蹭过，让你不欣赏都不中。时间一长，大伙都很佩服。人家一圈一圈地绕着池子"拉磨"，总得一二十圈八百一千多米，眼神纯净，从不贼辣辣地胡踅摸。拉完磨扬长而去，天天都这样，怎不叫人肃然起敬？

一般的游泳馆是禁止跳水的，老板怕出危险负不起责任。怪就怪在你越禁止，有人就越想试试。于是经常见有高手趁老板和救生员眼错不见一个猛子扎进去，半天不见出来。再一看，已在对岸——几十米的距离，小意思。我本来也属这一号的，但老迈之躯不斗勇，有时就跳个冰棍什么的过过瘾——想当年，俺可是脸朝后跳水的。最可叹的是胖子大B，特好这一口。经常见他在岸边胡出律，突然之间来个形象的蛤蟆跳，肚皮下 pia 的一声脆响，溅起的浪花如同航母。问他疼不疼，他说，得劲，糙痒痒，减肥！

常去游泳的人，不知不觉中就养成了一些莫名其妙的习惯性动作。有一小C，年岁不大，派头不小，一脱衣裳，项上必戴黄澄澄的链子，腕上必戴绿惨惨的镯子。据他朋友说，为了在池子里显摆，还专门剃了个平顶头，身上还新弄的不知啥图案的刺身。脱衣之后，必定在雾气腾腾之中器宇轩昂地到游泳馆厕所要个大的；下水之前，必定在众目睽睽之下顾盼自如地在岸边玩几个Pose；一个来回游过，必定拧开岸边的水瓶咕den咕den喝几口，不喝就好像会立马渴坏；洗好穿衣前，必定打开身边的袋子掏出一个苹果咔吃咔吃吞下肚，不吃就好像会立马饿瘪。还好，这些只是小C自己的事，最初大家会看得目瞪口呆，时间一长也就见怪不怪了，他只要高兴，随他。可有两样，与大家有关。一是在池子里，兴之所至他会引吭高歌一番。虽说嗓子不错，但许多人听得不耐烦，就有些冷言冷语出来。二是在冲水间莲蓬头水柱之下，每次必定会双掌快速使劲轮流击打肚皮并辅以震天动地的一声声长啸。在他旁边冲水的泳友更不耐烦，就有些恶声恶语出来。难得的是，小C脾气奇好，泳友再不待见，也不见他生气，还时常腼腼腆腆地给人家道个歉。我曾经给他批讲过一回，他戴链子、镯子的毛病和冲水间的做派改了。有一天，泳友告诉我，头天小C在池子里救了一个突发意外的老太太，让人刮目相看，大伙正吵吵着给他请"见义勇为"奖呢！

　　游泳馆里，人上百，形形色色。脱了衣服都一个样，大家都"赤诚"相见，没什么贫富尊卑。但正是这百人百态，成就了这个特殊空间的风平浪静、波澜不惊，映射了中华盛世的太平祥和、生机蓬勃。

　　我的游泳生涯曾经有过可吹的小资本。开封的龙亭湖、包府湖、铁塔湖、金明池、汴西湖，还有阳光街区的四方坑，都游过；中国的渤海、黄海、东海、南海，都游过；世界的大西洋，游过，在美国波士顿的大西洋岸边；龙亭湖水上游行时，扛着开高的大红旗游在队伍前面；河大举行政工干部游泳比赛，我夺得男子50岁以上组泳姿不限50米第一名，尽管只有仨人参赛……此道浸润久了，就要吟诗以志：

游泳

水邑湖坑遍四隅，
儿郎踏浪锁蛟龙。
陆水两度生机现，
伫立潮头论健雄。

——新声韵

　　七色堇怒放得有个载体，那就是日子过得稳定的家庭生活。有时我想，在一起过一辈子了，一对老夫妻，一屋破家具，整天对着对方的老脸，有什么意思？一天，去饭馆吃饭，看见我的一位老师和老伴儿正每人就着一只大碗呼噜烩馍。我躲在旁边看他俩的状况：自始至终直到结账走人，老两口各吃各的，没有一句话，也没有一个眼神，形同路人。真是悲哀！当然我不会喜欢这种夫妻生态。还有相反的例子。朋友圈里一位大哥,两口儿一辈子夫唱妇随或妇唱夫随,从没红过脸,是有名的模范夫妻。但是,一个说话一个总是答"是""是是""是是是""对对对对",有什么意思?我也不喜欢。我认为,在稠如米粥的日子里,老两口的家庭生态应该是打别、斗口、赌输赢,火花、浪花、嘴上花,然后是"面向大海,春暖花开"。我们家就经常打赌,赌一次输十元人民币。当然,我输得多赢得少。

　　日子"七色堇"渲染得够充分了。由此我归纳出老年人"从心所欲过日子"的美丽人生:有事干的人是美丽的,听鸟鸣观花笑吃着自己做的美食的人是美丽的,腿脚利索到处跑、水里也能逍遥游的人是美丽的,能时不时地吟诗为文、写字画画儿、登台表演"雅一把"的人是美丽的。所有上面的美丽都有,你就是世界上最美丽的人,也是最幸福、最快乐、最会过日子的人!

　　我会努力。

结语:天地之间

人生天地之间,若白驹过隙,忽然而已。(《庄子·知北游》)

2019年7月14日至31日,我重返南太行农家院消夏避暑,同行12人。地方选在新乡市辉县郭亮村,这里是导演谢晋拍摄《清凉寺钟声》《走出地平线》《倒霉大叔的婚事》《战争角落》《举起手来》《天高地厚》等多部影视片的地方,被誉为中国第一影视村,景色自然是极美的。

每天晚饭后,大家都会出农家院右行约两千米到一观景平台,或坐下歇息或唱歌或跳广场舞。我会站在围栏旁远观仰视千丈陡峭的绝壁,也会近探俯瞰万尺幽闭的深谷。身处高天与大地之间,有时会突然觉得自己很渺小,又会突然觉得自己很庞大。于是思绪如天地之间的云海和山风,来去无影无形,却分分秒秒感到其迅疾与强劲,似要把山撅得更高、把谷掘得更深。天地之间的我融汇了云海、跟随了山风,身体与灵魂进入了实实在在又虚无缥缈的无垠空间……

太行山的刀劈斧削

横亘在天上和地下的太行山脉,东北—西南走向,绵延八百余里,西接黄土高原,东延华北平原,是我国北方地区一条重要的地理分界线。地质史上,约28亿年前,这里一片汪洋,海相沉积了巨厚的碎屑岩、含铁硅质岩及碳酸盐地层;距今18亿年,海进与海退的反复交替,形成了混合岩化的结晶基底岩层;约在240万年前开始剧烈的竖向地壳运动,海彻底退去,山拔地雄起,谷沉降陷落,壁刀斧峻成。数十亿年的漫长沉积,奠定了太行山厚实深邃的基底;数百万年的反复锤炼,形成了太行山秀异壮美的外观。再加上暖温带半湿润大陆性季风气候的"冬无严寒、夏无酷暑",太行成了举世闻名的旅游、观光、休憩胜地。

最让我感叹不已的是山体的悬崖峭壁,这是她区别于其他大山的主要标志。太行不很高,最高峰小五台山海拔也仅2882米。奇的是,据说相对高差竟达1500~2000米!相邻一峰一谷,一个在天顶,一个在地底,中间是壁立九十度的悬崖峭壁。而且,此等奇峻景观遍地都是,峰连峰成林,壁接壁成嶂,谷通谷成网,怎不叫人叹服!但是近距离接触山体,太行山石的脆弱也时时显现,我们甚至可以用手捻碎坡上滚下的小石头。是什么力量雕刻了太行山的大气凛凛与小样柔柔?

我的答案是"时间"。山体的错落运动可能一百年也难见痕迹,毫米厘米的错断在百万千万亿年的长河中一寸一寸地雕琢"兀立千丈";急风暴雨或和风柔水对山石表层的侵袭不露痕迹,由坚硬到裂隙再到松软的风化在百万千万亿年的长河中一点一点地瓦解那"坚如磐石"。时间,没有起始没有终结,什么样的伟岸与雄健、困顿与窘迫在时间老人面前都不堪一击——我等区区一辈子百十年都不够他老人家眨巴一下眼皮!在时间长河里,物我两忘可能是我们这个年龄段的最好状态。

啊,伟大的、无处不在而又藐视万物的王者时间!

太行山上的植被平添了险峻中的妩媚和赭黄中的苍绿,那一片片、一条条、一点点的绿色使游者的眼神变得柔和而温润。放眼望去,太行的山色呈横向的绿色和竖向的赭色。赭色自然是刀劈斧削寸草不生的的断崖峭壁了。绿色则复杂得多。一座山峰大多戴一顶绿冠,一片一片的,苍苍翠翠,召唤着游客去攀登;山路边、裂隙中大多扯一线绿带,一条一条的,妖妖娆娆,吸引着游客的镜头;石缝里、凸凹处大多冒一簇绿丛,一点一点的,摇摇摆摆,吸引着游客的视线。

为什么会有这生机盎然的片、条、点?当然是因为有土壤、水分和阳光了,但关键在于能够蓄留、承载土和水的山顶、路边、裂隙、石缝和凸凹处,也就是有坡度的地方就会容留和张扬绿色。换个角度想,太行的绿色生命是如此地顽强和柔韧,有一片片一条条一点点土和水,绿色就会永存。怪不得长在崖边的"崖柏"在千百年的恶劣环境中能顽强坚守，成就了太行山的"珍稀名木"！其实，任何生命都是顽强的，只要有一定条件，春风就会"吹又生"。我们观看自己衰老的身躯，如果多见脆弱、少见顽强，那就只能加快脆弱的进程；我们感觉自己衰老的身躯，如果多见活力、少见萧杀，那就必定强化生命的张力。我在若干年前就已发誓，为护老腿，此生不再爬山。南太行归去，这个誓言肯定要动摇了。

啊，伟大的、顽强柔韧而又氤氲葳蕤的不息生命！

放下眼光，视线会立马被缠绕在太行山腰的一条长廊状的"挂壁公路"吸引而去。我国的挂壁公路，主要分布在南太行及晋东南，山西有五条，河南有两条，七条奇绝玉带把个偌大威武太行拴了个服服帖帖。其中一条就是我眼前的郭亮挂壁公路，入口处的大块石雕上凿了四个字"绝壁长廊"。初走挂壁公路，我就被惊到了，心里直嘀咕，这是咋修成的啊，鬼斧神工啊！我无法洞察太行人为把公路挂到刀劈斧削的绝壁上付出了什么，无法知晓小小的人怎样战胜了大大的山，只有把这一切归结于在许多人的意象中无所不能的神界和鬼域。

站在郭亮挂壁公路的对面，这条险绝的玉带就横在我面前。我知道，从1960年代太行山人开始修建走出大山、进入现代社会的挂壁公路。十几年、几十年，他们箪食壶浆、风餐露宿，几代人前赴后继、凿山不止。有人说挂壁公路是太行人用锤子、钎子以及双手在绝壁上一点一点抠出来的——这话我信，但难以想象。一个信奉唯物主义的无神论者，便只有用"鬼斧神工"向世界筑路史上极其少见的挂壁公路顶礼膜拜，向用最普通的凿山工具和最不普通的长满老茧的双手，生生在绝壁上掏出一条条通天之路的英雄的太行儿女，致以最最崇高的敬礼！突然之间我明白了，这不就是我曾经信奉过又曾经质疑过的"人定胜天"精神吗？人是否一定胜天还可再论，但人一定要有一股精神，则是唯物、唯心两造都认可的事！收回对挂壁公路的注目礼，脑海里翻腾出两句话：数十载玉带傲然拴太行，千秋功在；七十岁少翁慷慨走挂壁，百年铭心。

啊，伟大的、铺天盖地而又艰苦卓绝的挂壁精神！

天地之间，微微的晚风吹动了山岚，有谁唱起了"长亭外，古道边，芳草碧连天。晚风拂柳笛声残，夕阳山外山……"一个闪回让我打了个激灵：河南大学百年校庆庆典日当晚，河大园流光溢彩，河大人心醉神迷。大型音乐舞蹈史诗剧《猗欤吾校永无疆》以鲜明的历史文化解读力、犀利的大道求索穿透力、浓重的校园文化凝聚力以及高超的艺术手段喷发力，征服了现场数万名校友、师生和社会贤达。"玲珑塔，塔玲珑，我登上了铁塔第一层。一个铜铃整四两，风儿一刮温儿了温儿了，温儿了温儿了响哗楞……"这首极通俗、极易上口的《铁塔风铃》又在我耳边响起……铁塔行云之下脆生生的风铃声是留在河大人听觉记忆中最动听的音乐。

眼前的天与地、山与谷，耳边的《送别》声与铁塔风铃声构成了一曲裹挟巨大震撼力的声光交响。我是河大人，我一直自感人生是一片铁灰色，严峻、生硬、单调，像那河大后院的铁塔。但铁灰色调自有一种难以言表的独特的美，尤其当铁灰色融入这天地山川声光交响时，我老年的躯体和青春的灵魂合着这独特的旋律在博弈中快乐地挣扎。

地球万物的生存空间，无外乎地上、水里、空中。人类是陆栖的高等生物，空间扩展欲望最为强烈。在地上跋涉八万步原野，在水里遨游七千米深洋，在天上畅行九万里太空，那才是理想中的壮美人生！

此刻，面对千丈绝壁、万尺深谷和鬼斧神工的挂壁长廊，个人真的很渺小。真想纵身一跳，彻底融入那永恒的陆水空三界……

人生天地之间，若白驹过隙，忽然而已。(《庄子·知北游》)

楚之南有冥灵者，以五百岁为春，五百岁为秋；上古有大椿者，以八千岁为春，八千岁为秋。此大年也。而彭祖乃今以久特闻，众人匹之，不亦悲乎？(《庄子·逍遥游》)

至人神矣，大泽焚而不能热，河汉冱而不能寒，疾雷破山，飘风振海而不能惊。若然者，乘云气，骑日月，而游乎四海之外，死生无变于己，而况利害之端乎！【庄子·齐物论】

河大人，会在无垠无限的三界空间永生！